本书承蒙河南大学历史文化学院和"黄河文明"
河南省特色优势学科群建设经费资助

河南大学中国近现代史研究丛书

南京国民政府
检察制度研究（1927—1937）

黄俊华◎著

NANJING GUOMIN ZHENGFU

JIANCHA ZHIDU YANJIU 1927—1937

人民出版社

序

　　南京国民政府前十年，逐步构建起法律部门较为齐全、立法技术显著改进的六法体系，中国现代意义上的法律系统得以确立。其中检察制度在这一时期得到进一步的改造和完善，成为传统中国走向现代司法文明和法律制度现代化的重要一环。因此，深入研究南京国民政府时期的检察制度，探索其历史脉络和发展逻辑，将有助于了解中国的司法文明进程，揭示中国法制现代化的内在规律。

　　在法律史研究方面，尽管已有论著对南京国民政府检察制度进行考察，但这些为数不多的论著往往只是研究南京国民政府检察制度的有关方面，并未见系统揭示南京国民政府检察制度的确立、检察机构的职权、检察机关与审判机关和律师公会等机构相互关系等方面的成果。至于利用司法统计分析南京国民政府检察制度的司法效能问题，则几乎无人论及。《南京国民政府检察制度研究（1927—1937）》一书，是在此前学术研究基础上出版的一部颇有价值的成果。

　　本书作者黄俊华曾随我攻读博士学位。在读期间，她表现出了严谨的治学态度和深刻的思考能力。选定南京国民政府检察制度作为研究课题，对她具有较大的学术和理论的挑战性，需要在原有的史学研究的路径之外，拓展法学、行政学等相关学科的理论视野。俊华治学沉稳而执着，克服了很多工作和生活上的困难，在史料和理论方面勤奋专研，并时常有独到的设想与我交流和探讨。值得欣慰的是，她终于比较全面地梳理了南京国民政府检察制度问题，顺利完成博士论文并通过答辩，又在此基础上，整理出版了这部著作。

　　我认为，该书在以下方面值得肯定：

第一,运用历史学和法学、行政学等相关学科的研究方法,全面梳理了南京国民政府检察制度的机构设置、检察官管理、检察机关职权与运作、检察制度运作时检审、检律和检警关系,并分析了制约南京国民政府检察制度发展的诸多因素,基本弄清了南京国民政府检察制度来源、理论基础、制度设计、组织机构及其管理、人员构成及管理状况、职权及运作情况,将学术界对这一课题的研究向前推进了一步,具有一定的理论水平和学术价值。

第二,表现出广阔的历史视野和深入的理论思考。该书将南京国民政府检察制度置于近代中国社会转型的背景下加以考察,揭示南京国民政府检察制度与晚清、北洋政府检察制度的连续性与继承性,说明南京国民政府检察制度是近代中国比较完备的检察制度。同时,对南京国民政府检察制度的历史地位和作用做了客观评价,高度概括了南京国民政府检察制度的历史特征,分析了司法党化与本土化两种趋势及其表现,肯定了这一制度的进步意义和历史局限,也深入分析了制约检察制度的诸多因素,尤其是对传统诉讼模式、司法经费拨付方式对检察制度影响的分析,颇有深度和新意。

第三,该书在以往研究的基础上,注意搜集和挖掘新的文献资料。据我所知,俊华在撰写博士论文期间,尽其所能,多方查询,广泛搜集国家和部分地方档案馆、图书馆的相关资料,同时较为充分地利用南京国民政府时期的司法统计,爬梳民国时期众多法律文本,抽丝剥茧寻找与南京国民政府时期检察制度相关的文献,为该书框架的设计、内容的充实和观点的确立提供了有力的支撑。

南京国民政府检察制度研究,是一个涉及多学科、多领域的学术课题,也是一个对中国司法文明建设具有现实意义的理论课题。俊华这部书的出版,仅仅是对这一课题的初步探索,应该说还有很多学术的和理论的问题需要进一步研究和思考。我真心希望俊华能够持之以恒,继续前行,在民国时期检察制度研究乃至中国的司法文明进程方面开拓新的研究领域,有更多的学术贡献。

马小泉

2018 年 9 月

目　　录

表格索引

绪　　论

作为现代意义上的与审判职能相对应、以追诉犯罪为基本职能的现代检察制度,是人类社会发展到一定历史阶段的产物,特别是诉讼制度自身演变、完善的结果。它自清末司法改革时引入中国,历经晚清时期的初创、北京政府时期的发展、南京国民政府时期的改造,遂成为中国的司法制度之一和传统中国走向近代司法文明的重要一环。南京国民政府时期的检察制度在机构设置、人员管理、职权行使等方面有了相应的改进或改造后,日益融入中国社会,并具有了自己鲜明的特点。以 1927—1937 年的检察制度为研究对象,可以通过剖析检察制度在国家相对统一、社会环境相对稳定的条件下,和中国实际结合,成为中国司法制度不可或缺的一部分的过程,管窥中国司法文明的历史进程,对研究中国近代司法发展及深入了解近代中国社会产生积极作用。

新中国成立以来,检察制度研究逐渐受到学术界的重视。现有研究成果,多着眼于清末检察制度的引入及实践,近代检察权的演变及南京国民政府时期检察制度的某些侧面研究和检察制度的通史性概述,缺乏对南京国民政府时期检察制度的深入解析,同时成果多基于法学角度探讨检察制度。因此,本书从历史学的角度进一步深入探究南京国民政府抗战前十年的检察制度,探讨其基本内涵、运行状况及在近代司法文明史上的地位与作用,具有重要的学术意义。

司法是维护社会公平正义的最后一道防线,司法公正对社会公正具有重要的引领作用,而检察制度是维护司法公正乃至社会公平正义的重要保障。现今我国的检察机关已被宪法定性为法律监督机关。研究南京国民政府时期的检察制度将为现在我国检察制度职能的更好发挥提供借鉴。

当今,学术界对于检察制度相关问题的认识并未达成一致,如围绕检察机关的角色定位及其权力配置发生长期论战,或质疑我国检察机关若干权力配置的合理性,认为检察机关作为法律监督机关,不应当同时行使侦查权①;或质疑检察机关的法律监督地位,认为检察机关行使控诉职能,以法律监督的名义对人民法院的审判活动实行监督,将导致对审判中立、控辩平等的经典诉讼结构的破坏。② 同时,由于其监督审判活动,属于以权力制约权力,那么检察机关的诉讼活动,又将如何受到监督?③ 以上诸问题在南京国民政府时期也是存在的,因此研究南京国民政府检察制度同样具有重要的现实意义。

一、研究现状

学术界对近代法律制度的研究,为研究南京国民政府时期的检察制度奠定了基础。从时间上来说,改革开放前,学者们的研究较为薄弱,改革开放后,人们的视野相对宽广,思想较为活跃,研究成果显著。

(一)改革开放前检察制度的相关研究

近代学者对近代法律制度的相关研究可以追溯到 20 世纪 20—30 年代,杨鸿烈的《中国法律发达史》第二十七章对民国时期的法律制定及文本的变化进行了论述。④ 杨幼炯的《近代中国立法史》详细地记述了自清末筹备立宪至南京国民政府期间大规模法律创制活动之间三十多年的法制建设历史,它以政治进化史的角度来审视近代中国法律的发展,其法律与政治之间的联动关系研究给人以启发。⑤ 另有谢振民编著,张知本校订的《中华民国立法史》,它集资料性、

---

① 汪海燕、范培根:《检察机关自侦权探析》,《浙江社会科学》2002 年第 1 期。
② 龙宗智:《相对合理主义视角下的检察机关审判监督问题》,《四川大学学报(哲学社会科学版)》2004 年第 2 期。
③ 崔敏:《为什么检察制度屡受质疑——对一篇重要文章中某些观点的商榷》,《法学》2007 年第 7 期。
④ 杨鸿烈:《中国法律发达史》,商务印书馆 1933 年版。
⑤ 杨幼炯:《近代中国立法史》,商务印书馆 1936 年版。

客观性于一身,将法律变迁的历史及其背后动因做了较为详尽的梳理。① 蔡枢衡的《中国法理自觉的发展》对清末以来近四十年的中国法律进行了深刻的批判,对于全面理解中国近代法律的输入及中国法律存在的问题颇有裨益。②

中华人民共和国成立至改革开放前,中国大陆进入全面批判南京国民政府法制的时期,相关法制研究较为薄弱。1949 年 2 月,中共中央发布《关于废除国民党六法全书与确定解放区司法原则的指示》,提出应该彻底废除国民党的全部法律,而代以人民的新的法律。同年 9 月,第一届全国政协会议通过的《中国人民政治协商会议共同纲领》进一步指出:"废除国民党反动政府一切压迫人民的法律、法令和司法制度,制定保护人民的法律、法令,建立人民司法制度。"③随后国民党的司法制度成为人们批判的对象,有关南京国民政府时期检察制度的研究几乎成为空白。

1949 年以后,中国台湾地区仍然实行民国时期制定的六法全书及有关法律,其学者没有中断对民国司法制度的研究。王伯琦的《近代法律思潮与中国固有文化》④立足于中西文化交汇时代的背景,体认中国法制之路左右为难的困顿局面,窥探 20 世纪西方法学思潮,反思中国传统礼教文化,谋求中国法制的解决之道,对于拓宽研究视野,启发创新思维起到了指引的作用。汪楫宝的《民国司法志》⑤,以一位民国司法进程的参与者⑥的身份,梳理了民国司法进程,对于检察机构的演变亦有所交代。该书所附《民国司法大事年表》对于厘清民国时期司法大事很有帮助。

(二)改革开放后检察制度的相关研究

改革开放以后的四十多年,是大陆学术界思想解放的四十多年,相关南京

---

① 谢振民编著,张知本校订:《中华民国立法史》,正中书局 1937 年版。
② 蔡枢衡:《中国法理自觉的发展》,河北第一监狱 1947 年版。
③ 《中国人民政治协商会议共同纲领》,人民出版社 1952 年版,第 7 页。
④ 该书为著名法学家王伯琦先生两部著作的合集,以上下部形式重排刊行。上部是 1956年出版的《近代法律思潮与中国固有文化》,下部曾以《王伯琦法学论文集》为名,在 1998 年刊行。
⑤ 汪楫宝:《民国司法志》,商务印书馆 2013 年版。
⑥ 谢冠生为该书所撰弁言中称:"汪君自民国二年起,服务法界,未尝一日离去岗位。"

国民政府的研究逐渐走上正轨,理论运用、研究领域和研究内容等方面,均有较大程度的拓展。与之相应,南京国民政府时期的检察制度进入人们的研究视野,出版了一些与近现代检察制度相关问题研究的著作和论文,主要的研究方向集中于检察官、检察机构职权和司法党化三个方面:

1. 检察官

检察官作为检察制度中最活跃的因素,对于检察制度在实践当中的运行起到至关重要的作用。其素质的高低,决定着制度运行的好坏。民国时期,推事和检察官统称为司法官或法官。因此有关检察官制度的相关内容,包含在司法官或法官的研究内容当中。

赵金康从法官资格、任用、待遇、考核、奖惩方面较为全面地考察了南京国民政府司法制度的人力资源,认为南京国民政府的司法,除了维护其统治之外,无可否认也有追求法律公正的目的。[①] 张仁善从司法官的薪金标准与普通文官、责任轻重相对比,认为南京国民政府时期的司法官待遇影响了司法官的工作积极性,降低了司法官的社会地位,一定程度上加剧了司法腐败,妨碍了司法机器的正常运转。[②] 尹伟琴依据《司法公报》和民国龙泉地方法院档案揭示了南京国民政府前期基层法官薪酬菲薄的现象,认为由此引起的负面影响是基层司法官员总体素质较低和审判独立成为具文。[③] 由于近代中国的法律及司法体制与大陆法系国家有着不解之缘,其中与德国法律的关系尤为密切,存在许多相似性,张仁善通过对中德法官资格及待遇的比较,认为近代中国与德国在司法体系上只是形似神异而已。法律制度的移植,不仅仅是制度程式的移植,更重要的是要把程式移植与培植适合一致的土壤相结合,如此才会有结果。[④] 法官的遴选及惩戒对保证司法公正及司法队伍的纯洁性起到一

---

① 赵金康:《南京国民政府法制理论设计及其运作》,人民出版社 2006 年版,第 249—295 页。

② 张仁善:《法律社会史的视野》,法律出版社 2007 年版,第 160 页。

③ 尹伟琴:《南京国民政府前期基层司法官薪酬考》,《学术界》2010 年第 1 期。

④ 张仁善:《法律社会史的视野》,法律出版社 2007 年版,第 183—205 页。

定的作用。李凤鸣对南京国民政府法官惩戒程序进行了研究。① 张培田在《近现代中国审判检察制度的演变》一书中,对南京国民政府检察官任免制度的变化有所描述,但缺乏原因的探究。②

2. 检察机构职权

检察权作为检察制度的核心问题,其运用及发展直接关系到检察制度的效能评价。检察权历史的检讨成为考察检察制度的重要视角。杜旅军以清末至民国时期的中国近代检察权的权力创设与演变为研究对象,力图以在国家宪政模式的多变背景下探讨检察权在国家层面的权力配置及权力全景为分析主线,揭示权力演变主旨中的宪政意义。③ 刘清生从现代化角度研究中国近代检察权,指出中国检察权的近代化过程艰难、不彻底,反映了中国检察制度发展的曲折以及传统力量的强大。④ 其博士论文《中国近代检察权制度研究》,将检察制度置于刑事司法的大系统之中进行分析,依此来阐述近代检察制度的引入背景、发展脉络,挖掘检察官与刑事警察、法院法官、监狱管理以及律师之间的职责分工和相互关系,探讨检察权制度顺利运行所设计的内部监督管理关系和外部行政保障制度,但就检察权制度变化的因素及原因探究较少。⑤ 张培田在《近现代中国审判检察制度的演变》一书中,对南京国民政府检察官职权的变化有所描述,但缺乏变化原因的深入探索。⑥

检察官作为国家公益代表,须代表国家行使诉讼职权,实现诉追主义。学术界通常关注的多为刑事诉讼。其实,检察官参与民事诉讼的案件也不在少数。检察官在民事诉讼当中,所参与的是特别诉讼程序——人事诉讼程序,主

---

① 李凤鸣:《南京国民政府法官惩戒程序研究》,《中南大学学报(社会科学版)》2014 年第2 期。

② 张培田、张华:《近现代中国审判检察制度的演变》,中国政法大学出版社 2004 年版,第280—281 页。

③ 杜旅军:《中国近代检察权的创设与演变》,西南政法大学 2012 年博士学位论文。

④ 刘清生:《中国近代检察权的检讨和启示》,《中国刑事法杂志》2009 年第4 期。

⑤ 胡旭晟:《序言》,载刘清生:《中国近代检察权制度研究》,湘潭大学出版社 2010 年版,第3 页。

⑥ 张培田、张华:《近现代中国审判检察制度的演变》,中国政法大学出版社 2004 年版,第280—281 页。

要表现为婚姻、亲子、禁治产和死亡宣告等案件的参与。谢冬慧对民国时期的人事诉讼程序的基本法理,人事诉讼程序的主要内容(适用范围、一般程序、特别程序),适用人事诉讼程序的几个特点,做了认真的梳理,但就检察官在民事诉讼中的作用缺乏论述。① 另有蒋永锵就南京国民政府限制检察官参与人事诉讼的原因作了分析。②

检察官在执行职权时,不可避免地要同审判机关、律师和司法警察发生关系,从以上三个方面可以窥探检察官职权的执行。张淑娟根据司法档案的记载,认为支撑近代侦查体制的是司法警察轮换制。这种制度一方面补充了检察官用法律纽带无法调动司法警察的不足,另一方面通过司法警察在不同环境下的工作,实现人力和技术上的互补,提高了司法警察的综合素质,从而使司法警察整体上作为一种活动的人力资源为司法警察官和检察官所共享。③ 桂万先对近代的审检关系进行了梳理,他认为在职权配置上,基于分权与制约的原则,近代中国审判与检察机关之间既有因控审分离的制度设计而相互独立的一面,又有出于防止司法滥权的目的而相互制约的另一面,其中尤以检察机关对审判机关行使职权活动的监督为重心。④ 郭正怀认为,1927 年 12 月国民政府公布的《各省高等法院检察官办事权限暂行条例》,明确了检察组织及职能的独立性,这是我国检察制度的一个重大变革,它不仅标志着新型审检关系确立,还是对中国传统刑事诉讼构造最为核心的突破。⑤

3. 司法党化

南京国民政府时期,国民党推行"以党治国",在司法领域,这一现实也凸显了出来。如何处理执政党与国家司法的关系,是中国现代司法制度构建过程中所面临的核心问题之一。侯欣一以南京国民政府为例考察了这一问题,他认为司法党化的推行在一定程度上降低了司法应有的功能和价值,同时也

---

① 谢冬慧:《民国时期人事诉讼程序考察》,《湖北社会科学》2009 年第 3 期。
② 蒋永锵:《南京国民政府时期检察制度的演变——以检察机构与检察权为中心》,华东政法大学 2011 年硕士学位论文。
③ 张淑娟:《档案与法律文本对比下的近代中国检警关系》,《山西档案》2014 年第 6 期。
④ 桂万先:《近代中国审检关系探析》,《学术研究》2007 年第 6 期。
⑤ 郭正怀:《民国时期审判制度研究》,湘潭大学 2010 年博士学位论文。

消解了司法机关的"隔离"作用,导致人民群众对审判的不满都直接转化和积累为对执政党的不满,把专业技术性的问题,变为普遍性的政治问题。它破坏了国家权力的合理架构,使国民党失去了一种制度性的纠错机制;不利于社会法治精神的确立。① 王奇生认为国民党执政,司法领域当中党化的表现是南京国民政府建立近代政党国家体制的必然要求。② 李在全考察了国民党司法党化的起始时间。他认为国民革命时期,司法逐渐被纳入国民党党国体制之中,开始"国民党化"。虽然倡导者徐谦由于政治地位丧失,其所主导的司法党化步入"绝境",但许多理念与举措被后来者继承。③ 另外,李在全在其著作《法治与党治——国民党政权的司法党化(1923—1948)》中认为,20 世纪 20 年代,孙中山及其领导下的国民党政权不断壮大,"以党治国"、"革命民权"等学说付诸实践,一种新型的全能主义党权政治在中国兴起。这种全能主义党权政治贯彻到司法领域,要求司法必须纳入"革命政党"的政治之中,司法党化正是顺合司法政治化诉求的体现。④

就司法党化与检察制度的关系探讨,杨树林以司法党化为主线,梳理了近代中国检察制度的变迁。他认为检察制度的司法党化是近代中国无法回避的一个历史事实。在国民党的政党生态下,检察权沦为国民党镇压政治异己、打击政敌的工具,以及党务人员和检察官谋取私利的工具。⑤ 杜旅军针对司法党化中的检察权进行了论述,他认为南京国民政府时期司法独立与检察权的权力行使并不存在天然的对抗关系。在国民党党治的全力推进下,司法党化带来的不仅仅是党义对检察官权力运行上的束缚,更重要的是检察权在权力

---

① 侯欣一:《党治下的司法——南京国民政府训政时期执政党与国家司法关系之构建》,《华东政法大学学报》2009 年第 3 期。
② 王奇生:《民国时期县长的群体构成与人事嬗递——以 1927 年至 1949 年长江流域省份为中心》,《历史研究》1999 年第 2 期。
③ 李在全:《徐谦与国民革命中的司法党化》,《历史研究》2011 年第 6 期。
④ 李在全:《法治与党治——国民党政权的司法党化(1923—1948)》,社会科学文献出版社 2012 年版。
⑤ 杨树林:《论近代中国检察制度的变迁——以司法党化为中心》,中南财经政法大学2013 年博士学位论文。

行使过程中对党的主张的盲从和检察权权力功能的异化。①

中国台湾地区,廖与人于 1982 年出版的《中华民国现行司法制度(上册)》梳理了台湾现行检察机构、司法人员任用、考核、奖惩等相关法律文本,对了解民国时期司法制度的流变提供了参考。② 黄源盛的《中国法史导论》,分析了民国时期法制的继承与新创,对南京国民政府时期"六法全书"的成型与实际进行了论述,就政权转替与法统的"变动性"问题,超前立法与"法教"问题,传统法律文化与近代法律思潮的"调和"问题,法治社会乖常现象与法律"在地化"问题指出了自己的看法。③

国外的中国法律制度研究,针对中国的传统法律研究较多,对民国时期法律制度研究较少。荷兰学者冯客研究近代中国监狱,在论及南京国民政府监狱改良时,他认为检察官在其间是起到作用的。④ 日本学者久保茉莉子以上海法院检察官为中心,探讨了检察官的配置、经历、办理案件情况,检察侦查、起诉和审判,认为民国时期检察制度得以存在,是由于两方面的原因:一是检察官对维持治安有贡献,二是为了撤废领事裁判权制度,中国政府必须实现包括检察制度的近代刑事诉讼。同时,她认为通过检察制度的实践,证实了该制度的重要性,而国家机关承担诉追主体的制度,以及诉追机关与审判机关分离的刑事诉讼方式,也逐渐渗透到中国社会之中。⑤

综上所述,学术界对南京国民政府时期检察制度的研究取得了一定成果,为后来学者的继续研究提供了研究视角和研究空间,并表现出以下几个特点:其一,检察制度中的检察权和检察官成为研究的核心,该方面的研究成果较多,讨论也最为深入,成为检察制度研究的主体内容。其二,形成了一些学术

---

① 杜旅军:《司法党化中的检察权》,《河北法学》2013 年第 1 期。

② 廖与人:《中华民国现行司法制度》(上册),台北黎明文化事业股份有限公司 1982 年版。

③ 黄源盛:《中国法史导论》,广西师范大学出版社 2014 年版。

④ [荷]冯客:《近代中国的犯罪、惩罚与监狱》,徐有威等译,凤凰出版传媒集团、江苏人民出版社 2008 年版,第 280 页。

⑤ [日]久保茉莉子:《南京国民政府时期地方法院检察官与司法员警》,载胡春惠、刘祥光主编:《2014 两岸三地历史学研究生研讨会论文集》,台湾政治大学历史学系、香港珠海学院亚洲研究中心 2015 年版。

增长点。除检察权和检察官之外,学术界还对南京国民政府时期的司法党化问题,检察机构同其他部门间关系进行论述,研究内容不断拓展。研究方法从单纯的法学之外,基于历史学、政治学的研究也有一定的进展。研究视域扩大,从以单纯的法学为主发展到政治史、文化史的综合性研究。

当然,南京国民政府时期检察制度的研究仍存在不足之处,主要表现在以下方面:

(1)结合中国实际论述检察制度的引进创设、改造、抵拒及存留等问题有待深化。以往学术界关于南京国民政府时期检察制度的研究,局限于对这一时期检察制度简单的概括梳理或某一方面的具体论述,而未就该论题放入中国近代社会转型的背景下,如何创设符合中国国情的检察制度进行过程研究。

(2)实证研究有待加强。文本虽是制度研究的基础,制约着制度运行,但作为与人们生活紧密相连的检察制度,如仅从法律文本考察则是难以窥其全貌的,难以将检察制度做一立体的刻画,从而给予客观的评价。因此,欲实事求是地评价检察制度,需要从法律实践着眼,需要将文本与制度运行相结合,考察检察制度的运行轨迹,考察与检察制度相关的诸多影响因素,并借助司法统计、司法档案来做实证分析。

(3)中国传统文化对检察制度的影响缺乏深入研究。清末司法改革时引进的检察制度毕竟不是中国土生土长的制度,其虽同中国传统的监察制度就某些监督内容有相似之处,但作为以控审分离为原则建立的司法机关同中国传统的监察机关拥有本质的不同,因此检察制度为中国社会所接受,是一个漫长的过程,受到各种因素的影响。作为与中国社会相伴生的影响人民心理、行为模式的重要因素,中国传统文化对外来制度融入中国社会起到重要作用。显然,对此学界研究不够。因此,中国传统文化对检察制度的影响还要做深入研究。

二、研究旨趣

(一)关于研究对象时间段的说明

1840 年以后,中国社会开始由传统社会向近代社会转型,中国的政治、经济、思想文化面临着无论其广度或深度都是前所未有的巨大变化。作为司法领域的巨大变革,司法权从传统的行政权中分离,司法独立成为人们追求的目标。这一时期以控审分离为原则,对审判制度进行监督的检察制度,亦被引进过来。从此以后,检察制度开始了在中国的艰难前行。在晚清处于初创时期,在北京政府处于发展期的检察制度,到了南京国民政府时期得到进一步改进和改造。南京国民政府时期检察制度在中国检察制度史上处于特殊地位。之所以将1927—1937年的检察制度作为研究对象,主要是基于以下原因:其一,这十年的检察制度是在全国政权较为统一,国家相对稳定、和平的环境下推行的,此种情况下更容易看到检察制度在全国的推行情况。其二,这十年是制度建设规模最大的时期。南京国民政府在这十年建成了六法体系,近代众多制度在这一时期成型。检察制度亦于这一时期在进一步结合中国实际情况后得以发展,逐步形成具有民族化特点的检察制度。其三,由于这一时期,南京国民政府时期党国体制,在司法领域贯彻党的意志,实行司法党化,从而使得南京国民政府时期检察制度具有了区别于民初的检察制度,具有鲜明的特点。但由于制度本身所具有的传承性,本书在论述某些方面内容时可能会前后延伸,特此说明。

(二)研究目的

本书运用历史学与法学相结合的研究方法,将法律文本的静态研究与制度运行的动态研究相结合,梳理南京国民政府检察制度的机构设置、检察官管理、检察机关职权、检察官履职时的司法关联等诸问题,分析影响检察制度的诸因素,旨在尽可能全面地呈现南京国民政府时期检察制度的运行轨迹,力图说明南京国民政府时期检察制度的历史价值。进而指出,由于现实的影响,该制度不可避免地呈现出制度与实践的反差、监督不力等历史局限性。

(三)资料来源

本书属于历史学研究,并关联法学、政治学等学科,涉及领域有思想、文化、社会生活等诸多方面。因此在资料的引用方面,除南京国民政府时期相关报纸杂志以及政治史资料之外,还有这一时期的相关法律文本、民刑案件等。总体而言,本书资料来源有以下几个方面:一是有关南京国民政府时期的资料汇编及司法档案,如田奇、汤红霞选编的《民国时期司法统计资料汇编》,殷梦霞、邓咏秋选编的《民国司法史料汇编》,南京图书馆编的《国民政府司法公报》,全国图书馆文献缩微复制中心出版的《民国法院文献史料汇编》和北京市档案馆及河南省档案馆所藏司法档案。二是关于这一时期的法律文本,如南京国民政府司法院参事处编的《新订国民政府司法例规》、徐百齐编的《中华民国法规大全》以及蔡鸿源主编的《民国法规集成》等。三是当时出版的相关报纸杂志,诸如《司法公报》《监察院公报》《立法院公报》《中华法学杂志》《法律评论》及各省的高等法院公报等。四是民国时期著名法律学者的文集,诸如《王宠惠法学文集》《杨兆龙法学文集》《为什么要重建中国法系——居正法政文选》等。此外,还有其他文件及国内外专家学者的研究成果,详见参考文献。

三、概念界定

本书所讲的检察制度是指下列内容:第一,指清末司法改革从外国传进来的、基于分权学说及控审分离原则建立起来的检察制度,而非古代的监察制度,并同南京国民政府时期基于五权分立所建立的监察制度有所区别。第二,本书研究对象不只是指写在纸本上的制度规定,还包括制度运行及其影响因素,即包括检察制度的来源、组织机构、检察官的管理、检察机关职权、检察官履职时所涉及的检审、检律和检警的关系以及相关因素对检察制度的影响等内容。第三,虽然这一时期,军事审判机关中亦设有检察官行使检察职权,但由于其地位的特殊性,与一般检察机关的设置、检察官的管理及职权的行使有别,限于篇幅本书暂不涉及该问题。

第一章　南京国民政府检察制度的
理论基础和制度设计

　　非中国土生土长的检察制度,清末司法改革时引入中国,在和中国本土制度结合以后,到南京国民政府时期继续发展和相对完善。南京国民政府时期的检察制度从制度来源说,取自法、德、日三国,并承继晚清和北京政府时期的检察制度;从理论基础说,来自分权学说和控审分离原则,结合当时中国的实际,三民主义中的社会本位学说影响了检察制度的相关立法工作;从法律来源说,由于取自大陆法系,没有独立成章的检察制度文本,检察制度相关的制度规定文本分散于当时主要的法律法规当中。

一、制度来源

　　就国外影响来说,南京国民政府检察制度设计主要来自大陆法系的检察制度,即远取法、德,近取日本;其有关检察机关的设置,检察人员的管理,检察机关的职权,以及检察官履职时所涉及的检审、检律、检警等关系架构的设计等大都取自于此。就国内继承来说,该制度主要承继晚清和北京政府时期的相关检察制度的改革成果。

(一)国外检察制度的起源与发展

1.检察制度在法国的起源

作为国家基本法律制度重要组成部分的检察制度,是人类社会发展到一定社会阶段的产物,特别是诉讼制度自身演变、完善的产物。尽管就检察制度法律监督的实质内容来说,中国古代就已产生,但作为现代意义上的与审判职能相对应而存在、以追诉犯罪为基本职能的结构形式而言,现代检察制度起源于法国。

法国早期历史表明,对犯罪的追诉来自被害人或其家属、家臣。当国王及其贵族的利益受到侵害时,则需雇用代理人代行追诉。最初这些人只是处理关于国王或诸侯本人权力的事件。随着王权的扩张,国家活动的范围逐渐增大,代理人开始逐渐插手过问关于国家利益及公共秩序一类的事件。14世纪初叶,他们成为正式的公务员,在组织方面亦渐有系统。不过他们在执行职务时,仍不失为国王的代表。17世纪下半叶,路易十四国王在位时,将国王代理人定名为总检察长,同时在各级法院下设检察官,他颁布各种条例,检察制度在条文上更有了明确的规定。

此时的法国检察制度同现在的检察制度存在某种渊源,但并非现代意义上的检察制度,这是因为在封建专制制度下,国王利益非国家利益,检察官代表国王,而非代表国家。其追诉的范围是涉及王室利益的案件,而不是涉及国家公共利益的案件;其追诉权伴随着国家纠问诉讼方式展开。由于封建国家控审不分,检察官的职权发挥不可能形成近现代社会对检察官监督等方面的限制,而更多表现为对法官审判的监督,非维护司法审判的相对独立性。由于处于不告也理的社会环境中,检察官的请求更容易受到法官的支持,不可能形成现代检察追诉犯罪唯在于伸张正义和维护社会公益的价值体系。①

现代意义上的检察制度,诞生于法国大革命以后。随着资产阶级革命的胜利,权力分立及权力制衡学说的影响,对被告人利益造成严重威胁的传统的集侦查、追诉和审判职能于一身的纠问式诉讼,迫切需要改变,须有第三方的介入以制衡司法官员所拥有的这种权力。检察官的存在为此种司法权力的分立及制衡提供了可能。正是历史的机遇,诞生了近代意义上的检察制度。

在法国,资产阶级共和国建立以后,国王的代理人转为共和国的代理人,1808年的《刑事诉讼法典》将侦查与追诉犯罪权授予皇帝代理人的检察官。

---

① 张培田:《检察制度本源刍探》,《中国刑事法杂志》2005年第5期。

与法典同时施行的有关司法组织的法律将检察机关组织调整成大约如今天所见的形态。其在司法行政上,具有监督警察、律师、执达吏、法院书记官等权限;在行政归属上,检察官要服从司法部长与检察总长的命令,如违背命令,须受到惩戒;在刑事诉讼上拥有下列权限:(1)指挥司法警察从事犯罪侦查,(2)提起公诉、维持追诉,(3)指挥监督预审推事,(4)执行裁判。在民事诉讼中,检察官对与公益有关的案件,具有审判时莅庭、监督审判的权限。近代检察制度中诉讼职能分立原则是基本的司法原则。该原则要求追诉权与审判权分离,并由不同主体承担追诉职能和审判职能。整个诉讼活动,检察机关承担着对审判权进行监督和制约的职能,以保证司法的公正。从以上形态可以看出,此时的检察制度已经具备了近代检察制度的框架,由此,近代检察制度得以确立。在司法制度中,检察机关与审判机关分庭抗礼,形成了一个专门的司法机关。①

2. 检察制度在德国和日本发展

深受法国大革命影响的德国,于 19 世纪中叶建立了仿自法国的检察制度。为使检察官更具有客观性,德国将在法国原属于行政官性质的检察官归类于非审判官的司法官,并使检察系统不隶属于行政机关,将其附设于法院,使检察官在刑事司法制度中居于"法律的看守人"的地位。② "所谓法律的看守人,是指法官在执行职务时,应严格遵守合法性及客观性义务,追求实体真实与实体正义。准此,检察官一方面须以实现国家法意志为依归,不应沦为统治者的传声筒,二方面检察官得且应同时为被告之利益及不利益活动,既不待被告之请求,也不受被告之拘束。"③正是由于这样的地位,检察制度对于确保刑事司法的公平与公正,保障人权,实现维持法治国家具有了历史性、社会性的意义。

明治维新时期,日本在从西方国家引进资本主义各项制度的同时,亦引进了检察制度。1873 年,日本邀请法国的波阿索那特参与民刑实体法和诉讼法

---

① 陈国庆:《检察制度原理》,法律出版社 2009 年版,第 50 页。
② 陈国庆:《检察制度原理》,法律出版社 2009 年版,第 51 页。
③ 林钰雄:《检察官论》,法律出版社 2008 年版,第 16 页。

的编纂工作,1880 年公布了带有明显法国色彩的治罪法。该法规定,公诉以证明犯罪、适用刑罚为目的,由检察官根据法律区别为之。就刑事案件来说,检察官的职权有以下四个方面:侦查犯罪,请求裁判官做犯罪的调查及法律的适用,指挥裁判所做出的判决或者命令的执行,在法庭上保护公益。该法采用由预审裁判官直接收集证据的预审制,使检察官侦查工作的重要性遭到忽视,与现行的检察制度具有显著差别。由于该法与日本国情存在距离,1890 年,日本又颁布了以德国法律体系为蓝本的《日本裁判所组织法》和《明治诉讼法》。根据裁判所组织法中规定,裁判所附设检事局,但是,检事局并非裁判所的从属机构。检察官的任职资格、官阶和薪俸都与裁判官相同,身份亦受到保障。其作为独立官署,主要的职权是,就刑事案件提起公诉,请求裁判所准确地适用法律,监视执行裁判;民事方面,可以请求通知与陈述意见;就裁判所所属或与之有关的行政和司法案件,作为公益代表人履行刑事法律上属于其职权的监督事务;在组织关系上,执行职务时,有遵从上级长官命令的义务,属于准行政的组织体制。① 由于中国检察制度直接取自日本,所以,近代日本的检察制度对中国影响很大。

正是经过法国、德国及在日本等国的发展,检察制度成为较为成熟的资本主义国家司法制度的重要组成部分。19 世纪的外国列强以中国司法行政不分、司法不独立为理由,强烈要求中国进行司法改革。面对西方的压力,清政府力图通过改革司法制度,收回领事裁判权。检察制度作为西方司法制度之一被引入中国,从而成为中国致力于近代司法发展的重要表现。

(二)检察制度的引进及初步发展

鉴于中国传统司法行政不分成为西方国家拒绝中国收回领事裁判权的理由,清政府力图通过仿效日本司法制度,引入检察制度的方式,实现司法权与行政权的分离,践行控审分离原则,推进司法独立。检察制度在经历了晚清的初创时期之后,在北京政府时期继续发展。

---

① 裘索:《日本国检察制度》,商务印书馆 2003 年版,第 4—5 页。

1. 晚清检察制度的引进

步入 20 世纪的清王朝，国家统治岌岌可危。迫于外界压力及维护自身统治的考虑，清王朝决定实行预备立宪。1905 年派遣大臣要员到日本、欧美各国考察政治。1906 年，出使大臣戴鸿慈、端方密奏清政府，就司法改革提出看法，认为司法与行政两权分立不相混淆是世界公理，各国奉为法则。就中国来说，行政官与地方人士交结较多，迁就瞻徇，在所难免，同时随着社会的发展，法律条文繁密隐晦，非专门学者不能得其深意。行政官员兼司法，势难将两事做好。并且中国传统州县以听讼为重要事件，往往案牍劳形，无暇认真思考，对众多政务造成影响。因此，建议政府"宜采各国公例，将全国司法事务离而独立，不与行政官相隶"①。1906 年 10 月清政府颁发"厘定官制谕"，明令"刑部著改为法部，责任司法。大理寺著改为大理院，专掌审判"②，采取并实践了司法与行政的分立。由于预备立宪是清王朝的既定目标，所以凡利于立宪，或某些制度为立宪之应有之义，则会被心悦诚服地接受。实际上，司法独立正是在这样的情形下，走入中国人的心中。此后，司法独立更成为大臣们的共识："近今世界文明国之法制，因谋司法独立，乃于司法行政与普通行政区而二之。盖使司法机关绝不受行政上之影响，而后能确然保其独立之地位，是为宪法上一大关键。"③"立宪政体，实以司法独立为初基，而独立之精神，先自组织完全之司法制度始。"④"宪法成立，英国最早。其精义在三权分立，而所以维持国内治安，则在司法独立。"⑤对于司法独立是否能在中国实现，大臣们则较少追究。

---

① 《出使各国考察政治大臣戴鸿慈等奏请改定全国官制以为立宪预备折》，载故宫博物院明清档案部编：《清末筹备立宪档案史料》，中华书局 1979 年版，第 379 页。

② 上海商务印书馆编译所编纂：《大清新法令》（点校本）第 1 卷，商务印书馆 2010 年版，第 39 页。

③ 《法部代奏会员考察各国司法制度报告书》，《国风报》第 2 年第 15 号，宣统三年六月初一，第 63 页。

④ 《法部代奏会员考察各国司法制度报告书》，《国风报》第 2 年第 15 号，宣统三年六月初一，第 62 页。

⑤ 《法部代奏会员考察各国司法制度报告书》，《国风报》第 2 年第 15 号，宣统三年六月初一，第 67 页。

出使大臣在考察外国司法制度时,检察制度亦在其考察之列。他们在向法部报告中,阐明了对检察制度的认识。第一,法国实行三级三审制,"凡审判不论民刑,检察官皆莅庭。"①德国则实行四级三审制,刑事案件检察官莅庭,民事则否。日本亦采用此种制度。第二,奥地利检察制度的特点是,"凡上诉案件,经大理院判决后,检察官以为不平允时,得发交起诉衙门,另行审理"②,权力甚大。第三,法德奥义俄并用检察及陪审官;英美专用陪审官;荷兰、日本专用检察官。第四,检察制度在于伸张国法。其职务为发觉犯罪,实行公诉,执行判决等。清王朝必须要做的是"使司法者确知检察之为用"③。第五,为达到有罪必发的目的,"检察官遇有搜查证据、逮捕人犯等事,无不指挥司法警察。"④第六,就检察官的培养,要同审判官一道"通判筹划,先行储备",待审判厅成立时,"有通晓法律人员,足资录用,庶不致悬缺待人,亦不使滥竽充数。"⑤由此可见,检察官对审判官行使监督,维护公权,具有侦查、发现犯罪和指挥司法警察的权力。如要培养检察官,须同审判官一道严格要求,成为清代官员对检察制度的最初理解。

在大臣要员们出国考察各国司法制度的同时,多名日本专家在中国教授外国检察制度。如冈田朝太郎、松冈义正、小河滋次郎和志田钾太郎。该四位专家讲述内容如下:冈田朝太郎主讲刑事诉讼方式与检察制度,检察制度的起源及检察制度的组织和权限;松冈义正主讲检察制度的发达及意义,检察官与民事诉讼相关问题;小河滋次郎主讲行刑与检察制度间的关系;志田钾太郎主讲检察制度与对外关系的联系等。以上各位专家的讲述对刚引进检察制度一

---

① 《法部代奏会员考察各国司法制度报告书》,《国风报》第 2 年第 15 号,宣统三年六月初一,第 67 页。

② 《法部代奏会员考察各国司法制度报告书》,《国风报》第 2 年第 15 号,宣统三年六月初一,第 69 页。

③ 《法部代奏会员考察各国司法制度报告书》,《国风报》第 2 年第 15 号,宣统三年六月初一,第 72 页。

④ 《法部代奏会员考察各国司法制度报告书》,《国风报》第 2 年第 15 号,宣统三年六月初一,第 86 页。

⑤ 《出使日本国考察宪政大臣李家驹奏考察日本司法制度折》,《政治官报》第 684 号,宣统元年八月初九日,第 8 页。

脸茫然的清王朝司法官员来说,无疑是起到了普及检察制度知识的作用。①

　　大臣们的考察及聘请法学专家的讲授,为清政府接受大陆法系检察制度、设计本国检察制度提供了系统的理论。此后,中国检察机关的设置及职权、人员选拔制度的规定无不受其影响。

　　中国将司法权从行政权中分离,实施司法体制改革,改变了中国沿袭数千年的司法机关的构成与职权实行方式。具体来说,清政府将刑部改为法部,掌管司法行政;大理寺改为大理院,作为全国最高审判机关。京师设高等审判厅、地方审判厅、初级审判厅。省城商埠同在一处的,设高等审判厅一所,不在一处的,商埠不设高等审判厅,余如省城之例。距离省城较远的,设置审判厅分厅,建立起四级三审制。与此相适应,各级审判厅各附设同等的检察厅。总检察厅附设于大理院内,掌理大理民、刑案内检察事务。高等检察厅附设高等审判厅内,掌理纠正同级审判。地方检察厅和初级检察厅附设于各级审判厅,掌管检察事务。就司法行政事务来说,实行检察一体原则,上级检察厅有直接或间接监督之权:总检察厅丞监督总检察厅及其下各级检察厅;高等检察长监督高等检察厅及所附置地方审判厅管辖区域内之各检察厅;地方检察长监督地方检察厅及所附置地方审判厅管辖区域内之各检察厅。② 这种不同于中国古代监察制度的检察制度,是在王朝预备立宪的思想指引下,引进西方政治制度的同时,为实现司法独立而引入的,对中国近代司法文明的发展,起到了重要作用。

---

　　① 据《检察制度》所载“序”中指出,“检察职务同僚多未谙习,临事每有龃龉,乃发起检察研究会于京师法律学堂。请修律大臣沈敦老,即以法律学堂教员担任讲演,都凡一月藏事于是。在京司法人员乃益谙知检察职务。”同时,在该书编纂例义中指出,“本编系丁未冬间,京师高等检察长徐季龙先生所发起,邀同京师地方一(以)下各级推检官,开检察研究会于法律学堂,延请日本法学博士冈田、松冈、小河、志田四先生,以一月至短之光阴,讲授刑事、民事、行刑、对外四种检察制度。”([日]冈田朝太郎、松冈义正、小河滋次郎、志田钾太郎口授,郑言笔述,蒋士宜编纂,陈颐点校:《检察制度》,中国政法大学出版社 2003 年版,“序”“编纂例义”)由此可知,1907 年,日本四位法学博士在京师法律学堂为京师推检官讲授检察制度相关论题,提高了这些推检官们对检察制度的认识。

　　② 《高等以下各级审判厅试办章程》,载闵钐编:《中国检察史资料选编》,中国检察出版社 2008 年版,第 10 页。

2. 晚清检察制度的初创

(1)检察机关的组织机构

1906 年和 1907 年,清政府出台了《大理院审判编制法》和《各级审判厅试办章程》,规定了大理院和京师的审判编制,组织机构及审判厅试办形式。依据《大理院审判编制法》,大理院在京直辖审判厅局有三,即京师高等审判厅、京师城内外地方审判厅、京师分区城谳局。凡大理院以下各审判厅局均须设有检察官,检察局附属该衙署内部。各检察局内须设置一定员数。①《各级审判厅试办章程》则规定了检察机关的补助机关为司法警察官、营翼兵弁、地方印佐各员。各级检察厅上下联为一体,不论等级高下、管辖界限,凡检察官应行职务均可由检察长官之命委任代理。②

依据《法院编制法》的规定,各审判衙门分别配置总检察厅、高等检察厅、地方检察厅和初级检察厅。大理院分院、高等及地方审判厅各分厅分别设置总检察厅分厅、高等及地方检察厅分厅。检察厅分别置检察官如下:高等检察厅置检察长一员,检察官二员以上;地方检察厅置检察长一员,检察官二员以上;初级检察厅置检察官一员或二员以上。初级检察厅,如果安排检察官二员以上,以资深人员为监督检察官,监督本厅的事务,如果只有检察官一员,该厅的事务则有该管地方检察长监督。总检察厅厅丞、高等及地方检察长分别监督各该检察厅事务。地方以上各检察分厅,如果设置检察官二员以上,以资深一员为监督检察官,监督该分厅的事务。同时该法还规定了检察厅的设立废止要依据法律规定,检察官的员额要有司法部呈准规定。③

以上晚清检察机关的设置,远师德、法,近仿东瀛,确立了检察机关的设置以及检察机关上下级之间监督的关系,奠定了此后中国检察机构设置的大致框架。

---

① 《大理院审判编制法》,《新民丛报》第 4 年第 14 号,光绪二十八年七月一日,第 111—112 页。

② 《高等以下各级审判厅试办章程》,载闵钐编:《中国检察史资料选编》,中国检察出版社 2008 年版,第 10 页。

③ 《法院编制法》,载闵钐编:《中国检察史资料选编》,中国检察出版社 2008 年版,第 15 页。

（2）检察官员的任用

为使封建官僚与新型司法官之间有一个较好的过渡和衔接,在《法院编制法》颁布以前,检察官不仅可从法律毕业生中选任,而且还可以从"长于审判或谙习检察事务"的旧官僚中选拔,这些官僚包括各司郎中、员外郎、进士拔贡等。① 因此,选拔标准不统一,造成检察官的选拔并非十分严格。《法院编制法》颁布以后,司法官的任用资格有了较为严格的规定。

首先,确定了考试任用司法官,并二次考试合格始能任用司法官的规则。依据《法院编制法》规定,推事及检察官,应依照法官考试任用章程,经过两次考试合格的人员,方准予任用。凡是在法政学堂三年以上领有毕业文凭的,可以参加第一次考试。在京师法科大学毕业及在外国法政大学或法政专门学堂毕业、经学部考试给予进士举人出身的,以经第一次考试合格论。第一次考试合格人员要被分发到地方审判厅检察厅学习,学习期满后,参加第二次考试后,方能作为候补推检听候补用。②

其次,确立了学习推检的制度。司法本有的实践性,非文本知识所能应付,唯结合具体实践,方能灵活运用。如此才有可能培养出高水平的司法人员。鉴于此,清政府规定,参加第一次考试合格人员,要被分发到地方审判厅、检察厅学习,时间为二年。学习期间,检察长要监督其品行性格,由该监督官要届时出具切实考语,以便鉴别。凡是在地方审判厅学习满一年以上的人员,可以由该厅监督官派令掌理特定的司法事务。学习人员期满后,应受第二次考试,合格人员方能作为候补推检分发地方审判厅、检察厅听候补用。③

最后,规定了检察官任用的禁止条件。检察官任用的禁止条件,包括禁止作为检察官的条件和已被任用为检察官不应具有的行为。前一点据《法院编制法》规定,褫夺公权、曾处 3 年以上徒刑或监禁、破产未偿债务的人员,不得

---

① 《京师审判检察各厅员缺任用升补章程》,《北洋法政学报》第 120 期,宣统元年十月下旬,法令一斑,第 2 页。

② 《法院编制法》,载闵钤编:《中国检察史资料选编》,中国检察出版社 2008 年版,第 17 页。

③ 《法院编制法》,载闵钤编:《中国检察史资料选编》,中国检察出版社 2008 年版,第 17 页。

为检察官;后一点该法表述为,检察官在职中不得为政党员、政社员及中央议会或地方议会的议员,检察官不得于职务外干预政事、担任报馆主笔及律师、兼任非本法所许之公职、经营商业及官吏不应为之业务。① 以上的法令规定,明显带有受资本主义国家司法制度影响的痕迹。一方面就检察官应有的素质和公德作了规定,另一方面为保持司法官清正廉洁的形象,切实贯彻了近代法治社会通行的"司法不党"的原则。

以上检察官的任用原则,通过考试选拔,实行学习推检制度和规定检察官任用的禁止条件,符合社会对检察官职业的专业化及职业素养的要求,大多为此后民国历届政府所继承。

(3)检察官职权

依照《高等以下各级审判厅试办章程》的规定,检察官统属于法部大臣,受其长官节制,相对于审判厅独立行使职务;其职权主要有八个方面:刑事提起公诉、收受诉状请求预审及公判、指挥司法警察官逮捕犯罪者、调查事实搜集证据、民事保护公益陈述意见、监督审判并纠正其违误、监督判决执行以及审核审判统计表。② 1909 年颁布《法院编制法》将检察官的职权分为两个方面:一、刑事,遵照刑事诉讼律及其他法令所定实行搜查处分、提起公诉、实行公诉并监察判断的执行;二、民事及其他事件,遵照民事诉讼律及其他法令所定为诉讼当事人或公益代表人实行特定事宜。③ 综合考察各种法律规定,清末检察官职权可以概括为以下几个方面:

其一,调度司法警察对刑事案件实施侦查。依据《检察厅调度司法警察章程》,检察官有权指挥下列司法警察人员:区长、区员、警务长、巡官、巡长和巡警。在对刑事案件实施侦查时,司法警察依据检察官的指挥或在一定条件下可以自为实施逮捕人犯、搜索证据、护送人犯、取保传人、检验尸伤和接受呈

---

① 《法院编制法》,载闵钐编:《中国检察史资料选编》,中国检察出版社 2008 年版,第 18 页。

② 《高等以下各级审判厅试办章程》,载闵钐编:《中国检察史资料选编》,中国检察出版社 2008 年版,第 10 页。

③ 《宪政编查馆奏定法院编制法并各项暂行章程》,《国风报》第 1 年第 6 号,宣统二年三月初一,第 85 页。

词等。案件证据的搜索须由检察厅知照司法警察查取,司法警察要将查取结果及时报告检察厅,如果是命盗重案现场取证,须由检察官莅勘,若移动现场物品,应先拍照绘图,报检察官诣勘。除现行犯外,逮捕人犯时,司法警察须持有检察厅签发的逮捕厅票。为免除人犯逃匿或湮灭罪证情事的发生,司法警察在请示该管长官之后,也可以先行逮捕人犯并将口供录送检察厅。司法警察侦办案件过程中需将案件的赃款、赃物随案移交检察厅,被告的取保候审由检察厅知照警署办理。

其二,提起并实行公诉。由于中国检察制度取自大陆法系,检察官作为公益代理人,因此提起并实行公诉的权力归于检察官。通常来说,案件在侦查完毕,检察官认为可以提起公诉的,要向审判厅提起,审判厅不能无故拒绝。案件审判时,检察官要履行莅庭的责任和义务。就一审和二审的判决结果,检察官认为认定事实或适用法律不当时,可以予以上诉。

其三,监督权。此监督权包括对审判厅的监督和对刑罚执行的监督。对审判厅的监督有时与检察官实行公诉的权力同时履行。检察官的莅庭、上诉,以及列席审判厅会议可以看成是对审判厅实施监督权。检察官列席审判厅会议的内容包括:第一,高等检察厅检察长或地方检察厅检察长列席同级推事总会,并陈述意见;第二,高等检察厅检察长在每年三月召开的推事总会议中,针对下级审判厅就上年办事成绩报告,有评议的权力;第三,地方检察厅检察长有责任在每年正月将该级审判厅及该管内之初级审判厅所有上年办事成绩及随时矫正之法,开具详明事实呈报高等检察厅检察长;第四,高等检察厅检察长在每年三月高等审判厅开总会议时,对该管内下级审判厅上年办事成绩及随时矫正之法有演述权,并将演述笔记申报法部或提法使的权力。① 对刑罚执行的监督,《高等以下各级审判厅试办章程》规定,"凡判决之执行由检察官监督指挥之。"②检察官对判决执行的监督表现为对死刑执行的监督和对非死

---

① 《法部奏编定京外各级审判检察厅办事章程拟请颁行折并单》,《国风报》第 2 年第 12 号,宣统三年五月初一日,第 78—79 页。

② 《高等以下各级审判厅试办章程》,载闵钫编:《中国检察史资料选编》,中国检察出版社 2008 年版,第 11 页。

刑执行的监督。对已经交付的非死刑的执行情况,高等及地方检察厅的长官得巡视该管下级检察厅及所在监狱,并向法部呈报巡视情况。①

清政府继受西方法制而引进检察制度,顺应了历史的发展趋势,其司法独立、司法与行政的分离、司法内部起诉权与审判权的分离,使得近代司法文明的曙光开始照进这个尘封已久的中华帝国,虽然这里的人们还未适应,但检察制度旺盛的生命力必将注定要在中华大地扎根并逐渐扩展其适用的地域。

3.北京政府时期检察制度的初步发展

清王朝的推翻,中华民国的建立,此种翻天覆地的变化,并非意味着丢弃传统,全新开启新时代。社会的联系,并非随着政权的更迭而被切断。由于刚刚建立的政权需要巩固,社会生活仍需法律予以调试,民国政府基本沿用了清末修律成果。司法独立作为资产阶级共和国所遵循的三权分立原则的应有之义,亦为民国政府所奉行。检察制度作为司法独立的主要内容,亦被保留下来。但由于现实条件的影响,北京政府又不断对检察制度加以补充、调整,表现为在原有检察制度的基础上,或扩张检察机关的活动范围,或限制其某些职权,使其职能变化趋向更具体,虽局限于对刑事案件行使职权,但权限又不断扩张,具体情况如下:

(1)检察机关的设置和变更

这一阶段的检察机关设置和变更表现为初级检察厅的裁撤以后,县知事兼理检察和建立地方分庭与司法公署并置检察官。1914 年,袁世凯当政,对清末以来的四级三审制实行调整,撤销了全国三分之二的地方审检厅和全部的初级审检厅,实行三级三审制。这些地方的民、刑诉讼案件,均由县知事兼理,或设审判处管辖。县知事享有检察官的权力。传统的司法与行政权在新时代又重新回归,控审分离又重新合二为一。如《增订检察厅调度司法警察章程》明确规定,"凡未设审检厅地方之县知事准用本章程关于检察官之规定。"②为调整由

---

①　《法部奏编定京外各级审判检察厅办事章程拟请颁行折并单》,《国风报》第 2 年第 12 号,宣统三年五月初一日,第 79—80 页。

②　《增订检察厅调度司法警察章程》,《政府公报》1914 年第 686 期,1914 年 4 月 5 日,第 2 页。

于废除初级审判厅和检察厅造成的地方各县司法审判和刑事检控的失控状态,段祺瑞执政期间,恢复初级检察厅的建制,重新建立四级三审制,并于1917年4月颁行《暂行各县地方分庭组织法》①,在各地设立地方分庭或司法公署,并于地方分庭内置检察官,司法公署内检察事务则由县知事办理和负责。此种建制至1928年未有大的变化。

此外,检察机关的变化在于军事检察机关的设置,表现为在陆军和海军中设立检察官。陆军军事检察官由宪兵军官和军师旅副官充任,海军检察官由海军部副官各司令副官、海军局所警察官巡队长、海军监狱官等充任,负责侦查逮捕一切犯罪军人及与军队有关的人员,核定罪证,认定犯罪性质,送至审判机关。

检察机关除了纵向有级别之分,在每一级机关内部,由于工作性质不同,也分有不同部门,并受检察机关级别的影响,在部门的名称上略有差异。如京师高等检察厅设有书记室,以书记官长及书记官组织之,其分为文牍科,掌收发文件,拟缮文件典守印信及其他不属于各科之重要事宜;记录科,掌诉讼上一切录供编案事宜;统计科,掌编制统计表及其他表类;会计科,掌经费之收支,保管并编制概算预算决算及一切庶务。京师地方检察厅分总务处、侦查处、执行处、简易起诉处和书记室。总务处负责签收案件,清查赃款赃物,提查人证、物证并加以妥善看管保存和其他杂项;侦查处检察官,负责侦查事宜,并执行公判莅庭职务;执行处检察官管理执行事宜;简易起诉处则在受领案件后,由检察官依照程序立即办理简易案件;书记室书记官长依检察长之命,指挥监督书记室事务及处理全厅行政事务。其下亦分为文牍科、记录科、统计科和会计科。

(2)检察人员的规范管理

民国初年对晚清检察官管理制度上的继承,是在删除了与民国精神相违背的东西后完成的,相对来说较为简单粗略。从1915年开始,北京政府相继

---

① 该法规定:"凡已设地方审判厅地方得于附近各县设立地方分庭,……其未设地方分厅及地方分庭各县,应设立司法公署",地方分庭内"配置检察官一人或二人,如置推事检察官二人,以资深者一人为监督推事监督检察官,监督该分庭行政事务"。见《暂行各县地方分庭组织法》(1917年4月22日),《司法公报》1917年第76期,1917年5月31日,第1—2页。

出台了一系列法规①，使检察官管理制度日趋完备。

就考试资格来说，将司法官考试纳入文官高等考试的范围。除法律相关专业人士可以参加考试之外，具有相当于法律三年制专科毕业学历，由司法总长保送、批准者，兼有一定司法实践经验的人员也可以参加考试，如曾充推事或检察官继续办理审判或检察事务三年以上者，曾充法部秋审要差确有成绩者，曾任前清督抚臬司等署刑幕五年以上，品学夙著，经该署官长或荐任以上京官证明者。② 这些法条的规定，一方面继承了晚清司法官通过考试入行的原则，保持检察官后备队伍必须具有较高水准的文化知识，或具有丰富的司法实践经验；另一方面则考虑到了在不同时代人员的继承性，从而为检察制度在中国的软着陆，提供人员支持。

就奖惩制度来说，北京政府制定有《司法官惩戒法》，该法规定了检察官应被惩戒的行为、惩戒处分的种类及执行惩戒的机关等③，使国家对检察官的管理走向规范化、正规化的轨道，对引导检察官工作努力的方向，起到良好的指向作用。

（3）检察机构职权的变化

这一时期检察官职权的变化表现为检察官起诉权的增强与受限。具体来说，在刑事案件简易程序中权力增强。为更加迅速地处理案件，减少积案的数量，减轻人民诉累，北京政府先后颁布《地方审判厅刑事简易庭暂行规则》《审检厅处理简易案件暂行细则》和《处行命令暂行条例》。依据这三个法规的条文规定，检察官在刑事案件当中，具有认定案件是否属于简易案件，并按照简易案件程序审理案件的认定权。这种认定权对简易案件是否判刑及量刑的幅度起决定性的作用。因为案件虽有检察官起诉于简易庭，但条文规定，审判官

---

① 这一时期出台的法令有《文官高等考试令》(1915 年 5 月)、《司法官考试令》、《简任法官资格》(1915 年 7 月)、《司法官惩戒法》(1915 年 10 月)、《司法官官等条例》(1918 年 7 月)、《司法官官俸发给细则》(1918 年 8 月)、(法官升转暂行规则)(1922 年 5 月)。

② 《关于司法官考试令第三条甄录规则》(1915 年 9 月 30 日)，《司法公报》1915 年第 42 期，1915 年 10 月 15 日，第 22—23 页。

③ 《司法官惩戒法》(1915 年 10 月 15 日)，《司法公报》1915 年第 44 期，1915 年 10 月 30 日，第 12—17 页。

对检察官起诉的案件,要在一个小时内开庭审理。"简易庭推事自配受案件至谕知判决,不得逾二日。"①在如此短的时间内,审判官根本没有时间对检察官提出的理由与根据进行认真的核查,基本上是依据检察官的认定来定罪量刑。因此,刑事简易庭的设置及检察官被赋予的新权力,使得检察官对简易案件具有决定权,在案件的审判中处于主导位置,案件的走向基本上按照检察官所指引的方向发展。但就一般诉讼程序刑事案件的起诉范围,法律又对检察官进行了限制。如这一时期,扩大了自诉案件的范围:妨害个人、集团的安全、信用、名誉的犯罪,泄露机密罪,强奸罪,必须由被害人自诉,如不自诉,则不予追究。相对于晚清的刑事案件,因被害人告诉,他人告发,司法警察官移送或自行发觉,皆由检察官提起公诉的规定,北京政府时期检察官的起诉权受到了限制。

为加快案件的处理,北京政府还赋予检察官就某些案件提出声请,不经审判径行处罚的权力。如《处刑命令暂行条例》规定,地方审判厅简易庭对五等有期徒刑、拘役或罚金的案件,因检察官声请,可以不经审判,径以命令处刑。② 这无异于给检察官提供了支配审判,任意处置人犯的依据,为检察机关干预审判、违背审判机关独立审理案件和司法机关相互制约原则的行为披上了合法的外衣。

对审判的监督,除检察官可以就一审、二审判决认为认定事实或适用法律不当,可以予以上诉外,检察官对审判权具有一定的干预权。如对地方审判厅第一审刑事案件预审时,推事应征询检察官的意见,检察官应在三日内向审判机关提出意见书。

检察机关通过预审及对审判的干预,对刑事案件的审判结果产生相当大的影响,有效地牵制了审判机关的活动,对全面系统地贯彻法律,促使司法公正,推动中国司法发展产生了积极作用。

作为民事案件的诉讼当事人和公益代理人参与民事诉讼是晚清法律赋予检察官的权力,但只适用于法律明定的特定事宜。北京政府时期,就检察官的

---

① 《地方审判厅刑事简易庭暂行规则》,《法学会杂志》第 2 卷第 1 号及第 2 号,1914 年 7 月 15 日,法规,第 2 页。

② 《处刑命令暂行条例》,《司法公报》1920 年第 127 期,1920 年 11 月 30 日,第 23 页。

这一权力有着更明确规定：对没有明确规定需要检察官代理的民事案件，检察官自然可以毋庸代理。强调检察官的主要职权范围局限于刑事案件中活动。《民事审判中发现刑事犯应通知检察厅饬》规定，"查官吏于执行职务时，发现犯罪，应负举发义务，本为刑事诉讼通例。嗣后，民事审判中发现刑事案件时，该审判衙门应即于本案进行中或判决后，函送同级检察厅核办。"①从而证明，检察机关的职权主要实行于刑事案件，对一般的民事案件不能参与。

在中国由传统社会向现代社会的转型过程中，面临内外压力的清政府，急切地想要摆脱困境，它以西方国家为师，师夷长技以制夷，首先从器物入手学习，认为学习了西方技术就可以强大帝国。中日甲午一战，以技术强国的想法落空，清政府又迫不及待地将目光转向西方制度。由于日本明治维新的示范效应及中日在国体上的相似性，日本的西方制度转而成为中国的学习模板。在清王朝面临收回法权的巨大压力，力图司法改革时，日本的检察制度作为西方司法制度的一部分而被引入中国。伴着追求司法独立的目标、司法权从行政权剥离的过程，检察制度亦被植入中国的司法系统中。在国人仍习惯于受害人自诉的诉讼模式时，将人们该权力剥夺而授予所谓国家公诉人的检察官，无疑会引起轩然大波和出现水土不服的状况。该制度面临着如何适应中国国情，如何调适的问题。但由于该制度本身的先进性，符合现代司法诉讼原则及现代社会发展的需要，晚清、民国政府对其不断调适，该制度逐渐为人们所接受。承继了北京政府的衣钵，南京国民政府依据孙中山的建国思想对既往制度或改造，或保留，或废除，以适应新形势的国情需要和政治需求，检察制度亦概莫能外。检察制度在机构设置、人员管理、职权行使等方面，在继承北京政府的基础上，又走向新的阶段。

二、理论来源

检察制度虽在法国较早产生，但现代意义上的检察制度是在法国大革命

---

① 《民事审判中发现刑事犯应通知检察厅饬》，载闵钐编：《中国检察史资料选编》，中国检察出版社 2008 年版，第 38 页。

后,依据政治学的分权原则和司法权中控审分离原则建立起来的。检察制度被引入中国以后,在南京国民政府时期,由于国家政治体制实行党国体制,国民党党义成为国家的指导思想。三民主义中的社会本位思想成为立法思想,对检察机关职权的框定产生影响;与此同时,国外法社会学思想的传入,亦影响检察制度相关法律的制定。

(一)西方分权学说

中国传统社会国家权力高度集中,法律不过是统治者实现安邦定国的政治手段,其首要职能是制裁危及君权和政权的行为,其次才是解决民间纠纷,因此法律是君主统治的附庸,司法活动是国家行政活动的一个组成部分。在这样的环境下,不可能产生独立的司法权,更谈不上有独立的司法制度。作为司法制度重要组成部分的检察制度,更不可能在中国产生。近代意义上的检察制度起源于西方,它是随着国家内部权力的分工及司法权的独立而形成的。伴随着晚清司法改革,检察制度引入中国,司法权实现了同行政权的分离,司法权内部的控审分离,为近代中国司法的发展起到了重要作用。因此,提到中国检察制度不能不从分权学说谈起。

由于东西方社会环境的不同,权力分立与权力集中在国家结构中的表现形式不同。西方国家多权力分立,东方国家多权力集中。权力分立的概念早在古希腊时期,著名的思想家亚里士多德就已经提出,他指出政体要有三个要素或三权作为构成基础,即审议权、行政权和司法权,一个优良的立法家只有在建立一套政体时,必须考虑到每一个要素,使每一个要素都组织得很正当,全部政体亦会组织得很正当。[①] 此著名的政体三要素论,虽同近代之三权分立不尽相同,却是近代权力分立学说的渊薮。

古罗马波里比亚斯继承发展了亚里士多德的政体三要素论,他在《罗马史》中提出国家权力相互制衡的理论。他将罗马的政权分为三部分,代表君

---

① [古希腊]亚里士多德:《亚里士多德的政治学》,淦克超译,台北水牛出版社1968年版,第173页。

主势力的执政官、代表贵族势力的元老院和代表人民势力的平民会议。他认为任何一部分过重,都会影响政体的平衡,只有三者相互制衡,才能避免政体遭受破坏。

西方的分权理论的再次提出是在资产阶级革命时期。英国洛克和法国孟德斯鸠的学说奠定了这一理论的基础。17世纪时,为了防范政府滥用权力侵害人民自由,洛克提出,每个国家都有三种权力,立法权、执行权和对外权。在这三权中,立法权是与执行权分开的,立法权为国家的最高权力,由国会掌握。而执行权和对外权本身虽有区别,但很难分开,"如果执行权和对外权掌握在可以各自行动的人的手里,这就会使公共的力量处在不同的支配之下,迟早总会导致纷乱和灾祸。"①如此,他主张的并非完全的三权分立,倒有两权分立的倾向,同时,其三权中并没有近代意义上的独立的司法权,与近代三权分立学说仍然有一定距离,但就国家政权进行分权的主张确是无疑的。

第一次完整提出并系统阐述三权分立与制衡理论的是18世纪法国启蒙思想家孟德斯鸠。在《论法的精神》中,孟德斯鸠借鉴洛克的分权理论,提出权力制约权力的理论和三权分立的主张。他认为,"一切有权力的人都容易滥用权力,这是万古不易的一条经验。有权力的人们使用权力一直到遇有界限的地方才休止。""从事物的性质来说,要防止滥用权力,就必须以权力约束权力。"他提出每一个国家都有三种国家权力,即"(一)立法权力;(二)有关国际法事项的行政权力;(三)有关民政法规事项的行政权力。依据第一种权力,国王或执政官制定临时的或永久的法律,并修正或废止已制定的法律。依据第二种权力,他们媾和或宣战,派遣或接受使节,维护公共安全,防御侵略。依据第三种权力,他们惩罚犯罪或裁决私人讼争。我们将称后者为司法权力,而第二种权力,则简称为国家的行政权力。"②

他认为一个公民要享有政治自由,以上三种权力必须由不同的国家机关分别掌握和行使,并应互相制衡,"当立法权和行政权集中在同一个人或同一

---

① [英]洛克:《政府论》(下篇),叶启芳、瞿菊农译,商务印书馆1996年版,第91页。
② [法]孟德斯鸠:《论法的精神》(上册),张雁深译,商务印书馆1961年版,第154—155页。

个机关之手,自由便不复存在了;因为人们将要害怕这个国王或议会制定暴虐的法律,并暴虐地执行这些法律。如果司法权不同立法权和行政权分立,自由也就不存在了。如果司法权同立法权合二为一,则将对公民的生命和自由施行专断的权力,因为法官就是立法者。如果司法权同行政权合二为一,法官便将握有压迫者的力量。如果同一个人或者由重要人物、贵族或平民组成的同一个机关行使这三种权力,即制定法律权、执行公共决议权和裁判私人犯罪或争讼权,则一切便都完了。"①孟氏通过以上的论述,将三权进行严格的界定,阐明了三权相互制约的必要性,并第一次将司法权从国家权力体系中独立出来,对后来许多国家的政治思想家产生了深刻影响。

孟德斯鸠所提出的模式是三种权力应该由不同的机关掌握。司法权应由选自人民阶层中的人员,在每年一定的时间内,依照法律规定的方式来施行,由他们组成一个法院,它的存续期间要看需要而定。法官应与被告人处于同等的地位,或者说,法官应该是被告人的同辈,这样,被告人才不觉得他是落到倾向于用暴戾手段对待他的人们的手里。立法权应由人民集体所享有,因为它代表国家的一般意志。行政权应该掌握在国王手中,因为政府的这一部门几乎时时需要急速的行动,所以由一个人管理比由几个人管理好些;反之,属于立法权力的事项由许多人处理,则比由一个人处理要好些。②

三权分立思想对资产阶级国家的法律制度提供了权力运行的原则和模式,在西方社会引起了巨大震撼,创造了深远的历史意义。《人权宣言》和《独立宣言》成为最早引入该学说的西方国家的法律制度典范。西方国家在建立新的国家体制中,将立法权、行政权和司法权分别赋予议会、总统、法院。三个机关法律地位平等,各自独立享有权力。与传统不同的是,司法权从行政权中剥离,与其享有并列的地位,并得到宪法的保障,在实践中发挥重要作用。三权分立理论所遵循的分权制衡原则,为司法权中控审分离原则的确立奠定了基础。

---

① [法]孟德斯鸠:《论法的精神》(上册),张雁深译,商务印书馆 1961 年版,第 156 页。
② [法]孟德斯鸠:《论法的精神》(上册),张雁深译,商务印书馆 1961 年版,第 158—160 页。

封建时代盛行的纠问式诉讼模式,使国家机关具有强大的追诉权,法官集侦查、控诉、审判三权于一身,这种自侦自查基础上的自诉自审,导致严重的控审职能不分。此情形下的被告人毫无个人权利可言。著名法学家拉德布鲁赫对此评论:"纠问程序的功绩在于使人们认识到追究犯罪并非受害人的私事,而是国家的职责。其严重错误则在于将追究犯罪的任务交给法官,从而使法官与当事人合为一体。如果说此前的控告程序依循的是'没有人告状,就没有法官',此时根据纠问程序的本质,则允许在没有人控告的情况下,由法官'依职权'干预。如果说过去的控告程序是在原告、被告和法官三个主体之间进行,则纠问程序中就只有法官和被控人两方。被控人面对具备法官绝对权力的追诉人,束手无助。对纠问程序适用的谚语是'控告人如果成为法官,就需要上帝作为律师'。"①因此,为保证司法公正,保障人权,需要将控告权力从法官手中剥夺。随着司法独立从理论到实践的转变,在司法权力系统内部,刑事司法权力的配置也从集中走向分立。国家专门设立检察官,由检察官行使控诉职能,法院专司审判,非检察官提起诉讼,法官不得主动开启审判程序。法官不得将检察官未起诉的对象,作为审判的对象。审判与控诉由此分离,实现了控审间的制衡。控审分离为辩护职能的产生提供了空间,被告人的诉讼主体地位得以确认,辩护职能得以确立,以控、辩、审三大诉讼职能良性互动为基础的现代刑事诉讼结构得以塑成,控审分离由此亦成为现代刑事诉讼的基本结构特征和组合原理。

南京国民政府秉承孙中山建国理念,在三权分立的基础上,实行立法权、行政权、司法权、考试权和监察权的五权并立。三权、五权虽有所不同,但其存在基础都是分权原则。因此,检察制度存在的理论基础与南京国民政府所秉承的建国理念是统一的,并行不悖的,这就为检察制度在南京国民政府的存在及发展提供了前提条件。

(二)社会本位思想

1905 年在考察了西方国家的政治理论之后,孙中山提出民族、民权和民

---

① [德]拉德布鲁赫:《法学导论》(修订译本),米健译,商务印书馆 2013 年版,第 171 页。

生的三民主义。所谓的民族主义是指驱除鞑虏,恢复中华,推翻清王朝的统治,建立民族独立的中国;民权主义是指创立民国,即要推翻清王朝的君主专制统治,建立资产阶级共和国。民生主义是要平均地权,即通过核定地价,按价收税,增加国家收入,从而实现土地国有的目的,继而达到国富民强的目的。其三民主义的提出是着眼于整个国家、整个民族、整个社会的利益,而非个人的一己之私利。胡汉民解释道,"总理于'民'的观念,一定要说是'有组织的众人才是民',于'权利'的见地,一定要说是'民权'而不说'人权'。民与民权,都是因社会的生活,民族的生存,与国家的存在而确立的。"①南京国民政府时期,以胡汉民为首的立法者们具体提出了社会本位、民族本位、国家本位的三民主义立法理论。② 该思想作为立法指导思想时,表现为在国家、社会利益与个人利益之间,重视国家利益、社会利益的价值取向。西方文化传统以个人利益为出发点所确立的个人本位的法律制度在 19 世纪末 20 世纪初暴露出越来越多的弊端。胡汉民认为以个人为本位的欧美法律制度,不适用于中国三民主义的社会。就历史上立法的趋势来说,三民主义的立法是社会的,是异于历史上的立法精神和今后的趋势所在。三民主义的立法原则,是以社会的共同福利,以民族的共同福利为法律目标的。"三民主义认定法律之所以为必要,在于能够保障社会全体的利益。个人所有的权力是为社会生活和民族生存而有的。"③这种以社会本位为指导思想的三民主义立法原则,在指导法律的制定时,关注社会的整体利益,而非将个人利益放在第一位。

同时,就当时社会来说,社会本位立法思想的确立,亦有世界法社会学的影响。20 世纪 20—30 年代,国民政府注重法制建设,注重向西方学习,注重政治学、法律学和社会学的研究,这就为西方法社会学在中国的流传奠定了坚实的基础。这一时期涌现了一批知名法学家和司法者:诸如吴经熊、陆鼎揆和

---

① 胡汉民:《三民主义的立法精义与立法方针(续)》,《建国》1929 年第 36 期,1929 年 1 月 26 日,第 8 页。

② 朱勇:《中国法制通史》(第九卷,清末·中华民国),法律出版社 1999 年版,第 607 页。

③ 胡汉民:《三民主义的立法精义与立法方针(续)》,《建国》1929 年第 36 期,1929 年 1 月 26 日,第 9 页。

张知本等学术名家。他们或翻译、或阐发、或将西方的法学原理与中国本土文化结合,促使法社会学在中国的流行。这一时期成为中国研究法社会学的第一个高峰期①,从而对中国法律思想产生影响。王宠惠曾在《二十五年来中国之司法》中叙述中国法律思想变迁时指出:"欧战以后,世界经济变迁剧烈,社会现状,偏畸日甚,平民生活之困难,阶级斗争之防止。昔日以个人主义为根据之法律,至今日乃不能不以社会为本位。各国新订法制,权利多趋于社会化,契约多趋于集合化。职是故也。流风所播。我国亦不能自外斯例。"②法社会学给中国法学思想带来的变化促使中国法学从倡导个人绝对权力向保护社会利益的方向发展。中国"国家社会本位"原则的确立,正是这种转变的结果。③将社会利益放在第一位,成为这一时期立法的方向。

以社会本位为立法原则,在南京国民政府时期的立法中对检察制度的影响表现为,检察官从传统的参与人事诉讼程序中撤出,同时缩减检察官参与自诉的范围,增加检察官对自诉案件的监督,让检察官将更多的精力放到检举的环节中,等等。就检察官参与人事诉讼来说,是在中国引进检察制度的时候,结合中国重视家庭的实情而一并实施的。在晚清及民国初期,中国传统社会虽在崩裂之中,但传统势力依旧强大,婚姻事件、嗣续事件、亲子关系、禁治产事件对传统的中国来说,确实是事关公益之事。但随着社会的发展,日益增多的刑事案件,国家需要将更多的精力放置于将整个社会作为对立面的刑事案件上。为维护社会的整体利益,作为国家代理人的检察官应该以更多的力量投入社会公益相关的刑事案件中。1932年的民事诉讼法中,检察官退出了人事诉讼领域。就增加检察官对自诉的监督来说,检察制度引入以后,将诉讼的权力赋予了国家代理人检察官,相当大程度上剥夺了人们诉讼的权力,国人接受起来较为困难,并在一定程度上成为人们废检的口实。因此在1928年、

———————

①　汤唯:《法社会学在中国——西方文化与本土资源》,科学出版社2007年版,第54—56页。

②　王宠惠:《二十五年来中国之司法》,《中华法学杂志》1930年第1卷第1号,第186页(该期没有出版日期,1930年的出版日期乃据其第2卷为1931年推断而来)。

③　汤唯:《法社会学在中国——西方文化与本土资源》,科学出版社2007年版,第67页。

1935 年刑事诉讼法中规定自诉的范围不断扩大,检察官的公诉权相对减小。与此同时,法律则规定了检察官有担当自诉和协助自诉的权力和义务。之所以如此,其原因在于这一时期的法制思想以社会利益为本位,如果刑事自诉案件,任其随意撤回起诉,流弊甚多,有可能在对自诉人造成伤害的同时,亦对社会公共利益造成损害,不起诉嫌疑人,不足以打击犯罪,但如果不许受害人撤回诉讼又于理不通,因此,这种情况下就需要发挥检察官的作用,利用检察制度以救弊补偏。

三、制度设计

同中国的其他许多政治法律制度一样,检察制度同样也是舶来品。晚清在司法改革时,由于是从德、日引进的大陆法系模式的检察制度,没有专门的检察制度法,有关检察制度的内容散见于不同法律条文中。因此,南京国民政府受此影响,有关检察制度的各项制度规定,亦散见于不同法律文本中。从时间上分,南京国民政府时期有关检察制度的相关法规分别来自北京政府时期检察制度相关法规以及政权建立以后颁行的法律法规,而在制度的设计过程中,法界人士起到了重要作用。

(一)制度设计的法律基础

1.北京政府时期检察制度相关法律

依据 1927 年 8 月 11 日国民政府发布的命令,"一应法律待用孔亟,在未制定颁布以前,凡从前施行之各种实体法诉讼法及其他一切法令,除与中国国民党党纲或主义或与国民政府法令抵触各条外,一律暂准援用。"①符合上述规定的北京政府时期检察制度相关的法律制度,在南京国民政府时期仍然适用。这些法令重点包括《法院编制法》《刑事诉讼条例》《民事诉讼条例》等。

---

① 《令司法部为暂定适用法律范围暨筹设最高法院筹办编订法典各办法由》,《司法公报》1927 年 12 月 15 日,创刊号,补录,第 11 页。

宣统元年十二月二十八日奏准的《法院编制法》于 1915 年 5 月重刊,该法对检察厅的设置、人员的配备、检察官的职权、各级检察厅及检察官间关系、检察官的任用、检察官待遇等方面作了规定。直至 1935 年南京国民政府颁布施行《法院组织法》时,该法才宣布退出历史舞台。《刑事诉讼条例》是关于刑事案件审理的程序法,亦是检察官职权行使时的依据。该法对检察官在侦查、提起和实行公诉、监督执行等方面作了具体的规定。除刑事诉讼之外,检察官对某些法律规定的特定事宜,诸如特殊诉讼程序中的人事诉讼程序,亦应行使职权。其中与检察制度相关内容如表 1-1 所示:

表 1-1　北京政府适用南京国民政府的重要法律中有关检察制度的内容统计

法规名称	和检察制度相关内容
法院编制法	第 85—116 条(第 11 章检察厅),第 118—127 条(第 12 章推事及检察官之任用),第 157—162 条(第 16 章司法行政之职务及监督权)
刑事诉讼条例	第 11 条(第 1 编总则第 1 章法例),第 14、15 条(第 2 章法院之管辖),第 31、33—39、41 条(第 3 章法院及检察厅职员之回避),第 42、43、52、53、58—61、65、66 条(第 4 章被告之传唤及拘提),第 67—73 条(第 5 章被告之讯问),第 74—91 条(第 6 章被告之羁押),第 93—99、101—123 条(第 7 章证人),第 127、132 条(第 8 章鉴定人),第 140、149—162 条(第 8 章扣押及搜索),第 163—171 条(第 10 章勘验),第 223、229—232、第 234—266、276、278、279、281、284—288、293、300、323、353 条(第 2 编第 1 审第 1 章公诉),第 373、376—378、382—387 条(第 3 编上诉第 1 章通则),第 388—393 条(第 2 章第 2 审),第 402、403、405—410、412、415、416、420、421 条(第 2 章第 3 审),第 433—436、444 条(第 4 编抗告),第 451—454 条(第 5 编非常上诉),第 458—468、472、474 条(第 6 编再审),第 485—510、514 条(第 8 编执行)
民事诉讼条例	第 671、676、683—688、692、697、704、709、715—718、722、727、734、735、745、750 条(第 6 编特别诉讼程序第 5 章人事诉讼程序)

资料来源:《法院编制法》,闵钐编:《中国检察史资料选编》,中国检察出版社 2008 年版,第 15—19 页;《刑事诉讼条例》,《政府公报》,1921 年第 2057—2085 号,1921 年 11 月 16 日—12 月 14 日;《民事诉讼条例》,石志泉:《民事诉讼条例释义》,中国方正出版社 2006 年版,第 504—544 页。

以上《法院编制法》《刑事诉讼条例》《民事诉讼条例》对检察制度的机构设置、人员任用及职权的设计,成为南京国民政府成立以后继续推行检察制度的法律依据,同时亦是南京国民政府改造、完善检察制度的法律基础。

2. 南京国民政府时期颁行的相关法规、法令

在继承北京政府时期有关检察制度相关法律法规之外,南京国民政府还依据情势的变化,对上述法律法令进行改造,制定新的法律法令。与检察制度相关的法律法令主要有法院组织法、普通法律、国民政府令以及司法部、司法院、司法行政部颁发的命令、布告、规则和办法。其中《法院组织法》就检察署及检察官的配置、检察官的任用及待遇、司法行政的监督作了规定。与《法院编制法》不同的是,《法院组织法》将法院设置为三级,即最高法院、高等法院和地方法院。检察机关不再独立设置,而是将检察官配置于各级法院之中。高等法院和地方法院配置首席检察官,指挥监督检察官相对于审判机关独立行使检察职权。最高法院检察署只在最高法院中设置。普通法律中对检察官职权规定较多的是依据1922年《刑事诉讼条例》制定的1928年和1935年颁行的两部刑事诉讼法,这两部法律当中就检察官在侦查、提起公诉、实行公诉、担当自诉和协助自诉、监督刑罚执行等检察官的执行方面作了规定。这一时期的检察官属于司法官,是公务员中的一部分,因此,司法官、公务员相关考试、任用、待遇、惩戒等诸多法律均适用于检察官。

依据相关法律规定,国民政府受中国国民党中央执行委员会的指导和监督,掌理全国政务,其内部设有司法部,管理全国司法行政事务。后国民政府改组五院以后,设置有司法院,司法院由司法行政部、最高法院、行政法院、官吏惩戒委员会组成。经最高法院院长及所属各庭庭长会议议决后,司法院院长行使统一解释法令及变更判例之权。司法行政部管理全国司法行政事务,监督最高法院所设检察署及高等法院以下各级法院及分院。因此,国民政府、司法部、司法院、司法行政部皆可发布与检察制度相关的法律、法规和法令。如南京国民政府就政府成立以后所适用的法律范围,"凡从前施行之各种实体法、诉讼法及其他一切法令除与中国国民党党纲或主义或与国民政府法令抵触各条外,一律暂准援用"①,就对北京政府检察制度适用于南京国民政府

---

① 《令司法部为暂定适用法律范围暨筹设最高法院筹办编订法典各办法由》,《司法公报》1927年创刊号,1927年12月15日,补录,第11页。

的法律范围作了规定。诸如检察官的职权将继续依照北京政府时期的《法院编制法》继续行使,刑事方面,遵照相关法令规定,实行搜查处分、提起公诉、实行公诉并监察判断的执行;民事及其他事件,遵照相关法令所定为诉讼当事人或公益代表人实行特定事宜。其刑事案件中具体职权的行使在1928年以后依据国民政府公布的《刑事诉讼法》的法律规定。检察官的职业操守,则由司法行政部以训令的形式要求检察官予以执行。

南京国民政府时期颁行及同样适用于这一时期北京政府颁布的检察制度相关法律规定,共同构成了南京国民政府检察制度的内容,以机构设置、人员管理和职权行使等诸多方面的设计共同构建了南京国民政府的检察制度。南京国民政府颁行的检察制度相关法律法规详见附录。

(二)法界人士与制度设计

作为新近引入的检察制度,在中国运行不久,民国时期即在社会上出现质疑检察制度的声音,并发展成为运动①,提上国家司法改革的议事日程。当时社会上对检察制度的存废所发表的种种言论,主要来自法界人士,这些人士或律师,或法律学者,或法院人士,或司法行政人员,或兼而有之。他们所发表的言论,呈现出对检察制度方方面面的思考,对检察制度的设计产生了重要影响。

1.法界对检察制度的议论

由于法界人士与检察制度联系较多,其对检察制度的运行具有切实的感受,其言论多能切中时弊。他们对检察制度存废的态度有以下三种:

(1)检察制度应当废除

主张废除检察制度的观点,主要表现在:第一,检察制度存在,使得案件侦查手续烦琐,不利于案件的及时处理。"现制,被害之人不得径诉审判厅,仅能向检察厅告诉。状进之后,必须候批。候批既须时日,如果文辞稍不达意,

---

①　陈则民:《废检察制度之运动》,国家图书馆藏(依据内容可知其出版年代当为北京政府时期)。

或撰文者不知程式,定遭批驳。即或得蒙传讯,仍须被害人自行搜集证据,检察厅认为充足,方得提起公诉。然离犯罪事实发生时已经多日,往往证据消灭成为疑案。虽有长于推断之审判官,亦苦无从下手。盖审判刑事案件,利在迅速。而吾国以检察制度阻隔其间,多日始得审判,以致不能解决。"①同时,检察制度的存在亦是案件手续繁复的重要原因,"刑事案件实际上大半先经警察官之侦查移付检厅,再经侦查移付第一审公判,判决后,声明不服,移付第二审,审检厅再不服,移付第三审,审检厅每案三审必经七个机关辗转移送之手续……苟无检察制度,则此种无谓之手续即可减少其半。"②第二,检察制度的存在,剥夺了被害人上诉的权力。"案经判决之后,被告人可随意上诉,而被害人不服时,则以漫不相关之检察官为其代表,岂能尽悉被害人之意旨,尽知被害人之隐情乎?苟检察官不予上诉,则被害人只有含冤隐忍,别无救济之法也。"③而检察官迫于环境,碍于感情,懒于上诉,或者为无益的上诉,拖累人民。还有甚者,践踏人权,滥押无辜,有损司法威信。④ 鉴于此,检察制度不得不废。从以上论述可知检察制度的不足,非制度本身根本性的问题,只要在制度运行的程序上做一改进,就可以将制度保留。

(2)检察制度应当保留

检察制度的存在利于司法公正和办案效率的提高。就利于司法公正来说,有些学者认为,就审判官的心理而言,如果犯罪侦查与犯罪裁判集于一身,则审判官在裁判前就已经做出了犯罪的预断,必将以有罪的心证,付诸裁判。而检察官的介入,则使得侦查起诉为一人,基于起诉而裁判的又一人,免除审判官先入为主之弊,而得罪行相称之结果。⑤ 还有人从刑诉原则说明检察制度对发现案件真实的有利作用。"刑诉采真实发现主义,则必赖一代表国家之机关,负调查证据,供给资料之专责;庶使法院达真实发现之裁判。检察官

---

① 陈则民:《废检察制度之运动》,国家图书馆藏,第13—14页。
② 陈则民:《废检察制度之运动》,国家图书馆藏,第15页。
③ 耿文田:《中国之司法》,民智书局1933年版,第189页。
④ 张庆桢:《检察制度亟宜裁撤案》,载闵钐编:《中国检察史资料选编》,中国检察出版社2008年版,第186页。
⑤ 刘钟岳:《法院组织法》,正中书局1948年版,第57页。

者,凭公力讯问,调查、搜索、扣押,供给重要资料之机关也。且检察官匪特对法院如是,而(于)犯人亦应注意犯罪之利益而与以保护。"① 检察制度存在之时,审判官办理案件之时仍不免错误,如果径将检察制度废除,则审判官所犯错误,将会更多。② 以上论述从检察官的职权说明检察制度存在的必要性。

　　就办案效率来说,鉴于私人诉追有挟嫌滥诉的弊端,且有可能增加法院刑罚权无关审理的负担,检察官在诉追犯罪时,必先侦查,确认有犯罪行为时,才开始诉究,如果没有,则诉追过程宣告结束。这样法院的职责负担得以减轻。③ 如此,检察官的介入,必将提高法院审理案件的速度。时人调查,检察官侦查的案件而予以起诉的,不过十分之三四,如果检察制度不复存在,则约十分之六七的不起诉案件会转至推事手中,事务骤多,必然效率低下。④ 检察制度的存在本身就是维护社会公益,这是该制度存在的根本,如果此种效能得以很好发挥,该制度仍有存在的必要性。

　　(3)检察制度应当改进

　　虽然某些法界人士主张应当保留检察制度,但鉴于检察制度运行中出现的某些不尽如人意的地方,还应该改进。朱采真在《刑事诉讼法新论》中指出,国家诉追主义和私人追诉主义都是有价值的,检察制度要存在,需要进行改造,其一,公诉范围缩小;其二,自诉范围扩大。⑤ 还有人认为,改进检察制度的有效方法是从根本上修正刑事诉讼法。⑥ 以上改进方法的提出着眼于检察职权的改造,看到了改造要从刑事诉讼法的修订开始。此种建议具有可操作性,利于问题的解决。实际上,南京国民政府正是按照此路径对检察制度予以改造的。

　　2.政府对法界检察制度建议的采纳

　　结合法界人士对检察制度所发表的评论,鉴于有人主张该制度有存在的

---

① 黎藩:《检察制度存废之商榷》,《新生活》1931年第7期,1931年6月6日,第6页。
② 耿文田:《中国之司法》,民智书局1933年版,第190页。
③ 黎藩:《检察制度存废之商榷》,《新生活》1931年第7期,1931年6月6日,第6页。
④ 耿文田:《中国之司法》,民智书局1933年版,第190页。
⑤ 朱采真:《刑事诉讼法新论》,世界书局1929年版,第64页。
⑥ 刘钟岳:《法院组织法》,正中书局1948年版,第57页。

必要，但制度的不足又不能视而不见，南京国民政府采取审慎的态度，没有骤然将检察制度废除，而是以废除检察机关、改善检察职权的处理方式，保留了检察制度。南京国民政府成立之初，即以"一靡费过多，二手续过繁，三同级两长易生意见"为理由将各级检察厅一律裁撤，检察官配置于各该级法院之内，检察职权则仍旧行使；而原先设置的检察长及监督检察官，也一并改为各该级法院首席检察官。① 实际上，就其结果来说，由于检察职权依旧，南京国民政府裁撤检察机关的举动并不能节省经费、简化案件审理程序。同时，各级首席检察官对同级的法院事务具有意见权，并不能解决院长与首席检察官之间的矛盾。如果真正将检察制度的优势发挥，避免其不足，还需从检察职权方面入手，方可达到目的。

检察职权的改变与框定是需不断结合实际，并反映至法律法规中方能实现，并非一纸命令所能办到。因此，政府对法界人士建议的吸收付诸实践持续时间较长，经历了一个渐进的过程。如就检察机关垄断公诉权、人民自诉不足的问题，南京国民政府通过后来的刑事诉讼法的制定与修正来回复社会上对检察制度的质疑。1928年的刑事诉讼法中，规定了案件的自诉范围，将仅限于告诉乃论之罪的自诉范围扩展至初级法院管辖之直接侵害个人法益之罪。同时对自诉案件的撤回有所限制。1935年《刑事诉讼法》对自诉范围的规定进一步拓展，凡犯罪之被害人，有行为能力者，均得提起自诉。

就检察制度延长诉讼方面，南京国民政府同样在刑事诉讼法中作了改进。首先，将审判前的预审环节省去，将此环节内容归并于侦查环节，由检察官统一管理。其次，将案件审理过程尽量简化，如1928年刑事诉讼法规定，当事人在原审法院提起上诉以后，原审法院需要将卷宗及证物送同院检察官，再由同院检察官送交上诉审法院检察官，转送上诉审法院，手续颇为繁复。1935年的刑事诉讼法就改为由原审法院直接送交上诉审法院。但对于第二审判决上诉的案件，有检察官为当事人的，则原第二审法院应将卷宗证物送交第三审法

---

① 《呈国民政府裁撤检察机关及改定法院名称请鉴核示遵由》，《司法公报》1927年创刊号，1927年12月15日，第34—36页。

院检察官转送,以便检察官有陈述意见的机会。如第三审法院检察官于原审法院检察官提出的上诉书或答辩书外,没有其他意见,也可以不用添具意见书,借以节省劳力并尽可能免除案件积压。① 缩短案件诉讼时间和避免人民遭受诉累的煎熬是一个系统化的工程。因为诉讼过程牵涉多个部门、多名人员。从检察制度方面减少诉讼时间只是该工程的一个环节而已。如要达到减少诉讼时间,提高诉讼效率的目的,国家还需从多个层面提出要求,各个部门还需通力合作,方能实现。

另外,并非法界人士的诸多建议都为政府所采纳。有人对检察制度采取秘密主义提出怀疑,怀疑检察官对被告有恐吓逼供的行为,以致延长了诉讼程序,动摇了司法制度的根本观念。② 对此,政府并没有予以理会。案件的侦查贵在秘密,方能收集证据,将犯罪嫌疑人抓获归案。如果侦查公开,则将对案件的侦破造成不良影响,或就此无法将犯罪嫌疑人抓获归案。因此,无论1928 年的刑事诉讼法,抑或1935 年的刑事诉讼法都有条文明确规定,侦查不公开。③

从以上关于检察制度的议论及政府对建议的吸收可以看出,制度的制定和改善需要专业人士的积极参与,就制度的利与弊和改进方法进行讨论。只有制定出符合中国实际的本土化制度,才能更好地服务于中国社会。在这过程中,专业人士起到了政府智囊的作用,而政府在采纳建议时则需考虑制度落地时诸多因素的影响,因此,法界人士的意见并非都能得到采纳,或即便是某些意见被采纳,亦是部分地融入改革之中,某些建议的实施尚需若干个阶段。因此,制度的完善需要更多人士的参与,并有一个较长的过程。

资产阶级革命以后发展起来的检察制度并非中国社会经济发展的自然产物,它是在中国处于内忧外患,外国势力压迫的情况下被引进来的。由于中国

---

① 谢振民编著,张知本校订:《中华民国立法史》(下册),中国政法大学出版社 2000 年版,第 1028 页。

② 陈则民:《废检察制度之运动》,国家图书馆藏,第 15 页。

③ 1928 年的《刑事诉讼法》第 237 条规定,侦查不公开之。1935 年的《刑事诉讼法》第 224 条亦此同样的规定。详见蔡鸿源主编:《民国法规集成》第 65 册,黄山书社 1999 年版,第 314、290 页。

资本主义欠发达，自然经济占据绝对优势，其在中国发展之初，呈现出与中国社会的诸多不适应。诸如检察制度是按照控审分离原则建立起来的，而中国百姓习惯向审判官直接告诉，不希望中间有一个国家机关代替他们告诉等。尽管如此，经过曲折发展，检察制度逐渐在中国社会上扎根。中国的法律近代化历程在曲折中前进，在激烈的中西法律文化的碰撞和冲突中，检察制度力求寻找一条折中的、适合中国国情、社情和民情的道路。从这一点来看，南京国民政府的检察制度处于中国近代检察制度发展中的重要地位，十分典型地体现出了立法者的这种力图在法律文化冲突与融合中寻求立足点的努力。这一时期检察制度的改造和完善揭开了中国检察制度的新篇章，成为检察制度与中国本土结合的重要标志。

第二章 南京国民政府检察
机关的设置与管理

　　机构设置是制度运行的载体,是制度建构的基础,它的设计合理与否,直接关系着制度能否有效运行,它既包括机构的层级设置,又包括机构内部的处务管理及相互关系。南京国民政府在检察制度既有的基础上进行改造,使其具有自己的特征。

一、各级检察机关的设置

　　南京国民政府初创时期,对北京政府的制度大都沿袭,如对于适用法律问题,国民政府于 1927 年 8 月 11 日宣布,凡从前施行之各种实体法、诉讼法及其他一切法令,除与中国国民党党纲或主义或与国民政府法令抵触各条外,一律暂准援用。但就检察机构的设置,南京国民政府一改北京政府时期与法院并立、专设机关的传统,以"司法事务经纬万端,近值刷新时期,亟应施行改进"为理由,后司法部进一步解释,认为检察制度,就事实来说,有诸多不便,"一靡费过多,二手续过繁,三同级两长易生意见",因此要"体察现在国情,参酌各国法制",将各级检察厅一律裁撤,检察官暂行配置于各该级法院之内,检察职权则仍旧行使;而原先设置的检察长及监督检察官,也一并改为各该级法院首席检察官。① 至此,自检察制度引入中国,检察机关专设的传统结束。

---

　　① 《呈国民政府裁撤检察机关及改定法院名称请鉴核示遵由》,《司法公报》1927 年创刊号,1927 年 12 月 15 日,第 34—36 页。

由于南京国民政府建立之初,《法院组织法》尚未颁行,审判层级仍沿用北京政府时期的四级三审制,法院设置为县法院—地方法院—高等法院—最高法院,与此适应,检察官亦在相应的法院中配置。未设立地方法院的各县,检察职权由县长兼理。后《法院组织法》颁行,审判改为三级三审制,法院设置变为地方法院—高等法院—最高法院,相应地检察官亦于各级法院中配置。未设立地方法院的县司法机关中的检察职权仍由县长兼理。

依据国民政府令,检察厅裁撤后,各级法院配置检察官。1927 年 12 月,国民政府公布《最高法院检察官办事权限暂行条例》《各省高等法院检察官办事权限暂行条例》和《地方法院检察官办事权限暂行条例》,以上条例规定,在相应的法院中配置首席检察官一员,检察官若干员,检察官及办理检察事务之书记官等人员应于相应法院内另置办公室。

但在具体执行时,检方书记官的任命应如何行文却成为一个问题。以往检方书记官名称为"检察厅书记官",简单明了。遽将检察厅裁撤以后,检方书记官如何命名? 司法部长王宠惠认为,"免与法院书记官相混,照原条例第三条文义论,只可称为'办理检察官事务书记官、检察书记官'或'检察官办公室书记官'。然前两种名称于检察官方面似嫌界限未清,后一种名称于办公室三字亦欠妥洽,均未能认为允当。舍此而外,欲求名称之妥适,又苦于无所依据,再四研究,惟有将原条例第三条条文末段,另置办公室之'室'字,改为'处'字,其检察部分之书记官即以简称方法定名为'某某法院检察处书记官'。"[①]该提议为 1928 年 2 月 23 日南京国民政府委员会第三十七次会议议决通过。从此,在各法院内部置检察处,检方以某某法院检察处行文。由"室"变"处",解决了检方书记官任命的行文问题,此种改变也只是名称改变而已,检察官配置于各级法院的情形并没有改变。

检察官配置于各级法院,取消其独立建制,曾引起人们的热议。于 1930 年草成的《法院组织法立法原则》曾提出,凡法院均应配置检察署,以为检察

---

① 《本部提出国民政府会议修正最高法院各省高等法院地方法院检察官办事权限暂行条例第三条条文理由书由》,《司法公报》1928 年第 6 期,1928 年 3 月 1 日,第 111 页。

官员执行职务之所。其附具的说明指出:"旧制审判与检察分设公署,改革以来,仅于法院设置检察官,行之稍久,颇有疑检察官系附属于法院者,是以修正《最高法院组织法》第 6 条规定最高法院配置检察署,亦求名实相符而已。兹更进一步,定为凡法院均配置检察署,以表示其独立执行职务之精神,非复旧也,乃从宜也。"①但该建议最终以员额减少,无用别树一帜,及可节靡费,且免除两长之间历来互争权限的弊端为理由,被加以拒绝。②　最终,《法院组织法》中确定最高法院设置检察署,置检察长一人,其他各级法院中仅配置首席检察官,当检察官有 2 人以上时,以 1 人为首席。

需要指出的是,虽然检察处并非国家规定的司法机关,但在实际工作中,检察处充当了检察机关的角色。各省高等以下各级法院检察部分(县法院在内)向司法行政部呈文时,往往于配置法院检察官衔名上冠以检察处字样。显然这种举动将检察处作为了检察机关对待。为此,司法行政部于 1930 年 5 月 23 日发布训令,要求各级法院检察部分呈文时,"各项文件无论何级法院检察官不得复于衔上冠以检察处名称,以符体制。"③尽管有此训令,各级法院检察官在公文中以某某法院检察官某某的形式出现,但高等法院以下各级检察机关在对外行文时,诸如发布通缉书,向下级法院检察机关发布训令,高等法院检察机关会以检察处的名义行文。高等法院检察机关在制定处务规定时,也会以某某高等法院检察处处务规程④的文件命名请求司法行政部予以批准。这说明,虽然某某法院检察处只是专为各级法院检察部分之书记官定名而设(如名为某某法院检察处书记官),但由于各级法院检察部分相对于审判部分独立,检察职权亦是独立行使,同时用某某检察处行文,内容明了,表述

---

①　谢振民编著,张知本校订:《中华民国立法史》(下册),中国政法大学出版社 2000 年版,第 1044—1045 页。

②　谢振民编著,张知本校订:《中华民国立法史》(下册),中国政法大学出版社 2000 年版,第 1047 页。

③　《司法行政部训令(训字第一〇九三号)令各省高等法院首席检察官、江苏高等法院第二分院首席检察官》,《司法公报》1930 年第 74 号,1930 年 6 月 7 日,第 15—16 页。

④　如 1930 年 9 月 25、29 日司法行政部分别批准《黑龙江各地方法院检察处暂行处务规程》《黑龙江高等法院检察处暂行处务规则》,1931 年 2 月 2 日、19 日司法行政部批准《甘肃高等法院检察处暂行处务规则》《湖北汉口地方法院检察处暂行处务规则》。

准确,于是检察处遂约定俗成地成了检察机关的名称。

(一)最高法院检察署

最高法院检察署是南京国民政府检察机关的最高领导机关。依据国民政府于 1927 年 12 月公布的《最高法院检察官办事权限暂行条例》,最高法院内部设置检察官办公室。后由于司法部长王宠惠提议修改原条例第三条条文,将在最高法院内部设置检察官办公室,改为设置检察官办公处。此后,出于尊崇中央最高检察机关的考虑,1928 年 11 月,国民政府公布《最高法院组织法》,该法规定,最高法院配置检察署。在检察署中,置检察长一人,指挥监督并分配该管检察事务,设检察官若干人,处理关于检察的一切事务。[1] 由"处"变"署",由"最高法院首席检察官"变"最高法院检察署检察长"不仅是机关名称的修改,官衔名称的改变,更重要的是,关系到检察机关的地位提升问题,此种改变提高了检察机关在人们心目中的地位,更有利于检察长指挥监督全国检察事务。该设置持续于此后南京国民政府统治的整个时期。

按照《最高法院检察官办事权限暂行条例》规定,检察官的主要职权在于:1.刑事。依照刑事诉讼法规及其他法令所定,实行搜查处分,提起公诉,实行公诉并监察判决之执行。2.民事及其他事件。依照民事诉讼法规及其他法令所定为诉讼当事人或公益代表人实行特定事宜。[2] 值得指出的是,依据刑事诉讼法的规定,检察署检察长具有对确定判决案件的非常上诉权。[3] 如果

---

① 《国民政府最高法院组织法》,《司法公报》1929 年第 1 号,1929 年 1 月 12 日,第 8—9 页。

② 《最高法院检察官办事权限暂行条例》(1927 年 12 月 13 日公布),《司法公报》1928 年第 3 期,1927 年 12 月 13 日,第 57—58 页。

③ 说明:《中华民国刑事诉讼法》(1928 年 9 月 1 日)第 433 条规定,判决确定后,发现其审判系属违法者,最高法院首席检察官得向最高法院提起非常上诉(蔡鸿源主编:《民国法规集成》第 65 册,黄山书社 1999 年版,第 322 页)。后由于最高法院设置检察署,该院首席检察官改为检察长,该权力遂转归检察长。《中华民国刑事诉讼法》(1935 年 7 月 1 日)第 434 条规定,判决确定后,发现其审判系属违背法令者,最高法院之检察长得向最高法院提起非常上诉(蔡鸿源主编:《民国法规集成》第 65 册,黄山书社 1999 年版,第 298 页)。

检察官发现确定判决有违反法条规定情形,应该附具意见书将该案卷宗及证物交最高法院检察长声请提起非常上诉。在以后的司法实践中,此种方式成为正常刑事诉讼案件中的最后救济程序,对冤假错案的纠正起到了一定作用。

以1929年司法院公布的《最高法院检察署处务规程》为根据,最高法院检察署由检察长、检察官及各级书记官组成。检察署下设书记室。其主要设置及职权如下:检察长指挥监督本署及各级检察事务。检察长对于所属各机关职员要考核其办事情形及行检分别呈请奖励或惩戒。检察官的事务分配由检察长每年年终预定,并造具事务分配表呈报司法行政部转呈司法院。检察官对于所属下级法院检察官的处分或处务情况认为有不当情形时,应该详细列举事实并提出意见书,先向检察长请示,再依法办理。对于应行复判的案件,检察官发现未据原审机关呈送,应请由检察长训令该管高等法院首席检察官转令依法呈送复判。就莅庭职务的执行来说,要由主任本案的检察官执行。该规程还规定,凡检察文稿均应呈送检察长核定。

最高法院检察署书记室分为以下四科:记录科,掌录供、编案、撰拟、造报诉讼文件,收发保管诉讼案卷等事项;文书科,掌典守印信,收发保存全署文卷,撰拟行政及不属于别科的文件;统计科,掌编制诉讼月报年报及其他统计表;会计科,掌收入、支出,预算、决算,发售状纸,管理图书及一切庶务。书记室书记官长要秉承检察长的命令,指挥监督分配书记室的各科事务。各科承办文件应由承办员署名盖章并注明拟稿月日,送经科长及书记官长复核后呈检察长核定,记录科承办的文件则应先送主任检察官核阅盖章,以上各文件经检察长判行后,发还各科缮校用印,加盖校对员监印员各戳发行。[①]

1929年司法行政部呈送司法院最高法院检察署组织及各职员员额配置表,显示了检察署的组织配置。

---

① 《最高法院检察署处务规程》(1929年5月4日公布施行),《司法公报》1929年第19号,1929年5月18日,第1—4页。

表 2-1　最高法院检察署组织及各职员员额配置一览表①

检察长	简任检察官	荐任检察官	书记厅											
			书记官长	记录科		文书科				统计科		会计科		
				主任书记官	书记官	主任书记官	撰拟文件书记官	收发文件书记官	保存档卷书记官	主任书记官	书记官	主任书记官	编制预算决算书记官	庶务处书记官
1	3	5	1	1	8	1	1	2	1	1	1	1	1	1
备考	前检察官办公处原有简任检察官二员,荐任检察官三员,荐任书记官二员,委任书记官四员,十七年十二月一日改组检察署呈准增设书记官长一员,荐任书记官一员,委任书记官八员,同年十二月因最高法院添庭,职署增设检察官,经呈准添设简任检察官一员,荐任检察官二员,荐任书记官一员,委任书记官三员。 综计职署现在各职员全额置简任检察官三员,荐任检察官五员,书记官长一员,荐任书记官四员,委任书记官十五员。 各科主任书记官为荐任职,书记官为委任职。													

(二)高等法院检察处

依据 1927 年 12 月公布的《各省高等法院检察官办事权限暂行条例》中的规定,高等法院配置首席检察官一员,检察官若干员,依照法令的规定独立行其职务。检察官的主要职权同最高法院检察官职权相同,诸如刑事方面依照相关法令实行搜查处分、提起公诉、实行公诉并监察判决的执行;民事及其他事件方面则依照相关法令为诉讼当事人或公益代表人实行特定事宜。首席检察官归最高法院首席检察官指挥监督;对所属检察官或行使检察职权的县长及办理检察事务的书记官具有指挥监督权。同时,对检察官及办理检察事务的书记官的任免、考绩惩奖及叙级都要呈部核办。②

1929 年后,各省纷纷呈请司法行政部批准本省高等法院检察处暂行处务规程,各规程除规定检察官处理事务依各省高等法院检察官办事权限暂行条例及其他法令执行外,各省处务规程又对检察官相应的权力及监督方式及检

---

① 《最高法院检察署组织及各职员员额配置一览表》,《司法公报》1929 年第 26 号,1929 年 7 月 6 日,第 6 页。

② 《各省高等法院检察官办事权限暂行条例》(1927 年 12 月 13 日公布),《司法公报》1928 年第 3 期,1928 年 1 月 15 日,第 55—56 页。

察处组织予以规定。以浙江高等法院检察处为例进行说明。就首席检察官来说，其对于本处职员有所表示应以令或口谕行之，对于所属各级检察处及兼理司法的县长及监所行文时，依照公文程式令所规定。对于本处检察官及所属各级检察官兼理司法之县长各监所得征取报告并查察其进行方法如有不当情形，应随时指正。首席检察官为处理特别事务可以召集全体检察官及书记官会议，征取意见，但不用多数表决法。就检察官而言，检察官的事务分配由首席检察官定之。检察官处务应该依下列各款分别办理：一、对于所属检察处及兼理司法各县办理检察事务之指挥监督；二、对于所属检察处及兼理司法之县长特定请示之件；三、诉讼人对于前款所列职员之处分请求撤销或变更及指诉处务情况不当之件；四、刑事诉讼法第十条所载第一审之件；五、上诉及再审之件；六、覆判之件；七、莅庭之件；八、执行之件；九、移转管辖指定管辖及推事拒却之件；十、侦查特定事项之件；十一、其他事件。检察官配受案件如果因事实上或法律上的事故不能执行职务，要由首席检察官指定他员办理或与他员案件互相交换。如果检察官因不得已事务不能执行职务，要及时报告首席检察官，另行指定检察官暂行代理。检察官所拟稿件均要由首席检察官核定。①

　　高等法院检察处一般下设书记室，以主任书记官及书记官组织之。其内部有四个科室：文牍科、统计科、会计科、记录科。文牍科掌管文件的撰拟、收发及保存。统计科职掌编制检察部分各种统计报告表册、审核各所属检察处各县各监所各种统计报告表册及其他关涉统计事项。会计科职掌检察处的出纳、经费支出及编制本处预算事项。记录科职掌记录及编案事项，收发诉讼文件，以依定分配诉讼案件，撰拟稿件及整理卷证事项，以及其他法定职务及首席检察官或检察官交办事项。主任书记官要承首席检察官的命令指挥监督书记室事务。文牍、统计、会计各科的稿件要先由主任书记官核阅，记录科稿件先有检察官核阅，最终送首席检察官判行。②

---

　　① 《浙江高等法院检察处暂行处务规程》，载闵钤编：《中国检察史资料选编》，中国检察出版社 2008 年版，第 124—126 页。

　　② 《浙江高等法院检察处暂行处务规程》，载闵钤编：《中国检察史资料选编》，中国检察出版社 2008 年版，第 126—130 页。

(三)地方法院检察处

以《地方法院检察官办事权限暂行条例》为依据,地方法院内应配置首席检察官一员,检察官若干员,依照法令的规定独立行其职务,其主要职权与《高等法院检察官办事权限暂行条例》所订事宜相同。该级法院首席检察官归最高法院首席检察官及高等法院首席检察官的指挥监督,对该院检察官及办理检察事务的书记官有指挥监督权,对于看守所由检察官羁押的被告人等事宜有指挥监督权。同时,对检察官及办理检察事务的书记官的惩奖及考绩,首席检察官要呈请主管长官核办。[①]

就处务来说,首席检察官可以在必要情势下,将本处职员的职务移归其他职员办理,在处理本处事务时,可以以令或口谕行之。首席检察官在处理本处特别事务时可以召集全体检察官及书记官会议征取意见,但不用多数表决法。就检察官来说,其事务的分配由首席检察官定之,所拟稿件均应送由首席检察官核定。在因故不能执行职务时,由首席检察官指定他员代理或与他员案件互易。

地方法院检察处下设书记室,由主任书记官及书记官组成。书记室一般分为总务科和记录科。各科书记官受主任书记官的命令处理事务。总务科分为文牍、统计、保存文件及会计各股。文牍股掌理典守印信及书记室图记,收发文件及撰拟本处行政和其他不属于记录科的文件及其他事件。统计股掌理检察处诉讼案件的统计并遵章编造月表、季表、年表,保存文件股掌理保存本处文件。会计股掌管检察处经费及经理刑事状纸保管状费及一切庶务。记录科职掌收发侦查执行及其他关于诉讼文件和记录编案事项,关于诉讼事务供给统计资料和撰拟稿件及整理卷证等事项。需要指出的是无论总务科或记录科其最终稿件都要送首席检察官判行。[②]

---

① 《地方法院检察官办事权限暂行条例》,《司法公报》1928年第3期,1928年1月15日,第61—62页。

② 《浙江省地方法院检察处暂行处务规程》,载闵钐编:《中国检察史资料选编》,中国检察出版社2008年版,第130—133页。

从以上各级法院的办事权限及处务规程中可以看到,各级检察官须受上级检察官的指挥监督,并对本署或本处检察事务负责。最高法院检察署是全国最高检察机关,该检察长指挥监督全国检察机关。虽然检察机关配置于各级法院当中,但就职权而言,却仍独立于审判机关,独立行使。各级检察处内部管理自成一体,与独立执行职务自相一致。不过,下级受上级的指挥监督,检察官在行使职权时不免有受其影响之虞。

相对于北京政府时期的检察机构设置,这一时期各级检察机构由于各方因素的影响,只是将检察官配置于各级法院当中,虽然职权并未多大改变,但相较于晚清及北京政府时期的独立设置检察机关,地位有所降低。后来在最高法院内部虽设置了检察署,但检察机构在整个南京国民政府时期仍以配置形式置于法院之中的命运并没有改变,这直接影响了检察机关在人们心中的形象和地位,对树立检察权威产生了不良影响。

由于检察官配置于各级法院中,因此观察法院设置,即能看到检察机构的设立情况。下面以司法统计为依据,观察检察机关在各地设立的情形。

表2-2　1930—1936年度法院设置及未设立地方法院之各县统计表

年度	各法院设置数量	未设立地方法院之各县数量
1930	255	796
1931	379	847
1932	286	888
1933	294	缺
1934	342	1046
1936	367	1151

资料来源:1930年度数字来自《各法院设置一览表》,《未设立地方法院之各县一览表》,《民国十九年度司法统计》(上册),田奇、汤红霞选编:《民国时期司法统计资料汇编》第11册,国家图书馆出版社2013年版,第16—172页。1931年度数字来自《民国二十年度司法统计》,《民国时期司法统计资料汇编》第14册,第18—70页。1932年度数字分别来自《民国二十一年度司法统计》,《民国时期司法统计资料汇编》第15册,第18—66页。1933年、1934年度数字来自《法院设置及废止》《未设立地方法院之各县司法机关及职员》《民国二十三年度司法统计》《民国时期司法统计资料汇编》第16册,第181、183—213页。1936年度数字分别来自《法院管辖及组织状况》《未设立地方法院之各县司法机关及人员》《民国二十五年度司法统计》(上册),《民国时期司法统计资料汇编》第17册,第422—450页,《民国时期司法统计资料汇编》第18册,第290—321页。

需要说明的是,1932 年《法院组织法》颁布以后,县级法院或撤废或改为地方法院,其中改为地方法院的数量少于撤废数量,后由于南京国民政府致力于以法院设立为目标的司法发展,因此从以上的表格中,可以看出 1932 年度的法院数量低于 1931 年度法院数量。同时,由于行政区划的变更及某些年份某些地方统计数据未能上报,导致未设立地方法院之县数的增加。但无论数字如何,在检察制度随着法院的设置慢慢扩张其适用范围时,仍有大量的未设立法院的县没有实行真正的检察制度。之所以如此说,是因为虽然法律上规定了兼理司法的县政府或司法公署等,检察职权为县长兼理。某些未有承审员的县,县长还要负责审判事务,因此,县一级的检察制度或检察职权的行使,非能与正式检察制度相比。

法院设置的多寡是衡量司法发展的重要标志,它的稳步推进是南京国民政府推动司法独立的重要步骤,是政府努力推动国家走向法治的表现。由于检察机关配置于各级法院之中,因此法院推广的同时,检察制度亦随之推广,以控审分离为特征的现代诉讼方式亦随之推广,包含于检察制度本身的现代司法运作方式亦随之推广,蕴含于检察制度中的现代司法观念亦在人们头脑中推广开来。这是现代司法逐步取代传统司法的重要步骤和过程,是中国司法发展的重要表现。

由于各地情况不同,各地法院的分布情况亦有不同。以 1936 年江苏、浙江、河南、湖北、宁夏和甘肃六省为例,详见表 2-3:

表 2-3　1936 年度苏浙豫鄂宁甘六省各级法院分布表

省　别	东部		中部		西部	
	江苏	浙江	河南	湖北	宁夏	甘肃
高等法院及分院数量	5*	4	4	7	1	6
地方法院及分院数量	15	32	11	16	4	13

资料来源:以上数字来自《法院管辖及组织状况》,《民国二十五年度司法统计》(上册),田奇、汤红霞选编:《民国时期司法统计资料汇编》第 17 册,国家图书馆出版社 2013 年版,第 422—450 页。*需要说明的是,在《法院人员教育程度(2)》中江苏高等法院及分院数量标注为 4,核对同年度司法统计,如《法院管辖及组织状况》《法院人员教育程度(1)》《法院人员在职年限(1)》皆显示该江苏高等法院及分院数量为 5。

以上列所举六省为例,可以看出法院数量分布的特点如下:

(1)东部地区较中部和西部地区法院数量为多。这主要是由于东部人口数量众多,经济较为发达,人们间的纠纷相应增多,因此需要法院的数量较多。1930 年度,江苏全省刑事第一审案件共收受 22653 件①,而 1936 年度更是高达 27270 件②;相应的,1930 年度宁夏全省刑事第一审案件共收受 80 件③,1936 年度收受案件为 175 件。④

(2)东部中部地区的高等法院及分院的数量与地方法院及分院的数量差距较大,而西部地区两者之间的数量相差较少。通常来讲,首发案件的处理以第一审地方法院为主,因此,地方法院的设置应明显多于高等法院的数量。但就该表格观察,东部中部地区的地方法院及分院和高等法院及分院的设置符合一般情况,而西部地区则不同。这主要是由于南京国民政府在设置法院时,结合该地实际,因地制宜地增加法院数量。以甘肃为例,甘肃地广人稀,交通不便,如果一审的地院和二审的高院相距甚远,将会给人们带来不便及诉累,影响案件的进行。人们可能由于路途、经济原因而放弃二审的诉讼。因此,就甘肃实际来说,在边远地区多设置分院,或有些分院直接将地方法院设置其中,如该地设有高等法院、高等法院第一分院、高等法院第二分院暨天水法院、高等法院第三分院、高等法院第四法院暨酒泉地方法院、高等法院第五分院。这样的做法有效地解决了人们诉讼难的问题,便利了人们诉讼,使处于边远地区的人们能享受到现代司法发展所带来的红利。

同法院分布特点相一致,检察制度在地方上的实行,亦同样呈现出差异。其一,东部及中部地区的检察官总体数量多于西部地区,真正有检察官履行检

---

① 《法院别第一审案件受理件数及已结未结表》,《民国十九年度司法统计》(中册),田奇、汤红霞选编:《民国时期司法统计资料汇编》第 12 册,国家图书馆出版社 2013 年版,第 204 页。

② 《刑事第一审案件(1)》,《民国二十五年度司法统计》(下册),田奇、汤红霞选编:《民国时期司法统计资料汇编》第 18 册,国家图书馆出版社 2013 年版,第 562 页。

③ 《法院别第一审案件受理件数及已结未结表》,《民国十九年度司法统计》(中册),田奇、汤红霞选编:《民国时期司法统计资料汇编》第 12 册,国家图书馆出版社 2013 年版,第 216 页。

④ 《刑事第一审案件(1)》,《民国二十五年度司法统计》(下册),田奇、汤红霞选编:《民国时期司法统计资料汇编》第 18 册,国家图书馆出版社 2013 年版,第 570 页。

察职权覆盖的地域范围较西部地区广,该地区的人们更容易享受到现代司法发展所带来的司法便利与司法公正,人们的思想观念更趋向于现代社会,从而更新的法制观念更容易在该地区为人们所接受,并躬亲践行。其二,东部中部地区检察人员在高院与地院的分布与西部地区不一。就江苏来说,1936 年,高院检察官数量为 17 人,地院检察官数量为 67 人,而甘肃高院检察官数量则为 13 人,地方法院检察官的数量为 10 人。[①] 甘肃检察官人员的非常规分布,明显是与高院及地院的分布相一致,这是高院及地院在该地区分布的地域与数量造成的。

二、各级检察机关的处务管理

检察机关处务管理制度是检察机关内部行政性事务的规章制度,内容涵盖机构设置,运行机制,部门职责等方面,它是检察机关正常运行的重要保障,是内部规范化管理的重要手段。

就清末来说,检察机关的处务管理规章散见于《各级审判厅试办章程》及各地相应的审判厅、检察厅事务通则之中,内容涉及办公制度、统计制度等。北京政府时期,颁行《京师高等检察厅暂行处务规则》[②]和《京师地方检察厅暂行处务规则》[③],该两个规则内容涉及考勤制度,工作分配制度,行文制度,检察长、检察官与书记官之间职责分工及部门管理职责,具有较强的可操作性,对南京国民政府起到模范作用。相较于北京政府的检察厅处务规则,南京国民政府检察机构的处务规则更为规范,对检察制度的运行起到了保障作用。

(一)检察机关的考勤制度

考勤制度包括工作时间、请假、出勤考核等方面内容。就工作时间来说,

---

① 《法院人员教育程度(2)》,《民国二十五年度司法统计》(下册),田奇、汤红霞选编:《民国时期司法统计资料汇编》第 18 册,国家图书馆出版社 2013 年版,第 164、188 页。

② 《京师高等检察厅暂行处务规则》(1915 年 10 月 26 日),载闵钐编:《中国检察史资料选编》,中国检察出版社 2008 年版,第 56—69 页。

③ 《京师地方检察厅暂行处务规则》(1915 年 10 月 20 日),载闵钐编:《中国检察史资料选编》,中国检察出版社 2008 年版,第 38—55 页。

《最高法院检察署处务规程》中规定,其勤务时间依司法行政部通告而定,但遇有特殊情况时,则不在此限。① 《浙江高等法院检察处暂行处务规程》②和《浙江各地方法院检察处暂行处务规程》都规定了办公时间为八小时,但如果事务繁忙,即便在规定时间之外,应延长工作时间,仍应予以办理。关于请假,检察署规定,因事故不能到署时,应当填具请假书,向长官请假。浙江高院和地院检察处规定,职员在办公时间内,如因事务不能在处超过两个小时的,应该填具请假书,向首席检察官请假,并依下列各款分别报告:一、记录科书记官应该同时报告其所配置的检察官;二、高院检察处的其他各科书记官、地院的总务科书记官应同时报告主任书记官;三、录事请假须经由主任书记官核转并报告其本科主管书记官。前项请假书经核准后发交主任书记官转交主管科登记,销假时程序相同。③ 出勤考核方面,无论检察署,浙江高院、地院检察处的职员都应该亲自在考勤簿上注明到值及散值时间。这种考勤时间上的规定,无疑为检察工作的正常开展提供了时间上的保障。

(二)检察官的工作分配

该制度是由首席检察官按照一定方式将案件分配给检察官予以办理的制度。检察署检察官的工作分配由检察长在每年年终预定,并将预定事项造具事务分配表呈报司法行政部转呈司法院。如下面一例:

表 2-4　最高法院检察署民国十八年人员事务分配一览表④

职别	姓名	符号	事务分配
检察长	郑烈	仁	依本署处务规程第三条之规定指挥监督本署及各级检察事务

---

① 《最高法院检察署处务规程》,《司法公报》1929 年第 19 号,1929 年 5 月 18 日,第 1 页。

② 《浙江高等法院检察处暂行处务规程》《浙江省地方法院检察处暂行处务规程》,载闵钐编:《中国检察史资料选编》,中国检察出版社 2008 年版,第 124—134 页。

③ 《浙江高等法院检察处暂行处务规程》《浙江省地方法院检察处暂行处务规程》,载闵钐编:《中国检察史资料选编》,中国检察出版社 2008 年版,第 124—125、130—131 页。

④ 《最高法院检察署民国十八年人员事务分配一览表》,《司法公报》1929 年第 28 号,1929 年 7 月 20 日,第 4—5 页。

续表

职别	姓名	符号	事务分配
检察官	胡宏恩	矜	办理非常上诉案件及检察长特交之检察事件
检察官	王毓崐	忠	平均分配检察职权内刑事、民事及其他事件七分之一
检察官	林灼勋	怒【恕】	平均分配检察职权内刑事、民事及其他事件七分之一
检察官	张元通	恭	平均分配检察职权内刑事、民事及其他事件七分之一
检察官	康文宸	宽	平均分配检察职权内刑事、民事及其他事件七分之一
检察官	狄侃	信	平均分配检察职权内刑事、民事及其他事件七分之一
检察官	薛光锷	敏	平均分配检察职权内刑事、民事及其他事件七分之一
检察官	陈义腾	惠	平均分配检察职权内刑事、民事及其他事件七分之一

以上人员事务分配由司法院核准后,依表而行。高院或地院检察处检察官事务的分配由首席检察官而定。分配制度的确定,使检察官能更明确自己的工作任务,为合理安排时间提供了方便。

(三)检察机关的行文制度

行文分为对内行文和对外行文。无论高院或地院检察处对外行文时,都要由首席检察官核定署名盖印,高院检察处在呈文、批文时首席检察官还应加盖小官印。就行文用语来说,其对外行文时,由于对象不同、事件不同,采用用语亦有所不同。呈,用于最高法院检察官、高等以下法院检察官对于司法部长;下级检察官对于有监督权的上级长官。训令,最高法院检察官以下检察官对于所属各级检察官有所指挥时,以训令行之,如果是因呈请而有所指挥,则以指令行之;有所委任,则以委任令行之。公函,用于最高法院检察官、高等以下法院检察官与最高法院院长往复的文书,同级或无隶属关系的法院院长及检察官的来往公文,法院院长及检察官对于司法公署以外公署的往复文书。检察官对于人民及所属管辖的呈请要以批行之。关于事实的宣示或特定事项的通知,检察官则以布告行之。对内行文,以口令或以口谕行之,检察长或检察官依法令应署名文件应由书记官核对后署名盖章。

（四）检察职员的职责分工

依据司法行政部公布的《筹设各级法院基地经费及职员编制标准一览表》可知,各级法院中检察处的人员编制在各级法院中并非相同。通常由检察长（首席检察官）、检察官、书记官长（主任书记官）、书记官、录事、司法警察以及庭丁、公役等组成。其中最主要的组成人员为检察长（首席检察官）、检察官、书记官。由于司法警察只是在配置于各级检察机构执行职务,其与检察官的关系由法律另行规定,因此在处务管理中,没有涉及这部分内容。

表 2-5　筹设各级法院基地经费及职员编制标准一览表

类别	职员编制标准
县法院	主任推事 1,推事 1,检察官 1,候补推事 1,候补检察官 1,主任书记官 1,书记官 2,候补书记官 1,录事 5,检验吏 2,承发吏 5,司法警长 1,警察 8,庭丁 2,公役 4
地方法院	院长兼庭长 1,首席检察官 1,庭长 1,推事 3,检察官 1,候补推事 1,候补检察官 1,书记官长 1,检察处主任书记官 1,书记官 6,候补书记官 2,学习书记官 1,法医 1,公设辩护人 1,录事 12,检验吏 1,承发吏 5,司法警长 1,警察 14,庭丁 4,公役 8
高等法院	院长 1,首席检察官 1,庭长 2,推事 4,检察官 2,候补推事 1,候补检察官 1,书记官长 1,检察处主任书记官 1,书记官 10,候补书记官 2,学习书记官 1,公设辩护人 2,录事 18,承发吏 8,司法警长 1,警察 18,庭丁 8,公役 12
高等法院分院	院长兼庭长 1,首席检察官 1,庭长 1,推事 3,检察官 1,候补推事 1,候补检察官 1,书记官长 1,检察处主任书记官 1,书记官 6,候补书记官 2,学习书记官 1,公设辩护人 1,录事 12,承发吏 5,司法警长 1,警察 14,庭丁 4,公役 8
最高法院分院	院长 1,检察长 1,庭长 2,简任推事 1,简任检察官 1,荐任推事 6,荐任检察官 1,书记官长 1,检察署书记官长 1,书记官 14,录事 18,司法警长 1,警察 10,庭丁 6,公役 10

资料来源:《筹设各级法院基地经费及职员编制标准一览表》,《司法公报》1929 年第 39 号,1929 年 10 月 5 日,第 31—32 页。

1. 检察长（首席检察官）的主要工作职责

检察制度自建立以后,大陆法系国家各检察机构实行检察长负责制和层级监督管理制度。中国晚清所引进的检察制度属于大陆法系,因此在检察机构上下级的管理上承袭了这一体制。该体制为上级检察长(首席检察官)对下级检察机关的监督管理,而非上级检察机关检察官对下级检察机关检察官的监督管理。检察长(首席检察官)的主要职责是:管理全署(处),监督管理全署(处)人员,对其工作不足可以随时告诫匡正;对检察官办理诉讼案件所出现的瑕疵,诸如引律错误、文字错误、程序失当皆可指正;对已经分发给各员的任务,亦可根据实际情形,指定其他检察官办理、代理,或将案件互易等;对检察处所呈送的各类表册,均要进行审核;因特别事务为征取意见可召集全体会议,但不进行表决。对于本处检察官及办理检察事务的书记官的任免、考绩、奖惩、叙级等,在地院由首席检察官呈上级主管长官、在高院由首检呈部核办。

2. 检察官的工作职责

检察官的工作职责,须依据各项法规进行。他们需要请示检察长(首席检察官)的工作主要有以下方面:就检察署检察官来说,检察官对于下级法院检察官的处分或处务情况认为不当时,应详列事实提出意见书送请检察长核示办理;对裁判确定案件请检察长分别令交下级法院检察官执行。高院检察处检察官则需要办理法律规定的第一审案件及第二审案件的上诉、再审、复判、莅庭和执行的案件,所属检察处及兼理司法各项办理检察事务予以指挥监督,对移转管辖指定管辖以及推事拒却的案件进行处理等。

3. 书记官工作职责

检察处书记事务由书记室统一管理,书记官长在检察长(首席检察官)的指示领导下开展工作。书记室一般下设文牍科、统计科、会计科和记录科,各科按照事务的繁简配置书记官,并可酌用录事。各科之中,书记官在受检察长(首席检察官)及书记官长的统一领导下履行职责,记录科书记官还应受检察官的指挥监督。其工作分为文牍事宜、记录事宜、统计事宜和会计事宜。

(五)检察机关的簿记制度

簿记制度是就案件进行分门别类地登记、列表,记录日常工作的实际情况。其发达程度,从一个方面反映了日常工作的管理水平。检察处的簿记大都分科设立。如浙江高等法院检察处书记室分为文牍、统计、会计及记录四科。文牍科中的撰拟文件股应当准备下列各簿：勤务簿、人员请假销假登记簿、命令簿、传览簿、所属职员姓名履历簿、缮校用印簿、院内送达文件簿、送稿簿、本科收文簿、会稿簿、行政文卷编存簿、行政文件归档簿、律师姓名簿、录事办公日记簿以及其他应行置备各簿；收发文件股应当准备下列各簿：总收文簿、总发文簿、专往邮局送达簿、院内外送达文件簿、号事件簿；统计科应当准备下列各簿：本科收文簿、送稿发文簿、缮校用印簿、各检察处案件收结总登、各监所执行及羁押人犯登记簿、通用簿、徒刑拘役执行登记簿和罚金罚锾登记簿；会计科应当准备下列各簿：现金出纳总簿、各项收支分簿、状纸收发簿、缮状费收据簿、缴款收据簿、器具物品编号簿、消耗物品现计簿及其他关于会计庶务各簿；记录科应当准备下列各簿：第一审事件簿、第二审上诉事件簿、第三审上诉事件簿、覆判事件簿、声请再议事件簿、抗告事件簿、其他事件簿、咨询意见簿、收案分案簿、院内送达文件簿、收文簿及送稿簿；各科的簿册应该在每司法年度开始时，各立一册，但得依便利于同事项同一年度分立数册或同一事项合数年度共立一册。①

　　浙江地院检察处记录科针对法定职务及首席检察官或检察官交办事项应当准备下列各簿：收案簿、收状簿、分案簿、收文簿、执行案件登记簿、传票拘票押票提票释票挂号簿、莅庭簿、院内送达文件证明簿、被告人名簿、看守所羁押被告人名簿、证据物品收发簿、判决一览簿以及其他关于登记侦查及执行各簿；其中第一至六各簿得按其性质种类分立数册；各科的簿册应于每司法年度开始时，各立一册。为便利行事，也可就同事项同一年度分立数册或同一事项合数年度共立一册。②

　　相较于《京师地方检察厅暂行处务规则》关于记录科应准备下列各簿：案件备查簿、送状簿和其他杂件各簿的规定，浙江地院检察处记录科依据案件性

---

① 《浙江高等法院检察处暂行处务规程》，载闵钐编：《中国检察史资料选编》，中国检察出版社2008年版，第127—130页。

② 《浙江省地方法院检察处暂行处务规程》，载闵钐编：《中国检察史资料选编》，中国检察出版社2008年版，第133页。

质、事务类别,分门别类予以登记在案,使得各项事务更加清楚、明了,这样不仅便于查阅,利于提高工作效率,同时,还便于查找疏忽之处,减少工作失误。

南京国民政府时期检察机关的处务管理,相对于北京政府时期的处务管理,无论是制度规定的细致程度,诸如各科的簿记登记,抑或其覆盖范围,如首席检察官或检察长对本处或本署的管理,更加规范。如此,检察机关人员在行使职务时有法可依、有据可查,有利于提高工作效率,减少中间环节和诸多情弊的发生,从而在制度层面推动司法的发展。

三、检察一体原则

检察官独立行使职权,不受法院的监督,也不得干涉法院的裁判。这是早在晚清法院编制法就有的规定。但其独立行使职权,是相对于其他司法机关而言,并不意味着在检察机关内部上下之间如同推事独立审判一样,不受外界的干涉。检察机关内部实行命令服从,上下连贯,脉络相通,职权虽由一人行使,但却可以实现越境管辖,事务转移等,被称之为检察一体。此原则的贯彻执行,可以为检察官检举犯罪提供方便。

自清末引进检察制度以来,检察机关的组织原理,便是透过日本仿效大陆法制,采用自上而下的层级式建构。在这种组织下,检察机关依照行政机关的建制,"上命下从,上级检察首长就下级检察官处理之检察事务,不但有指挥监督权,亦有职务收取权及职务转移权,下级检察官则有相应的服从义务及报告义务。"[1]检察机关检察一体的实现是通过检察机构的层级设置和检察官的层架设置来完成的。

(一)检察机构的层级设置

实现检察一体的组织体系,首先在检察机构的设计中采取层级管理。依据《法院组织法》规定,南京国民政府检察机构的层级示意图如图2-1所示:

---

[1]　林钰雄著:《检察官论》,法律出版社2008年版,第97页。

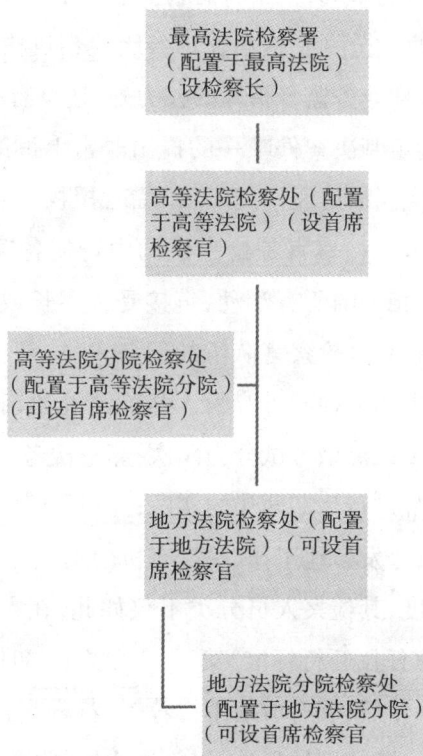

```
┌─────────────────┐
│   最高法院检察署   │
│ （配置于最高法院） │
│   （设检察长）    │
└─────────────────┘
         │
┌─────────────────┐
│ 高等法院检察处（配置│
│ 于高等法院）（设首席│
│    检察官）       │
└─────────────────┘
         │
┌─────────────────┐
│ 高等法院分院检察处  │
│（配置于高等法院分院）├
│ （可设首席检察官）  │
└─────────────────┘
         │
┌─────────────────┐
│ 地方法院检察处（配置│
│ 于地方法院）（可设首│
│   席检察官        │
└─────────────────┘
         │
┌─────────────────┐
│ 地方法院分院检察处  │
│（配置于地方法院分院）├
│ （可设首席检察官）  │
└─────────────────┘
```

图 2-1

从以上的机构层级示意图中可以看出,检察机关的层级设置同法院的层级设置相一致,其设置为三级制,即最高法院检察署、高等法院检察处、地方法院检察处。分别为每一上级检察机关的检察长或首席检察官对于下级检察机关具有指挥监督权。高等法院分院首席检察官对地方法院检察官不发生领导关系。这种层级设置利于命令的上传下达,上下联动打击犯罪。

（二）检察人员组成上的层级关系

检察人员的层级不但表现为检察官与书记官不同职位间的层级管理关系,还表现为在检察官内部存在着检察长或首席检察官对检察官的管理和监督关系。

检察官是检察职权行使的主体,是检察机构内部构成的核心成员。依照所担任的职务及任职身份不同,检察官有检察长(首席检察官)、检察官、候补检察官以及学习检察官的分别。检察长是各级检察机构的首脑,在享有对该管署处行政、人事及各项业务监督指挥的权力外,还享有一般检察官所享有的检察职权,并具有对确定判决案件唯一的提出非常上诉的权力。当检察长或首席检察官因公外出或因故请假期间,可以临时授权一名检察官代理检察长或首席检察官行使职权。检察官是检察机构中行使各项检察职权的主体人员,可以从事检察事务相关的所有活动,直接受检察长或首席检察官的监督。候补检察官和学习检察官是检察官队伍的后备人员,是在担任正任检察官或成为检察官过程中产生的一种职务身份。从晚清开始,我国就开始实行较为严格的司法人员入职考试。该考试分为两次:第一次考试合格后,即称为学习检察官分派至地方法院进行为期两年的实践;此后再经过第二次考试,合格后方能成为候补检察官,分发各地工作,一旦有机会则成为正任检察官。南京国民政府继承了这一制度,其检察人员分类不仅如此,在人员的晋升方面,亦有层级限制。如《司法官任用暂行标准》第十一条规定,初任或升任之荐任司法官以派署为始,非满一年后,著有成绩不得荐署,荐署非满一年后不得实授;初任或升任之简任司法官除特别情形外,以简署为始,非满一年后著有成绩不得实授。① 由此可见,每级检察人员的上升依据法令规定都需要一定的时间。检察人员的官俸待遇亦随着等级变化而有所差别,如最高法院检察署检察长的官俸等级为简任五级至一级俸,高等法院首席检察官的官俸等级为荐任六级至一级俸,地方法院首席检察官的官俸等级为荐任九级至一级俸。检察人员组成上的层级设置为上级指挥下级、下级服从上级提供了人员保障,并促使人们自觉地按此规则行动。

　　检察机关的层级设置和检察人员的层级管理,为检察机关上下一体关系的实现提供了组织基础和人力基础。

---

① 《司法官任用暂行标准》(1932年3月26日呈准),《司法行政公报》1932年第6号,1932年4月15日,第7页。

（三）检察一体原则的体现

如果说，层级机构的设置为检察一体原则的实现提供了组织基础和人力基础，那么，上级检察机构官长对下级检察机构检察官具有监督的权力，下级对上级的服从则是检察一体的灵魂。除了检察机关上下级间的命令服从之外，检察一体的原则还包含越境权和事务转移权等。

1.命令服从

第一，上级检察机关对下级检察机关的指挥监督。依据相关法令规定，检察长指挥监督全国检察事务；高等法院首席检察官监督该省或该特别区域内的检察官；高等法院分院首席检察官监督该区域内的检察官；地方法院首席检察官监督该院及分院检察官。高等法院首席检察官对于所属检察官或行使检察职权的县长及办理检察事务的书记官有指挥监督权。对于检察官及办理检察事务的书记官的任免、考绩、惩奖、叙级等，高等法院首席检察官具有向司法行政部呈请核办的权力。地方法院首席检察官对于该院检察官及办理检察事务之书记官具有指挥监督权，对检察官及办理检察事务之书记官的奖惩及考绩具有向主管长官核办的权力。需要指出的是，地院首席检察官不具有对所属检察官及书记官任免及叙级呈请的权力。《法院组织法》进一步强调，上述有监督权者对被监督之人员具有下列处分：一、关于职务上之事项得发命令使之注意，二、有废弛职务侵越权限或行止不检者加以警告；被监督之人员如有前条第二款情事而情节较重或经警告不悛者，监督长官得依公务员惩戒法办理。① 就检察职权来说，以不起诉为例，检察官侦查案件完毕，认为不应起诉的，告诉人可在七天之内声请再议，原检察官认为声请无理由时，要将该案卷宗及证据物件送交上级法院首席检察官。上级法院首席检察官认为声请无理由，应当予以驳回，认为声请有理由时，应为下列的处分：其一，侦查处分未完备者，命令下级检察官续行侦查；其二，侦查处分已完备时，得命令下级检察官

---

① 《法院组织法》，《法学杂志》1935年第8卷第4期，1935年8月1日，第192页。

起诉。①

第二，下级检察机关对上级检察机关的服从。指挥监督只是检察一体原则表现的一个方面，检察一体原则表现的另外一面是下级对于上级的服从。高等法院首席检察官归最高法院检察署检察长指挥监督，地方法院首席检察官归最高法院检察署检察长及高等法院首席检察官指挥监督，无论检察署抑或检察处，检察官的事务分配由首席检察官核定，所拟稿件亦均由检察长或首席检察官核定。案件的配受及转移亦受检察长或首席检察官的指挥。对判决确定案件，检察官发现该案件的审判系违背法令，要具意见书将该案卷宗及证物送交最高法院检察长声请提起非常上诉。

2. 越境权

检察一体，非仅指检察官上下的监督与被监督的关系，同时亦包含着不同地域执行检察事务人员一体原则。该原则要求检察官在执行职务时应互相协助。在紧急情形下，检察官自可在管辖区域外，执行其职务，不受管辖区域的影响，且不能以此借端予以推诿；即令在此情形下不属于该检察官管辖的案件也应该分别通知或移送该管检察官侦查，且在未移送或通知前，该检察官仍应按照急迫情形为事实上或法律上必要的处分。② 检察一体原则在实际中的践行保证了检察官在案件发生的第一时间打击犯罪，不至于由于事务管辖不同而贻误侦查的最佳时机。检察人员之间不只是在侦查中相互配合，在追捕逃犯时，亦处于联动之中。如一省高等法院检察处根据需要可以通知他省高院检察处给予协助。辽宁省高等法院检察处就曾要求山东省高等法院检察处协助缉拿被告李鸣龢、郑呈简二人。③ 检察官的此种越境权，自然同推事只在一定的管辖区域使裁判权不同。审判官不能越境审判，而检察官遇到紧急情形

---

① 《中华民国刑事诉讼法》（1928 年 9 月 1 日），蔡鸿源主编：《民国法规集成》第 65 册，黄山书社 1999 年版，第 315 页。

② 《办理刑事诉讼案件应行注意事项》（1935 年 8 月 23 日），蔡鸿源主编：《民国法规集成》第 65 册，黄山书社 1999 年版，第 591 页。

③ 《山东高等法院检察官训令（第九号登公报不另行文） 令山东高等法院第一分院首席检察官，济南泰安青岛福山各地方法院首席检察官，福山地方法院威海分院首席检察官，各县县法院检察官》，《山东司法公报》第 8 期，1931 年 8 月 31 日，检察处文件类，第 2—3 页。

时,如果因区域管辖原因,中止职权行使,则检察官的检举任务无法完成,因此,检察官在遇有紧急情况时,需要越境行使职权。

相对于北京政府时期,南京国民政府时期检察一体的内容有所扩大。如域外执行职务的自由度。北京政府时期颁布的《检察执务应行注意事项规则》规定,检察官与管辖区域外,执行职务时,应请示该管检察长官命令,检察官之执务有必要时,得嘱托管辖区域外之检察官,前项受托检察官应依法为必要处分。一般来说,检察官在域外执行职务属于特殊情形,所见不多,该紧急情况之下,如仍要请示检察长官的命令,很明显对案件的处理是不利的。同时,检察官在执行职务时与域外检察官的联系,规定并不明确。就不同地域检察官协同工作来说,检察一体原则的体现并不明显。而南京国民政府发展了检察一体原则,增加了不同地域检察官协同工作的内容。这对打击犯罪,提高办案质量都起到了一定作用。由此可见,司法总是在时间的流逝中点滴地前行发展。

3. 事务转移权

事务转移权意味着原来由检察长或首席检察官分配某检察官处理某事务后,发现该检察官不胜任或不适当时,可以由检察长或首席检察官亲自处理,或者将事务转移于其所属的其他检察官进行处理。

以上命令服从、越境管理、事务转移共同构成了检察一体原则的内容。此种原则使检察官成为一个整体,为更好地打击、检举犯罪提供了方便。

南京国民政府建立以后,以晚清及北京政府的司法改革成果为基础,参酌国情,取消检察机关独立机构建制,径变将检察官配置于各级法院之中。虽然因检察机关书记官的任命问题,将各级法院检察室改为检察处,并在实际中可见以检察处名义行文,但南京国民政府仍没有与审判机关相对立的国家机关,只是职权的行使相对于审判机关是独立的,而使检察制度得以保留下来。由于检察署及各级检察处成为检察官行使职权的实际处所,并与法院相对独立,暂将其作为检察机关而论。这一时期,检察机关内部的处务管理制度更趋向规范,检察一体的原则内容日益丰富,为检察职能的发挥提供了更好的制度保障。

第三章　南京国民政府检察
人员的构成及管理

一、检察人员的构成

检察官是检察制度的具体实践者,其人员分布、教育程度、年龄构成、在职年限及人员籍贯对检察制度的运行,无不具有关联。

(一)检察人员类别构成及分布

1. 检察人员类别

检察官群体包括首席检察官、检察官、候补检察官和学习检察官。检察官人员的配备,依检察事务的繁简而定。根据相关规定,每个法院配置一个首席检察官,如果某法院只有一个检察官,则不设首席检察官。根据司法统计记载,检察官职别人员人数如下表3-1:

表3-1　1930—1936年度检察官职别人员统计表

年度	首席检察官	检察官	候补检察官	学习检察官	总计	候补检察官占检察官群体百分比(%)
1930	144	341	150	48	683	21.96
1931	163	474	197	64	898	21.94
1932	158	389	186	65	798	23.31
1933	132	250	150	49	581	25.82

续表

年度	首席检察官	检察官	候补检察官	学习检察官	总计	候补检察官占检察官群体百分比(%)
1934	155	263	225	33	676	33.29
1936	180	363	293	17	853	34.35

资料来源:1930 年度数字来自《各法院设置一览表》,《民国十九年度司法统计》,田奇、汤红霞选编:《民国时期司法统计资料汇编》第 11 册,国家图书馆出版社 2013 年版,第 127 页。1931、1932 年度数字来自《民国二十一年度司法统计》(上册),《民国时期司法统计资料汇编》第 15 册,第 36—37 页。1933、1934 年度数字来自《法院人员额》,《民国二十三年度司法统计》(上册),《民国时期司法统计资料汇编》第 16 册,第 163 页。1936 年度数字依据《法院人员教育程度(2)》所提供数字计算而来,《民国二十五年度司法统计》,《民国时期司法统计资料汇编》第 18 册,第 164—205 页。

　　根据 1934 年度《法院人员员额》统计表的说明指出,1934 年度员额数字高于 1933 年度人员员额是由于广东贵州等省上年度均未加入,而各法院因事务增加,呈请扩充是最重要的原因。

　　从以上统计中可以看出,候补检察官员额每年度所占检察官群体的比例约为四分之一,并呈现出逐年增加的趋势。其主要原因如下:

　　第一,候补检察官是成为正式检察官的必要阶段。候补检察官的资格条件主要有三种:一种是经高等考试之司法官考试再试及格者;一种是在法官训练所、法官学校、高等研究部、储材馆、司法班或司法讲习所、司法储材馆毕业者;另外一种则是曾经司法官考试再试或甄拔试验及甄叙合格者。南京国民政府时期的司法官考试要经过两场:初试和再试。初试及格者授予司法官初试及格证书依学习规则之所定分发学习。学习期满后,进行再试。① 再试主要是考察学习检察官的业务能力,诸如拟具判词。再试及格后,方有资格担任候补检察官。《司法官任用暂行标准》第 8 条规定:"学习推事检察官非经高等考试之司法官再试及格不得派充候补推事检察官。"②

---

① 《修正高等考试司法官考试条例》,《司法行政公报》1933 年第 36 号,1933 年 6 月 30 日,第 31 页。
② 《司法官任用暂行标准》,《司法行政公报》1932 年第 6 号,1932 年 4 月 15 日,第 2—8 页。

第二,候补检察官可以成为荐任司法官,是荐任司法官的来源之一。《司法官任用暂行标准》第 4 条规定:"荐任司法官须就具有左列资格之一者遴任之:一、经高等考试之司法官考试再试及格现充或曾充候补推事检察官者……四、在法官训练所法官学校高等研究部储材馆司法班或司法讲习所司法储材馆毕业现充曾充候补推事检察官者。五、曾经司法官考试再试或甄拔试验及甄叙合格现充或曾充候补推事检察官者。"[1]《法院组织法》第 35 条规定:"初任推事或检察官者试署地方法院或其分院之推事或检察官,如无推事检察官员缺可署时,暂充候补推事或候补检察官分发地方法院或其分院办理事务。前项试署期间为一年,期满考绩合格者应即补实。"[2]《司法官任用暂行标准》第 9 条规定:"候补推事检察官之补缺以地方法院以下法院推事检察官为限。"[3]

南京国民政府立法者继承了晚清和北京政府时期对候补检察官的任用模式,即重视基层司法工作对检察官的锻炼,让检察官从基层做起,促使其快速成长,从而为检察官迅速成为司法队伍的中坚力量而起到良好作用。同时,从低级到高级的晋升过程,是检察官担任上级司法官所要经过的阶段。此种对检察官选任慎重的态度和做法是值得称道的,有利于维护司法公正。

2. 检察人员类别的分布及特点

早在 1929 年,司法行政部颁布了各级法院检察官编制标准,列表如下:

表 3-2 各级法院检察官编制标准

法院类别	检察官群体职员编制标准
县法院	检察官 1,候补检察官 1
地方法院	首席检察官 1,检察官 1,候补检察官 1
高等法院	首席检察官 1,检察官 2,候补检察官 1
高等法院分院	首席检察官 1,检察官 1,候补检察官 1

资料来源:《筹设各级法院基地经费及职员编制标准一览表》,《司法公报》1929 年第 39 号,1929 年 10 月 5 日,第 31—32 页。

---

① 《司法官任用暂行标准》,《司法行政公报》1932 年第 6 号,1932 年 4 月 15 日,第 2—8 页。

② 《法院组织法》,《法学杂志》1935 年第 8 卷第 4 期,1935 年 8 月 1 日,第 185 页。

③ 《司法官任用暂行标准》,《司法行政公报》1932 年第 6 号,1932 年 4 月 15 日,第 7 页。

从以上检察官群体在法院中的分布比例来说,检察官与候补检察官的比例基本上是1∶1,高等法院的检察官较候补检察官为多。但据1936年度的司法统计,却显示出不同的结果,表3-3以处于不同方位的省份为例予以说明:

表3-3 1936年度苏浙豫鄂宁甘六省检察人员数量表

省别		法院级别	首席检察官	检察官	候补检察官	总数	
沿海	江苏	地方法院	10	25	31	66	85
		高等法院	7	7	5	19	
	浙江	地方法院	10	33	32	75	92
		高等法院	4	10	3	17	
中部	河南	地方法院	2	17	14	33	44
		高等法院	4	7	0	11	
	湖北	地方法院	12	8	19	39	55
		高等法院	7	7	2	16	
边远	宁夏	地方法院	1	1	1	3	8
		高等法院	1	3	1	5	
	甘肃	地方法院	1	5	4	10	23
		高等法院	6	7	0	13	

资料来源:《法院人员教育程度(2)》,《民国二十五年度司法统计》,田奇、汤红霞选编:《民国时期司法统计资料汇编》第18册,国家图书馆出版社2013年版,第164—205页。

之所以出现以上情况主要是由于:其一,上述编制标准,乃是就全国层面统一而言,实际操作过程中,由于受经济发展状况、司法经费以及人才的影响,以上标准不可避免地发生变化。其二,在《法院组织法》颁布以前,各省仍实行的是四级三审制,《法院组织法》颁布以后,各省法院改组,原有县法院改为地方法院。因此检察官群体各员所占比例必然有所变化。其三,将县级法院取消以后,大量的诉讼集中于地方法院中,地院检察官各员额比例依据事务繁简程度,人员必然增加。从表格中看到更多的检察官充实到地方法院当中,其人数亦远高于同级首席检察官人数。同时,同级的候补检察官数量亦大量增加,同检察官充实于地方法院趋势相同。但对于高等法院来讲,首检、检察官的比例较1929年所订立标准相差不大,而候补检察官的人员相对于首检及检察官的员额比例则较少。这说明当大量候补检察官充实于地方法院时,高等法院中并没有按照比例配备候补检察官。在高等法院,检察官的数量较编制规定标准,仍有一定差距。

从以上统计数字,可以看出检察官群体的分布特点:

第一,从地域上说,检察官数量呈现出自沿海—中部—边远的方向递减,这同我国的经济发展状况是相一致的。经济较为发达地区,诉讼事件多发,该地法院设立数量较经济欠发达地区为多,因此检察官群体人数分布亦呈现出相同的特点。

第二,从法院级别上说,分为两种情况:沿海及中部地区,地方法院的检察官数量较高院检察官数量为多,这主要是由于这些地方诉讼事件较多,而一审案件主要由地方法院处理,配合事务繁简程度,该地区地院检察官数量较多。边远地区的情况则相反。这主要是由于这些地区经济欠发达,诉讼案件相对较少,地方法院分布较少,而某些高院分院亦兼某地方法院,承揽了一些地院的诉讼案件,从统计数字来看,高院数量及高院检察官人数较地院的要多一些。

尽管将人员较多地滞留于候补检察官层面有其制度方面的考虑,但南京国民政府司法经费有限,亦是应考虑的因素。司法经费有限,带来检察官员额编制的限制,从候补检察官到检察官,其待遇标准是不一样的,差距较大,将人员较多地滞留于候补检察官层面亦有节省司法开支的考虑。

但同时,员额编制有限,将检察人员滞留于候补检察官层面,将带来另外的结果,使得人员上升空间受到阻碍,使得人员的晋升并非像制度层面所规定的那样,到时间予以晋升。当这种科层晋升受到阻碍,工作人员的积极性将不可避免地受到影响。

(二)检察人员的教育程度

由于司法官所从事的工作要求专业程度高,因此无论晚清,抑或是北京政府对于司法官的任职资格都有相应的学历要求。南京国民政府继承北京政府检察制度,在司法官的任职资格中,亦将学历作为任职的重要衡量标准。1932年颁布的《司法官任用暂行标准》就简任庭长、推事、检察官的学历提出以下要求:在国立或经最高教育行政机关立案或承认的国内外大学独立学院专门学校修习法律学三年以上,并有毕业证书;或在经最高教育行政机关承认之外国大学修习法律学五年以上毕业,并有学位。① 以以上条件为基础并符合其他条件,方可有简任庭长、推事或检察官的资格。以1936年度检察官教育程度为例,加以说明:

表3-4　1936年度检察官教育程度统计表

员额	特种教育			高　　等								中等
				法政				非法政				
				毕业				毕业				
858	高等	中等	计	国内	欧美	日本	计	国内	欧美	日本	计	
	128		128	649	9	67	725	1	1	1	3	2

资料来源:《法院人员教育程度(1)》,《民国二十五年度司法统计》,田奇、汤红霞选编:《民国时期司法统计资料汇编》第18册,国家图书馆出版社2013年版,第17—18页。

从以上表格可以看出,南京国民政府时期检察官群体的教育程度有如下特点:其一,以高等院校法政专业毕业生为主。高等院校法政专业毕业的检察官人数占检察官员额的84.50%,中等院校毕业的检察官仅占检察官总数的0.23%,该年度检察官群体中没有肄业入职检察职位者,这就意味着该年度检察官群体的85.08%都受到了完整的学校教育,如此优秀的教育背景,为检察官队伍提供了很好的人力资源,为检察官处理实际工作提供智力支持,为维护司法公正发挥更好的作用。

其二,特种教育毕业人员不容忽视。上述数字中,受特种教育的人员占检察官队伍中的比重约为14.92%,其比重亦不容忽视。抗战前的特种教育是

_____

① 《司法官任用暂行标准》(1932年3月26日呈准),《司法行政公报》1932年第6号,1932年4月15日,第2—8页。

蒋介石在赣鄂皖豫闽等共产党曾占领的区域内实行的旨在向民众灌输三民主义的意识形态,消除共产党影响,以实现其"以党治国"最终目的的一项特殊的社会教育。中山民校是特种教育的主要实施机构,一般分为成人班、妇女班,必要时设儿童班。其主要教学科目有国语、算术、劳作、自卫和音乐。毕业时间为成人班四个月,儿童班一年。从特种教育目的及授课内容可知,特种教育人员深受三民主义影响,其业务素养同司法官职业所要求专业水准相去甚远,这不能不影响检察官的业务能力。

其三,非法政毕业人员所占比例较少。该表格中显示,非法政人员只占总人数的0.35%,可谓微不足道。考此方面的原因主要与该类人员的出身有关。这些非法政毕业人员的出身不外有三种:第一种,以高考检定及格,或以党务从政人员资格而应司法官考试及格者;第二种,由司法行政部调任者;第三种,边远省份,因人选困难,准其暂行派充者。①

其四,在人员任用标准上,更注重学历。司法官是一个专业化程度较高的职业,没有经过严格训练及正规法政教育的人员从事司法工作是一件难以想象的事情。基于对该职业清醒的认识,南京国民政府在司法官的任用上是慎之又慎。尽管《司法官任用暂行标准》规定了五种可以进入司法官队伍渠道,但从统计数据中,学历是进入该队伍当中最重要的砝码,最为人们所看重的因素。司法官队伍中专业化程度高,无疑会对办案质量起到重要影响。

此时的检察官群体的学缘结构相对于民国初年,已经有较大的变化。主体人员的教育来自国内,同时,国外留学的日本法政毕业学生已经超过欧美毕业学生,此种变化,对中国的法学派别产生影响。

南京国民政府在法官的任用上,法定綦严,从以上的四点统计分析中,可以看出实际入职的检察官中,符合条件人员占绝大部分,不合条件的仅占0.35%,其实践与法定文本之间的距离相差较小。即在检察官人员的任用上,

① 《法院人员教育程度(2)》,《民国二十五年度司法统计》,田奇、汤红霞选编:《民国时期司法统计资料汇编》第18册,国家图书馆出版社2013年版,第206页。

南京国民政府的执行力是很强的。优秀的检察人员组织队伍,为检察制度的运行、检察职权的行使提供了智力支持。

(三)检察人员的年龄构成

团队的年龄结构不仅影响着队伍的活力,还影响着团队的工作效能。在年龄结构中,如果年龄较大人员所占比重偏高,则人员身体健康可能对工作影响较大;年龄较小人员所占比重较高,则有可能工作经验欠缺对工作产生影响。下面以1936年度检察官群体人员年龄结构为例:

表3-5　1936年度检察官群体人员年龄结构表

总数	未满20岁	20岁以上	30岁以上	40岁以上	50岁以上	60岁以上
858		41	333	274*	189	21
占总数比例		4.78	38.81	31.93	22.03	2.45

资料来源:《法院人员年龄(1)》,《民国二十五年度司法统计》,田奇、汤红霞选编:《民国时期司法统计资料汇编》第18册,国家图书馆出版社2013年版,第1页。*说明:原表格数字为189,本人根据表格中所提供的各省数字统计后得出,40岁以上人员应为274人。

各省情况仍以江苏、浙江、河南、湖北、宁夏、甘肃为例:

表3-6　1936年度苏浙豫鄂宁甘六省检察官年龄结构表

省别	总数		未满20岁	20岁以上	30岁以上	40岁以上	50岁以上	60岁以上
江苏	87	地方法院		8	26	22	12	1
		高等法院		1	4	7	6	
浙江	93	地方法院		1	39	22	14	
		高等法院			1	12	4	
河南	44	地方法院			22	7	4	
		高等法院			2	2	7	
湖北	56	地方法院		2	9	15	13	1
		高等法院			4	8	4	

续表

省别	总数		未满20岁	20岁以上	30岁以上	40岁以上	50岁以上	60岁以上
宁夏	7	地方法院			4	1		
		高等法院			1		1	
甘肃*	23	地方法院		2	6	2		
		高等法院		1	3	4	4	1

资料来源:《法院人员年龄(2)》,《民国二十五年度司法统计》,田奇、汤红霞选编:《民国时期司法统计资料汇编》第 18 册,国家图书馆出版社 2013 年版,第 49—69 页。＊说明:该省高等法院与地方法院数量相同,同时,某些高等法院分院兼某地方法院,因此该省高院人数大于地方法院人员数量。

从 1936 年度检察官群体人员年龄结构表格可以看出:其一,该年度的人员年龄结构以 30—50 岁的中坚人士为主,该年龄段人员占总体人员的 70.74%,三分之二还要强一些,同样的情况在苏、浙、豫、鄂、宁、甘六省也存在。处于这个年龄段的人员年富力强,精力旺盛,同时具有较丰富的经验,对于一个人来说,该阶段亦正是其工作的最佳时段。以这个年龄段为主的检察官队伍,将会较少出现人员接续上的断节、新鲜血液的补充不足等问题,检察人员工作能力、身体健康程度、家庭压力等方面所受到的影响,亦相对年龄结构老化的群体为小。因此,该检察官群体对致力于司法改革的南京国民政府来说是非常理想的。

其二,检察官年龄结构的分布在法院级别的表现上,30—50 岁年龄段的人员大多就职于地方法院。这同地方法院数量多及诉讼事务繁简有关。从另外一个角度说,亦是人员在科层机构严密的行政系统中的正常分布。该结构呈现出南京国民政府建立以后,在人员队伍建设方面所取得的成绩。

(四)检察人员的在职年限

供职人员在一个政权中在职年限的长短,直接反映出该人员对政权的信任度及政权对该人员的影响度。同时,任职年限的长短亦可反观该人员的工作能力。下面以 1936 年度检察官在职年限及所占比重统计为例予以说明:

表 3-7　1936 年度检察官在职年限及所占比重统计表

年限	1 年未满	1 年以上3 年未满	3 年以上6 年未满	6 年以上9 年未满	9 年以上12 年未满	12 年以上15 年未满	15 年以上18 年未满	18 年以上
人数	239	217	143	102	61	23	31	42
占总人数（858 人）的比重	27.86%	25.29%	16.67%	11.89%	7.11%	2.68%	3.61%	4.90%

资料来源：《法院人员在职年限（1）》,《民国二十五年度司法统计》(上册)，田奇、汤红霞选编：《民国时期司法统计资料汇编》第 18 册，国家图书馆出版社 2013 年版，第 207 页。

　　自 1927 年南京国民政府建立，1928 年年底东北易帜，全国统一，各项事业逐渐走向正轨，至卢沟桥事变，9 年未满，以此为标准，观察南京国民政府检察官在职年限，从上列表格中可以看出大概 81.71% 的人员是在南京国民政府建立以后进入检察官队伍当中的。他们在国民党的司法党化教育感召下进入该职业当中，毋庸置疑会将三民主义与五权宪法思想更多地融入日常的司法实践当中。对于司法党化的推广起到积极作用。但事物的发展总是利弊相从，将大量的新生力量纳入检察官队伍，又会造成其他不良后果。统计表格中表明 53.15% 的人员在职年限不足三年，他们虽精力充沛，为司法队伍提供了充足的后备力量，但工作经验相对不足，亦不免成为其短板，这难免会对司法工作带来不良影响。

（五）检察人员的籍贯分布

　　中国是一个传统的农业社会，对于大多数人来说，乡情是挥之不去的情结，叶落归根成为众多远游者的朴素愿望。在远离家乡时，"老乡见老乡，两眼泪汪汪"成为游子们思乡感情的真实表达。于是，同籍人士相互帮助，更是内心乡情驱使下的自然行为。在学习、生活及工作中，该因素的影响更是无处不在。因此考察人员籍贯可以更好地解读该时期的政治生态，同时反映出该时期地方上的社会众生相。下面以 1936 年度检察官群体人员籍贯为例，做一简要分析。

表 3-8　1936 年度检察官群体人员籍贯统计表

籍贯	总计	在本省服务人员	籍贯	总计	在本省服务人员
江苏	62	12	青海	3	2
浙江	113	64	福建	49	21
安徽	44	9	广东	129	115
江西	42	14	广西	65	62
湖北	89	24	云南	3	
湖南	48	23	贵州	8	7
四川	38	28	辽宁	6	
河北	54	6	吉林	5	
河南	23	7	黑龙江	1	
山东	16	6	热河		
山西	37	11	察哈尔		
陕西	11	5	绥远	3	3
甘肃	9	7	宁夏		
总计：检察官群体人数：858，在本省就职人数：426。本省就职人数占检察官群体人数的 49.65%。					

资料来源：《法院人员籍贯（1）》，《民国二十五年度司法统计》（上册），田奇、汤红霞选编：《民国时期司法统计资料汇编》第 17 册，国家图书馆出版社 2013 年版，第 453—547 页。备注：该表中的检察官系指首席检察官、检察官、候补检察官和学习检察官。

从以上统计可以得出以下结论：

第一，就各省的检察官人才贡献率来说，呈现出沿海—中部—边远地区递减的状态。以江苏、浙江为例的沿海地区，这两省的检察官人才贡献率达到了 1/5 强；以河南、湖北为例的中部地区，其人才的贡献率达 1/10 多；以宁夏和甘肃为例的边远地区，人才贡献率仅为 1/100，某些边远省份甚至没有。差距之大，至为显著。之所以如此，固然受重视教育的传统思想影响，该地区教育发达，相应人才培养出来的较多。同时受当地诉讼案件数量的影响亦不容忽视。仅以苏浙豫鄂甘宁六省民事一审与刑事一审案件数量为例：

表 3-9　1936 年度苏浙豫鄂甘宁六省民事一审与刑事一审案件数量统计表

省别	民事一审案件数量	刑事一审案件数量	总量
江苏	20502	27270	47772
浙江	13174	13190	26364
湖北	5454	5872	11326
河南	4567	7834	12401
甘肃	1851	585	2436
宁夏	839	175	1014

资料来源:《民事第一审案件(1)普通》《刑事第一审案件(1)》,《民国二十五年度司法统计》(下册),田奇、汤红霞选编:《民国时期司法统计资料汇编》第 18 册,国家图书馆出版社 2013 年版,第 377—384、562—570 页。

从以上案件统计表格中可以看出沿海地区诉讼案件繁多,中部地区次之,边远地区最少。通常来说,案件数量的多少,意味着司法人员所需人员多少。需求量的大小,必然会对欲从事某种职业的人员产生未来的就业提醒,从而昭示其将愿景化为行动,朝着进入司法职业的方向努力,而报考法政学校成为其实现目标的最重要途径。

第二,总体来说近半数的检察人员在其籍贯省份供职。从表格中可以看出,有 49.65% 的检察官人员在自己的籍贯省份就职。除去人数较少的绥远和贵州以外,某些省份的本籍人员供职率高达 89.15%(广东)和 95.38%(广西)。中国是一个人情社会,血亲关系、同乡情谊、同门师谊等所形成的人际关系构成巨大的社会关系网。在国家各部门运行中,人员调动中起到了隐性的作用,南京国民政府时期司法部门形成的派系与此不无关系。此种比例关系对司法机关内部派系的形成起到了一定作用。同时这也就意味着司法回避制度没有得到很好的贯彻执行,特别是在某些省份贯彻得不好。虽然根据关于司法官任职回避办法规定,各省区高等以下法院院长首席检察官不得以本省本区人充任,如果边远及交通不便或有特殊情形者,可以由本地区人士充任,但暂得回避该法院管辖区域。各省区各级法院推事检察官应回避该法院管辖区域。① 对于司法官回本籍贯省份未作严格规定,但回本籍省份就职无

① 《司法官任用回避办法》(1932 年 1 月 27 日),《司法行政公报》1932 年第 3 号,1932 年 2 月 29 日,第 1 页。

疑削弱了回避制度所应起到的摒弃人情、依法行政的作用。

从以上检察人员各方面的分析可以看出，南京国民政府的检察人员组成所受教育程度较高，为检察职权的行使提供了智力基础；其年龄构成较为理想，且多在南京国民政府成立后入职，为司法党化的推广起到积极作用，但由于在职年限较短，也为职权的行使带来消极影响，同时，其人员分布及人员籍贯来源亦成为南京国民政府司法发展的反映及内部司法派别形成的基础。

法官制度作为近代司法改革的一部分，早在晚清时期就已经出现。《法官考试任用暂行章程》《法官考试任用暂行章程施行细则》的制定，为法官制度的建立奠定了基础。民国建立之后，民主共和赋予了法官制度新的内容。民国确立的法官独立原则，为司法独立提供了人员保障。这期间颁布有《司法官考绩规则》《甄别司法人员规则》《司法官考试令》《司法官任用现行办法》等规章制度，为南京国民政府时期所形成的一套设计相对合理的法官制度提供了借鉴。

检察官是检察制度实行的主体，其任用与管理的好坏直接关系着检察制度运作。但在晚清、北京政府或南京国民政府时期，没有专门规章制度规制检察官的选任和管理。这主要是由于那一时期的司法官或法官名称内涵包含审判推事和检察官两部分的内容。检察官的选任及管理包含在法官任用和管理的相关制度当中。如在清末的《法官考试任用暂行章程施行细则》中就"授职"方面规定"京外第一次考试录取人员以正七品推事或检察官分发各厅学习，其文职七品以上人员暂以原官分厅学习，俟第二次考试合格，再以品级相当之推检奏留候补"[1]；《法院编制法》中就推事检察官的任用规定，"推事及检察官应照法官考试任用章程经二次考试合格者始准任用。"[2]因此，法官的称谓，并不只包含各级审判厅或法院的审判人员，还包括各级检察机构中的检察官。北京政府时期，法官虽被普遍使用，但在当时的官方法律文件中，审判

---

① 《法部奏定法官考试任用暂行章程施行细则》，《国风报》第 1 年第 12 号，宣统二年五月初一，第 71 页。

② 《宪政编查馆奏定法院编制法并各项暂行章程》，《国风报》第 1 年第 6 号，宣统二年三月初一，第 87 页。

厅之推事和检察厅之检察官,更多地被称之为司法官,但二者并没有多大区别。个中原因,一方面是由于司法机关设置时,采用的法官称谓依然是审检合署制,检察机关附设于审判机构内部,人们往往认为法院是由两个机构组成。① 因此这一时期的检察官被称为法官依然比较流行。南京国民政府时期,法官与司法官的互用仍然存在。如法官训练所毕业的学生分发到各级法院做学习推事、学习检察官或候补推事、候补检察官。② 基于以上原因,本书中所讨论之检察官的选任及管理实际是法官或司法官的选任和管理,某些条文明确说明是针对检察官的当然包括在内。

二、检察官的考试与培训

由于检察官在司法运行当中扮演着重要的角色,关乎社会稳定及司法权威在人们心中的树立,因此通过考试形式选拔优秀人员进入司法官队伍中,成为通行的做法。"自清末法院编制法以来,司法制度步入各国,推事检察制度,乃规定须经二次考试合格者,始准任用,并公布法官考试章程,尔时法制初变,习法律者蜂起,国内国外,毕业人员,多由考试入法界"。③ 为司法活动提供人力资源,成为检察官制度运行的基础。

(一)检察官的考试

1.制度规定

南京国民政府成立之后,在五院成立之前的 1928 年 8 月 6 日先行公布了《司法官任用考试暂行条例》④,对应试人员资格、考试次第、典试委员会、考试

---

① 薛遗生:《论我国检察制度之可废》,《法律周刊》第 32、33 合刊,1924 年 3 月 16 日,第 20 页。

② 《司法行政部部令本届法官训练所毕业人员亟应分发》,《司法公报》1930 年第 80 号,1930 年 7 月 19 日,第 21—23 页。

③ 王用宾:《二十五年来法官任用之检讨》,《中央周报》第 438 期,1936 年 10 月 26 日,第 19 页。

④ 《司法官任用考试暂行条例》(1928 年 8 月 6 日),《国民政府公报》1928 年第 81 期,1928 年 8 月,第 1—6 页。

科目及再试作了规定。1930 年 10 月 7 日在考试院未举行高等考试司法官考试以前，又公布了《法官初试暂行条例》，就初试考试人员资格、考试科目、典试委员会作了规定。12 月 27 日，考试院公布《高等考试司法官律师考试条例》①，对参加司法官考试人员的限制性资格、甄录试、典试以及再试委员会的组成作了明确规定。1933 年 5 月 26 日，考试院又颁布了《修正高等考试司法官考试条例》，初试考试科目内容及考试科目门数有所改变。为便于实际操作，考试院在 1930 年 10 月 24 日公布《法官初试典试委员会典试规则》②，就典试委员会的人员组成、工作内容作出安排，诸如试题的拟定、试卷的密封、分数的布告、笔试口试的举行方式、典试委员会分会的人员构成及工作职能等。

通过制定和颁行以上法律法规，南京国民政府有关司法官考试的法律规范呈现出以下特点：

第一，从主管考试机构来说，组织严密，人员组成级别较高。

为保证各类考试有序进行，南京国民政府于 1929 年 8 月 2 日公布《典试委员会组织法》。③ 该法要求各地举行各类考试时，应该依据该法成立典试委员会，该委员会掌理拟题、阅卷、面试及成绩的审查。典试委员长由考试院院长提请国民政府简派。考试的试题由典试委员预拟后密呈委员长决定。同时，委员长有聘任襄试委员襄理典试事宜的权力。司法官的典试委员会分为两种，一种为初试典试委员会，一种为再试委员会。初试典试委员会设委员长 1 人，其选任较《典试委员会组织法》规定更为严格的是，该委员长非由考试院院长提请国民政府简派，而是直接由国民政府特派；委员 6—8 人，由考试院会同行政院在现任考试行政两院所属的各机关简任人员中遴选，或在现任或曾任简任法官中遴选，富有法律学识和经验的专家也在遴选之列。为保证司法考试的公正及考虑到司法考试的专业技术性，从考试行政两院所属各机关遴

---

① 《高等考试司法官律师考试条例》（1930 年 12 月 27 日），《考试院公报》1931 年第 1 期，1931 年 1 月，公文，第 1 页。

② 《法官初试典试委员会典试规则》，《司法公报》1930 年第 96 号，1930 年 11 月 8 日，第 8—9 页。

③ 《典试委员会组织法》（1929 年 8 月 2 日），《国民政府公报》1929 年第 233 号，1929 年 8 月 3 日，第 1 页。

选简任人员的比例不能超过委员总数的一半。襄校委员的遴选要由典试委员长从现任考试行政两院所属各机关荐任人员及现任或曾任荐任法官中遴选。另外,具有典试委员资格人员也可以被遴选为襄校委员。

再试典试委员会设委员长1人,由国民政府特派。再试委员会由5—7人组成,由考试院在曾任或现任简任法官及司法行政人员或其他富有法律学识及经验的专家中遴选,并呈请国民政府简派。同初试典试委员会不同的是,再试典试委员会人员不再从现任考试行政两院所属各机关中遴选。这主要是由于再试中的笔试、面试及学习成绩的审查需要更专业的知识,非专业人员很难胜任。这样的安排体现出科学性及严密性。根据《司法官官俸暂行条例》,简任法官为最高法院或分院首席检察官、庭长、简任推事和简任检察官,以及最高法院分院或高等法院院长。因此司法官考试呈现出的主管机关组织严密,组织人员主体层次高,人员遴选严密的特点,反映出南京国民政府充分重视司法官考试。该制度的科学性设计有力地保证了司法官考试的严格有序进行,有效避免非正常因素的干扰,从而保证考试的公正。

第二,应试资格逐渐放宽并规范。

在考试院未举行高等考试司法官考试以前,参加法官初试的人员主要是国立或经立案的公私立大学独立学院或专科学校修法律政治学科三年以上毕业,且有毕业证书的学生;或教育部承认的国外大学独立学院或专科学校修法律政治学科三年以上毕业且有毕业证书的学生;或在以上学校学习一年有毕业证,并曾任审判事务二年以上或法院记录事务三年以上的人员;其他如教授法官初试笔试科目二年以上人员也具有应试资格。[①] 1933年5月23日,国民政府考试院公布了《修正高等考试司法官考试条例》,对参加法官初试人员的资格做了修改:一、国立或经立案之公私立大学独立学院或专科学校修法律政治学科毕业有毕业证书者;二、教育部承认的国外大学独立学院或专科学校修法律政治学科毕业有证书者;三、有大学或专科学校法律政治学科同等学力经

①　《法官初试暂行条例》(1930年10月7日公布),《司法公报》1930年第93号,1930年10月18日,第1—2页。

检定考试及格者;四、确有法律专门学术技能或著作经审查及格者;五、经普通考试及格四年后或曾任司法机关委任官及与委任官相当职务三年以上者;六、在国内外专门以上学校修法律政治学科一年以上得有毕业证书,并曾在专科以上学校教授本条例第六条笔试科目二年以上,或曾任审判事务二年以上或法院记录事务三年以上者。① 以上可见,能够参加高等考试司法官考试资格的人员除了 1930 年所公布的符合参加法官初试资格人员之外,还有经检定考试及格与大学或专科学校法律政治学科毕业的同等学力者和经审查及格的有法律专门学术技能或著作的人员;经普通考试及格者四年后曾任委任官及与委任官相当职务三年以上的人员亦在应考人之列。上述规定可以看出,参加司法官考试的应考人员不但有科班出身,且是规定专业的学生,还有一些经检定合格的同等学力者及一些政府官员。以上规定拓展了司法考试人员来源渠道,增加了司法考试后备人员,特别是允许经检定合格的同等学力者参加考试是"收罗遗才推广试政不可少之举"②。但由于某些考察没有硬性标准,为实践中握有审查权力的人员从事以权牟利的营生打开了方便之门。

1933 年中央委员会批转南京特别市执行委员会呈请转函考试院准予现任党务工作人员曾任职三年以上者,亦得参与高考。经考试院考铨委员会议决:"现任中央党部、省党部、特别市党部、海外总支部干事助理或录事等党务工作人员,既有甄别审查合格照委任官办理之规定,自可认为与委任官职务相当③;

---

① 《修正高等考试司法官考试条例》(1933 年 5 月 23 日),《国民政府公报》1933 年第 1140 号,1933 年 5 月 26 日,第 10 页。

② 考选委员会:《周邦道等条陈二届高考意见经会决议呈院函复查照》,《考试院公报》1933 年第 4 期,1933 年 4 月,第 8 页。

③ 1933 年 4 月 27 日第四届国民党中央执行委员会第 68 次常务会通过的《修正现任中央党部工作人员暨省或特别市党部海外总支部委员及工作人员甄别审查条例》,第八条规定:现任中央党部省党部特别市党部海外总支部或直属支部干事助理或录事有左列资格之一而成绩在乙等以上者合格,丙等者降等,丁等者不及格。(一)曾致力革命五年以上者,(二)在教育部认可之高级中学或旧制中学毕业者,(三)曾任中央党部省党部或特别市党部或海外总支部干事助理二年以上录事三年以上或直属支部干事助理三年以上录事四年以上者,(四)曾任海外直属支部委员或秘书一年以上者,(五)在国民政府统治下委任官二年以上者。(六)曾在国民政府统治下各地方普通考试及格者。第十二条规定,甄别审查合格者,除以原职任用外,由中央执行委员会发给证明书,并将审查结果,连同甄别审查表送国民政府发交考试院铨叙部照左列规定,分别登记并发给证书。合于第八条者,照委任官办理。《考试院公报》1933 年第 5 期,1933 年 5 月,第 53—54 页。

如果服务确满三年以上者,依法有应考高等考试之资格。"①以上认定,无疑为那些没有必备司法知识的官员进入司法队伍提供了机会,从而使大量无正规学历和专业背景但被认为能够效忠于党国的人员进入司法队伍中,同时也使司法的专业化、职业化建设开始倒退。

1935 年 8 月 5 日,国民政府考试院再次修正高等考试司法官考试条例,将应考资格中的灰色地带进一步明朗化。将"有大学或专科学校法律政治各学科毕业之同等学力经检定考试及格者",修正为"经高等检定考试及格者"。这主要是因为 1930 年 10 月 27 日公布的《检定考试规程》中将检定考试分为两种:普通检定考试和高等检定考试。这两种考试的参加人员资格、考试科目及检定委员会的组成人员都不一样。② 将高等考试司法官考试条例的再次修订,明确了参加高等考试司法官考试的有大学或专科学校法律政治各学科毕业的同等学力人员,须经过高等检定考试及格,从而将普通检定考试合格人员予以剔除。如此不但使该条例与检定考试规程相一致,也增加了负责实际工作人员和考试人员的可操作性,尽可能地避免情弊事件的发生,利于考试的公正公平进行。

上述法令虽对参加司法官考试人员资格做了较为详细的规定,却没有做限制性规定,这是因为,对以上法规有制约作用的 1929 年 8 月 1 日公布、1930 年 4 月 1 日施行的《考试法》中有这样的规定:"有左列各款情事之一者,不得应任何考试:一、有反革命行为经证实者,二、褫夺公权或停止公权尚未复权者,三、亏空公款尚未清偿者,四、曾因赃私处罚有案者,五、曾受破产宣告尚未

---

① 《本院致中央执行委员会秘书处公函(第一一七号)(九月五日)》,《考试院公报》1933年第 8 期,1933 年 8 月,第 36 页。

② 如该规程规定,参加普通检定考试人员是有中等以上学校毕业之同等学力者,参加高等检定考试的人员是有大学或专科学校毕业之同等学力者;参加普通检定考试人员的目的主要是要参加行政人员、法院书记官、监狱官及教育行政人员的普通考试,或预要参加农业技术人员、工业技术人员、卫生行政人员的普通考试。通过普通检定考试及格使自己拥有参加以上普通考试的资格。参加高等检定不同种类的考试,则需要参加不同科目的考试。如要参加司法官的高等考试的高等检定考试人员需要应试国文、政治学、民法、刑法、中外历史、中外地理六科目。《福建省政府公报》1931 年第 184 期,1931 年 2 月 9 日,中央法规,第 11—14 页。

复权者,六、吸用鸦片或其代用品者。"①1933 年 2 月 23 日公布实施的《修正考试法》,将以上限制性规定修改为:褫夺公权者,亏空公款者,曾因赃私处罚有案者,吸用鸦片或其代用品者不得参加任何考试。② 这样,应考人员的限制范围有所缩小,并注重了限制条件的真凭实据,去掉了某些主观认定的内容。时人以为,反革命行为事实上极难认定,曾受破产宣告尚未复权者,全属个人经济问题,如以其曾受破产宣告即剥夺他应试权,实有未合,新法删除该两款,极为正当。③ 从以上有关考试法的修正可以看出,参加考试的人员应试资格限制有所放宽,制度更趋合理,更具有可操作性,也使得更多人可以参加高等考试司法官考试,为从更广阔的范围选拔人才提供了方便。

第三,考试程序严密完整。

考试的成功举行,备考人员的公正选拔,还需有科学的程序设计予以保障。北京政府时期创设的报名、审核、甄录试、初试、学习、再试等在内的一套完整而严密的考试程序,为南京国民政府所继承。

审核阶段主要是针对报考人员的报名资格而言。报考高等考试司法官考试人员需要将高等考试各条例中所定资格的证明文件连同最近四寸半身相片两张送呈考选委员会。审核包括一般资格审查和专门资格审查。一般资格审查主要是通过检验毕业证书或检定考试及格证书就可以通过的,专门资格审查主要是指那些没有上述证书,需要通过提供学术著作以及足资证明专门学术技能或著作的文件,说明自己具有报名资格的。通过一般资格审查或专门资格审查的应考者,还需通过体格审查,才有资格参加高等考试司法官考试。体格审查主要是检查应考者是否具有急剧传染病、精神病、因残废而不能参加工作的,如有以上情形,则应考人员将被判定为不合格,即没有资格参加高等考试。这样的规定保证了录取人员进入司法队伍后,能正常工作,满足司法工作所需从业人员身体素质的基本体能要求。需要注意的是,应考人员报名时,

---

① 《考试法》(1929 年 8 月 1 日),《司法公报》1929 年第 32 号,1929 年 8 月 17 日,第 2 页。
② 《修正考试法》(1933 年 2 月 23 日),《司法院公报》1933 年第 60 号,1933 年 3 月 4 日,第 2 页。
③ 《评修正各项考试法规》,《法治周报》1933 年第 1 卷第 10 期,1933 年 3 月 5 日,第 3 页。

还需取具保证人的保证书。针对高等考试的应考人员,应考者的保证书应是现任荐任以上的公务员、现任中央党部科主任总干事,省党部、特别市党部、海外总支部秘书以上的党务工作人员或大学教授二人以上出具。但如果是办理考试的人员,则不能充当保证人,出具保证书。南京国民政府建立以后,从各个方面厉行以党治国,加强国民党领导,构建党国体制。就出具保证书的人员来看,体现出了国民政府力图将贴近党国信仰人员选入司法队伍中的想法。

为防止不实、虚冒的情况出现,《考试法施行细则》规定有保证人的责任连带制度。如果应考人员有考试法规定不应参加考试情形的,或冒名顶替或潜通关节的,除由考试院撤销其应考资格外,如果在考试前发现以上情形的,还应当将应考人予以扣考,并且将保证人按情节轻重依法惩戒。① 因此,为应试人员进行担保的各级较高级党务人员必须对所担保人员的真实情况负责任,为自身名节及前途着想。如果徇私舞弊或与现实情况不符,一旦查实,则要殃及自身,受到处分。此情形下,具有良知的应考者在自身情况不符招考条件而寻找担保人员时,就必须踌躇再三或干脆放弃。因此该制度规定对司法考试中弄虚作假的现象起到预防作用,为保证司法考试的公正建立起第一道防线。

在考试环节,南京国民政府继承晚清和北京政府的做法,将考试分为初试和再试环节。将北京政府创设的甄录试环节②,合并至初试环节。③ 将初试环节分为甄录试、正试和面试。值得称道的是,正试环节中除有必试科目外,还增加了选试科目,增强了考试的灵活性,注重应考者的个人兴趣,兼顾共性与个性,在一定程度上减轻了应考者的备考压力。为减少那些平时学习优秀、考试时发挥失常的考生的遗憾,为国抢才,《修正高等考试司法官考试条例》

---

① 《考试法施行细则》,殷梦霞、邓咏秋选编:《民国司法史料汇编》第 38 册,国家图书馆出版社 2011 年版,第 201 页。

② 毕连芳:《北京民国政府司法官制度研究》,中国社会科学出版社 2009 年版,第 80 页。

③ 《修正高等考试司法官考试条例》,《国民政府公报》1933 年第 1140 号,1933 年 5 月 26 日,第 10 页。

第16条规定,"其不及格者,补行学习,得应第二次再试,但以一次为限。"①此项规定为那些发挥失常考生提供了重新再试,走向司法岗位的机会。

第四,考试内容覆盖面广,兼顾党性教育。

南京国民政府建立以后,治外法权仍未完全收回,政府仍面临着司法独立与发展的压力,同时建立以孙中山三民主义为指导的党国体制亦是其目标,因此,将更多优秀司法人员招进司法队伍,并在司法实践中贯彻国民党意志,成为其推动司法工作发展的两个着力点。在南京国民政府的司法官考试中,其内容涉及法律专业知识与党义内容。南京国民政府成立以后,颁布了民法、刑法、民诉法、刑诉法、法院组织法、各类商事法规及中华民国训政时期约法,上述法规随以上法令的颁布而成为考试内容。此外,作为一个司法官,必要的国学根基和法学理论是成为一个司法官的基本条件,因此,法学知识、国学基础、党义内容在考试范围之内。

依据1933年考试院颁布的《修正高等考试司法官考试条例》,司法官考试分为初试和再试。具体情况如下:

(1)初试。包括甄录试、正试和面试。甄录试和正试以笔试的方式进行。甄录试考试的科目:国文,考试论文及公文;党义,建国方略、建国大纲、三民主义及中国国民党第一次全国代表大会宣言;中国历史;中国地理;宪法(宪法未公布前,考中华民国训政时期约法);法院组织法。以上主要是考察应考人作为一个司法官所具备的基本素养。正试考试的科目包含有必试科目和选试科目。必试科目有:民法;商事法规;刑法;民事诉讼法;刑事诉讼法。选试科目有七种:行政法;土地法;劳工法规;国际法;刑事政策;犯罪学;监狱学。以上七门只需选取两门进行考试即可。这样的安排有助于应考人员的复习考试,减轻应对压力。面试的主要内容是依据民法、商事法规、刑法三科目及应考人的经验进行。初试及格者,授以司法官初试及格证书,依据学习规则所定分发学习。

---

① 《修正高等考试司法官考试条例》,《国民政府公报》1933年第1140号,1933年5月26日,第12页。

（2）再试。再试以考察学习者的实践能力为主。再试分笔试、面试及学习成绩审查三种。笔试科目由典试委员会安排，以拟判为主。面试是就应考人学习期间内的经验而进行。学习成绩审查是对学习人员在学习期满后，由该地方法院院长或首席检察官就该学习人员的操行能力及成绩所出具的报告书，并连同拟作判决书处分书原稿及其他稿件进行审查。如果该学习人员在法官训练所学习，则其在该所训练时的成绩亦在审查之列。再试是对考生参与司法事务水平的测试，是对其在实践中综合运用现行法律法规及灵活处理情理法三者关系，着力解决实际问题能力的检测。再试及格者，被授以司法官再试及格证书。

从司法官考试的相关环节及考试内容中可以看到，考试不但注重应考人员对书本知识的掌握，还着力考察应考者处理实际问题的能力，基本上能满足要求专业化程度很高的司法工作岗位的需求。同时，某些环节和科目的设计还具有一些人性化方面的考虑，体现了这一时期司法官考试的灵活性、科学性和专业性，为司法制度完善及司法公正的推进提供人力资源的保障。另外，由于国民党以党立国，司法是国家政权建设的重要组成部分，将党的意志通过司法从业人员贯彻到司法实践中，亦是其司法党化的重要渠道。司法官考试中融入党性教育就是推行司法党化的措施之一。

为加强党对司法工作的指导，南京国民政府采取的重要措施是将现有的党部工作人员通过考试遴选至司法队伍当中。1935 年 3 月国民党中央执行委员会函国民政府，"查本党同志研习法律学科者，颇不乏人，为使其得实际从事司法工作起见，经本会第一六〇次常会通过，中央及各省市党部工作人员从事司法工作考试办法大纲及施行细则。除令行外，特录案并随函检附办法大纲及施行细则各一份，即希查照转行考试、司法两院知照。"[1]根据中央及各省市党部工作人员从事司法工作考试办法大纲和施行细则[2]，党部工作人员

---

[1] 《司法院训令（训字第一六六号）　令最高法院、司法行政部部长王用宾、法官训练所所长洪兰友》,《司法公报》1935 年第 29 号,1935 年 3 月 25 日,第 1 页。

[2] 《中央及各省市党部工作人员从事司法工作考试办法大纲》,《司法公报》1935 年第 29 号,1935 年 3 月 25 日,第 1—2 页。

从事司法工作考试①与高等考试司法官考试相比呈现出不同的特点：

其一，应考人员资格较为宽泛。

党部工作人员从事司法工作考试中最终以推检任用的甲种考试，除具备高等考试司法官考试第二条规定的资格可以参加外，那些修习法政学科有毕业证书，经中央及各省市党部工作人员甄别审查合格，以荐任官登记有证书者的中央及各省市党部工作人员也是具有应试资格的。应试资格中虽提到需具有修习法政学科有毕业证书，但并没有说明何种学历，在校修习年限，同时甄别人员为中央及各省市党部工作人员，并没有具体规定甄别人员的组成，这就为徇私舞弊打开了方便之门。细则对党务工作人员的官级做了规定，即须有荐任官登记证书，这明显具有官本位的色彩。对于司法队伍建设产生一定影响。

其二，考试内容及环节较为随意。

党部工作人员从事司法工作考试的环节较高等考试司法官考试简单，包含有司法官考试初试中的一部分：甄录试和正试。甄录试为第一试，正试为第二试。其考试内容为甄录试和正试考试科目。即便如此，考试环节及考试内容较高等考试司法官考试大为减少，根据细则规定，考试委员会仍然可以"酌量增减之"。总分数为第一试成绩的40%，第二试成绩的40%，再加上工作成绩的20%合并计算。甲种考试的考取人员经训练期满试验及格者可以直接认定法官再试及格，以推检任用，完全省掉了高等考试司法官考试中的以考察实际处理司法纠纷能力的检测。由此当可预见，通过此类考试进入司法官队伍当中的人员素质整体上比通过高等考试司法官考试走向司法官岗位的人员素质要低。司法官是一个专业性很强的技术岗位，其判定的每一起案件都影响着人民对司法权威的认识。司法官在客观公正处理司法纠纷的同时也是国家塑造司法公信力、塑造政府公信力的重要渠道。人们常常通过自身所经历或熟知的一起案件的裁决来感性地看待司法、政府以及执政党。公正的判决

---

① 注：该考试包含甲乙两种考试。甲种考试考取人员经训练期满试验及格者，作为法官再试及格以推检任用。而乙种考试考取人员经训练期满试验及格者，以承审员、书记官或监狱官任用。限于文章主题，本书只述及甲种。

给人民以希望,不公正的判决将使人民内心对司法、政府及执政党产生失望。

总之,中央及各省市党部工作人员从事司法工作考试办法大纲及施行细则的颁行,在考试的试题难度、知识要求以及理论素养上均较司法官考试要求标准降低,为党务人员进入司法领域开辟了合法道路。

南京国民政府时期的检察官考试制度,从其主考机构组成人员、应考人员资格、考试程序、考试内容都较以往有所变化,即更加人性化和规范化。但同时又具有自身的特点,即将司法党化融入考试内容及应考人员资格认定中,让党义进入检察官的头脑中,让持有党证的人员更多地进入司法队伍当中,让党义在司法中得以运用。相对于正规司法官考试,由于南京国民政府放宽了党务人员进入司法官队伍的条件,从而使整体的司法官队伍素质受到影响。

2. 运行考察

人们吸取教训,总结经验,目的在于更好地创新制度。创新制度是为给实践提供指导、提供依据,使实践有章可循,创造出最佳的实践效果,达到建构制度的目的。因此,南京国民政府在颁布高等考试司法官考试相关制度的同时,亦在进行着实践。自南京国民政府公布《法官初试暂行条例》和《高等考试司法官律师考试条例》以来,1930 年南京国民政府举行法官考试,及格者 142 名,1932 年的司法官考试及格者 125 名。1933 年考试院举行第二届高等考试,司法官考试及格者 32 名,1934 年考试及格者 60 名。1934 年举行临时司法官考试,及格者 18 名,同年举行党务人员从事司法工作甄审考试,合格者126 名。1936 年,举行临时司法官考试,及格者 33 名。[①] 总共录取 536 名,有效地向司法队伍输送了新鲜血液,为司法工作提供了人力支持。

1933 年的高等考试是国民政府举行的第二届高等考试,此次考试中包括了高等考试司法官考试条例颁布以后的第一届高等考试司法官考试。该届考试本来拟定在广州、北平、成都、西安和南京举行,但由于"惟体察财政状况及时局情形,仍恐不免窒碍。今于节约经费之中,期收网罗人才之效,至少似应

---

① 汪楫宝:《民国司法志》,商务印书馆 2013 年版,第 49—50 页。

首都、北平同时举行,较为妥适"①。此次考试最终定在南京和北平同时举行。由于是第一次高等考试司法官考试,其组织过程严格按照条例规定进行安排,堪称典范,本书以该次考试来看其考试运行实效。

在本次初试之前,需要对应考人员资格进行审查或检定考试。审查或检定考试的对象为社会上非出自学校之门,但有真才实学,想要参加高等考试的人员。1933 年 5 月 2 日,考试院考选委员会指定吴邦彦、董辙、张怀福、刘大方、何世英、项致远、张介七员组成考选委员会应考资格审查会。考选委员会于 5 月 4 日布告:"兹经组织审查会开始审查各种应考资格,凡具有法定应考资格者应速领取书表依式填明连同呈验各件及应考资格证明书费照原邮寄本会以凭审查"②,5 月 31 日布"凡具有专门资格而志愿应考者速将文件送会审查"③,通告符合应试审查资格人员速提交相关资料,以便审查。关于检定考试,考试院在 1933 年 5 月 2 日训令各省省政府、各市政府、威海卫管理公署,要求在"举行高等考试以前,先由各省市举行高等及普通检定考试,统限于本年六月底办竣,以利试政"④。为使各地检定考试有章可循,考选委员会于 5 月 22 日咨送各省市政府检定考试应行注意各点清单,就检定考试应考人员的各色资格予以框定,如"中等以上学校毕业之同等学力,应以旧制中学及高级中学为标准……中等以下学校肄业生,系指在小学肄业者……中等以下学校肄业学生,离校一年后报考者,其年龄可不加限制,又客籍者应试,亦不加限制"⑤。就命题标准要求以学校中所修习各科目之程度为标准。5 月 25 日考选委员会又咨送各省政府、各市政府、威海卫行政管理公署,咨送《检定考

---

① 考选委员会:《拟定高等及普通考试种类请鉴核》,《考试院公报》1933 年第 4 期,1933 年 4 月,第 3 页。

② 考选委员会:《考试院考选委员会布告》,《考试院公报》1933 年第 5 期,1933 年 5 月,第 27 页。

③ 考选委员会:《考试院考选委员会布告》,《考试院公报》1933 年第 5 期,1933 年 5 月,第 28 页。

④ 考试院:《本院行各省省政府、各市政府、威海卫管理公署训令(第二〇三号)》,《考试院公报》1933 年第 5 期,1933 年 5 月,第 29 页。

⑤ 考选委员会:《考选委员会咨各省市政府文(第一四七号)(五月二十二日) 咨送检定考试应行注意各点清单请查照办理》,《考试院公报》1933 年第 5 期,1933 年 5 月,第 39 页。

试发给证明书办法及书式说明》①,5 月 30 日又咨送各省市政府高等或普通检定考试及格人员及科别及格人员清册样式②,为检定考试的顺利进行提供了依据。随后各省根据自身情况或按照训令如期举行,或推迟举行。如上海市检定考试委员会委员长呈报考选委员会高等普通检定考试情形:

> 查本会奉令办理高等普通检定考试,曾将组织委员会及考试日期先后呈报在案。本市此次检定考试报名者,高等四种共五十二人,普通两种共十七人。报名截止后,分别造具清册,函准上海地方法院、上海第一第二两特区地方法院查复,尚无考试法第八条各款情事,经照原定日期七月十三十四十五日举行高等检定考试,实到应试者四十六人。十六十七日举行普通检定考试,实到应试者十四人。每场考试,均由主试委员莅场主持,并令派监试委员帮同照料,试卷均用密码弥封,卷面上书有姓名之浮签,于考试完毕后揭去。所有试卷,由各委员到会评阅、评定结果。计全部及格者。高等第一种一人,第二种二人,第三种一人,第五种一人。普通第一种四人,第二种一人,上届科别及格,本届将不及格科目重行应试,两次合并已得完全及格者,高等第一种七人,第二种一人,其余科别及格者,高等计三十一人,普通九人。至及格证书证明书,已遵照本届令之规定式样印制。因证书证明书上,委员加盖名章,署期中委员有离沪者,尚未钤盖齐全。此项手续,现正在办理中。除委员会关防全部结束后即行截角缴销外,理合将办理经过情形,连同全部及格科别及格人名册及考试日程,各种试题备文呈请鉴核,并转呈备案。其证书证明书存根,俟证明书分发完竣另文呈缴。③

---

① 考选委员会:《考选委员会咨各省政府、各市政府、威海卫行政管理公署文(五月廿五日),咨送检定考试发给证明书办法及书式说明清单请查照转饬遵照》,《考试院公报》1933 年第 5 期,1933 年 5 月,第 40 页。

② 考选委员会:《考选委员会咨各省政府、各市政府、威海卫行政管理公署文(五月卅日),制定各省市高等或普通检定考试及格人员及科别及格人员清册式样咨请查照转行》,《考试院公报》1933 年第 5 期,1933 年 5 月,第 42 页。

③ 《据上海市检委会呈报办理高普检考经过情形并送及格人员名册暨考试日程各科试题转呈鉴核》,《考试院公报》1933 年第 8 期,1933 年 8 月,第 34 页。

从以上呈文中可以看出,上海检定考试委员会按照检定考试规程,操作检定考试,并求助于上海法院审查应考人员是否有《考试法》所规定的限制报名的条件,显示出对工作认真负责的态度。考试各个环节有序、有效,保证了检定考试的顺利进行。

在资格审查和检定考试结束以后,高等考试的帷幕就正式拉开了。

(1)初试

1933年10月16日,高等考试典试委员会成立。时任考选委员会委员长的王用宾为典试委员会委员长,徐谟、周觉、陈长蘅、柳诒徵、白鹏飞、夏勤、杨汝梅、吴大钧、饶炎、陈大齐、沈士远、黄序鹓、张默君、辛树帜、刘奇峰为高等考试典试委员,并由典试委员白鹏飞兼任北平办事处主任,沈士远前往协助办理。① 根据高等考试司法官考试的相关要求,初试分为甄录试、正试和面试。此次的司法官考试是高等考试中的一类。

首先进行的是甄录试。1933年10月23—25日在南京和北平同时举行甄录试。参加司法官甄录试的人员,南京349人、北平341人,实际参加人数为300人;甄录试及格者南京112人,北平49人。②

正试于1933年11月9日至12日在南京和北平两地同时举行。其正试试题依照甄录试试题的预拟密交及决定封存办理。在北平应用的试题,经密缮亲封遴派委员解交驻平监试委员密存应用。南京方面司法官应试人数为110人,北平方面应考人数49人,及格人数,南京22人,北平10人。③

面试是在甄录试和正试之后,就应考人正试必试科目的全部或者一部及其经验进行面试。典试委员会就面试程序及分组询问评定分数制定各项办法,形成面试规则九条。11月24日高等考试面试开始,面试分为八组,第一组为总测验,其他七组分别按照考试门类分开,其中司法面试属于第八组。第

---

① 《考选委员会呈本院文(十一月二十日) 转报办理高考甄录试经过情形连同表册呈请鉴核》,《考试院公报》1933年第11期,1933年11月,公文,第2—3页。

② 《考选委员会呈本院文(十一月二十日) 转报办理高考甄录试经过情形连同表册呈请鉴核》,《考试院公报》1933年第11期,1933年11月,公文,第4页。

③ 《考选委员会呈本院文(十一月二十五日) 转报高等考试正试办理经过情形连同表册呈请鉴核》,《考试院公报》1933年第11期,1933年11月,第11—12页。

一组由典试委员长及典试委员一人或二人,襄试委员若干人组成,其他各组,以典试委员一人或二人,襄试委员若干人组成。面试内容分为必试科目或规定应面试的科目和经验。必试科目的面试,由各组斟酌情形,可以拟定若干试题当面询问,亦可以调取应考人的试卷,就其答案当面询问。每一个应考人接受所属之组的面试后,要到第一组进行面试。其面试时间第一组为五分钟左右,所属之组的面试时间为十五至三十分钟。在各项成绩出来以后,1933年12月2日在考试院大礼堂举行授证典礼,司法官考试及格人员亦在其中,这次司法官考试及格人员为32人。根据《高等考试司法官考试初试及格人员学习规则》规定,司法官考试初试及格人员由司法行政部分发各地方法院学习审判检察事务,其学习期为二年。其学习内容为推检实务,诸如阅览诉讼卷宗,开庭时旁听推事评议,跟随检察官侦查。每月还当拟作裁判处分书十件以上,由指导推检予以改正指示。

在国民党执行委员会通过中央及各省市党部工作人员从事司法工作考试办法大纲及施行细则之后,6月21日至6月24日在考试院举行该项考试,经过评阅试卷、核算分数,甲种考试及格司法官126人,随后,中央执行委员会即将该员开列清册,连同各员履历书表及相片等,汇交司法院法官训练所训练。①

（2）再试

根据高等考试司法官考试条例规定,学习人员分发学习期满后,需要通过再试测验,再试合格后,才拥有司法官资格。1935年7月5日,国民政府任命王用宾为司法官再试典试委员会委员长,简派林彬、郗朝俊、谢健、王龄希、黄镇磐、夏勤、饶炎为典试委员,王平政为监试委员,龙潜为典试委员会秘书长,并于7月8日在国民政府大礼堂宣誓就职,成立再试典试委员会,同时启用铜质关防"司法官考试再试典试委员会"一颗及牙质官章"司法官考试再试典试

---

① 考试院:《党务工作人员从事司法工作考试及格员名案》,《考试院公报》1935年第8期,1935年8月,第63页。

委员长"一颗。① 为使再试公正有序进行,再试典试委员会制定各类章则:二十四年司法官再试典试委员会议事规则、监场规则、试场规则、秘书处办事细则等。② 其中秘书处设有总务、文书、试卷三科,分别掌管各项事务。总务科又下设三股,分别掌管布置试场座号及点名事项,警卫事项和会计庶务及其他不属于他股事项。文书科下设二股,掌管文件的撰拟、缮校收发、保管及典守印信事项,会议记录编定议事日程等事项。试卷科下设三股,掌管试卷的编号、弥封分场及给卷收卷揭粘浮签等事项,试卷的保管送阅试题的缮校印刷等事项,核算分数及编造统计等事项。在考试时设置监场主任、监场员,办理监场事宜。③ 以上各事项的精心安排,为再试的顺利进行提供了保障。此次再试人数由于黄捷一分发浙江鄞县地方法院学习未据报到及王申翰分发浙江杭县地方法院学习请假后改任陆军第四师军法官未据检送成绩外,初试人员合格的另30员学习成绩经过审查,尚属优良,参加再试。④ 此次再试8月11日举行,11日至14日为审查应考人学习成绩时间,15、16、17三天为笔试时间。15日试拟民事裁判书和民事法规两科目,16日为试拟检察处分书及刑事法规两科目,17日为试拟刑事裁判书科目。笔试结束以后,18日举行面试,分为民事经验、刑事经验、行政经验三组进行。19日上午开会审查笔试成绩,按名汇集学习、笔试、面试三项成绩,合计等差,结果为全部及格,其中最优等1名,优等23名,中等6名。8月26日颁发再试及格证书。⑤

与以往考试不同的是,该次考试以拟判为主,检查学生的实践能力。因此笔

---

① 《本院呈国民政府文(七月二十日) 据考选委员会转报司法官考试再试典试委员会成立及启用关防日期检送印模转呈备案检同印模请鉴核备案》,《考试院公报》1935年第7期,1935年7月,第65—66页。

② 《考选委员会呈本院文(七月十八日) 准司法官考试再试典试委员会函送各项章则检同原件呈请鉴核备案》,《考试院公报》1935年第7期,1935年7月,第61页。

③ 《民国二十四年司法官再试典试委员会秘书处办事细则》,《考试院公报》1935年第7期,1935年7月,第64—65页。

④ 考选委员会:《准司法行政部咨为二十二年高考司法官考试及格分发学习人员依学习规则缩短学习期间,定期举行再试转呈鉴核令遵》,《考试院公报》1935年第7期,1935年7月,第49页。

⑤ 考选委员会:《准司法官再试典试委员会函报考试经过情形并送关系文件各检同一份呈请鉴核备案》,《考试院公报》1935年第8期,1935年8月,第41—46页。

试当中试拟处分书或裁判书三科目的试题,从实际案件中获取。典试委员会先期调取了江宁地方法院的民事刑事检察卷宗各十份,由典试委员各选两份,再送委员长复选各一份,每份划为数段,分期分段照印,临考试前,再辑成全案卷,发交应考人拟判。另外,这次考试,重在考察判断能力,对于记忆能力略微疏略。因此,典试委员会事先从法官训练所借备六法全书,从司法行政部借备民事诉讼法、刑法、刑事诉讼法,及各该法的施行法,法院组织法等七种,每人发给一份,以备参考。①

从此次考试过程可以看出,考试院考选委员会严格按照高等考试司法官考试的相关法规进行,与制度并行一致,并在实践中,创造灵活的设计试题,为国抢才。制度与实践的相对一致为司法官队伍输送新鲜血液,使更多优秀的司法人才充实到司法工作岗位中,为司法发展提供人力支持。

曾参加过 1933 年的第二届高等考试司法官考试的俞履德对自己参加司法官考试及初试合格后的学习情况进行了回忆,较为真实地复原了该次考试②,从其叙述内容来看,他所经历的成为司法官的程序与当时文献记载内容基本一致。这进一步说明了南京国民政府的高等考试司法官考试的制度规定与实践运行基本是相符的。

总之,南京国民政府的司法官考试基本上贯彻了公开、平等、竞争、择优的原则,考试科目的设置具有科学性、合理性、现实性,并充满了某些人性化的安排。考试内容不仅包括必备的理论及相关法学知识背景,还有基本的人文知识,更有作为法官必须要有的实践经验和处理现实司法问题的能力考核。其所遵循的考试程序:报名—资格审核—初试(甄录试、正试、面试)—司法实习—再试(学习成绩审查、笔试、面试),再试合格才可以取得司法官资格,保障了考试严格有序地进行。一名致力于成为司法官的人员,如果是国内外法学院的学生,要经过三次考试,成为司法实习生,再经过审查学习成绩,两次考试,再成为司法官;如果是非学校毕业的社会人员,需要经过检定考试,取得高

---

① 考选委员会:《准司法官再试典试委员会函报考试经过情形并送关系文件各检同一份呈请鉴核备案》,《考试院公报》1935 年第 8 期,1935 年 8 月,第 44 页。

② 俞履德:《国民政府对司法官的选拔和培训》,载全国政协文史资料委员会编:《文史资料存稿选编(12)政党·政府》,中国文史出版社 2002 年版,第 474—475 页。

等考试司法官考试的资格后,再经历如上述一名国内外法学院的学生经历的那样,成为一名司法官。因此成为司法官的过程是一个艰苦的过程。正是由于司法官考试制度对应试人员资格的严格限定,考试流程的严格管理和科学安排,才保障了通过司法考试进入司法队伍的人员具有较高的法律专业素质和良好的法律素养。

同北京政府司法官考试相比较,南京国民政府的司法官考试的制度设计与实践更具有人性化和科学性,如在应试资格的审定中,加入检定考试;在正试当中,选试科目的设立;在再试当中,笔试试题的选定无不渗透着这种理念。它不仅拓宽应考人来源渠道,减轻应考人的学业负担,同时利于考察应考人的专长,更能对应考人的实践能力作出评判。该制度是对北京司法官考试制度的继承与发展,在近代考试制度上具有积极意义。

(二)检察官的培训

培训是指按照一定目的使培训对象具有某些特定的知识和才能,以便适应某项工作的过程。从时间上来说,培训一般分为职前培训和在职培训。南京国民政府的检察官培训,分为法官初试合格后再试前的培训(即两次考试之间的学习)和对现任检察官的培训。其培训的机构为法官训练所和各地各级法院。需要指出的是,由于这一时期,检察官与推事同属于司法官,所以检察官的培训是纳入司法官的培训之中的。

1. 职前培训

为使司法考试合格人员在走向司法官职业前,具有较强的实践能力,南京国民政府在继承北京政府设置司法官培训机构的基础上,专门成立了法官训练所。

(1)法官训练所的成立及招生

早在北京政府时期,为造就高水平的司法官队伍,曾设置司法讲习所和司法储材馆,对通过司法官考试初试的人员进行专门的业务训练。它同司法官考试制度一样,成为司法官选任机制不可或缺的组成部分。[①] 南京国民政府

---

① 毕连芳:《北京民国政府司法官制度研究》,中国社会科学出版社 2009 年版,第 95 页。

成立以后,这一制度得以继承和发扬。1929 年,南京国民政府司法行政部建立法官训练所,对致力于司法官工作的法政学校毕业的国民党党员或司法官考试初试人员进行培训。

1927 年南京国民政府成立以后,中国司法现状并未随着政权的改换而发生变化。各地正规法院仍旧较少,基层大多为县长兼理司法,司法人员仍十分稀缺。于是司法行政部呈请司法院筹设法官训练所,为以后增设法院做预备。司法院将此建议转呈国民政府时提出:

> 现在训政时期,业经开始,于司法方面应兴革应【应革】事件至为繁赜,而尤以培植法官人才为最急。培植人才之中,又以培植党员之司法经验为先。盖以党治国,无所不赅。法官职司审判,尤有密切之关系。但党员中由法校毕业者,虽具有法律知识而于办理案件或当应加以训练,使其审检经验足以胜任愉快。况值增设法院计划,期在必行。凡人烟稠密之地,诉讼繁杂之区,均应设置地方法院,其向由县长管理司法之各县即一时财力支绌,亦应先设县法院,值此之由,其所需推检人才固多,所需党员中之推检人才尤不在少数。若非先期训练成就,必致现有法院之人才未能源源接续,拟设法院之人才临时亦无以应付。兹据司法行政部呈称各节,本院详加考核,认为要图。①

以上司法院关于设立法官训练所的观点可以概括为:(1)以党治国需用司法人才。南京国民政府以三民主义为指导,推崇以党治国,要将国民党的思想意志贯穿于社会生活、国家权力的方方面面。司法权力是国家权力的重要组成部分,要实现以党治国的目标,在培植司法人才中将党的意志和精神灌输给他们,培植具有国民党思想的司法人才成为必然选择。法官训练所的成立是实现这一目标的重要渠道。(2)扩展地方法院需用司法人才。无论是诉讼繁杂之区,抑或是县长兼理司法之地,要实现司法发展,致力于司法独立,建立地方法院是实现以上目标的应有之义。法院的大量建立,必然以培养司法人

---

① 《国民政府司法院训令(训字第三六号)　令国民政府司法院司法行政部部长魏道明(附抄送原提案一件)》,《司法公报》1929 年第 4 号,1929 年 2 月 2 日,第 9 页。

才为先,而建立法官训练所则是实现上述目标的重要手段。

南京国民政府依据以上两端,于 1929 年 1 月 23 日批准,令司法行政部部长魏道明"遵照赶速筹设,以宏造就而应党国之需求"①。1929 年 2 月法官训练所开始在一些省份公报上刊登招生广告,招考对象为"凡中国国民党党员曾在国内外专门以上学校修习法政学科三年以上毕业、得有毕业证书者,得应本所学员资格之试验"②。后又增加了"其非中国国民党党员得有前项毕业证书而向无反革命行为,志愿入党者亦得应试"③。不过为了慎重起见,要求志愿加入国民党人员需出具国民党党员介绍的志愿书。

1933 年考试院未举行高等考试司法官考试以前,司法院为增加司法官人数,于 1930 年举行法官初试,根据《法官初试暂行条例》规定,"初试及格者授以法官初试及格证书入法官训练所训练。法官训练所章程由司法院定之。"④法官训练所章程不得不予以修正,其设置宗旨为,"司法行政部设法官训练所,以就法官初试及格人员训练司法实务为宗旨。"⑤据此,法官训练所由招生国民党党员或志愿加入国民党的法政学校毕业学生转向招生法官初试考试及格后人员的专业培训机构。

1935 年 3 月,国民党中央执行委员会第一六○次常会通过《中央及各省市党部工作人员从事司法工作考试办法大纲及施行细则》,其考试大纲规定,"中央执行委员会为使中央及各省市工作同志得实际从事司法工作,特举行现任工作人员考试,其及格人员交由司法院法官训练所训练后,分发各司法机

---

① 《国民政府司法院训令(训字第三六号) 令国民政府司法院司法行政部部长魏道明(附抄送原提案一件)》,《司法公报》1929 年第 4 号,1929 年 2 月 2 日,第 9 页。

② 《法官训练所章程》(2 月 4 日呈准),《司法公报》1929 年第 6 号,1929 年 2 月 16 日,第 6 页。

③ 《司法行政部部令(法字第五号)》,《司法公报》1929 年第 12 号,1929 年 3 月 30 日,第 1 页。

④ 《法官初试暂行条例》(1930 年 10 月 7 日公布),《司法公报》1930 年第 93 号,1930 年 10 月 18 日,第 2 页。

⑤ 《法官训练所章程》(1930 年 11 月 26 日),《司法公报》1930 年第 100 号,1930 年 12 月 6 日,第 7 页。

关尽先任用。"①由此,法官训练所的训练对象,又增加了中央及各省市工作同志从事司法工作考试及格人员。

（2）招生考试及在所训练项目

在法官训练所成立之初,其招生对象为有法政背景的国民党党员或志愿加入国民党的人员。其入所考试分为两个阶段:甄录试和复试。每一阶段的考试分为笔试和口试两种。甄录试及格后方可进行复试。其甄录试笔试内容为国民党党义党纲、国文、法学通论。复试笔试科目为民、刑法,民事、刑事诉讼法,国际公、私法,商法和行政法。由此,入所学习虽然限定于国民党党员,但并没有因此而放宽入所难度,它需要相当的专业背景和基本的国文素质。在这种情形下,该所学员的专业水平是相当不错的。以第二次法官初试考试为例:

表3-10　法官初试首都、北平、广州三次考试日期及应试人数一览表②

考试区域	初试次第	日期	应试人数	录取人数
首都	甄录试	10月15日	419名	212名
	笔试	10月25日 10月26日	212名 211名	68名
	口试	10月24日	68名	67名
北平	甄录试	10月15日	430名	312名
	笔试	10月24日 10月25日	360名 349名	60名
	口试	10月24日	60名	60名
广州	甄录试	10月15日	54名	41名
	笔试	10月24日 10月25日	37名 35名	5名
	口试	12月2日	5名	5名

---

① 《中央及各省市党部工作人员从事司法工作考试办法大纲》,《司法公报》1935年第29号,1935年3月25日,第1—2页。

② 《法官初试首都北平广州三处考试日期及应试人数一览表》,《考试院公报》1932年第7—12期合刊,第43页。

第二次法官初试考试合格人员能进入法官训练所训练,从以上表格中可以看出,他们须经过层层选拔,留到最后极为不易。广州区域录取比例仅为9.26%,北平区域稍高一些为13.95%,首都区域最高为15.99%,而整体的比例仅为14.62%。根据法官初试看参加甄录试的考试人员,他们或来自国立或经立案的公私立大学独立学院或专科学校修法律政治学科三年以上毕业有证书者,或来自教育部承认的国外大学独立学院或专科学校修法律政治学科三年以上毕业有证书者,或在以上学校教授法官初试暂行条例中规定的笔试科目达二年以上者,或者虽修习法政法科仅一年,但毕业并有审判事务工作二年及法院录事工作三年具有丰富经验的。由此可见,其参考人员或为法律政治专业的高等人才,或为服务于司法界的在职人员,但进入法官训练所训练尚不及15%。这种情况一方面说明司法队伍人员欠缺,另一方面说明法官训练所门槛之高。

进入法官训练所学习,目的为提高学员的实践能力。为此,训练所设置假设法庭,修习民事审判实务、刑事审判实务和检察实务。此外,训练所还开设民事和刑事拟判、检察拟稿、民事法规及判例、刑法及判例、民事诉讼法及判例、刑事诉讼法及判例、证据法学、法医学以及犯罪心理学和公牍等与司法官实践工作密切相关的实务及课程。学员在所的一年时间内,要每三个月参加学期试验一次,学期试验二次不及格的要被开除学籍,其修习期满参加毕业考试;如毕业试验不及格,训练所会给予学员修习三个月,再行考试的机会,如再不及格,学员则可能被除名。

第一届法官训练所人员为175名,除去3人因病因事未能参加全部试验以外,第一届法官训练所共有分发人员172人①,除司法行政部留用书记官6人,其余全部分发各地为候补推事、检察官或学习推事检察官。其中分发候补推事7人,学习推事103人,候补检察官3人,学习检察官53人。② 需要指出

---

① 《司法行政部法官训练所公函(公字第九十八号)(十九年六月二十四日)》,《司法公报》1930年第80号,1930年7月19号,第42页。

② 根据司法行政部部令分发法官训练所毕业人员统计而得。详见《司法公报》1930年第80号,1930年7月19号,第21—23页。

的是,这次所有被分发为候补推事或候补检察官的人员,据《司法行政部法官训练所毕业试验学员成绩表》①显示,全部为此次试验人员的前十名,其他人员则被分发为学习推事或学习检察官。这种分发标准显示了以分数为尺度,以能力为标准的原则,体现了分发的公平和公正,同时亦是对成绩优秀、司法能力强的学员的最好褒扬。

从司法官任用标准上看,学习推事与候补推事待遇是不同的,依据《司法官任用暂行标准》的规定,"学习推事检察官非经高等考试之司法官再试及格,不得派充候补推事检察官。"这就说明,那些被分发为候补推事、检察官的学员可以不经过司法官考试再试,一跃成为荐任司法官的候选,并同时具有了补缺推事或检察官的资格。而通常学习推事或检察官在学习期满后,还要进行再试,方能有资格担任候补推事或检察官。这样的差别,在后来的学员中起到了引领向学的作用,为社会上想进入法官训练所的人员昭示了美好的前途。因此后来法官训练所的招生异常火爆。1930年上海法政学院在其刊物《法政周刊》的毕业同学消息栏目中称,"法官训练所考取大批同学:司法行政部附设法官训练所第二次考试,本院毕业同学赵狱生等十余人均被录取,闻该所初试时,有八百余人应考,经三次试验,最后录取者计八十余人,本院毕业同学,约占六分之一云。"②该学院将同学考取法官训练所的人数作为新闻报道,一方面说明了法官训练所考取之不易,另一方面报道本身就说明法官训练所在法政学校学生心目中的地位,学生以考取法官训练所为荣耀。1931年美国一位教授参观法官训练所时,对所中学习科目及学生的毕业用途询问以后,"该教授以吾国培植司法人才之认真,较他国有过之无不及,极为赞美。"③

(3)授课教员及教材

为更好地培养司法人才,司法行政部竭其所能地聘请法界名人入所任教。

---

① 《司法行政部法官训练所毕业试验学员成绩表》,《司法公报》1930年第80号,1930年7月19号,第42—44页。

② 《法官训练所考取大批同学》,《法政周刊》第1卷第3期,1930年11月17日,第13页。

③ 《美教授参观法官训练所》,《法律评论》1931年第9卷第9期,1931年12月5日,第18页。

人员之中既有法界泰斗，又有后起之秀。如刘钟英①、张承运、余穀、洪文澜②、王毓崑③、张育海④、季守文⑤、董康⑥、王黻炜⑦、王建祖⑧、罗鼎、王亚新、潘恩培⑨、翁敬棠、刘含章、曹凤萧、李隆、夏勤⑩、罗重民、林鼎章、叶在均、杨鹏、苏希洵⑪、刘远驹、洪兰友。⑫

　　法官训练所为专门司法官养成，培养司法人才而设，要求学员具有一定的理论基础。作为沟通法政学校和法院的桥梁，讲习所设置课程具有突出实践和专门技能的特点。其所用讲义曾在司法公报上刊登出版预告，宣传"本所

---

① 刘钟英，1928年署国民政府最高法院推事，著有《民法继承释义》，后被聘为法官训练所教员。

② 洪文澜，1928年署国民政府最高法院推事，后被聘为法官训练所教员。

③ 王毓崑，1928年任最高法院检察署检察官，后被聘为法官训练所教员。

④ 张育海，1929年8月19日任司法行政部科长，8月22日被派赴日本调查司法事宜，1930年2月，被聘为法官训练所讲师。

⑤ 季守文，1928年署国民政府最高法院推事。

⑥ 董康(1867—1947)，字授经，江苏武进人，曾任清朝刑部郎中及大理寺推丞，辛亥革命后，任大理院院长，修订法律馆总裁，东吴大学教授。抗战后，投靠日本(张宪文主编:《中华民国史大辞典》，江苏古籍出版社2002年版，第1720页)。

⑦ 王黻炜(1887—1952)，字龄希、灵希，湖北黄冈人，日本法政大学毕业，长年随许世英出任官职，曾任南京临时政府司法部秘书长，北京政府司法部参事。后任北京大学教授、南京国民政府司法院参事、行政院院长(张宪文主编:《中华民国史大辞典》，江苏古籍出版社2002年版，第185页)，曾著有《比较宪法学》。

⑧ 王建祖，1930年任司法院秘书，1932年9月被任命为最高法院推事。12月，被聘为法官训练所教员。

⑨ 潘恩培，直隶涿县人，满族，京师法律学堂毕业，清朝时任司法部刑事司第一科主任。民国以后，任京师高等审判厅刑事庭长、大理院推事。1928年任最高法院推事、司法院参事，1934年任司法行政部常务次长(张宪文主编:《中华民国史大辞典》，江苏古籍出版社2002年版，第1890页)。

⑩ 夏勤(1892—1950)，江苏泰州人，原名惟勤;字敬民、竞民。曾任最高法院院长、司法人员考试典试委员长、朝阳学院副院长、中央大学法律系教授、行宪国民大会代表、司法院大法官。1949年去香港九龙。著有《法学通论》《刑法总论》《刑法各论》《刑法政策学》等(周家珍编著:《20世纪中华人物名字号辞典》，法律出版社1999年版，第901页)。

⑪ 苏希洵(1890—1970)，广西武鸣人，法国巴黎大学法学博士，曾任国民政府司法院秘书、法官训练所教务主任、司法行政部科长、总务司司长、国民政府司法院第一届大法官。

⑫ 洪兰友(1900—1958)，江苏江都人。毕业于震旦大学法科研究院，曾任中央政治学校教授、司法院法官训练所所长、国民党中央组织部主任秘书、社会部次长、内政部部长(张宪文主编:《中华民国史大辞典》，江苏古籍出版社2002年版，第1427页)。

各科讲义皆系依据现行法令参照判例解释而编纂,足供研究法律者之参考"①。计有二十三种,分订二十四册,在 1930 年 7 月和 9 月出版。它的某些出版物对现在某些问题的研究仍具有参考价值。

(4)各地法院充当学习推检的培训场所

北京政府时期,存在于初试与再试之间的实习是培养一个真正司法官的必不可缺的阶段。它是将书本知识应用于实践的过程,是将对司法平面认识提升到立体认识的阶段。南京国民政府将这一宝贵经验继承下来,用于司法官的培养。法官训练所派到各地法院充当学习推检接受培训的情况有两种:其一,为法官训练所训练一年以后;其二,为高等考试司法官考试初试合格以后。其学习时限、学习内容、人员管理的相关规定如下:

学习时限:根据学习推事检察官学习规则,学习推事检察官学习时间为二年,如果在法官训练所毕业,以一年为限。在这期间,如果成绩优良,司法行政部部长可以免除其学习或缩短其学习时间。

学习内容:充当学习推检的过程,就是增强学习人员实践能力的过程,因此,学习推检要在地方法院进行实践练习,而审判检察是核心内容。《学习推事检察官学习规则》要求,学习推事检察官每月拟办文件应在十件以上,以关于审判或检察事务为限。学习推事在开庭及评议时,要予以旁听,学习检察官在案件侦查时也要到位。学习推检在民庭、刑庭及检察事务应当分期学习,每处的学习期限以三分之一为限。学习推检要将拟办文件及旁听概要,记录于学习事务簿中,月末交由指导人员呈送监督长官核阅。

学习管理:学习推检人员到达分发学习法院后,由监督长官指定推检负责指导。指导人员将所办事件交与学习人员先行拟办。当学习人员拟办文件不合适时,指导人员要将原稿改正并指示出来,同时在原稿内记明指示的方法,并签名盖章送监督长官核阅。如果指导推事开庭或评议,应该随时指定学习推事入席旁听;指导检察官侦查时,应随时指定学习检察官在场,以便随时指导。学习人员拟办文件及旁听情形概要,月终要经由指导人员呈送监督长官

① 《司法公报》1930 年第 77 号封底,1930 年 6 月 28 日。

核阅。学习期满后,监督长官应就学习人员学习表现情况出具切实评语,连同学习人员的拟办文件原稿呈报司法行政部。以上材料作为学习人员再试时考验学习成绩的资料。学习期满人员如果是在法官训练所毕业并经司法行政部长审核,其成绩的确优良,可以不经过再试考验,直接作为候补推事检察官分发各地方法院任用。如果学习推检行止不检或学习显无成绩时,监督长官应加以警告或呈请司法行政部部长撤销其学习资格。

《高等考试司法官考试条例》颁布以后,司法行政部颁发《高等考试司法官考试初试及格人员学习规则》,对学习推检在法院实习时不应所为之事,做了更明确的规定:"推事检察官如系就其承办之案件令学习人员拟作裁判书处分书者,得照录该稿件,用为该案裁判书或处分书之原本,其原稿仍交由学习人员保存之。""在法官训练所学习期满或分发学习满一年以上者,该地方法院院长或首席检察官得令其临时办理记录执行及特定之检察事务或其他司法事务,但不得审判案件。"①对于规则中对学习人员的约束,一方面可使已经学习一年或法官训练所毕业具有较强的处理实践问题能力的学习人员,在地方法院各项事务中具有更深的参与度,但另一方面基于学习推检非正式司法官的身份,此时的学习人员可以草拟判决书或处分书,不作为正式文稿,亦可以处理除不得审判案件的其他司法事务。即规则在划定红线的同时,亦给了学习推检在地方法院接受训练时更大的伸缩空间和自由度。

总之,对于职前培训,无论是法官训练所抑或是各地方法院,其对科目的设定,学习内容的指定,学员管理都是以培养学员的实践能力为指向的。对于司法官成长起到很好的作用。

2. 在职培训

司法官的培训,不仅限于职前培训,还有在职培训。1936年,司法院第十八次院务会议决定,对现任法官进行统一培训。法官训练所所长洪兰友认为,"此次调训现任法官,其意义亦在于唤起我国司法界同人革命之精神,养成时

---

① 《高等考试司法官考试初试及格人员学习规则》(1933年9月16日),《司法行政公报》1933年第42号,1933年9月30日,第10页。

代的公务员,使其成为具有现代精神之法官。一方面以谋革新我国司法事业,一方面于三民主义救国途径之中,中央领导之下,于党政军各界服务同人为国家民族作共同之努力,以期造成一近代之国家。"①国民党元老叶楚伧认为,举行司法官培训是要"养成一般人士共守准则之风气。"②他希望学员"能在深切认识三民主义之精神,充实各个人之能力,学识,一道同风,共守准则。然后于各人服务之法院,以此种共守之精神,充分发挥忠孝仁爱信义和平八德,使由个人而振奋一院,由一院而普及于全体司法界,以完成训练之目的。"③具体来说是要增进受训人员对国民党的三民主义、政纲、政策,国民政府立法精神及部院施政方针的认识,借以树立党化司法的基础;增进其法律学识,藉增司法效率;增进其对于国际法律政治经济文化的认识,使成为具有现代精神的法官;培植其服从革命纪律,积极负责服务的精神,养成整齐敏捷严肃的习惯。④为此,根据 1936 年颁布的《现任法官训练计划大纲》规定,在组织上成立以司法院院长为委员长,司法院副院长、司法行政部部长、最高法院院长、行政法院院长、司法院秘书长、司法行政部次长、检察署检察长、法官训练所所长为委员的现任法官训练委员会。法官训练所招收现任法官的对象为各省高等以下法院,现任正缺及候补推检,由司法行政部分别调入法官训练所受训。招生规模为每批调训一百至二百人,受训期间定为一个月,必要时可以延长,但不能超过两个月。受训结业方式为受训期满举行考试,颁发证书,其训练成绩汇送司法行政部并入年终考绩案予以办理。

对现任法官的训练包括精神训练、思想训练、学术训练和军事训练。精神训练为每周精神训话三小时,由中央先进人员院部长官轮流讲解;思想训练由专家学者进行每周八小时的学术讲演;学术训练为集中精力于民刑事各种法

---

① 《现任法官调京训练第一期举行开学典礼,主席报告》,《中央周报》第 440 期,1936 年 11 月 9 日,第 27 页。

② 《现任法官调京训练第一期举行开学典礼,叶氏训话》,《中央周报》第 440 期,1936 年 11 月 9 日,第 28 页。

③ 《现任法官调京训练第一期举行开学典礼,叶氏训话》,《中央周报》第 440 期,1936 年 11 月 9 日,第 28 页。

④ 《现任法官训练计划大纲》,《司法公报》1936 年第 134 号,1936 年 8 月 31 日,第 2 页。

规的实务问题,注重自动研究;军事训练教授普通军事学术,以便养成军事化的纪律生活。在具体实施时,如每次上课由教授指定研究范围或问题,学员均被要求制作研究报告,在下次上课时提出讨论,并将讨论要点制作笔记,每周将研究报告笔记送达教授核阅,并汇送教务处以备查考。在教授指定研究范围或问题之外,各学员亦可将在工作期间所遇之理论的或实际的问题提出讨论,遇有繁难问题需要详细研究的,由教授指定学员或由学员自动加入小组研究,留至下次上课时提出讨论。如果小组研究会在夜晚举行,可以在必要时商请主讲教授出席指导。

现任法官训练科目具体课时分配如下:

表3-11　现任法官训练科目时间分配表①

课目	民法	刑法	民刑事特别法规	民诉	刑诉	军训	精神训话	学术讲演	合计
每周时数	6	3	3	4	3	6	3	8	36
一个月时数	24	12	12	16	12	24	12	32	144

从现任法官训练大纲中可以看出,相对于职前培训的准司法官,现任法官训练大纲不是将科目学习、司法实务作为训练重点,而是根据培训对象本身所需,采用灵活的方式,由教授指定研究范围或问题,要求学员制作研究报告,上课时进行讨论,或学员自己提出问题进行讨论,可根据自身在工作期间所遇到的理论或实际问题提出,召开小组讨论。学员可以开诚布公,集思广益,相互启发,解决问题。现任法官的培训是现任法官带着知识来学习,带着问题来讨论。法官训练所以这种方式对学员进行培训,就可以切切实实地解决现任法官在工作实践中遇到的问题,学员在所中训练中思想认识、实践能力得到提高。

需要指出的是,由于现任法官来自各省高等以下法院,现任正缺及候补推

---

① 《现任法官训练计划大纲》,《司法公报》1936年第134号,1936年8月31日,第3—4页。

检,属于基层岗位,属于亲民之司法官,其司法水准及对国民党党义的理解,对贯彻国民党司法党化及司法发展产生较大影响。因此,传递国民党党纲党义,加强学员对社会大势的理解,是法官训练所深刻贯彻司法党化的重要手段之一。

从法官训练所的现任法官训练人数来看,第一届现任法官训练人员由司法行政部分别令调的被调受训者,有江苏、浙江、福建、江西、安徽、山东、河南、河北、湖南、湖北 10 省各地法院人员共 109 人,实到 100 人,包括高院推事 3人,各地院正缺推事 53 人,候补推事 44 人。① 第二期现任受训法官为司法行政部令调江苏等 10 省各地院检察官 108 人,于 1936 年 12 月 18 日开班,1937年 1 月 23 日期满考验。② 第三届现任法官训练人员来自江苏等 14 省,均为各地法院推事,实际受训人员 99 人,各地高院推事 43 人,地院推事 56 人。1937 年 2 月 23 日开始上课,3 月 25 日结束。③ 第四届现任法官训练由司法行政部令调江苏等 13 省市各地方法院检察官 106 人,于 1937 年 4 月 18 日开始授课,5 月 17 日结束课程。④ 从上述资料可以断定,法官训练所在 1936—1937 年间兴办过四届现任法官训练班。⑤

南京国民政府在北京政府较为系统的司法官考试制度的基础上,制定了更为细致的考试相关制度,从实际运行过程来看,与文本之间较少疏离。同时,设立法官训练所,对司法官考试初试合格人员进行训练,以增强这些人员的实践能力。除对这些即将走向司法岗位的人员进行培训之外,为更好地解决司法中的疑难问题,提高司法官的工作能力,促进司法人员对党义的认同,法官训练所还创造性地对在职司法官人员予以培训,提高了他们解决实际问

---

① 《现任法官调京训练第一期举行开学典礼》,《中央周报》第 440 期,1936 年 11 月 9 日,第 27 页。

② 《第二届现任法官训练期满》,《法令周刊》1937 年第 343 期,1937 年 2 月 3 日,第 1 页。

③ 《现任法官训练班第三期开学》,《法令周刊》1937 年第 347 期,1937 年 3 月 3 日,第 1—2页;《第三届现任法官训练期满》,《法令周刊》1937 年第 352 期,1937 年 4 月 7 日,第 2 页。

④ 《第四届现任法官训练始业有期》,《法令周刊》1937 年第 352 期,1937 年 4 月 7 日,第 2页;《第四届现任法官训练期满》,《法令周刊》1937 年第 359 期,1937 年 5 月 26 日,第 1 页。

⑤ 汪楫宝曾在其著作《民国司法志》中提到法官训练所"民国二十五、六年间,曾调训现任法官两班,为短期之训练。"汪楫宝:《民国司法志》,商务印书馆 2013 年版,第 51 页。

题的能力和对党义的理解。

三、检察官的任用与待遇

（一）检察官的任用

法官制度是司法制度的重要组成部分,司法人员的任用标准及待遇问题直接影响着司法官队伍的稳定性及其工作积极性,因此如何建立科学的法官制度成为国民政府关注的重点工作之一。南京国民政府成立以后,为建立和推行文官制度,南京国民政府对旧有官吏施行甄别。由于法官是公务员的一部分,法官的甄叙亦是其中工作。当时对法官"铨衡之事,悉循当时制定之《法官甄叙暂行标准》,以为定程"①。

南京国民政府初定时期,许多司法行政人员是在非常时期由军事领袖电保,中央即照请任命而来的,其人如何,有何经历学历,无案可稽。这种情况在此后的时间内仍然存在,对官员的任命产生不利影响。1929 年 5 月 14 日,司法院训令司法行政部,要求以后各处保荐简任荐任人员必须将其籍贯、年龄履历详细呈报,以凭中央核定;以后各省兼厅之省政府委员必须于就职前来京,向国民政府报到,接受任命。②

1932 年 3 月 26 日,司法行政部呈准《司法官任用暂行标准》。将司法官任用资格标准分为五种:(一)甄查或考绩合格。甄查等级分为合格、降级、降等、不及格和不予甄别五种。考绩是由直接长官或高级长官对所属官吏的操守及效能予以评价。无论是简任庭长、推事、检察官,抑或简任院长,只要是现任或曾任简任司法官,经甄别审查或考绩合格者,皆有资格遴任。现任或曾任荐任司法官,经甄查或考绩合格可以遴任荐任司法官。(二)具有相当的任职

---

① 王用宾:《二十五年来法官任用之检讨》,《中央周报》第 438 期,1936 年 10 月 26 日,第21 页。

② 《各省保荐简荐人员须将履历籍贯详报中央核定令》,殷梦霞、邓咏秋选编:《民国司法史料汇编》第 28 册,国家图书馆出版社 2011 年版,第 420—421 页。

经历。现任或曾任高等法院或其分院首席检察官、庭长、推事、检察官,如果不是简任,但只要合计在三年以上,经甄查或考绩合格的可以为简任庭长、推事、检察官。如果现任或曾任高等法院首席检察官、庭长、高等法院分院院长、地方法院院长,并非简任,但如合计任以上职务三年以上,经甄别审查或考绩合格同样具有遴任简任院长的资格。(三)具有规定学历。简任或荐任司法官须具有在国立或经最高教育行政机关立案或承认的国内外大学独立学院专门学校修习法律学三年以上,取得毕业证书(以下简称第三款)。或在国立或其他经司法院监督的学校,或经最高教育行政机关立案或承认的各大学独立学院专门学校教授法律主要科目五年以上。(四)考试及格。荐任司法官须经过高等考试司法官考试再试及格。如在司法院监督的学校毕业,经司法院发给证明书,其毕业成绩在八十分以上,司法行政部亦可按其成绩派充学习推事检察官。学习推事检察官则非经高等考试的司法官再试及格,不得派充候补推事检察官。(五)革命功勋。有特殊勋劳或致力国民革命十年以上,并有勋劳曾任司法官三年以上,同时具有第三款的人员,具有遴任简任庭长、推事、检察官的资格。① 需要指出的是,以上五种资格并非单独使用,许多时候是综合使用,以便衡量是否具有司法官任用的条件。

　　该任用标准除对充任司法官的条件予以规定外,还对司法官的禁用条件进行说明。对司法官的职位上升进行严格规定,无论简任、荐任、初任或升任的官员必先以派署为始,试用期为一年,一年以后著有成绩的,才可以实授,充分显示了司法官任用的慎重。但同时亦规定了各高等法院院长可以依据条件呈保某些人员,交由审查委员会审查决议后予以存记。该条规定,使存记人员大量增加,给叙补造成一定麻烦。于是司法行政部于1934年4月紧急训令各省高等法院院长、首席检察官,"案查司法官任用标准暨司法官叙补及审查资格成绩办法规定,各高等法院院长及首席检察官呈保司法官程序历据遵照办理在案。现在此项呈保人员经部审查后予以存记者已属不少,而法官训练所

---

　　① 《司法官任用暂行标准》(1932年3月26日呈准),《司法行政公报》1932年第6号,1932年4月15日,第2—8页。

毕业学员分发各省候补者亦逐年增加,叙补复有定限,安插实苦无多,所有前次呈保办法,自应暂行停止,以维供求之均衡。"①

1933 年 4 月 1 日国民政府颁布实施《公务员任用法》,该法就简任职、荐任职、委任职规定了任用标准。与《司法官任用暂行标准》重视实际工作经历不同,该法令更注重于考试,如经高等考试及格,或与高等考试相当之特种考试及格者具有被任用荐任职公务员的资格,而委任职公务员的任用资格之一是经普通考试及格或与普通考试相当之特种考试及格者。同时,对于升任人员在原职任上的表现,亦成为其晋升的重要依据。如就简任职公务员的任用资格来说,现任或曾任简任职,经甄别审查或考绩合格者;现任或曾任最高级荐任职二年以上,经甄别审查或考绩合格者,符合以上条件的都具有简任职公务员的任用资格。荐任职公务员亦同样看重在职时表现:现任或曾任荐任职,经甄别审查或考绩合格者;现任或曾任最高级委任职三年以上,经甄别审查或考绩合格者。委任职公务员的任用资格之一为现任或曾任委任职,经甄别审查或考绩合格者。以上情况的变化,主要是由于高等考试在全国的推行,甄别审查及考绩的全面展开,使得公务员任用法施行中有所依据。尽管如此,由于司法官的要求更注重人员的实际能力,因此《公务员任用法》对法官的任用结果往往是"无法律学识与经验者,往往滥竽充数"②。

为适应《公务员任用法》规定的考试要求,1933 年 5 月 23 日南京国民政府考试院公布《修正高等考试司法官考试条例》,规定应考人员应考程序及应考科目。其中对考试合格以后人员的流向有所规定:初试及格者,授以司法官初试及格证书并分发学习,学习期满后举行再试,再试及格者授以及格证书并分发任用。1935 年 8 月 5 日,考试院再次对修正的高等考试司法官考试条例予以公布施行。对考试人员资格的要求除依据检定考试分为高等和普通两类的变化,将应试资格中的第三条修改为有大学或专科学校法律政治学科毕业

①　《饬知司法官任用暂行标准及司法官叙补审查资格成绩办法内关于各高等院长首席呈保司法官一节转行停止由》,《司法行政公报》1934 年第 56 号,1934 年 4 月 30 日,第 46—47 页。
②　王用宾:《过去一年之司法行政概要》,《中央周报》第 394、395、396 期合刊,1936 年 1 月 6 日,转引自赵金康:《南京国民政府法制理论设计及其运作》,人民出版社 2006 年版,第 256 页。

之同等学力经高等检定考试及格者,并将选试科目中的国际法和刑事政策改为国际公法和国际私法,初试甄录试改为第一试,正试改为第二试,第三试为面试外,其对考试人员流向的规定没有变化。①

　　为使中央及各省市工作的党务人员能实际从事司法工作,1935年2月,国民党中央执行委员会制定中央及各省市党部工作人员从事司法工作考试办法大纲及施行细则,大纲规定,"及格人员交由司法院法官训练所训练后,分发各司法机关尽先任用。"②该考试分为甲乙两种考试。其中甲种应试人员需具备下列资格之一:"(一)修习法政学科得有毕业证书,并经中央及各省市党部工作人员甄别审查合格,以荐任官登记得有证书者。(二)有高等考试司法官考试条例第二条所列各款资格之一者。……甲种考试考取人员经训练期满试验及格者作为法官再试及格,以推检任用。"③1936年,在中央及省市党部工作人员从事司法工作考试及格人员分发办法中,司法院又有更加明确的规定:中央考试甲种司法官及格在司法院法官训练所毕业,经再试及格人员,按其成绩分别分发任用;再试在七十五分以上人员,分发各省,以正缺推检任用;七十五分以下人员,以候补推检任用,仍尽先补缺,愿赴边远省区者,以正缺推检任用。各省地方的推检缺额由司法院部酌量需要情形增添一百五十名,除由前项人员分发补任外,余额以原有各地法院考取及曾经训练与成绩优良的候补推检升补。对于现在党部工作,其原支生活费超过司法官俸薪人员,适用党务工作人员转任政府官吏叙俸办法的规定。④ 从以上规定可以明显看出,国民党中央对于党部工作人员从事司法工作从分发级别,补缺先后,员额限制都较普通从事司法工作人员以格外的优待,充分显示了国民党运用手中权力

---

　　① 《修正高等考试司法官考试条例》(1935年8月5日),《国民政府公报》1935年第1816号,1935年8月10日,第13—15页。

　　② 《中央及各省市党部工作人员从事司法工作考试办法大纲》,《司法公报》1935年第29号,1935年3月25日,第1—2页。

　　③ 《中央及各省市党部工作人员从事司法工作考试办法大纲施行细则》,《司法公报》1935年第29号,1935年3月25日,第2—3页。

　　④ 《中央及各省市党部工作人员从事司法工作考试及格人员分发办法》,《司法公报》1936年第136号,1936年9月10日,第6页。

将党员充实到司法队伍当中的强大决心和急切愿望,其在司法领域力图贯彻党义党纲的意图可见一斑。

1935 年 7 月 22 日颁布的《法院组织法》,对推事及检察官的任用资格作了如下要求:(一)经司法官考试及格并实习期满;(二)曾在公立或经立案之大学独立学院专门学校教授主要法律科目二年以上经审查合格;(三)曾任推事或检察官一年以上经审查合格;(四)在公立或经立案之大学独立学院专门学校修习法律学科三年以上,得有毕业证书并曾任荐任司法行政官办理民刑事件二年以上;(五)执行律师职务三年以上经审查合格;(六)曾在教育部认可之国内外大学独立学院专门学校毕业而有法学上之专门著作经审查合格并实习期满。[①] 该法对检察官的任用资格规定兼顾考试、学历、经历三个方面,摒弃"革命功勋"对司法官队伍的人为影响,较《司法官任用暂行标准》要求更严,更注重司法官的学术素养,增强了司法官任用中的科学性和可操作性。

《法院组织法》对各级司法官任用资格做出要求的同时,亦对司法官任用职等作出规定:地方法院及其分院之推事及检察官荐任;高等法院推事一人简任,余荐任;高等法院检察官荐任;高等法院分院推事及检察官荐任;最高法院推事简任;最高法院检察署检察官简任。同时对兼任地方法院院长的推事、地方法院首席检察官、高等法院荐任推事及检察官、高等法院分院推事及检察官、简任推事或检察官、最高法院院长的任职资格做出规定。曾任推事或检察

---

① 《法院组织法》,《法学杂志》1935 年第 8 卷第 4 期,1935 年 8 月 1 日,第 184 页。需要说明的是,此《法院组织法》为 1932 年公布的《法院组织法》修正而来。就推检任用资格而言,1935年的《法院组织法》较 1932 年公布的《法院组织法》有所扩大。主要表现为:第三十三条增加了第四款:在公立或经立案之大学独立学院专门学校修习法律学科三年以上,得有毕业证书,并曾任荐任司法行政官办理民刑案件二年以上者。主要的原因是基于"司法行政官与普通行政官性质不同,其所办事务,均与审判事务息息相关,而司法行政官中之最高法院民刑庭荐任书记官,职掌辅助审判,关系尤为密切,非有法官学识经验,不能胜任,是以前北平司法部有司法官与司法行政官互相调用之办法,即司法行政部所颁布之法官任用标准,亦认司法行政官得任法官,行之十数年,成效昭著,盖两者互相调用,于司法事务效率之推进,裨益甚多。惟现行法院组织法,关于法官资格,独无司法行政官一项,按诸该法立法精神,实有不能已于言者。"详见《立法院公报》1935 年第 72 期,1935 年 7 月,第 18 页。第三十七条增加第五款:曾任立法委员三年以上者。第三十八条增加第三款:曾任立法委员五年以上者。主要原因在于"法院组织法对于最高法院院长之任用资格限制太严"。详见《立法院公报》1935 年第 72 期,1935 年 7 月,第 9 页。

官三年以上，或曾任推事或检察官并任荐任司法行政官合计在四年以上，或曾任推事或检察官，而有三十三条第二款①资格的人员可以兼任地方法院院长的推事、地方法院首席检察官、高等法院荐任推事及检察官、高等法院分院推事及检察官。曾任简任推事或检察官一年以上经审查合格，或曾任前条所定兼任院长的推事或首席检察官、推事或检察官四年以上，或曾任前条所定兼任院长的推事或首席检察官、推事或检察官并任简任司法行政官合计在五年以上，或曾任前条所定兼任院长的推事或首席检察官、推事或检察官而有第三十三条第二款资格，或曾任立法委员三年以上有资格担任简任推事或检察官，或曾任简任推事或检察官五年以上，或曾任简任推事或检察官二年以上，并任简任行政官五年以上，或曾任立法委员五年以上人员可以担任最高法院院长。②

以上法律条文表明，南京国民政府对各级法院检察官任用时非常注重被选用者的资历，级别越高，要求资历越高。对检察官选用的慎重，在要求司法公正的现代社会是必需的，同时亦可以在一定程度上保证司法官的素质和业务水准，较大程度上杜绝司法官任用的随意性，尽可能地做到有法可依、有章可循。

但由于中国幅员广阔，各地社会经济发展不一，实际司法官的任用标准同制度规定有明显差距。我国沿海地区人口稠密，经济发达，平原地区次之，此两种地区的司法官任用尚能依法而行。而边远地区由于经济欠发达，无论案件发生数量或地方法院建设远远低于沿海和平原地区，造成许多司法人员将分发调任边远省份为畏途。如新疆、甘肃、青海和宁夏距离中原腹地较远，仅从南京到新疆赴任时间根据规定就得需要 150 天，到宁夏和甘肃赴任需要 70天，到青海赴任需要 90 天，如此长时间的鞍马劳顿，使得许多人对中央调往四地的派遣，多心存芥蒂。同时，此四地司法的落后，也使调往四地人员视其派遣为畏途。就甘肃来说，司法人员，"北京政府时代部派各人员，遂相率辞职。新委者或系录事书记官升任，或系中学师范毕业。且有未受学校教育，而由农

---

① 第三十三条第二款为：曾任公立或经立案之大学独立学院专门学校教授主要法律科目二年以上，经审查合格者。《法院组织法》，《法学杂志》1935 年第 8 卷第 4 期，1935 年 8 月 1 日，第 184 页。

② 《法院组织法》，《法学杂志》1935 年第 8 卷第 4 期，1935 年 8 月 1 日，第 184—185 页。

工商人出身者。故言甘肃司法,实超过破产程度以上。"①待遇方面,推检人员"区区津贴,仅敷个人果腹,衣住行三大需要,及家庭供给,尚无着落。"②就案件分配来说,亦远不能尽情发挥推检的实际工作能力,甘肃地方"因民穷财尽,诉讼稀少,每月每人分案,只五六起不等。推检清闲,实际等于名誉职"③。此种情况,有人认为:"故谈甘肃司法之改革,法部非多派法官监狱官,绝无革新之望。"④宁夏、青海情况与甘肃对比又如何呢?"据闻宁夏较甘肃为优,青海则甘肃之不若。"⑤这种情况在南京国民政府高层亦有同等认识,"边缘省分之人才缺乏,经费无出,交通不便,其特殊情形,诚难漠视,往往遇有缺出,就地取材,资格未合,遴员派往,逗留不前,因而以暂代暂充敷衍一时,此尚不四省为然。"⑥如要改善上述地方的司法状况,就要采取特别法规予以救济。政府所要做的首先是要充实该地的司法人员,鼓励司法人员到此处任职。就该地司法官的人员任用标准要更为宽松一些。1932 年 5 月 12 日制定,1933 年 2 月 4 日修正的《甘宁青新司法官任用暂行办法》⑦对司法官和候补司法官的任用做了一些规定。具体如下:

其一,甘宁青新的司法官不需要通过司法官考试,只需高等法院呈报即可。根据南京国民政府的相关规定,走上司法官的历程是漫长而异常艰辛的。通常要经过初试、学习二年、再试三个阶段。只有完整通过三个阶段,考验全部合格,才会被分发各地,成为候补推检,走上司法官的道路。而成为甘宁青新的法官,只需具备一定的条件经过高等法院呈保,即可省过复杂道路。

其二,任用资格较同等司法官同等职别降低。具体来说,针对获得部派代理或暂代的司法官职位,需要的条件为:(一)在国立或经最高教育行政机关

---

① 《地方通讯(甘肃)》,《法治周报》第 1 卷第 5 期,1933 年 1 月 29 日,第 46 页。

② 《地方通讯(甘肃)》,《法治周报》第 1 卷第 5 期,1933 年 1 月 29 日,第 46 页。

③ 《地方通讯(甘肃)》,《法治周报》第 1 卷第 5 期,1933 年 1 月 29 日,第 46 页。

④ 《地方通讯(甘肃)》,《法治周报》第 1 卷第 5 期,1933 年 1 月 29 日,第 46 页。

⑤ 《地方通讯(甘肃)》,《法治周报》第 1 卷第 5 期,1933 年 1 月 29 日,第 46 页。

⑥ 王用宾:《二十五年来法官任用之检讨》,《中央周报》第 438 期,1936 年 10 月 26 日,第 22 页。

⑦ 《甘宁青新司法官任用暂行办法》(1933 年 2 月 4 日),《司法行政公报》1933 年第 27 号,1933 年 2 月 15 日,第 4—5 页。

立案或承认的国内外大学、独立学院专门学校修习法律学三年以上得有毕业证书的；（二）在国立或经最高教育行政机关立案或承认的国内外大学、独立学院专门学校修习法政之学三年以上得有毕业证书，现任或曾任司法官合计在三年以上，现任或曾任司法委员审判官、承审员、帮审员合计在五年以上的；（三）修习法政之学一年半以上得有毕业证书，现任或曾任司法官合计在五年以上，现任或曾任司法委员、审判官、承审员、帮审员合计在十年以上者，前项代理或暂代人员经过一年后确有成绩得呈请派署或代理，但非合计满三年以上确有成绩不得荐署或改调他者。与《司法官任用暂行标准》进行对比，第一条减少对任用人员实践经验的要求；第二条缺乏对任用人员以往任职级别的要求，第三条虽增加了任用人员任职年限的要求，但却放宽了司法官任用较为看重的学历方面的要求。这样任用标准的推出，适应了当时的实际情况，因为按照正常标准选拔的司法官不愿意到这些省份就职，当地代理人员又远远达不到正常任用标准，唯有降低标准，使更多的当地人充实到司法队伍当中，并吸引一些有望到边远地区尽显才华的人员到来。总之，目的很明显，使得更多的人走向司法官岗位，以解决该地人员严重不足的问题，以利于该地司法的发展，使该地人民享受到现代司法的利好。

南京国民政府的司法官任用，严谨慎重，重视人员的基本素质及法学背景，还表现为对通过考试进入司法队伍人员的重视。1932 年第 1420 号司法行政部训令各省高院院长及首席检察官略开："嗣后各省预算案内，如有候补推检空额或新设法院需用候补人员时，应以考试分发各地方法院候补推检尽先派补。"[①]照此项办法，各省高等法院及检察处遵照呈请补入预算额内的人员寥寥无几。但后来由于法官训练所学员毕业较多及司法官考试举行，这种情况发生了改变，"将来陆续分发候补者，自必逐年加增且查各省法院现有此项人员已属不少，而各省以经费支绌之故，法院多未能添设。擢补之途既隘而分发之员日增，若不预筹疏通，势恐无从安插，与其感困难于事后，曷若图救济

---

① 《候补推检空缺时应先以考试分发暨曾任推检正缺改分候补各员补充令》，殷梦霞、邓咏秋：《民国司法史料汇编》第 40 册，国家图书馆出版社 2011 年版，第 170 页。

于事先。"①1933 年 9 月 22 日,司法行政部训令各省高等法院及首检官再次予以重申,候补推检空缺时,应先以考试分发暨曾任推检正缺改分候补各员补充完竣,不得率以他员遴请派充,致干驳诘。②

就检察官的任用,南京国民政府在承继了晚清和北京政府任用制度的基础上,又因地制宜地就边远地区司法官的任用问题采取特殊措施,以利于当地留住司法人才,促进司法的发展。

(二)检察官的待遇

检察官的待遇诸如官俸、抚恤都直接关系到其工作热情、敬业精神,从而影响到司法的运转。南京国民政府建立以后,制定了司法官的工资标准及恤金条例。

1. 检察官的工资待遇

追求司法独立,一直是有志于建立法治国家人士的共同目标。司法官不受外界干扰,保持司法公正,是保障司法独立的重要途径。1928 年 7 月 1 日施行的《司法官官俸暂行条例》规定了不同级别司法官的官俸标准,兹列表3-12 如下:

表 3-12　司法官官俸等级表

法院级别	职务	官俸等级③	月俸(元)
最高法院	最高法院院长	特任 800 元	800
	首席检察官	简任五级至一级俸	515—675
	庭长	简任六级至一级俸	475—675
	简任推事/检察官	简任七级至四级俸	435—555
	荐任推事/检察官	荐任六级至一级俸	300—400

---

① 《候补推检空缺时应先以考试分发暨曾任推检正缺改分候补各员补充令》,殷梦霞、邓咏秋:《民国司法史料汇编》第 40 册,国家图书馆出版社 2011 年版,第 170 页。

② 《候补推检空缺时应先以考试分发暨曾任推检正缺改分候补各员补充令》,殷梦霞、邓咏秋:《民国司法史料汇编》第 40 册,国家图书馆出版社 2011 年版,第 170 页。

③ 根据《司法官官俸暂行条例》规定,简任分为七级,一级为 675 元,七级为 435 元,每级官俸相差 40 元;荐任分为十三级,一级为 400 元,十三级为 160 元,每级官俸相差 20 元。

法院级别	职务	官俸等级③	月俸（元）
最高法院分院	院长	简任六级至一级俸	475—675
	首席检察官/庭长/简任推事/简任检察官	简任七级至四级俸	435—555
	荐任推事/检察官	荐任六级至一级俸	300—400
高等法院	院长	简任七级至一级俸	435—675
	首席检察官	荐任六级至一级俸	300—400
	庭长	荐任八级至一级俸	260—400
	荐任推事/检察官	荐任十一级至一级俸	200—400
高等法院分院	院长	荐任八级至一级俸	260—400
	首席检察官	荐任九级至一级俸	240—400
	庭长/推事/检察官	荐任十一级至一级俸	200—400
地方法院	院长	荐任八级至一级俸	260—400
	首席检察官	荐任九级至一级俸	240—400
	庭长	荐任十一级至三级俸	200—360
	推事/检察官	荐任十三级至六级俸	160—300
地方法院分院	院长	荐任十一级至三级俸	200—360
	首席检察官	荐任十二级至四级俸	180—340
	庭长/推事/检察官	荐任十三级至六级俸	160—300

资料来源：根据《司法官官俸暂行条例》绘制，《司法公报》1928 年第 10 期，1928 年 5 月 1 日，第 76—80 页。

从表 3-12 中可以看到，司法官工资待遇与其所担任的职务密切相关，职别越高，官俸等级就越高。这种标准固然同其所担负的责任有关，同时可以激发下层人员努力工作，给其向上走的动力，但也不无有说辞之处。官俸对于公务员来说毕竟具有引向作用，同是推事检察官，在不同级别的法院中，他们的工资待遇不同。就经验而言，由于日常大量的司法审判工作在基层，基层法院司法官的待遇较低，与其工作任务不成比例，基层法院将很难留住优秀的司法人员。

《司法官官俸暂行条例》还规定,司法官的叙级、进级由司法部长行之,最高法院庭长推事的叙级进级由最高法院院长行之,但仍需咨报司法部。司法官经司法部派署后,执务满 2 年,即应进一级,但 2 年内曾受惩戒处分或因事请假超过两个月,因病请假超过 6 个月的,不在此限。司法官受至各该官等最高级之俸在 5 年以上,确有劳绩者,简任官应给予 600 元以内的年功加俸,荐任官应给予 400 元以内的年功加俸。司法官的年功加俸由司法部长定之,但最高法院庭长推事的年功加俸由最高法院院长定之,咨报司法部。①

由于该条例是在南京国民政府成立不久颁行的,必然牵涉到与现有薪俸的连接问题,该条例规定,条例施行时,现支俸给不及本条例司法官俸给表最低级俸额者,应依最低级俸额叙支。其受有与最低级相当之俸者,即为现叙之级,但其俸额如有零数逾一级俸额之半数者,进一级,不满者则削除之。其现支俸额已超过最低级一级俸额者,由司法部长另行核叙。② 这样就将现有薪俸与条例所规定的内容关联,使条例在施行时实现无缝对接。

1928 年 7 月 1 日,南京国民政府还公布实施了《司法官官俸发给细则》,规定了官俸发给的时间,发放年功加俸,退职、死亡人员、初任官、转任官、暂署及代理者官俸的发放标准,司法官请假、出差时薪俸发放办法等,使官俸在实际发放过程中更具有可操作性。由于法官队伍中女性增多,1936 年 6 月,司法行政部修正的《司法官官俸发给细则》增加了针对女性的相关规定,女职员因生育请假在 2 月以内者支半薪,超过请假日期者停薪。③

鉴于学习推检和候补推检尚未有官阶,没有官俸,根据 1928 年 5 月 11 日公布实施的《学习候补推事检察官津贴暂行规则》,由政府发给津贴。具体如表 3-13、表 3-14 所示:

---

① 《司法官官俸暂行条例》,《司法公报》1928 年第 10 期,1928 年 5 月 1 日,第 79 页。
② 《司法官官俸暂行条例》,《司法公报》1928 年第 10 期,1928 年 5 月 1 日,第 79 页。
③ 《修正司法官官俸发给细则》(1936 年 6 月 22 日公布),《司法公报》1936 年第 123 号,1936 年 7 月 7 日,第 7—8 页。

表 3-13　学习推检人员津贴表①

一级	二级	三级	四级
90 元	80 元	70 元	60 元

表 3-14　候补推检人员津贴表②

一级	二级	三级	四级	五级	六级
150 元	140 元	130 元	120 元	110 元	100 元

　　从表 3-13、表 3-14 可以看出,学习推检人员的津贴要低于候补推检人员的津贴,即便是候补推检人员的最低等级的津贴亦比学习推检人员的最高等级津贴高。这是由于学习推检人员还没有具有正式推检的资格,而候补推检亦通过司法官考试中的再试,具有正式推检的资格,只是由于员额的限制,而居于候补的位置。

　　如果与文官待遇相比,检察官的待遇要低许多。南京国民政府建立至 1933 年,文官薪俸除特任官与司法官的特任职相同外,其他职务级别均有差距。"修正文官俸给表"规定,文官简任最低俸为 450 元,最高俸为 675 元;荐任最低俸为 200 元,最高俸为 400 元;法官简任最低俸为 435 元,最高俸为 675 元,荐任最低俸为 160 元,最高俸为 400 元。两者的最高俸虽然相同,但最低俸却有少许差别。在实际工作中,这种差别可能更大。因为司法官晋级的层别远比文官的层别要多。司法部于 1928 年 4 月 6 日公布、7 月 1 日颁布、国民政府批准施行的《司法官官俸暂行条例》中有详细规定。根据该《条例》,司法官的俸给如表 3-15 所示:

---

　　① 《学习候补推事检察官津贴暂行规则》(1928 年 5 月 11 日),《司法公报》1928 年第 12 期,1928 年 6 月 1 日,第 114 页。

　　② 《学习候补推事检察官津贴暂行规则》(1928 年 5 月 11 日),《司法公报》1928 年第 12 期,1928 年 6 月 1 日,第 114—115 页。

表 3-15　司法官俸给等级表

俸给(元)　级别 职别	简任	荐任
一级	675	400
二级	635	380
三级	595	360
四级	555	340
五级	515	320
六级	475	300
七级	435	280
八级		260
九级		240
十级		220
十一级		200
十二级		180
十三级		160

根据《国民政府修正文官俸给表》,文官的俸给如表 3-16 所示:

表 3-16　文官俸给表①

俸给(元)　级别 职别	特任	简任	荐任	委任
一级	800	675	400	180
二级		600	350	160
三级		525	300	140
四级		450	250	120
五级			200	100
六级				80
七级				60

---

① 《国民政府修正文官俸给表》,《浙江财政月刊》1928 年第 2 期,1928 年 2 月,第 43—45 页。

从以上两表可以看出,文官简任只有四级,而法官的简任则分七级;文官的荐任只有四级,而法官的荐任则有十几级。分级越多,晋级越难。一同工作的司法官和文官,在沿着级别向上晋级时,司法官想要拿到与文官相同的薪水,则需要更多的时间。即在同一时段内,司法官的待遇要低于文官待遇。同时,文官晋级,不受限制,而根据《司法官官俸暂行条例》第 4 条规定,法官经司法行政部派署后,执行职务不满 2 年,就不能晋级;即使已满 2 年,如果曾经受到惩戒处分,或因事请假超过 2 个月,因病请假超过 6 个月,仍不能享受晋级的待遇。另外,从以上表格中可以看到,司法官简任每一级别的薪金差别为40 元,文官简任每一级别的薪金差别为 75 元。司法官荐任每一级别的薪金差为 20 元,文官荐任的级别薪金差为 50 元,与文官相比,司法官即便晋级其所增加的薪金亦是有限的。从薪金的多少亦能看出,荐任层级较低的十二、十三级司法官实际上享受到的是文官委任职的待遇。

司法官的较低待遇,引起司法界高层的关注,考察欧美各国司法的司法院副院长覃振,在比较中国欧美司法官待遇后指出,“惟我国除最高法院及上海各级法院外,各省高等法院法官之待遇,已不免相形见绌,至地方法院以下法官,终日疲劳,而俸给所得,多有不能养家,往往谋充教员律师者,盖教员与律师优于为法官也,亟宜酌量各地情况,提高法官待遇,以期振兴未来之人才,安定在职者之心志。”[1]地方法院司法界人士亦提出提高法官待遇的建议,恳求司法经费按月支给:“凡百事务非财莫举,又况法官清苦,尤须□以养廉,故确定经费,实为整理司法之入手办法。近查各县司法经费常至数月莫名一钱,廉洁者每因不克支持而辞职,贪婪者甚至收贿舞弊以侥存。于是各县司法遂为人所诟病,宜请指定的款按月支给,俾其专心职守,不感生活困难,则司法改良计日可期。”[2]

这种情况在 1937 年 3 月 8 日公布施行的《暂行法官及其他司法人员官等官俸表》中有所改变。高等法院推事检察官,最低俸改为 220 元,最高俸仍

---

[1]　《覃振发表改革司法意见》,《中央周刊》第 338 期,1934 年 12 月 14 日,第 20 页。

[2]　宜昌地方法院编:《湖北宜昌地方法院四年来工作摘要报告书》,上海图书馆藏,1931 年12 月,第 28 页。

旧;地方法院推事检察官,最低俸为 200 元,最高俸仍为 400 元,与高等法院推检相同。①

尽管有人呼吁提高司法官待遇,但司法官的待遇偏低,直到 1947 年,情况仍未有太大改变,以致在全国司法行政检讨会上有 33 个提案要求提高司法官待遇。如山西高等法院院长张秉钺指出,"近日我国各公私大学每次招考应考法科者,人数较少,其在法科毕业者,又有不愿入司法界服务者,充任司法官者又有改业他项职务者,皆因其他各界待遇较优,且有种种特别补助之,故今欲改换局面,使人皆愿终身就业司法,自非优加待遇不为功。司法官与司法行政官及监所人员之俸级,须比较其他行政人员提高,并退休优恤等金,亦须较其他行政人员为优。"②或许是全国司法行政检讨会的缘故,1948 年 5 月 19 日法官及其他司法人员官等官俸表第二次修正,高等法院推事检察官,最低俸改为 300 元,地方法院推事检察官,最低俸改为 260 元,其最高俸仍旧。③ 相对于 1928 年公布的官俸暂行条例,无论高院地院推检们的最低俸都提高了 100元,这种变化体现出政府对一审一线人员工作的认可和重视。

2. 检察人员的抚恤

抚恤是指政府对因公造成身体受损不能胜任工作、或亡故、或在职时间长达一定年限而自请退职的人员或遗族给予一定金钱加以慰问的方式。此种方法的施行,在一定程度上解除了工作人员的后顾之忧,对提高工作人员热情起到了积极作用。1927 年 9 月 9 日,南京国民政府公布了针对文官、司法官及警察的《官吏恤金条例》④,恤金种类分为终身恤金、一次恤金和遗族恤金。如果官吏因公受伤致身体残废、因公致病致精神丧失、在职十年以上身体衰弱或

---

① 《暂行法官及其他司法人员官等官俸表》(1937 年 3 月 8 日),《司法公报》1937 年第 174号,1937 年 3 月 19 日,第 1 页。

② 《全国司法行政检讨会议汇编》,殷梦霞、邓咏秋选编:《民国司法史料汇编》第 14 册,国家图书馆出版社 2011 年版,第 254 页。

③ 《修正法官及其他司法人员官等官俸表》(1948 年 5 月 19 日第二次修正),《铨政月刊》1948 年第 3 卷第 2 期,1948 年 8 月 20 日,第 12 页。

④ 《官吏恤金条例》(1927 年 9 月 9 日公布施行),殷梦霞、邓咏秋选编:《民国司法史料汇编》第 29 册,国家图书馆出版社 2011 年版,第 68—71 页。

残废不胜职务,或在职十年以上勤劳卓著年逾六十自请退职的,司法官可以按其退职时俸给五分之一按期给予终身恤金;支给的终身恤金从该司法官退职的次月起至亡故之月止。如果司法官因受伤或因公致病而未达到身体残废、精神丧失的程度,在该员退职时两个月俸给的限度内酌给一次恤金。如果司法官因公亡故,或在职十年以上勤劳卓著而亡故,或受终身恤金未满五年而亡故的司法官,要按其最后在职时俸给十分之一给予遗族恤金。遗族领受恤金的顺序首先是亡故者妻子,妻子不在时为其子女。支给遗族恤金的时间为该司法官亡故的次月到其子女达于成年,或其妻亡故或改醮。如司法官在职三年以上未满十年而亡故的,要按其最后在职时两个月的俸给给其遗族一次恤金。

需要指出的是,南京国民政府并没有因为自身替代北京政府而将曾服务于北京政府司法人员的服务年限排除于《官吏恤金条例》规定的年限之外。浙江高等法院检察官王道伊在职期间积劳病故,该员 1927 年 3 月充任浙江高等法院检察官,月支俸银 200 元,1928 年 3 月 2 日在职病故。此前他曾就职于北京政府充任司法官,前后积资满十年以上,亡故以后,尚有一子未满六岁,一女待字闺中,家中清贫。根据《官吏恤金条例》,国民政府批准给予遗族恤金,并另给一次恤金洋 400 元。[①]

1934 年,国民政府公布《公务员恤金条例》,该条例规定了恤金种类、金额、发放条件及领受条件。[②] 同 1927 年的恤金条例相较,该条例将恤金种类分为公务员年恤金、公务员一次恤金、遗族恤金和遗族一次恤金,提高了给予年恤金(相当于终身恤金)的在职工作年限,并将一次恤金发放的比例同抚恤人的工作年限联系起来,同时对于遗族抚恤对象的划定更为细致合理。为减少纰漏,随后又公布《公务员恤金条例施行细则》,对条例中所规定的退职、

①　《令知浙江高等法院首席检察官奉国府批准已故检察官王道伊准给以遗族恤金并另给一次恤金抄发原案仰转饬知照由(训字第二九○号)》,《司法公报》1928 年第 11 期,1928 年 5 月 15 日,第 24—25 页。

②　《公务员恤金条例》(1934 年 3 月 26 日公布施行),《司法行政公报》1934 年第 54 号,1934 年 3 月 31 日,第 5—8 页。

病、故的不同情况做了详细说明。以上条例及细则的规定为此后司法官的抚恤提供了法律依据。

四、检察官的考核与奖惩

在选拔优秀的司法官以后,如何调动其工作的主动性和热情,从而推动司法的发展,是南京国民政府面临的又一问题,因此建立和完善司法官的激励机制成为必然。

激励包括两层含义:鼓励先进,惩戒落后。鼓励先进起到一个正向引导作用,惩戒落后则为建立约束机制。南京国民政府的司法官激励机制涵盖考核内容、奖惩机制和司法官的道德规范。

(一)检察官的考核

司法官是公务员的一部分,因此,对公务员的考核适用司法官。为加强对公务员的管理,国民政府于1929年11月4日公布《考绩法》,该法规定,公务员考绩每年于6月和12月分两次举行。考核分为初核和复核,以其直接长官执行初核,主管长官执行复核,但如果长官仅有一级时,即由该长官考核。无论初核、复核,长官应按表列项目记载,并分别详加切实考语,在每次考绩终了后予以密封汇送铨叙部审查。审查完毕,评定等级分别决定奖惩。对于一些因特殊情况不能参加正常考绩的公务员,要由主管长官陈明铨叙部举行特种考绩;如果初核长官、复核长官的考绩有徇私不公或遗漏舛错情事时,要依法交付惩戒。[①] 1931年8月21日,国民政府又公布《公务员考绩条例》,此条例将公务员考绩改为季考绩和年考绩,季考绩以三、六、九、十二等月举行,年考绩以次年第一季举行。其考绩的标准为操守和效能。公务员的考绩应根据工作月报表、视察员报告及其他考察所得,依上述各标准举行,季考按月、年考按

---

① 《考绩法》(1929年11月4日),殷梦霞、邓咏秋:《民国司法史料汇编》第29册,国家图书馆出版社2011年版,第58页。

季以百分率定之,复定其总平均数。年考绩、季考绩的总平均数不及百分之六十的,要予以惩罚;不及百分之五十的,要免职;达到百分之八十五的,要予以奖励;得到满分的要特别奖励。此外还增加了政务官考绩不适用于该法的条文。① 其考绩分初核、复核,与《考绩法》规定相同。

1932 年 3 月 26 日司法行政部公布《司法官任用暂行标准》,根据该标准第一二条规定,司法行政部设立司法官审查委员会,该委员会负责司法官任用资格及成绩的审查。1932 年 4 月 16 日司法行政部公布《司法官审查委员会规则》,司法官审查委员会分为资格审查委员会和成绩审查委员会。成绩审查委员会除依审查法官资格及成绩办法各条外,还应审查下列文件:判词起诉书、不起诉处分书或其他司法行政文件,任事期内案件收结表及其他关系成绩的文件。成绩审查委员会及专门委员审查成绩完毕后,负责加具考语详定分数,共同署名,由审查委员提交审查委员会核阅决定。② 同日,公布《审查法官及格及成绩办法》共十九条。根据检察官于每年年半及年终汇集的办案成绩以及学识操行加具切实考语,分别等级(应分甲、乙、丙、丁四等)列表呈送司法行政部,其堪胜特种任务者,应特行声明。最高法院检察署检察长对该院检察官亦应照前项规定办理。以上两项人员得由部随时调取办案成绩连同呈送表件提交法官成绩审查委员会审查评定分数,八十分以上为甲等,七十分以上为乙等,六十分以上为丙等,不满六十分为丁等。各省区各级法院高级法官如有缺额,主管司应将该省次级法官列入甲乙等人员依照表列次序开列呈核,如该省无甲乙等人员或因地方有特殊情形者,得以他省同级法官列入甲乙等人员开列。③ 由于该办法对于人员晋升关系较大,1932 年 8 月 12 日,司法行政部训令要求各高院长官在填送考绩表评定等第,应该在认真考核之后,再予以拟定,"查各省高等法院院长首席检察官按照审查法官资格及成绩办法第十

---

① 《公务员考绩条例》(1931 年 8 月 21 日公布),《国民政府公报》1931 年第 22 号,1931 年 8 月 22 日,第 6—7 页。

② 《司法官审查委员会规则》,《司法行政公报》1932 年第 7 号,1932 年 4 月 30 日,第 7—9 页。

③ 《审查法官及格及成绩办法》,《司法行政公报》1932 年第 7 号,1932 年 4 月 30 日,第 9—12 页。

二条造送之考绩表,其评定等第与各法院将来之升降关系至密,自应就各员平时办案成绩学识操行认真甄核,分别拟定,以明黜陟而期公平,倘或品评失当,爱憎不免任情,或考语率填功过,无从证实,操切与放任,其弊维均。须知考察之方未尽即监督之责有隳,本部循名责实不厌其详,且将随时抽调各该员办案成绩连同呈送表件提交法官成绩审查委员会复加评定,即以复核结果之如何,觇原拟等第之当否,而各该院长首席检察官之考成亦即于此课殿最焉。为此通令其各禀遵。"①

为规范推检考绩,1933年10月6日,司法行政部公布《推检考绩表造报及保管规则》,该规则就不同级别法院推检考绩表的应造报程序规定:高等法院推检考绩表由高等法院院长及首席检察官分别填报,高等分院、地方法院、地方分院暨所属地方庭或分庭,并县法院推检考绩表由各该法院院长及首席检察官填载,呈由高等法院转报。高等分院、地方法院、地方分院、县法院院长及首席检察官考绩表的前幅各栏由各该院长首席检察官自行填载,后幅各栏由高等法院院长首席检察官在核转时填载。考绩表限每年度终了以后,二个月内造齐送司法行政部,对于那些经由高等法院核转的,应当在年度终了后一个月内呈送该院。高等分院、地方法院地方分院及县法院填载各表,高等法院院长首席检察官于核转时,应就表内加签意见。在填写表格时应注意,推检应每员填表一页。检察官成绩表式适用于高等以下各级法院,表式中承办案件栏所列某类案件,如为某法院所无者,造表时可将该目删除。在本年在职起讫月日栏,如该员全年在职,应记明全年字样,非全年则记明其起讫月日。承办案件栏中的配受总数,除记载本年度新配受的案件外,应列入上年度未结案件其行合议审判的案件,只在主任推事名下计算件数。如果是重大案件,由数名检察官共同办理的,应当各以一件计算。此外,关于计算件数应依照民刑案件编号计数,并参照民刑案件统计年表及月报表造报规则办理。由于院长及首席检察官办理行政事务,如特别有可记载的,可以记载于承办案件栏的备考格

<hr />

① 《通令饬填送考绩表评定等第须认真考核然后拟定由》,《司法行政公报》1932年第15号,1932年8月31日,第43—44页。

内,若纸不够用,可以另外加纸记载后粘在备考格中。①

　　考绩除就工作内容予以考察以外,就表列人员个人操守、性情、外语水平、勤惰、堪胜任务及本人愿望方面也加以考虑。

　　就操守考绩,其栏中需本级主管长官简明记载考语,如"可信""难信""尚无可议""未曾被人指摘"之类,如果曾经被控有案或有足以认为其操守谨严的特别事实,应详细记明。就表列人员的性情行状,本级长官认为特有可纪的,如"心思细密""才气发皇""寡言""喜与人争"之类,应记载在性情栏中,其有特殊的嗜好,或平日行动有异于常人,就中如与同僚以外多交际往来,也应详细记明其情形。就学识栏文理、法学根底及常识三项的考绩,本级长官均应分别甲、乙、丙、丁四等填写,在外国文项下,则应记明为何国语言,如果长官不知其能否随意阅读外国法律书籍,则不用填写。就办事成绩的考核,应就其办理审判检察或司法行政等事务的优劣,分列甲、乙、丙、丁四等予以填写。勤惰栏应记载人员是否常守办公时间及请假的多寡与事由。该长官考察表列人员的性格才能时,认为尤适于任推事或检察官,或二者均为优,或认为胜任庭长或法院长官的,应记载于堪胜任务栏内,如尚无正确认识可以暂时从略。表列人员如在本年度曾受惩戒或警告的,应将其事由记明于曾受处分栏。被考绩人的本人愿望栏及与该栏大小相同的另外纸张,由本人自行填写,凡愿以推事改检察官,或检察官改推事及愿迁转何职,改调何地,均可以随意记载。如只求迁职而不择地,或只求易地而甘于降职,也可记明,本人书就签名后,应送由该长官粘贴于本人愿望栏。②

　　需要指出的是推检考绩表呈送时应用密呈。表内所载事项经手人员不得泄露。并要求各法院送部的推检考绩表应特别准备一橱存储,在总务司第一科科员中指定一人负责其编存保管。除长官调阅外,不得授予任何人阅视或

---

　　①　《推检考绩表造报及保管规则》(1933年10月6日),《司法行政公报》1933年第43号,1933年10月15日,第6—7页。

　　②　《推检考绩表造报及保管规则》(1933年10月6日),《司法行政公报》1933年第43号,1933年10月15日,第7—8页。

将所载事项告知。[1] 检察官考绩表如表 3-17 所示:

表 3-17　检察官考绩表[2]

检察官考绩表			年度		法院			
姓名						配受总数	已结	未结	备考
职务			侦查事件	起诉					
				不起诉					
				其他					
本年在职起讫月日	承办案件	案件种类	第二审案件						
			第三审案件						
			覆判案件						
			再议事件						
			声请再审						
			参与自诉事件						
			相验事件						
			指挥执行						
			其他事件						
			合计						
操守									
性行									
学识	文理		法学根底						
	常识		外国文						
办事成绩									
勤懒									
曾受处分									

---

① 《推检考绩表造报及保管规则》(1933 年 10 月 6 日),《司法行政公报》1933 年第 43 号,1933 年 10 月 15 日,第 8 页。

② 据《推检考绩表造报及保管规则》(1933 年 10 月 6 日)所附《各法院推检考绩表格式》绘制,《河南司法公报季刊》1933 年第 10、11、12 月,第 95—96 页。

续表

检察官考绩表	年度	法院
堪胜任务		
本人愿望		
备考		

根据《推检考绩表造报及保管规则办法》的规定,广东省高等法院特将全广东省司法人员的学业、操行、结案等,举行总检核。除广州地方法院院长杨宗炯,不在考核之列外,共计地方法院院长 29 人,庭长推事 62 人,候补执行学习推事 51 人,书记官长候补推事 15 人,首席检察及检察官 23 人①,候补检察官 33 人。其中首检及检察[官]总平均分数,甲等 80 分以上 5 人,乙等 70 分以上 27 人,丙等 60 分以上 1 人;候补检察官总平均分数,甲等 80 分以上 5 人,乙等 70 分以上 16 人,丙等 60 分以上 12 人。②

1935 年 7 月 16 日南京国民政府公布、11 月 1 日施行《公务员考绩法》,该法相对于 1931 年的《公务员考绩法》,将一年中四次的季考和年考的五次考绩,改为三年当中一次总考和每年一次的年考。年考于每年 12 月举行,总考于各该公务员第三次年考后举行。年考由各该机关依考绩表所定分别考核,报由铨叙部登记,总考由铨叙部举行。该法要求各机关关于考绩事项得设考绩委员会。③ 此后司法官的考绩依此法进行。此法的颁布大大减少了人员考绩的频率,节省了用于考绩的时间,对稳定人员和提高工作效率至有好处。该法所定公务员年考考绩表如表 3-18 所示:

---

① 根据该文下面的首席检察及检察官具体人数的统计,该数目应为 33 人。
② 《法界消息:粤省司法官实行考绩结果揭晓》,《法律评论》1934 年第 11 卷第 12 期,1934 年 1 月 21 日,第 31—34 页。
③ 《公务员考绩法》,蔡鸿源主编:《民国法规集成》第 37 册,黄山书社 1999 年版,第 151 页。

表 3-18　公务员年考考绩表①

机关					工作概况			
姓名		别号			标准　　分数		初核分数	复核分数
年龄		性别						
籍贯					工作			
住址	现在				学识			
	永久				操行			
出身				初核及复核	总分			
经历					直接上级长官	职衔	签名	盖章
现职					考语			
任职年月					再上级长官	职衔	签名	盖章
掌管职务					总评			
等级					分数			
实支俸额					等次			
甄别或登记证书号数					奖惩			
勤惰摘要	请假	婚假		最后复核	主管长官	职务	签名	盖章
		丧假						
		事假						
		病假						
		娩假						
	旷职							
	迟到							
	早退							

---

① 《公务员年考考绩表》,蔡鸿源主编:《民国法规集成》第 37 册,黄山书社 1999 年版,第 155 页。

粘贴照片				备考	
中华民国　年　月　日					

该表格中工作情况栏,因不同公务员的工作情况不一样,所以填写时,应就一年内实际工作状况依其掌管职务的性质不同,予以翔实记载。就司法人员来说,如属于推事,应记载如收结案件数目及承办上诉再审及执行调查等事项;属于检察官的,应记载如收结案件数目及侦查检验或其他处分等事项。标准及分数栏内的"工作",应根据"勤惰摘要"及"工作概况"两栏裁定其分数。"学识"应参酌公务员补习教育成绩给分。"操行"由长官就其平日观察所得定之。①

为更好地将公务员考绩法落到实处,具有可操作性,国民政府 1935 年 10 月 30 日公布《公务员考绩法施行细则》,考绩标准依公务员平日工作、学识、操行三项分别以分数定之。每项最高分数如下:工作 50 分,学识 25 分,操行 25 分,其总分数与等次之间的关系如表 3-19 所示:

表 3-19　公务员考绩分数与等次表

考绩类别＼等级	一等	二等	三等	四等	五等	六等	七等
年考	80 分以上	70 分以上	60 分以上	不满 60 分	不满 50 分	不满 40 分	
总考	90 分以上	80 分以上	70 分以上	60 分以上	不满 60 分	不满 50 分	不满 40 分

资料来源:依据《公务员考绩法施行细则》绘制,蔡鸿源主编:《民国法规集成》第 37 册,黄山书社 1999 年版,第 152 页。

值得一提的是,年考总考均以满 60 分为合格,但工作分数不满 30 分,仍

---

① 《公务员年考考绩表》,蔡鸿源主编:《民国法规集成》第 37 册,黄山书社 1999 年版,第 156 页。

以不合格论①,这样的规定体现出日常工作在考绩中所占的分量。

法官办案固然需要详细谨慎,但结案如不做要求,旧案尚未完结,新案接踵而至,法官任意滞延,则会使人们徒受其累。为解决这种情况,提高办案效率,减少各级法院积案数量,1935 年 11 月 16 日司法行政部公布《高等以下各级法院推检结案计数标准》,就检察官结案计数标准做出规定:(一)侦查案件按件计算。(二)自诉案件出庭陈述意见者二件作一件。(三)被告提起上诉案件二件作一件。(四)自行提起上诉案件按件计算。(五)复判案件二件作一件。(六)声请案件五件作一件。(七)相验案件三件作一件。(八)协助案件八件作一件。② 将以上检察官办案的数量作为考绩基础。虽然该计数标准在 1937 年 6 月 10 日,司法行政部予以修正,但关于检察官的结案计数标准,并没有变化。

1935 年 12 月 21 日,司法行政部依据《公务员考绩法》发布《司法人员考绩程序表》。由于最高法院同司法行政部属于平级机构,同属于司法院,因此,司法行政部的训令中并没有对最高法院人员的考绩内容。其关于检察官的相关内容经整理后如表 3-20 所示:

表 3-20　司法人员考绩程序表

机构名称	职别	初核人员	复核人员	最后复核人员
检察署	检察长	司法行政部次长		司法行政部部长
	检察官	检察长	司法行政部考绩委员会汇核	司法行政部部长
	书记官长	检察长	司法行政部考绩委员会汇核	司法行政部部长
	书记官	分别由其配置的检察官或书记官长初核	检察署考绩委员会汇核转送司法行政部考绩委员会汇核	司法行政部部长

---

① 《公务员考绩法施行细则》(1935 年 10 月 30 日),蔡鸿源主编:《民国法规集成》第 37 册,黄山书社 1999 年版,第 152 页。

② 《高等以下各级法院推检结案计数标准》(1935 年 11 月 16 日),《司法公报》1935 年第 79 号,1935 年 11 月 30 日,第 7—8 页。

续表

机构名称	职别	初核人员	复核人员	最后复核人员
高等法院	院长及首席检察官	司法行政部次长		司法行政部部长
	庭长、推事及检察官	分别由院长、首席检察官初核	司法行政部考绩委员会汇核	司法行政部部长
	书记官长及主任书记官	分别由院长、首席检察官初核	司法行政部考绩委员会汇核	司法行政部部长
	书记官	分别由其配置的推事、检察官或书记官官长主任书记官初核	高等法院考绩委员会汇核转送司法行政部考绩委员会汇核	司法行政部部长
高等法院分院	院长及首席检察官	分别由高等法院院长、首席检察官初核	司法行政部考绩委员会汇核	司法行政部部长
	庭长、推事及检察官	分别由院长、首席检察官初核	高等法院院长、首席检察官复核转送司法行政部考绩委员会汇核	司法行政部部长
	书记官长及主任书记官	分别由院长、首席检察官初核	高等法院院长、首席检察官复核转送司法行政部考绩委员会汇核	司法行政部部长
	书记官	分别由其配置的推事、检察官或书记官长、主任书记官初核	高等分院考绩委员会汇核转送高等法院考绩委员会汇核再转送司法行政部考绩委员会汇核	司法行政部部长
地方法院	院长及首席检察官	分别由高等法院院长、首席检察官初核	司法行政部考绩委员会汇核	司法行政部部长
	庭长、推事及检察官	分别由院长、首席检察官初核	高等法院院长、首席检察官复核转送司法行政部考绩委员会汇核	司法行政部部长
	书记官长及主任书记官	分别由院长、首席检察官初核	高等法院院长、首席检察官复核转送司法行政部考绩委员会汇核	司法行政部部长
	书记官	分别由其配置的推事、检察官或书记官长、主任书记官初核	地方法院院长、首席检察官复核,转送高等法院考绩委员会汇核再转送司法行政部考绩委员会复核	司法行政部部长

资料来源:根据《司法人员考绩程序表》绘制,《司法公报》1936 年第 87 号,1936 年 1 月 9 日,第 10—11 页。

从以上考绩程序表可以看到,首席检察官对下列人员有考绩初核的职权:同级检察官及书记官长,或主任书记官及下级首席检察官;对于下级检察官、书记官长或主任书记官有复核的职权。首席检察官将以上人员初核或复核结果报上级考绩委员会,考绩委员会和司法行政部负责所有职员的考绩,而复核的最终结果由司法行政部长决定。以上考绩程序,体现了检察一体原则在实践中的运用。

(二)检察官的奖惩

按照管理学理论,通过奖赏以确认并推动优良行为的发扬属于正激励,通过惩罚以纠正不良行为属于负激励。因此惩戒是司法官激励机制中不可或缺的一部分。通过对违法者及失职者的惩戒,不但可以对其本人的不良行为起到一种警示作用,同时对其他检察官有教育功能,对整个司法官队伍起到约束作用。早在1915年,北京民国政府出台《司法官惩戒法》对司法官的惩戒行为、惩戒处分、惩戒委员会的设立、惩戒程序、停止职务作出规定。关于惩戒处分及事由,该法认为,凡是违背或废弛职务、有失官职上威严或信用,就应该受到惩戒。司法官的惩戒由司法官惩戒委员会议决行之。惩戒的处分分为七种:夺官、褫职、降官、停职、调职、减俸、诫饬。① 南京国民政府成立后,1928年5月12日,公布了《法官惩戒暂行条例》②,对法官行为惩戒提出四项事由:违背职务、废弛职务、有失职务上的威信之行为、有恶劣的嗜好,较以前对惩戒事由作出更为具体的规定。惩戒处分种类较以前也有所减少:免职、降等、停职、申诫。免职处分是指免去现任官职,降等处分指依现任官等降一等改叙。停职处分是指停止二月以上二年以下职务,并停止俸给。申诫处分则是由国民政府司法部或相关法院长官以命令行之。最高法院首席检察官对于本院检察官及高等法院以下各级检察官,高等法院首席检察官对本院检察官及所辖下级法院检察官,地方法院首席检察官对本院检察官,如认为应付惩戒时,应备

---

① 《司法官惩戒法》(1915年10月15日),《司法公报》1915年第44期,1915年10月30日,第12—17页。

② 该法第一条规定,在监察院未成立以前法官非依本条例不受惩戒。

文声叙事由连同证据呈送司法部,司法部接收上述文件时,如有疑义,可附意见书一并送交法官惩戒委员会审议。法官惩戒委员会接收惩戒事件后,除依职权调查外,应将原送文件抄送被惩戒人,并指定日期令其提出申辩书或令其到会询问,如违令不提出申辩书或不到会者可以径为惩戒议决。法官惩戒委员会议决应作成议决书,通知被惩戒人并应移送司法部依照议决书及法定程序执行。惩戒事件如有刑事嫌疑应移交法庭办理,同一事件已开始刑事诉讼程序的,应于刑事裁判宣告后实施惩戒会议程序,提付惩戒的法官,如未停止职务经惩戒委员会认为必要时,得由该会呈请国民政府或通知司法部先行停止其职务。停止职务的法官,如所受的处分是经法官惩戒委员会议决不受免职处分并未受科刑的判决,可以依据上述程序复职。①

　　由于司法官为公务员的一部分,南京国民政府对于公务员的管理同样适用于对司法官的管理。为加强对公务员的管理,1931 年 6 月 8 日,国民政府公布《公务员惩戒法》,将公务员交付惩戒的行为分为两种:违法、废弛职务或其他失职行为。处分的类别有免职、降级、减俸、记过和申诫。免职是指除免去现有职务外,还应在至少一年的期间内停止任用。降级是指将现任的官级降一级或二级以后改叙,从改叙之日算起,不经过二年不得叙进,如果无级可降,可以比照每级差额减其月俸,时间为两年。减俸的标准是在惩戒人现在月俸的基础上减少 10%—20% 支给,时间为一月以上一年以下。被付诸记过的惩戒人,在他自记过的第一天算起一年内不得进叙,如果一年内被记过三次,就要由主管官长依该法的规定予以减俸。申诫的形式是以书面或言辞进行。惩戒处分如果由中央公务员惩戒委员会议决,应当在议决后七天内,连同议决书三份一同报告司法院。被惩戒人的职等不同,所依据的程序不同:荐任职以上人员的惩戒,由司法院呈请国民政府或通知其主管长官执行;被惩戒人员为委任职,由司法院通知其主管长官执行,以上两种人员的惩戒都应通知铨叙部。如果惩戒处分由地方公务员惩戒委员会议决,则该委员会应在议决后七

---

　　① 《法官惩戒暂行条例》(1928 年 5 月 12 日),《最高法院公报》1928 年第 2 期,1928 年 9 月 1 日,第 95—98 页。

天,连同议决书通知被惩戒人的主管长官执行,并同时报告给司法院和铨叙部。①

公务员惩戒的提出者可以是监察院、各院部会长官或地方最高行政长官。当监察院认为公务员有应被付诸惩戒情事时,应该将弹劾案连同证据,依据被惩戒人的不同级别,交由不同惩戒机关惩戒。被弹劾人为国民政府委员的,要送中央党部监察委员会,如被弹劾人为非国民政府委员的政务官,则要送国民政府;如被弹劾人为事务官,则要送公务员惩戒委员会。当各院部会长官或地方最高行政长官认为所属公务员有应该付诸惩戒情事时,应备文声叙理由,连同证据送请监察院审查,但对于所属荐任职以下公务员,要将以上文书及证据直接送交公务员惩戒委员会审议,而不必再送交检监察院审查,对于荐任职以下公务员的记过或申诫则直接由主管长官执行。②

就惩戒程序来讲,在必要的时候,惩戒机关可以将移送的惩戒事件指定委员调查,或者委托行政或司法官署调查;为保证惩戒的事实清楚,惩戒机关还会将原送文件抄交被付惩戒人,并指定期间让被惩戒人于必要时提出申辩书或命其到场质问。如被惩戒人不在指定的期间内提出申辩书或者不遵命令到场,惩戒机关就可以直接作出惩戒的议决。如果移送惩戒事件情节重大,惩戒机关可以通知该管长官先行停止被付惩戒人的职务,如果长官认为送请惩戒事件的情节重大,也可以先行停止被付惩戒人的职务。该公务员如果未受免职处分或科刑的判决,在其恢复职务时,可以补给他停职内的俸给。惩戒机关的议决,应当作成议决书,由出席委员全体签名后,送达被付惩戒人,并通知监察院及被付惩戒人所属官署,同时送登国民政府公报或省市政府公报。③

惩戒机关认为惩戒事件有刑事嫌疑的,应立即移送该管法院审理。如果该惩戒行为已经在刑事侦查或审判中,就不能开始惩戒程序。如果该行为在

---

① 《公务员惩戒法》(1931年6月8日),《司法公报》1931年第127号,1931年6月20日,第3—4页。

② 《公务员惩戒法》(1931年6月8日),《司法公报》1931年第127号,1931年6月20日,第4页。

③ 《公务员惩戒法》(1931年6月8日),《司法公报》1931年第127号,1931年6月20日,第4—5页。

惩戒程序中已经开始刑事诉讼程序的,在刑事确定裁判前则应当停止惩戒程序。对于同一行为虽受刑宣告,但未褫夺公权的,惩戒处分仍要履行。如果同一行为已经作出了不起诉处分或免诉或无罪宣告时,仍要进行惩戒处分。①

该公务员惩戒法与《法官惩戒暂行条例》比较,在以下地方具有相同之处:其一,赋予被付惩戒人知情权和申诉权。两个文件规定了惩戒机关要将原送文件抄交被付惩戒人,并指定期间命其提出申辩书,于必要时并得命其到场质问。居正对此曾有评论:"公务人员受人民之倚托,受国家之俸养,职权既高责任斯重,为公务人员者应如何黾勉慎职,以报国家,以慰人民,中央为整饬吏治,修明内政起见,特成立中央公务人员惩戒委员会,对一切中等官吏之有溺职与过失者,予以惩戒,以正官邪。唯将来惩戒手续为避免冤诬之弊,决将国府交下之被弹劾人,先予通知,准予被弹劾人以充分之申辩机会。"②表现民国时期政府对被弹劾人的尊重。其二,规定了惩戒处分与刑事裁判之间的关系。公务员被付惩戒行为,哪些为违法行为,哪些为失职行为,但是否构成刑事犯罪,还需要调查。这是惩戒机关在做出惩戒处分时必须要面临的问题,亦是如何解决普通法律与部门法之间关系的问题。该法与条例的规定,有力地化解了两者之间的矛盾。当然,两个文件亦有不同之处:其一,范围不同,《公务员惩戒法》的范围更广,包含了对法官的惩戒。其二,南京国民政府所遵循的"五权"中的监察权在《公务员惩戒法》中有所体现。1931 年,作为国民政府最高监察机关监察院宣布成立,依法行使弹劾和审计的职权。监察委员依据弹劾职权,提出弹劾案。弹劾案提出时,由院长另指定监察委员三人审查,经多数认为应付惩戒时,监察院应即将被弹劾移付惩戒。公务员惩戒法将这部分内容加入进去。

1931 年 8 月 21 日,国民政府又公布《公务员考绩条例》,1931 年 10 月 13 日,为配合公务员考绩,国民政府公布《公务员奖惩规则》,其奖惩等第与对应考绩分数如表 3-21 所示:

---

① 《公务员惩戒法》(1931 年 6 月 8 日),《司法公报》1931 年第 127 号,1931 年 6 月 20 日,第 5—6 页。

② 《居正谈公务员惩戒之程序》,《法律评论》1932 年第 9 卷第 35 期,1932 年 6 月 5 日,第 35 页。

表 3-21　公务员奖惩等第与对应考绩分数表

分数　　　　　奖惩等第	奖励			惩罚		
	升叙	记功	嘉奖	申诫	记过	免职
满百分	√					
满九十分		√				
满八十五分			√			
不及六十分				√		
不及五十五分					√	
不及五十分者						√

资料来源:依据《公务员奖惩规则》绘制,《国民政府公报》1931 年第 36 号,1931 年 10 月 15 日,第 5—
　　　6 页。

其各个奖励类别之间的关系为申诫三次者记过,记过三次者降级,降级三次者免职;惩罚类别之间的关系为嘉奖三次者记功,记功三次者晋级,晋级满额者升叙。同时,奖惩类别间可以互相抵消,如嘉奖三次抵销记过一次,或以记功一次抵销申诫三次,以此类推。①

1935 年 7 月 16 日在《公务员考绩法》出台后,南京国民政府为配合该条例,于 1935 年 11 月 1 日公布《公务员考绩奖惩条例》,将公务员考绩奖励分为升等、晋级和记功;惩处分为解职、降级和记过。同公务员考绩法以分数论等次相一致,公务员年考奖惩和总考奖惩如表 3-22 所示:

表 3-22　公务员奖惩、考绩与等级关系表

等级奖惩类别考绩类别	一等	二等	三等	四等	五等	六等	七等
年考	晋级	记功	不予奖惩	记过	降级	解职	
总考	升等	晋级	记功	不予奖惩	记过	降级	解职

资料来源:依据《公务员考绩奖惩条例》绘制,《司法公报》1935 年第 75 号,1935 年 11 月 10 日,第 7—
　　　8 页。

————————

①　《公务员奖惩规则》(1931 年 10 月 13 日),《国民政府公报》1931 年第 36 号,1931 年 10
月 15 日,第 6 页。

当上述应行升等人员的资格不合公务员任用法的规定时,可以改晋二级,但不得超过本职的最高级。对于年考成绩特优人员,经主管长官认为有升等的必要时,可以详叙理由送经铨叙部核定进行。但升等人员的名额是有限的,每机关每次不能超过以下额度:由简任职升等人员,不得逾现有荐任人员的十分之一;由委任职升等人员不能逾现有委任人员的二十分之一。成绩过劣应行解职人员,年考不得少于各该机关员额的百分之二,总考不得少于各该机关总员额的百分之四。解职人员所遗员缺应该以考试及格人员递补。荐任职公务员成绩特优应行升等的,在各该机关遇有相当缺额,应立即依法升用,若无缺额,则要给予简任待遇。委任职公务员成绩特优应行升等的,在各该机关遇有相当缺额而没有考试及格人员时,应该依法升用,若无缺额时,则要给予荐任待遇。荐任或委任职公务员已晋至本职的最高级,因年考或总考应予晋级而无级可晋者,要分别给予简任或荐任待遇。简任职或荐任职公务员的奖惩核定以后,除解职应由铨叙部通知主管机关并呈请考试院转呈国民政府免职外,其他奖惩由铨叙部通知各该主管机关分别办理。委任职公务员的晋级由铨叙部审查核定后,通知各该主管机关分别办理。①

官员的管理属于层级管理,官员从低级做起,依照一定的时间,逐渐从低级向高级进叙,即便一般的官员只要在其位亦有上升的空间。从大的方面来说亦是奖励的方式之一。可以说,大部分司法官是通过此等方式予以上升的。当然也有司法官是通过考绩方式进叙的。如试署山东高等法院首席检察官呈送前署该高院检察官后调署青岛地方法院首席检察官李琴鹤的办案成绩书表,为司法行政部所认可,准予择优晋级,准进给司法官俸给表荐任六级俸。②当然如果遭受弹劾,亦可能被予以降级改叙。安徽阜阳地方法院首席检察官戴汝佳被劾捺案不办,漠视人命,被中央公务员惩戒委员会处以降二级改叙的

① 《公务员考绩奖惩条例》,蔡鸿源主编:《民国法规集成》第37册,黄山书社1999年版,第158页。
② 《司法行政部训令(训字第七七一号) 令试署山东高等法院首席检察官》,《司法公报》1935年第25号,1935年3月5日,第8页。

处分,由叙给司法官俸给表荐任十一级俸改照同表荐任十三级支俸。①

　　检察官作为公务员的一种,理应受到公务员相应奖惩条例的制约。根据《公务员惩戒法》的规定,惩戒一个公务员一般分为三个步骤:提劾、议决和文件转发,下面以湖南邵阳地方法院首席检察官梁瑞麟案为例予以说明。1932年梁瑞麟因废弛职务,违抗命令,渎职徇法由监察院监察委员吴瀚涛提出弹劾,监察院交由监察委员杨仁天、李梦庚、杨谱笙审查,三位委员认为梁瑞麟于重要刑事案件,久延不结,于毛礼本诈财一案,违抗湖南高等法院检察处命令,不将毛礼本予以收押,反任其潜逃,及经舆论指摘,不安于位,又复违抗命令,离弃职守而去。该员违法渎职,情弊显然,应当移付惩戒。② 监察院对该员惩戒所涉事实,详细核查确定无疑后,将该员移付中央惩戒委员会惩戒。惩戒委员会经过调查和梁瑞麟的申辩后,认为该员于毛礼本案的疏忽之咎实属无可解免,于离弃职守事,违反给假条例。议决给该员减俸10%,为期三个月的惩戒。③ 中央惩戒委员会议决后,经司法院告知司法行政部,再由司法行政部以训令的形式告知该员上级长官省高等法院首席检察官予以执行。④

　　从以上梁瑞麟所历经的惩戒过程可以看出,其流程为先由监察院监察委员就被付惩戒人惩戒内容进行调查列举事实予以弹劾,呈送监察院,移交中央公务员惩戒委员会。中央公务员惩戒委员会经过调查,准许被付惩戒人申辩或到会说明。待中央公务员惩戒委员会议决后出具惩戒意见书,呈送司法院,再由司法院训令司法行政部,同时,由司法行政部转该被付惩戒人上级官员予以执行。从提劾书到惩戒委员会议决书,再到司法行政部的训令,皆在公报上予以刊登,其过程基本同公务员惩戒法所规定的条文一致。

---

　　① 《司法行政部训令(训字第八二六号) 令安徽高等法院首席检察官王树荣》,《司法公报》1935年第25号,1935年3月5日,第8—9页。

　　② 《提劾湖南邵阳地方法院前首席检察官梁瑞麟违法受贿案》,《监察院公报》1933年第21期,1933年11月—1934年1月,第81—82页。

　　③ 《中央公务员惩戒委员会议决书(二十三年度监字第二零三号)》,《司法公报》1935年第19号,1935年2月3日,第42—44页。

　　④ 《司法行政部训令(训字第四四四号) 令署湖北高等法院首席检察官钱谦》,《司法公报》1935年第22号,1935年2月18日,第6页。

有些官员虽被付提劾,结果未予惩戒的,一般也要经过提劾、议决和通知司法行政部,由司法行政部训令被付惩戒人的上一级长官再通知被惩戒人。江宁地方法院检察官杨铿被劾玩法失职,由监察院移付惩戒到中央惩戒委员会,该会议决杨铿不受惩戒。司法行政部即告知江苏高等法院首席检察官胡诒縠。① 浙江江山县法院首席检察官何立言和检察官张逸民开释监犯,失出刑期的弹劾案,被中央惩戒委员会议决,不再受惩戒。②

司法官惩戒与否需要就事实加以认定,方可下定结论。从时间上来说,梁瑞麟惩戒案从1933年12月15日监察委员提出弹劾文到1935年1月30日耗时一年两个多月,时间不可谓不长,但就其结论来说,惩戒的结果仅是减月俸的10%,为期三个月,效率不能谓之高。

除监察院和中央惩戒委员会对司法官予以惩戒以外,司法行政部对于具有不良行为的检察官也会进行惩戒。受惩戒的不但有正任检察官,即便是学习检察官,如果在地方法院学习过程中参与某些案件的侦办,其不良行为亦会对当事人造成影响,同样也要受到惩戒。视察司法随员沈家彝视察湖南司法应行改进事宜,在所给司法行政部的呈文中称,学习检察官章子纯办理唐楚立诉李六伤害一案,时逾四月余始侦查完毕。湖南高等法院首席检察官曹瀛在看到司法行政部的训令以后,认为章子纯的做法实属迟延,因此连同该案卷宗呈送司法行政部,等候对学习检察官章子纯的惩戒。1934年11月23日,司法行政部对署湖南高等法院首席检察官曹瀛呈赍湘潭县法院学习检察官章子纯办理唐楚立诉李六伤害一案卷宗祈查核由,下达第16398号指令:"呈卷均悉。章子纯应予记过。仰即知照。原卷发还。此令。"③

在实际生活中,检察官的非公正行为,为他人所揭发后,司法行政部核查后会直接对其进行惩戒。如郭泰亨诉何俊鸿贪赃枉法一案,何俊鸿为黄冈地

---

① 《司法行政部训令(训字第一二三七号)　令署江苏高等法院首席检察官胡诒縠》,《司法公报》1935年第30号,1935年3月30日,第10页。

② 《司法行政部训令(训字第九七四号)　令署浙江高等法院首席检察官郑畋》,《司法公报》1935年第27号,1935年3月15日,第18—19页。

③ 《司法行政部指令(指字第一六三九八号)　令署湖南高等法院首席检察官曹瀛》,《司法公报》1934年第7号,1934年12月5日,第22页。

方法院武穴分院首席检察官,在办理郭泰亨案件时,做出不起诉处分,他所认定的不起诉处分证据被司法行政部认定为具有率断之嫌,加之何俊鸿对其兄弟管教不严,任由出入院所,向诉讼人员敲诈,难辞纵容失察之咎。最终,司法行政部对其下达免去黄冈地方法院武穴分院首席检察官署职的处分。①

此外,检察官不合乎正规程序的行为也会受到惩处。如司法行政部在对候补检察官傅其相予以记过的原因时写道,对被告"未经讯问有无刑事诉讼法第六十六条规定情形,遽予羁押处理,实属玩忽"②。通常来说,对被告予以羁押以前,要对被告进行讯问,此后才能确定处理方式,显然傅其相的行为有违法条。

现实生活中,由于检察官人数有限,加之工作繁重,某些时候某些地方出现书记官转为检察官的事件,如果其行事不按检察官职责行事,超出检察官的职责本分,上峰不会因其非检察官而不受惩戒。曾有吉安地院候补检察官娄庆国呈控该院首席检察官季泽兰、该院检察处主任书记官郭超群一案,原因是郭超群在代理检察官职务任内办理王利祥因转租店屋有所争执一案时,对于该案明显是民事案件竟然未能判明,以侵占罪名从事侦查,予以上诉,并羁押被告达数十日之久。③ 该案件当中,司法行政部认为所控地院首席检察官因案发时在请假当中,而不予追究。主任书记官代为检察官期间,处理王利祥案件中,误将民事关系作为刑事上侵占罪处理,并予以起诉,其行为显然有失妥当。因此,对该主任书记官予以记过的惩戒。

检察官作为公务员中的一员,代表着政府、国家,其行为具有表率作用。司法行政部亦曾三令五申予以告诫不良行为应当禁止。如果执意违反,则要受到处分。江西高等法院第一分院张志纯还未经部派,就已经被查明包娼狎

---

① 《司法行政部指令(指字第六三四一号)(二十三年五月十一日) 令署湖北高等法院首席检察官钱谦》,《司法行政公报》1934 年第 58 号,1934 年 5 月 31 日,第 64—65 页。

② 《司法行政部指令(指字第七七九零号) 令江西高等法院院长鲁师曾,署江西高等法院首席检察官林炳勋》,《司法公报》1935 年第 39 号,1935 年 5 月 14 日,第 11 页。

③ 《司法行政部指令(指字第一六三九六号) 令署江西高等法院首席检察官林炳勋》,《司法公报》1934 年第 7 号,1934 年 12 月 5 日,第 20—22 页。

妓,最后被司法行政部着由江西高院首席检察官迅行撤退,以肃官常。① 当
然,检察官的工作失当也应受到惩罚。江西高等法院第一分院检察官张家珩
因精力衰颓,积案甚多,而被予以免职。②

在检察官的惩戒执行过程中,如果被惩戒人员后期表现良好,在考绩表中
有明确记载,上级长官呈报司法行政部后,仍然可以以勤抵消记过,表现出了
官员考绩的正向引导作用。如下面一例:

司法行政部指令(指字第一八五二五号)

令安徽高等法院首席检察官王树荣

二十五年四月三日第五六五九号呈送现署桐城地院检察官杨炳章考
绩表仍恳酌予记勤以抵前过祈核示由

呈表均悉。杨炳章既据称办案勤奋成绩优良,准从宽撤销记过处分,
仰即知照! 表存。此令。二十五年八月十四日③

就检察官的惩戒来说,以中央公务员惩戒委员会的惩戒为例,该委员会于
1932 年成立,以 1935 年 11 月至 1936 年 10 月所作出的惩戒议决书为例,被付
诸惩戒的人数为 151 人次,被惩戒人 125 人次,约占 82.78%,未受理或未惩戒
26 人次,约占 17.22%,其中检察官 14 人,约占总被付惩戒人数的 9.27%;惩
戒 9 人,占总惩戒人数的 7.2%;未惩戒 5 人,约占未受理或未惩戒总数的
19.23%。④ 从以上数字可以看出,第一,在所交付惩戒的人数当中有 82.78%
的人员受到惩戒,其工作是有效的。第二,检察官作为公务员中的组成部分,
其所占有的被付惩戒的比例约为 9.27%,相对于基层县长来说,是较少的,而
其交付惩戒又未被惩戒的人数则高于一般未被惩戒或未受理人数的比例,是

---

① 《司法行政部指令(指字第八一七五号)　令署江西高等法院首席检察官梁仁杰》,《司
法公报》1929 年第 39 号,1929 年 10 月 5 日,第 16—17 页。

② 《司法行政部指令(指字第八一七五号)　令署江西高等法院首席检察官梁仁杰》,《司
法公报》1929 年第 39 号,1929 年 10 月 5 日,第 16—17 页。

③ 《司法行政部指令(指字第一八五二五号)　令安徽高等法院首席检察官王树荣》,《司
法公报》1936 年第 133 号,1936 年 8 月 26 日,第 18 页。

④ 依据 1937 年 1 月中央公务员惩戒委员会书记厅编印:《中央公务员惩戒委员会惩戒议
决书汇编》第二辑所载议决书统计而得。

检察官的素质相对来说要高一些。

砥砺廉隅,向为官箴所重。司法官的职业操守与人民利益息息相关。司法行政部除颁布相关法规对某些司法人员予以惩戒以外,并饬令各法院注意职业风纪。

第一,不准法官介绍监狱看守,以重狱政。无论院长推事抑或是检察官,对于监所都有监督的权力,其影响力所及,监所多为法官眼色行事。鉴于现有监所看守多为法院法官及书记官所介绍,流品不一,弊病丛生。1932 年 4 月司法行政部发布八二四号训令,要求以后监所看守的任用要严格按照《特种考试监所看守考试条例》及《看守所规则》予以任用。① 以此杜绝法官对监所看守的任用特权。针对视察人员向监所荐人,同年 9 月,司法行政部又发布训令第二二三一号,鉴于"各省法院及县政府所派视察监所人员仍时有向监所荐人情事,殊背本部整饬狱政之本旨,为此令仰该院长、首检转饬所属,嗣后,视察监所人员不得向监所荐人,如再违背,监所长官,应即举发。又监所视察人员应于各职员中,轮流选派,不得固定一人,以防流弊"②。1934 年 4 月发布第一零九八号训令,第三次要求各法院法官不准介绍看守。③

第二,严禁各法院职员,遇有婚丧寿庆等事,滥发柬帖。法官秉公办事,就要保持司法独立,摒弃外界对其审判的影响。为此,对法官一些不必要的社会联系,尽量予以剪断。司法行政部在训令中指出,"查司法官吏同在社会服务,虽不能因身任法官而断绝交游,要岂容于听断余间,即广通声气。若滥交外界酬酢日繁,匪惟耗时旷职,抑恐请托踵至,迁就徇私,在所不免。……近顷以来,京外各法官其能束身自好,专心将事者,固不乏人。而因社交太滥,玩忽职务,甚或联络军政要人,迎合干荣以致遇事瞻顾,不能持平被控到部者,亦所

---

① 《令各省区高院院长为监所看守应照章任用由》,《司法行政公报》1932 年第 7 号,1932 年 4 月 30 日,第 38 页。

② 《司法行政部训令(训字第二二三一号)(二十一年九月十八日) 令各省区高等法院院长、首席检察官,江苏高等法院第二、三分院院长、首席检察官》,《司法行政公报》1932 年第 17 号,1932 年 9 月 30 日,第 64 页。

③ 《通令为法院法官等不准介绍看守仰即饬遵由》,《司法行政公报》1934 年第 55 号,1934 年 4 月 15 日,第 26—27 页。

时有。若不从严申禁何以顾全法官之名誉而保持司法之威严。为此通令饬知悬为厉禁,各该长官身先表率,须切实奉行,并告诫僚属,不得与地方人士滥行应酬,致干咎戾,其各禀遵毋忽。"①

第三,勒限戒绝不良嗜好。鸦片是近代中国挥之不去的梦魇,给中国人民带来了深重的灾难,与此相伴随的吸食鸦片成为众多国人的嗜好。南京国民政府曾发布禁烟令,欲要根除遗毒。但面临的是许多公务员亦有此爱好,欲管民先管官,才能建立法律的威信。"矧在法界服务人员,将援法以绳国人之不法,若犹执迷不悟,自蹈覆辙,更复成何事体。……执法宜先守法。爱国尤当自爱。廓清毒祸之运动,应自我司法界始。……如尚有吸食鸦片,或使用其他代用品者,自本部通令到达之日起,限于一月以内,自行呈请各该管长官,转呈高院长官,报部暂行停职。……至已经验明戒断人员,并应取具现任法院公务员二人以上之保结。如日后查有虚伪情事,除将犯者依法严办外,并将原保证人交付惩戒。"②

第四,不得擅自来京请谒请调,以杜奔竞。鉴于司法官职掌听谳,平亭狱讼,责任綦重。如再投刺公门,请谒私室,将会有玷官箴,妨害公务。司法行政部于1934年12月31日发布训令四二一二号,要求各该院长、首席检察官暨各级在职人员,毋得擅离职务,来京请谒。即便有要公接洽,亦须事前呈经核准,非奉指令,不得起行。③

第五,不得与地方人士及军政要人滥行应酬。司法官服务社会,虽然不能因身为法官而断绝与人交往,但如果酬酢日繁,耗时旷职,则请托之事,迁就徇私在所难免。为使法官办案之时持平,保全法官名誉及司法威严,司法行政部于1932年1月30日训令各省高院院长首检,要身先表率,并告诫僚属,不得

---

① 《训令江苏高院第二、三分院,各省高院院长、首检严禁司法官吏与地方人士及军政要人滥行应酬及迎合干荣由》,《司法行政公报》1932年第2号,1932年2月15日,第32—33页。

② 《司法行政部训令(训字第六一九号)　令最高法院检察署检察长,各省高等法院院长、首席检察官,江苏高等法院第二、三分院院长、首席检察官,本部法医研究所所长》,《司法公报》1935年第23号,1935年2月23日,第13—14页。

③ 《司法行政部训令(训字第四二一二号)　令各省高等法院院长、首席检察官,江苏高等法院第二、三分院院长、首席检察官》,《司法公报》1935年第14号,1935年1月9日,第6—7页。

与地方人士滥行应酬,致干咎戾。①

第六,不得将当事人提出的书状或承办案件所作起诉或不起诉的文书任意披露。20 世纪 30 年代,某些重要案件时常在审理进行中,会有一些书状登载于报端,对案件的审理造成影响。为禁止此类事情发生,1933 年 4 月 13日,司法行政部接连发布两则法令,要求各级法院、检察官和律师对于当事人提出的书状,除依法应将缮本送达当事人或关系人请求阅览抄录外,一概不得率行宣布。对于检察官承办案件所作的起诉或不起诉的文书,除依法应送达于被告或告诉人外,不得率行宣布。② 这在媒体较为发达的时代,可以尽可能地保证案件的审理较少受外界干扰,利于司法官对案件的独立判断。

此外,司法行政部还以"廉明勤慎永"五字告诫法官:发现案情显有失出失入的,必将卷宗调部,详密审核,以防弊端③,以保证法律判决的公正。

从以上司法机关所发训令可以看出,司法行政部从司法官的职业出发,要求司法官需保有一定的职业操守,目的在于力图保障司法队伍的廉洁,司法官员独立判案,从而有利于司法公正。

---

① 《训令江苏高院第二、三分院,各省高院院长、首检严禁司法官吏与地方人士及军政要人滥行应酬及迎合干荣由》,《司法行政公报》1932 年第 2 号,1932 年 2 月 15 日,第 32—33 页。

② 《法院受理案件当事人提出之书状不得率行宣布令》,《检察官承办案件所作起诉或不起诉之文书不得任意披露令》,殷梦霞、邓咏秋:《民国司法史料汇编》第 40 册,国家图书馆出版社 2011 年版,第 183 页。

③ 王用宾:《过去一年之司法行政概要》,《中央周报》第 394、395、396 期合刊,1936 年 1月 6 日,转引自赵金康:《南京国民政府法制理论设计及其运作》,人民出版社 2006 年版,第 276 页。

第四章 南京国民政府检察机关的职权与运作

　　检察机关职权是检察制度的核心内容,检察官通过检察职权的行使,贯彻控审分离原则,充当国家代理人角色,实践不告不理,实现对审判机关的监督。它是检察制度促进近代司法发展的重要表现。根据《刑事诉讼法》《法院组织法》等中央立法及其他地方法令,在一般刑事案件中南京国民政府检察机构有侦查、提起公诉、实行公诉、担任自诉和协助自诉并监督判决的执行等刑事诉讼职权。这些功能是南京国民政府检察机关实现其功能的手段与基础。在特殊诉讼及民事诉讼程序中,未设立正式法院的地方由县长兼理检察职权;检察官在覆判程序中附具意见并转送;在简易程序中,检察官声请以命令处刑;检察官在民事诉讼中参与人事诉讼,但最终由于中国社会形势的发展,而退出人事诉讼。

一、刑事案件中的检察职权

(一)实行侦查

　　侦查是检察官行使公诉权的基础,是整个诉讼过程中的重要阶段。侦查完毕后,检察官始能确定是否提起公诉,在整个刑事诉讼进展过程中,侦查实际起到了第一层的过滤筛选作用,毕竟通过检察官侦查阶段的筛选,将不可能成为有罪判决的案件筛选出来,省却审判程序,为国家节约诉讼成本,免于审判机关为海量的案件所拖垮,并减少被告人的负担。同时,在侦查过程中,检察官搜集并保全证据，为裁判结果的客观性和正确性提供基础。曾有学者论述侦查的重要性："错误裁判最大的肇因乃错误侦查，再好的法官、再完美的审判制度，往往也挽救不了侦查方向偏差所造成的恶果，因而，身为侦查主的检察官如何主导进行侦查活动，或者说，如何指挥监督警察办案，实际上成为裁判结果的指标，关系着将来裁判的客观性与正确性。"[1]纵观南京国民政府检察职权中的侦查权具有侦查权扩大、侦查手段细化以及侦查终结明确等特点。

1. 侦查权的扩大

早在清末《大理院审判编制法》中就规定，检察厅有权调度司法警察，对各类犯罪实行侦查、搜集证据及采取强制措施。这是清末检察机关的一项重要职权。不过此阶段的侦查权受制于审判机关。《大理院审判编制法》规定："大理院及直辖各审判厅局关于证据事件须调查者，可随时径由本院会商民政部所辖巡警厅使巡警单独或协同本院以下直辖检察官调查一切案件，平时亦可由本院会同该厅委派警察官为司法警察官以备侦探之用。"[2]至 1907 年奏准《各级审判厅试办章程》，检察官在侦查时可以用刑事厅票即传票、拘票和搜查票，分别指挥司法警察传讯原被告及其他诉讼关系人，拘致犯徒罪以上的被告及抗传不到或逃匿者，搜查罪人及证据。检察官持有法部颁发的执照，遇有现行犯事关紧急时，可以指挥巡警兵弁搜索逮捕。[3] 1911 年奏准的《检察厅调度司法警察章程》[4]规定，检察官具有可以调度司法警察行使逮捕人犯、搜索证据、护送人犯、取保传人、检验尸伤以及接收呈词等多项侦查相关职权，这些规定进一步丰富了检察官行使侦查权的具体内容。

北京政府时期，依据《增订检察厅调度司法警察章程》，检察官指挥司法警察的范围得以扩展。该章程规定警察官长及宪兵官长、军士为司法警察官，

---

① 林钰雄：《刑事诉讼法》（下册），台北元照出版有限公司 2010 年版，第 5 页。

② 《大理院审判编制法》，《东方杂志》第 4 卷第 3 期，1907 年 3 月 25 日，第 123 页。

③ 《法部奏各级审判厅试办章程》，《北洋法政学报》第 50—51 期合刊，1907 年 12 月，第 4、27 页。

④ 《法部会奏检察厅调度司法警察章程折并单》，《政治官报》第 927 号，1910 年 4 月 22日，第 4—12 页。

辅助检察官侦查犯罪;警察、宪兵受检察官指挥,实施侦查犯罪。一些特种行业诸如森林、铁路、海船税关及税务等应特设司法警察的职权,除有特别规定外,适用于该章程及检察厅调度司法警察章程的规定。① 1922 年 1 月 1 日开始在东省特别法院区域施行,后又于 7 月 1 日在全国各法院一律施行的《刑事诉讼条例》,除继续确认《增订检察厅调度司法警察章程》中检察厅调动司法警察的范围,还明确说明且拓展到了一些特种行业中,依法令规定关于税务、铁路、邮务、电报、森林及其他特别事项有侦查犯罪权力的司法警察官,也应听从检察官的指挥侦查犯罪。在遇有急迫情形,检察官或司法警察官可以请在场或附近人员实施相当的辅助;而检察官遇有急迫情形还可以请附近的陆海军官长派遣军队辅助,这进一步确认了检察官主导侦查的地位。在侦查权的使用上,规定检察官因告诉、告发、自首或其他情事知有犯罪嫌疑者,应立即侦查犯人及证据;为避免同一案件多个检察官同时侦查造成混乱,该条例规定,牵连案件经两个以上检察官分别开始侦查的,要经过该参与侦查的检察官同意,由其中一个检察官并案侦查;而对于不属某检察官管辖,但其知悉有犯罪嫌疑的,或在侦查后认为该案件不属其管辖的,为避免贻误侦查时机,该条例规定,该检察官应立即通知或移送有管辖权的检察官侦查。② 另外,侦查不公开重要原则在文本中的正式确定,在发现案件真实、打击犯罪、维护被告人声誉方面均起到重要作用。

南京国民政府建立以后,国家加大了诸多法律法令的制定,有关检察机关侦查权的诸如新旧刑事诉讼法、法院组织法、调度司法警察章程,亦相继出台。除对上述《刑事诉讼条例》所规定的侦查权予以确认外,还从多方面对侦查内容予以规范,并进一步增强了检察机关侦查权。

依据 1928 年《刑事诉讼法》的规定,检察官在侦查中具有对案件相关人员的强制处分权,诸如传唤、拘提、讯问、羁押被告和传唤、讯问证人、鉴定人及拘提证人等;同时还具有对物的处置权,诸如扣押、搜索及勘验等。作为检察

---

① 《增订检察厅调度司法警察章程》,《政府公报》1914 年第 686 号,第 1—2 页。

② 《刑事诉讼条例》(续),《政府公报》第 2070 号,1921 年 11 月 29 日,第 4 页;《政府公报》第 2071 号,1921 年 11 月 30 日,第 5 页。

官实施侦查犯罪的辅助机关,司法警察官及司法警察虽要受检察官指挥方能开始侦查,但由于诸多案件突发,为了第一时间了解案情,保留证据,司法警察具有便宜职权。如司法警察官知有犯罪嫌疑的,应立即通知该管检察官,并在检察官开始侦查前,可以先行做些准备工作,诸如记载可为证人的相关信息,调查易于消灭的证据及其他犯罪情形,对于犯罪时在场的证人恐侦查不能讯问时,也可以作先行讯问等的相关处分。司法警察在知有犯罪嫌疑除立即报告司法警察官或该管检察官外,在必要时亦可为上述司法警察官处分。[①]

北京政府时期,在检察官侦查以后,在案件起诉以前,需要对被告人进行预审,预审通常是由审判官主持的。预审之后,才能确定检察官是否就该案上诉。到了南京政府时期,就预审的归属问题,最高法院翁敬棠庭长提出预审属于检察官较为合适,且认为废除预审亦无不可。他给出三点理由:其一,搜查证据稍纵即逝,尤贵敏捷,而若一送预审,则检察有推诿之嫌,审判有扞隔之弊,侦查与预审接线实难分辨,预审所能钩稽者,检察官在侦查中同样可以做到,因此,侦查预审合并,检察官可以独自为之;其二,可以节省种种手续,免除检察官既起诉又听命于预审裁决的尴尬之局;其三,预审与侦查界限难分,可径废预审,将预审的必要规定归于侦查中。同时他指出,"此种制度各国行之已久,然经试验结果明知其有害无利,乃必强留装设门面以苦诉讼人民于义何取。"[②]谢振民在《中华民国立法史》中提到将预审废除的原因时指出,"我国从前法制,有以预审属诸推事者,亦有以预审属诸检察官者,其预审程序,均可视为侦查程序之延长。就法律之规定而论,凡在预审中可以实施之处分,侦查中皆得为之,实无须此种【重】复程序之必要。"[③]从以上论述中,我们可以看出检察制度在推行的同时,我国人士亦有从中国实践出发对该制度进行改造的意图。1928 年的《刑事诉讼法》将预审取消,合并至侦查阶段中,侦查

---

① 《中华民国刑事诉讼法》(1928 年 9 月 1 日),蔡鸿源主编:《民国法规集成》第 65 册,黄山书社 1999 年版,第 314 页。

② 《最高法院翁敬棠庭长对于刑诉法之意见书》,《司法公报》1928 年第 6 期,1928 年 3 月 1 日,第 107 页。

③ 谢振民编著,张知本校订:《中华民国立法史》(下),中国政法大学出版社 1999 年版,第 1021 页。"种"应作"重",据该书正中书局 1937 年版、1948 年版,第 1257 页内容校对。

权全部付诸检察官,推事从侦查权中退出。如此一来,检察官的侦查权得以增强。

从以上论述可以看出,侦查权不仅为检察官所有,司法警察亦有侦查权,不过在侦查权的发展过程中,司法警察的侦查权在不断扩大。需要注意的是,尽管如此,仍须遵循以检察官为主体的原则。检察官在指挥司法警察的警种范围上,其指挥权有所拓展。

2. 侦查手段的细化

(1)传唤　包括对被告、证人及鉴定人的传唤。侦查时所用传票为检察官签发,传票上应行记载被传人姓名、性别、住址、职业,应到的处所,无故不到者(被告或证人)应受拘提,发票的公署等。对被告人的传票还应记载被告的犯罪行为;对证人和鉴定人来说,还应记载应命作证的案件。对无故不到的证人,检察官还有权命令其赔偿因不到所需的费用,科以五十元以下的罚锾,并命拘提。但对鉴定人,则不得拘提及将罚锾易科拘留。传票应该由司法警察予以送达。

(2)拘提　对无故不到的被传人可以拘提。下面一些情况,可以不经传唤径行拘提:无一定住址,有逃亡的可能,湮灭或伪造变造证据的可能,有勾串共犯或证人的可能,所犯罪状有被处以最轻本刑为五年以上有期徒刑的可能等。侦查时所用拘票为检察官签发,拘票上应记载被告人的姓名、性别、住址、职业、犯罪行为,拘提的理由,应解送的处所,发票的公署。拘票由司法警察执行,遇有紧急情况时可以在管辖区域外执行,在执行拘提时,应该出示拘票。如遇现行犯,则可以不用拘票径行逮捕。

(3)通缉　通缉是指对逃亡或藏匿的重大犯罪嫌疑人或犯人,检察官嘱托其他机关将其解送到一定处所的侦查行为。其执行在侦查阶段为首席检察官,审判阶段为法院。各法院、兼理司法的县政府如发现人犯逃跑,要造具名册呈具高等法院检察处,呈请通缉。高等法院检察处发布通缉令时,抄发逃犯名册,要求各法院检察处、县政府,即便遵照饬属一体协缉,务获究报。通缉书一旦通知或布告就立即生效,各处检察官、司法警察官对被通缉人员可以拘提或逮捕。通缉书需记载被通缉人的姓名、性别及其足资辨别的特征,其犯罪行为,通缉的理由,犯罪的日期等。为更好地缉拿监犯,将监犯缉捕归案,严肃司法,司法机关还可以利用当时的媒体,刊登监犯通缉人员名单。如河南省高等法院检察处利用河南省高等法院刊行的《河南司法公报季刊》,刊登监所逃犯通缉表。①

如果通缉案犯已被缉获,则也要上报高等法院,高等法院令仰各法院检察处、县政府,"即予停缉"。② 在被告人不到庭时,对于被告人也要予以通缉。如果本省有需通缉人犯亦可通知他省给予帮助。山东省高等法院曾下检察处令,要求下级各首席检察官、检察官对于辽宁省通缉的人犯给予协助,一体严缉,务获解究。③

在当时科技有限的情况下,各地检察机关利用当地媒体,协同合作,拘拿犯罪嫌疑人,对案件的侦查起到一定积极作用,亦反映出了检察官尽职的一面,是检察一体原则的体现。

(4)讯问　在科技不甚发达,以口供为主要案件审理依据的年代,讯问对以后的审理非常重要。这主要是由于"被告甫就逮捕,未经他人串唆,对于案情容易吐实,应立予讯问,详加盘诘,不得稍涉敷衍,或仅询姓名年籍,即予收押,候再侦讯了事,纵令得其自白,仍须即刻调查各种必要证据,并注意被告有利及不利之情形"④。讯问被告时,应秉持一种恳切和蔼的态度为之,不但不能用强暴、胁迫、利诱、诈欺及其他不正的方法,即便是笑谑怒骂的恶习,也应摒弃。同时,由于讯问被告的目的在于辨别犯罪事实的有无,但与犯罪构成要件、加重要件、量刑标准或减免原因有关的事实,均应在讯问时,深切注意,研讯明确,倘被告提出有利的事实,更应就其证明方法及调查途径,逐层追求,不

---

① 《河南高等法院检察处监所逃犯通缉表》,《河南司法公报季刊》1933 年 10、11、12 月,第61—64 页。

② 《河南高等法院检察处训令(监字第七八六号)》,《河南司法公报季刊》1933 年 10、11、12 月,第 43—44 页。

③ 《山东高等法院检察官训令(第九号登公报不另行文)　令山东高等法院第一分院首席检察官、济南泰安青岛福山各地方法院首席检察官、福山地方法院威海分院首席检察官、各县县法院检察官》,《山东司法公报》1931 年第 8 期,1931 年 8 月 31 日,检察处文件类,第 2—3 页。

④ 《办理刑事诉讼案件应行注意部分》,《司法公报》1935 年第 62 号,1935 年 9 月 6 日,第13 页。

能漠然置之,遇有被告自白犯罪,仍应该调查其他必要的证据,详细推鞫,是否与事实相符,以防止作伪。①

讯问被告,应首先询问被告的姓名、年龄、籍贯、职业、住址,以便查验有无错误,如果错误就要予以释放。在讯问时,应告知其犯罪的嫌疑及所犯罪名,并制作笔录。内容涵盖讯问及被告的陈述,讯问的年月日及处所。笔录应命书记官当庭向被告朗读并询问记载有无错误,被告请求将记载更正的应将其更正的陈述一并记载,同时讯问的检察官应署名签章,并命被告在其陈述记载的末行后署名或按指纹。

讯问证人时,其方式与方法和讯问被告时相似,不过证人在被讯问时须出具保证结文。具结时,应告知证人具结的义务及伪证的处罚,并在结文内记载据实陈述,绝无匿饰增减等语。证人被讯问时,应就其被讯事项的始末连续陈述,检察官为使其陈述臻于明确或为判断其真伪起见可以做必要的讯问。

(5)羁押　羁押是检察官依据命令将被告在一定处所限制其自由的侦查措施。羁押的条件与拘提的条件相同,羁押需有检察官签发押票,由司法警察解送指定处所。羁押时,被告非有暴行或逃亡自杀的可能不得束缚其身体,至羁押原因消灭时应撤销押票将被告释放。侦查中羁押的时间不能超过二月,如有继续羁押的必要,检察官应在未届期满前声请法院裁定,并不得逾二月,以一次为限。对被告来说,可以随时具保声请停止羁押。经审查不能停止羁押的,检察机关要予以驳回,审查同意停止羁押的,可采取具保形式,交纳一定保证金,予以释放。如被告经传唤无正当理由不到,可以将被告继续羁押,并没收保证金。

在案件判决以后,某些案件又进入上诉阶段,检察官恐被告逃亡,仍会继续羁押。但被告同样具有声请停止羁押的权力。如刘景桂枪杀滕爽一案②,滕爽之夫、刘景桂之情夫逯明与刘景桂一同被告,案件经过一审之后,逯明被

---

① 《办理刑事诉讼案件应行注意部分》,《司法公报》1935 年第 62 号,1935 年 9 月 6 日,第 10 页。

② 该案件大概缘由是刘景桂曾与逯明订有婚约,在两人多次发生关系后,逯明又同曾有口头婚约的滕爽结婚,并借滕爽部分钱财与刘景桂退婚,刘景桂遂在志成中学将滕爽枪杀。

判无罪,但仍在羁押之中,其向北平地方法院检察处以父亲有病,想要至床头以尽孝道为理由,声请停止羁押。①

(6)扣押 扣押是指检察官在刑事诉讼中就证据及可以没收的物件强行占有,并在必要时,保持占有的侦查措施。实施扣押时,应制作收据,详细记载扣押物的名目,给予所有人或持有人,扣押物应加封缄或其他标识,由扣押的公署或公务员盖印。扣押的物品如没有留存的必要,可以不待案件终结而予以发还。扣押及扣押物件的发还在侦查中由检察官核定。1935年的《刑事诉讼法》规定更为详细,扣押除由检察官亲自实施外,可以命令司法警察或司法警察官执行。在命令司法警察或司法警察官执行扣押时,应在交与的搜索票内记载事由,司法警察或司法警察官执行该项任务时,如发现本案应扣押的物品,即便不在搜索票中记载,也可以予以扣押。

(7)搜索 为查找证据及犯罪嫌疑人,检察官可以对身体、物件及住宅或其他处所,在必要时搜索。搜索票中应记载应搜索的被告或应扣押的物品;应加搜索的处所、身体或物件。但当有下列情形之一者,司法警察或司法警察官虽无搜索票依然可以搜索住宅或其他处所:因逮捕被告或执行拘提羁押者;因追蹑现行犯或逮捕脱逃人者;有事实足认为有人在内犯罪而情形急迫者。搜索需要制作搜索笔录并出具搜索报告。1935年《刑事诉讼法》又加上了对于第三人的身体、物件及住宅或其他处所,如有相当理由可信为被告或应扣押物存时,也可以搜索。经搜索而未发现应扣押的物品时,应由检察官或司法警察或司法警察官等搜索者给被搜索者证明书。检察官或司法警察在搜索时要使用由检察官签发的搜索票,使制度在运行过程中更加完善。

(8)勘验 侦查中,检察官为了查看证据及其他犯罪情形有权实施勘验。② 勘验的对象为:履勘犯所或其他与案情有关系的处所,检查被告或被害

① 《刘景桂杀人案》,北京档案馆藏,J065-004-00197,第240—243页。
② 自清末的法律法规中,"勘验"与"检验"二词往往可以通用,与今天的"勘验(现场)""检验(人体)"有所不同。清末时期的"勘验"与"检验"二词,在大多数情况下都是指身体伤情检查鉴定或检查尸体验死因,为司法警察及审检厅办案服务。参见谢如程:《清末检察制度及其实践》,上海世纪出版集团2008年版,第242页。

人的尸体,解剖尸体,检查与案情有关系的物件等。它与鉴定有所不同,鉴定是以鉴定人为其对象,鉴定的性质是对人而为证据调查,而勘验的对象是物,是依靠检察官或其他有侦查权力人的五官作用直接观察事物而得到证据证明力的行为手段;在勘验未得到适当的结果时,可以付诸鉴定,使鉴定人的鉴定成为证据证明力的衡量者。勘验和鉴定的性质不同。① 勘验应做笔录记明实施的年、月、日、处所及其他必要的事项,并可将制作的图画附于笔录之后。笔录须有勘验的检察官署名盖章。

需要注意的是,勘验过程固然是检验吏根据尸体情况予以勘查,但勘查的方向乃是依据检察官讯问当事人所得案情而为指南,并佐证检察官的讯问结果。如果又有新证据出现,则原有检验结果发生变化。上海曾有宣阿香死亡一案,引起社会各界对检验的疑问。当时的《医药评论》转载了司法部法医检验所筹备主任孙逵芳详述检验的真相,他记述到,"检察官及法医逐一看明单据后,即赴……验尸所检验尸体。因时间所限,检察官略察视尸体后,即开庭询问证人。而一面法医则留于验尸间内验检。故法医初步之鉴定对于身体上之证据,以尸体为凭。……(一)外部检验情形。最初外部检验即注意钱宣氏左颧有血斑一块,上有棱印两道,惟此不足为致死之因。适检察官问证人,云有吞服鸦片情事,而死者是否服鸦片致死,抑另有死因,外部检验不能断定。非剖验不明。乃实行剖验。(二)剖验情形。剖验之时,原注重鸦片之毒。不意将胸腹部剖开后,见左右肺前面下部,有溢血点多个,系窒息而死之征象。……综合推测不能不疑死者生前,系被人按于几案或床边之上,以物包头,强抑其颈,因而窒息致死。……化验结果,虽有鸦片之毒,然仅仅服毒致死,决不致有面部头部及诸内脏之血晕与溢血点等现象,当烟毒未发之前,死者尚有受人伤害之可能,故苟非有其他证据,足以释明上言之种种现象,由法医学之见地言之,仍不能谓为仅由服毒致死。"② 至后来,又有证人陈述,死者生前一晚一直伏案不起,直至翌晨。此供语的出现,导致检验结论发生变化。

---

① 夏勤:《刑事诉讼法释疑》,北平朝阳学院、南京法律评论社 1947 年版,第 157 页。
② 孙逵方:《宣阿香案检验经过》,《医药评论》第 45 期,1930 年 11 月 1 日,第 24—27 页。

伏案可以解释尸身上的现象。该案件乃最终解释为宣阿香因吞食鸦片而死。之所以出现与第一次解释不同,该法医认为:"乃由尸身以外之证据而来,并非由尸身检验有误而致。而尸身以外之证据,不在法医搜查之范围,为法医者只能本尸身之现象,示法庭以搜查证据之指针,并就法庭所得之证据,参合尸身之情形,求一可通之解释。"①

由以上法医所记述的检验经过可以看出,检察官的讯问指引着法医的检验,而法医的检验亦在验证着检察官的讯问,当新的证据发生之后,检验结果就有可能发生变化。检察推动着检验,检验又对检察起到指针作用。两者在案件的审理过程中相辅相成、相得益彰,共同推进案件的进程。由此,检验吏或仵作或法医的检验对检察官判断案情具有重大意义。但就当时来说,检验吏的现状却不容乐观。

民国时期著名法学学者叶在均②指出:"检验是要专门学问的,各国无不经由法医,而吾国今日各检察所雇用之检验吏就是旧日的仵作,死守一部洗冤录,又是一知半解,武断从事。我从前任法官时代,凡遇尸格或伤单内发生疑义,传询原验的检验吏,稍加究诘,则皆瞠目结舌,不能置答。纵有一二经验深的检验吏,也只能说其当然,而不能知其所以然的。"③1935 年王用宾在视察华北七省司法后提交的报告书中提到,"检察官部分最感困难者,厥为检验员缺乏相当检验学识,现时关于检验记载书式,虽有部颁验断书、检断书、伤单等项可资依据,但其填载多欠准确,差以毫厘,谬以千里之事,在所不免。"④同年全国司法会议,该问题亦引起司法界人士的注意。由天津律师公会提出议案认为:"检验吏者多似以前之仵作,本其口传得来之一知半解独断独裁,遽膺

---

① 孙遹方:《宣阿香案检验经过》,《医药评论》第 45 期,1930 年 11 月 1 日,第 24—28 页。

② 叶在均(1885—?),字乃崇,福建福清人,曾任京师地方审判厅庭长、京师高等审判厅推事、署国民政府最高法院推事、署最高法院庭长、高等考试司法官临时考试再试典试委员、司法院大法官等职(周家珍编著:《20 世纪中华人物名字号辞典》,法律出版社 1999 年版,第 1028 页)。

③ 《导师叶乃崇先生讲演》,《司法储才馆季刊》1927 年第 1 期,1927 年 1、2、3 月,第 99 页。

④ 王用宾:《视察华北七省司法报告书》,《法律评论》第 12 卷第 48 期,1935 年 9 月 29 日,第 28 页。

鉴定重任"①,其鉴定结果,与诉讼人利益关系綦切,要求"检验吏改用法医充之。"②亦有一些基层法院法医感于我国法医学不发达,法医人才沧海一粟,如果将旧式的检验吏一律淘汰,则人才不敷分配。因此提出改进方法,建议当局"最妥善莫如举办检验学校,专收初中毕业生,灌输医学及法医学知识。两年之后,略可应用。现有仵作,对于理学检验方面,时加训练,灌输常识,则由旧式进于新式,由新式进于专门。"③以上建议对检验吏群体现状的分析可谓切中时弊。到1936 年 12 月,司法行政部电令法医研究所要"积极造就检验人材,每年应以造就检验员三百人,法医师一百人为最低限度"④,从以上中国检验吏的实际情形来说,检察官靠洗冤录还未弄清楚的检验吏给出的验证结论来办理案子,其错误显而易见。无怪乎社会上有许多检察制度的负面评价。显然,将不合格检验吏勘验结果导致案件审理的偏差强加于检察制度头上,未免不太合适。

(9)鉴定　鉴定是就刑事案件中,检察官就所取得的事实,委托具有应选学识经验或经公署委任而有鉴定职务的人予以查验,出具报告的行为。鉴定人在鉴定前须具结,在结文中记载必本其所知为公正之鉴定等字句。鉴定时,鉴定人可以检阅卷宗及证据物件,并得请求讯问或亲自发问自诉人被告或证人。鉴定结束时,鉴定人须将鉴定的经过及其结果报告,如有鉴定人数人时,须共同报告,遇有不同意见时,亦应一并报告。

3. 侦查终结的明确

在侦查过程中,虽然检察官与司法警察官同样具有侦查权,但只有检察官具有终结侦查的处分权。根据1928 年刑事诉讼法的规定,侦查终结处分权的使用具有一定限制性,第一,犯人不明确,第二,起诉权消灭前,即便事实不甚

① 《书记官应用速记或特别训练者及检验吏应用法医充之案(第一〇五号)》,《法学丛刊》1936 年第 4 卷第 1 期,第 70 页。

② 《书记官应用速记或特别训练者及检验吏应用法医充之案(第一〇五号)》,《法学丛刊》1936 年第 4 卷第 1 期,第 70 页。

③ 王中时:《法医学之困难检验吏之应如何改良观》,《社会医学》第 155 期,1931 年 12 月 1 日,第 2510—2511 页。注:作者为黄岩县县法院法医。

④ 《司法行政部代电(电字第四九三号)(二十五年十二月二日)》,《司法公报》1936 年第 156 号,1936 年 12 月 19 日,第 15—16 页。

明了,检察官仍要继续侦查,不得终结。1935年刑事诉讼法进一步将该限制性条件明确。在犯人不明确的前提下,除非有下列条件始能终结侦查:(1)曾经判决确定者;(2)时效已完成者;(3)曾经大赦者;(4)犯罪后的法律已经废止其刑罚者;(5)告诉或请求乃论之罪,其告诉或请求已经撤回或已逾告诉期间者;(6)被告死亡者;(7)法院对于被告无审判权者;(8)行为不罚者;(9)法律应免除其刑者;(10)犯罪嫌疑不足者。① 侦查终结权为检察官掌握,意在使检察机关保有对犯罪的最大限度的追诉权,以利于维护公共利益。这不但对检察机关来说是责任,同时亦是义务。侦查终结的处分方式有三种:转移、起诉和不起诉。具体来说,转移是指检察官在开始侦查后,认为案件不属其管辖的,应将该案件移送该管检察官。起诉是指检察官依据侦查所得证据,足以认为被告有犯罪嫌疑,应提起公诉的行为。该起诉权不仅在知道被告所在时使用,即便被告所在不明,案件应该起诉亦应提起公诉。不起诉是指检察官认为案件满足刑事诉讼法所规定的应为不起诉处分的条件(即始能终结侦查的条件);认为以不起诉为适当的;被告犯罪时,其一罪已受或应受重刑的判决,检察官认为他罪虽起诉于应执行之刑无重大关系的案件应为不起诉处分。

(二)提起公诉

在检察官指挥调度司法警察或司法警察官对案件实施一系列侦查手段后,依据所得证据,足以认为被告有犯罪嫌疑的,要向该管法院起诉,即提起公诉。公诉权是检察机关作为代表国家行使对犯罪案件的追诉权,是检察制度的核心。检察制度的公诉权有两个显著的特征,其一为由法定专门机构向法院提起刑事诉讼;其二为控审分离。

1. 公诉权的引入及变化

(1)公诉权的引入

清末司法改革以前,原有的司法制度并没有规定专门的起诉机关。当时

---

① 《中华民国刑事诉讼法》(1935年7月1日),蔡鸿源主编:《民国法规集成》第65册,黄山书社1999年版,第290页。

审判机关开始审理案件主要是基于以下几种情况:其一,被害人或被害人家属控告施害人,或向官府告诉所发生的犯罪案件。这是常见的控诉方式。其二,一般人告诉。非被害人及其家属,得知犯罪事实或犯罪人向官府告发。其三,犯罪人自首。犯罪人在威慑或政府的感召下,主动投案,促使官府启动案件审理。其四,官员的告发。由于我国古代控审不分,行政、司法不分,官员在做好本职工作的同时,负有对地方治安维护、惩治犯罪的职责。此类官员既包括负有对官吏进行监督的监察官员;亦包括基层小吏诸如亭长之流,发现犯罪向政府报告;更有各级行政官员,在负责行政的同时,兼有司法职务。在其发现犯罪迹象以后,主动追究犯罪。① 此亦我国传统司法制度中控审不分、侦诉不分的重要表现,也是外国人对中国司法最为诟病之处。

(2)公诉权的变化

清末司法改制之后,政府专门设立检察机构行使公诉职权,将公诉与私诉区分开来,此为中国刑事司法现代化过程中的重大事件。《大理院审判编制法》首次以法律的形式规定检察官有提起公诉之权。该法第 12 条规定:"检察官于刑事有提起公诉之责,检察官可请求用正当之法律,监视判决后正当施行。"②此后,《各级审判厅试办章程》第 46 条规定,"凡刑事案件因被害者之告诉,他人之告发,司法警察之移送或自行发觉者皆由检察官提起公诉,但必要亲告之事件(如妨害安全信用名誉及秘密罪、奸非罪)不在此项"③,这样就确立了以检察官公诉为原则,以受害人自诉为补充的刑事案件审判的启动机制。至于以后该法中所规定的检察官可请求用正当法律之权,不在此后的法院编制法中出现,宪政编查馆给出的理由为"盖公诉者,本兼起诉、控诉、上告及非常上告等而言,请求法律引用之权,即上告与非常上告之作用,已包含于公诉之中,故不必另行规定也"④。所以清末检察厅的公诉职权,应包括刑事

---

① 张穹:《公诉问题研究》,中国人民公安大学出版社 2000 年版,第 45—46 页。

② 《大理院审判编制法》,《东方杂志》第 4 卷第 3 期,1907 年 3 月 25 日,第 124 页。

③ 《法部奏各级审判厅试办章程》,《北洋法政学报》第 50—51 期合刊,1907 年 12 月,第 11、5 页。

④ 王士森编:《法院编制法释义》,商务印书馆 1911 年版,第 66 页。

起诉和上诉。在《法院编制法》中明确了检察机关具有提起公诉权和实行公诉权。该法规定："遵照刑事诉讼律及其他法令所定实行搜查处分，提起公诉，实行公诉并监察判断之执行。"①

北京政府时期的《刑事诉讼条例》对起诉的规定更为细致，易于操作。规定起诉书应以书状为之，书状应记载被告的姓名及其他足资辨别的特征，犯罪事实及所犯法条。同时该法确立了不告不理原则及起诉效力。该法第282条规定，法院不得就检察官未经起诉之行为审判；第283条规定，起诉之效力不及于检察官所指定以外之人。② 对于自诉则有更明确规定，告诉乃论之罪，被害人可以在未经告诉以前，径向管辖法院起诉。诸如刑律中所规定的某些奸非罪、和诱罪、妨害安全信用名誉及秘密罪、盗窃及强盗罪、诈欺取财罪、侵占罪或毁弃损坏罪。另外，被害人法定代理人保佐人或配偶也可以独立起诉，如被害人已死亡的，其直系亲属配偶或同财共居的亲属，如不与被害人明示意思相反，亦得起诉。③ 从而对检察官公诉权的适用范围作了规定，更利于检察官的实际操作。

1928年，南京国民政府的《刑事诉讼法》确立公诉为主，自诉为辅的起诉制度。据《中华民国立法史》所载该法的立法原则："采用国家诉追主义，以检察官代表国家行使刑事原告职权。惟值此注重民权时代，举凡被害者均须先向检察官告诉，其不起诉者，即不得受正式法院之裁判，揆诸保护人民法益之本旨，容有未周，故特设例外规定，使被害人有告诉权者，得就其被害事实，自向法院起诉，谓之自诉。然又恐人民法律观念未尽发达，对于犯罪事实不能为尽量之攻击，甚至有为利诱势迫而自愿抛弃诉权者，亦在所难免，故于第337条特定自诉案件之范围，以初级法院管辖之直接侵害个人法益之罪，及告诉乃论之罪为限。又于第361条及第349条、第369条规定检察官有独立上诉之

---

① 《宪政编查馆奏定法院编制法并各项暂行章程》，《国风报》第1年第6号，宣统二年三月初一，第85页。

② 《刑事诉讼条例》（续），《政府公报》第2073号，1921年12月2日，第9页。

③ 《刑事诉讼条例》（续），《政府公报》第2077号，1921年12月6日，第5—6页。

权,及对于撤回自诉或上诉案件,亦有干涉之余地。庶于限制之中,仍寓保护之意。"①同时,赋予检察官一定的不起诉裁量权,并将清末以来的预审制度废除,剥夺了审判机关在该阶段遇有紧急情况亦可不待检察官而径为预审的权力。该法对诉讼经费的免除,则在一定程度上调动了人民告诉告发案件的积极性。

1935 年《刑事诉讼法》一方面扩大了自诉的范围,规定协助自诉,另一方面则扩大了检察官微罪不起诉的自由裁量权。依照 1928 年刑诉法规定,被害人自诉者,以初级法院管辖直接侵害个人法益之罪,及告诉乃论之罪为限。此法则改为凡犯罪之被害人,有行为能力者,皆可以提起自诉。为规避随便撤回自诉所带来的弊端,该法规定了自诉的撤回条件,除告诉乃论或请求乃论之罪外,不准自诉人撤回。同时明确规定检察官要协助自诉,由法院将自诉案件的审判日通知检察官,检察官在审判当日出庭陈述意见。如果自诉人经传唤无正当理由不到,1928 年刑诉法以撤回论断,但该法规定,法院可以不用等待自诉人陈述,径行判决。此种情形法院认为有必要的,可以通知检察官担当诉讼。如果自诉人于辩论终结前死亡或丧失行为能力,法院应分别情形,径行判决或通知检察官担当诉讼,以求简便。② 为进一步将微罪不起诉贯彻在司法实践中,该法第 232 条规定,检察官于刑法第六十一条所列各罪之案件,参酌刑法第五十七条所列事项,认为以不起诉为适当者,得为不起诉之处分。③ 1935 年更有安徽高等法院首席检察官在全国司法会议上具体提出三项落实措施:(一)审酌犯罪时及犯罪后之情况并因犯罪所生后之损失,使犯罪人赔偿被害人损失或谢罪道歉。(二)令犯罪人立一自新誓约书或更以该犯人交其亲戚故旧管束以期不再犯。(三)侦查时当隔别讯问时,对犯罪人须考察其犯罪之动机并其品性境遇,对被害人当详讯其与犯罪人平日之关系,并是否有

---

① 谢振民编著,张知本校订:《中华民国立法史》(下册),中国政法大学出版社 2000 年版,第 1019—1020 页。

② 谢振民编著,张知本校订:《中华民国立法史》(下册),中国政法大学出版社 2000 年版,第 1027 页。

③ 《刑事诉讼法》(1935 年 7 月 1 日),蔡鸿源主编:《民国法规集成》第 65 册,黄山书社1999 年版,第 290 页。

不希望处罚之意思,庶于赔偿损失易得谅解。① 该提议得到肯定,司法院转令司法行政部通令各高等法院首席检察官转饬所属一体遵照执行。

2. 提起公诉

提起公诉是检察机关公诉权的重要表现,从清末至民国,虽然在南京国民政府时期扩大了自诉的范围,同时亦增加了某些限制性条款,但我国一直坚持检察机关提起公诉的原则,并兼用私诉或自诉为补充。对损害国家公益的刑事案件,南京国民政府的《刑事诉讼法》规定要"采国家诉追主义,以检察官代表国家行使刑事原告职权"②,这在诉讼法上称为公诉。"提起公诉,应由检察官向管辖法院提出起诉书为之。"③1932 年上字第 1007 号判决例则进一步明确指出:"非被害人得以提起自诉之案件,自应本于检察官之起诉书状并经检察官莅庭陈述案件之要旨及辩论方为合法,第一判决书,虽载有经本院检察官提起公诉及莅庭执行职务各字样,而该审两次笔录并无检察官之姓名,既无检察官之起诉书状足为合法起诉之证明,笔录复未载有检察官之陈述及辩论。依上述明,其诉讼程序显属违背法律之规定。"④再次要求在判决书显示检察官拥有提起公诉的权力。

检察官具有提起公诉的权力一直贯穿案件的审理过程。对于提起公诉的被告人,检察官有追加起诉和撤回起诉的权力。就追加起诉被告人的情形来说,检察官"于第一审辩论终结前,得就与本案相牵连之犯罪或本罪之诬告罪,追加起诉……起诉之效力,不及于检察官所指被告以外之人……检察官就

---

① 《司法行政部训令(训字第六二二一号) 令各省高等法院院长、首席检察官,首都地方法院院长、首席检察官,江苏高等法院第二、三分院院长、首席检察官》,《司法公报》1935 年第 84 号,1935 年 12 月 25 日,第 13—14 页。

② 谢振民编著,张知本校订:《中华民国立法史》,中国政法大学出版社 2000 年版,第 1019 页。

③ 《中华民国刑事诉讼法》(1935 年 7 月 1 日)第 243 条,蔡鸿源主编:《民国法规集成》第 65 册,黄山书社 1999 年版,第 290 页。

④ 吴经熊编:《中华民国六法理由判解汇编》,第六刑诉之部,会文堂新记书局 1948 年版,第 147—148 页。

犯罪事实一部起诉者,其效力及于全部……法院不得就未经起诉之犯罪审判"①;就撤回起诉被告人情形来讲,"检察官于第一审辩论终结前,发现有应不起诉或以不起诉为适当之情形者,得撤回起诉"。② 1933 年上字第 754 号判决例更明确了检察官对这一权力的行使:"法院不得就未经起诉之行为审判,若对于未受请求之事项予以判决,即属违法。如甲诬告乙部分并未经第一审法院检察官起诉求刑,有原起诉书可按,依法自不得径予论科。致违不告不理之原则。"③

提起公诉需要一定条件和形式。

(1)提起公诉的条件

法院管辖一般分为级别管辖和地域管辖,检察官提起公诉的范围亦须以所属法院的管辖范围为起诉范围,同时须具有起诉权尚未消灭,合乎起诉程式的前提条件下,方能在侦查终结,认为具备了提起公诉所需的材料后,提起公诉。

(2)提起公诉的方式

一般来说,提起诉讼以书面为之,需要记载被告的姓名,年龄及其他足资辨别的特征,同时须记载犯罪事实、起诉理由及所犯的法条,并将卷宗及证物一并送交法院。至 1935 年刑诉法,又追加了口头的内容,该法规定:"于第一审辩论终结前得就与本案相牵连之犯罪或本罪之诬告罪追加起诉。追加起诉得于审判日以言词为之。"④

还有一些属于处罚较轻的刑事案件,检察官可以声请直接以命令处刑,这种处理方式是为节约司法成本,提高司法效率,尽量减少当事人讼累的提起公诉的简约形式。如,北京政府时期地方审判厅简易庭对应处以五等有期徒刑

---

① 《中华民国刑事诉讼法》(1935 年 7 月 1 日)第 244—247 条,蔡鸿源主编:《民国法规集成》第 65 册,黄山书社 1999 年版,第 291 页。

② 《中华民国刑事诉讼法》(1935 年 7 月 1 日)第 248 条,蔡鸿源主编:《民国法规集成》第 65 册,黄山书社 1999 年版,第 291 页。

③ 吴经熊编:《中华民国六法理由判解汇编》,第六刑诉之部,会文堂新记书局 1948 年版,第 148 页。

④ 《中华民国刑事诉讼法》(1935 年 7 月 1 日)第 244 条,蔡鸿源主编:《民国法规集成》第 65 册,黄山书社 1999 年版,第 291 页。

拘役或罚金的案件,可以因检察官的声请而不经审判,直接以命令处刑。检察官声请以命令处刑的,应以书状记载下列事项:犯罪的日时处所、犯罪的证据、犯罪行为及应适用的法条。前项声请以起诉论。① 这种情况在南京国民政府的 1928 年《刑事诉讼法》简易程序中有所体现,并更加具体,便于操作。该法规定,最重本刑为六月以下有期徒刑,拘役或专科罚金的案件,如果具备犯罪事实据现存证据已属明确者,被告于侦查中自白者,法院可以因检察官的声请,不经过通常审判程序径以命令处刑。检察官声请以命令处刑的案件,应该以书状记载被告的姓名、性别、年龄、籍贯、职业、住址,犯罪的日时处所,犯罪的证据,犯罪的行为及应适用的法条,前项声请以起诉论。② 1935 年的刑诉法基本上坚持了以上原则,并进一步明确检察官声请径以命令处刑时,其声请书状样式与起诉书状相同,其声请与起诉具有同一效力。这种提起公诉的形式,适用于案情清楚、社会危害不大的微罪案件。此种案件的处理方式节省了当事人的大量时间,符合司法经济原则,对提高司法效率、减少案件积压所起作用不容小觑。

(3)公诉的撤回

从常识上来讲,检察官有提起公诉的权力,理应有撤回公诉的权力。但直至 1922 年施行的《刑事诉讼条例》才有此规定,"起诉在第一审审判开始前可以予以撤回。"③1935 年的刑诉法将该规定进一步细化,"检察官于第一审辩论终结前发现有应不起诉或以不起诉为适当之情形者,得撤回起诉。"④撤回公诉以后,检察官是否可以再进行诉讼,刑诉法律的规定是有变化的。1922年刑诉条例与 1928 年刑诉法的规定相同,即起诉经撤回后不得再行起诉。这就意味着检察官丧失了该案件的公诉权,这种结果与对该案件做不起诉处分的法律结果是不同的:其一,决定不起诉,意味着告诉人尚可声请再议,检察官

---

① 《处刑命令暂行条例》(1920 年 10 月 28 日),《司法公报》1920 年第 127 期,1920 年 11 月 30 日,第 23 页。

② 《刑事诉讼法》(1928 年 9 月 1 日)第 462 条,蔡鸿源主编:《民国法规集成》第 65 册,黄山书社 1999 年版,第 323 页。

③ 《刑事诉讼条例》,《政府公报》1921 年第 2073 号,1921 年 12 月 2 日,第 10 页。

④ 《中华民国刑事诉讼法》(1935 年 7 月 1 日)第 248 条,蔡鸿源主编:《民国法规集成》第 65 册,黄山书社 1999 年版,第 291 页。

认为声请有必要可以续行侦查;其二,在决定不起诉后,如发现新事实、新证据,仍可以进行再诉。撤回公诉与不起诉处分有着不同法律后果的情况在1935年刑诉法中有所改变。撤回起诉的效力变更等同于不起诉处分,"撤回起诉与不起诉处分有同一之效力,以其撤回书视为不起诉处分书。"①这意味着在满足不起诉案件可以侦查起诉的某些条件后,检察官仍然具有继续公诉的权力,履行继续追查犯罪,维护国家法益的义务。

(4)不起诉的条件

早在1922年实行的《刑事诉讼法》中第284条规定,"被告犯数罪时,其一罪已受或应受重刑之判决,检察官认为他罪虽行起诉,于应执行之刑无重大关系者,得不得起诉。"②此后,南京国民政府时期1928年的《刑事诉讼法》和1935年的《刑事诉讼法》都对此问题做了规定。1928年的《刑事诉讼法》规定,具有下列条件之一的起诉权消灭:时效已期满者;曾经判决确定者;经大赦者,犯罪后之法律已废止其刑罚者;告诉或请求乃论之罪,其告诉请求已经撤回者;被告已死亡者。同时将不起诉处分分为应不起诉和可以不起诉两种情况。应不起诉的情形有:起诉权已经消灭,犯罪嫌疑不足,行为构不成犯罪,法律因免除其刑,对于被告没有审判权。可以不起诉的情形有属于初级法院管辖,犯罪情节轻微以不起诉为有实益,被害人不希望处罚等。③ 1935年《刑事诉讼法》规定,检察官于刑法第六十一条所列各罪之案件参酌刑法第五十七条所列事项认为以不起诉为适当者,可以为不起诉处分。④ 实际上是扩大了检察官不起诉处分的权力。因为据1935年刑法第57条规定,"科刑时应审酌一切情状,尤应注意左列事项为科刑轻重之标准:一,犯罪之动机;二,犯罪之目的;三,犯罪时所受之激刺;四,犯罪之手段;五,犯人之生活状况;六,犯人之

① 《刑事诉讼法》(1935年7月1日)第249条,蔡鸿源主编:《民国法规集成》第65册,黄山书社1999年版,第291页。

② 《刑事诉讼条例》(续),《政府公报》1921年第2073号,1921年12月2日,第9页。

③ 《中华民国刑事诉讼法》(1928年9月1日)第243—245条,蔡鸿源主编:《民国法规集成》第65册,黄山书社1999年版,第315页。

④ 《中华民国刑事诉讼法》(1935年7月1日)第232条,蔡鸿源主编:《民国法规集成》第65册,黄山书社1999年版,第290页。

品行;七,犯人之智识程度;八,犯人与被告人平日之关系;九,犯罪所生之危险或损害;一〇,犯罪后之态度。"①以上规定的情状,在实际运用中并没有可以衡量的硬性标准,起诉与不起诉全在于检察官,所以检察官的自由裁量权得以扩大。以上两部刑诉法还规定,检察官做出不起诉处分,须制作不起诉处分书,文件中须记载不起诉的法定理由,并送达当事人、告诉人、告发人。如律师刘翼芳被人告发吸食鸦片,江苏江宁地方法院检察官予以侦查,后经过搜索、尿检等程序,发现该律师并没有吸食鸦片情形,最终做出了不起诉的处分。②该案件当中以1928年《刑事诉讼法》中第244条所规定的第2款,犯罪嫌疑不足为理由,做出了不起诉的处分。如果相关人员对于检察官所作出的不起诉决定不服,可以向上级检察机关声请复议,检察官认为复议无理由的可以予以驳回,认为复议有理由的可以再行侦查。在赵国桢告诉毛乃普等抢夺及妨害人行使权力声请再议案中,赵国桢不服郑县地方法院检察官所为不起诉处分,声请再议。河南省高等法院检察官以被告妨害人行使权力构不成犯罪为理由,将声请人的声请再议予以驳回,但对于声请的另外内容——抢夺部分则发还郑县地方法院续行侦查。③ 声请再议使声请人再次具有主张权利的机会,同时亦为检察官提起公诉提供了查漏补缺的机会。

(三)实行公诉

实行公诉是检察官彰显其国家代理人、国家公诉人角色而行使的重要职权。在实践中,出席庭审、上诉、声请再审和非常上诉皆是检察官实行公诉的表现形式。

1. 出席庭审

鉴于清末司法改革时西方司法制度的引入,中国传统法庭不再为原被告

---

① 《中华民国刑法》(1935年7月1日),蔡鸿源主编:《民国法规集成》第65册,黄山书社1999年版,第241—242页。

② 《江苏江宁地方法院检察官不起诉处分书(二十年不字第六五一号)》,《司法公报》1931年第110号,1931年2月21日,第46—47页。

③ 《赵国桢告诉毛乃普等抢夺及妨害人行使权力声请再议案》,《河南司法公报季刊》1933年7、8、9月,第144页。

及审判官所占据,为实现公正判决而设的法庭允许诸如检察官、被告人、代理人、辩护人以及辅佐人等皆可走入其中。检察官在法庭的职责为陈述起诉要旨和在法庭上就事实及法律进行辩论。虽然在提起公诉时,以起诉状为之,但由于法庭审理案件采用言词审理主义,所以起诉书所列事项,检察官仍需言词陈述。同时,由于刑诉法律规定,在第一审辩论终结前,仍可以就与本案牵连的犯罪或本罪的诬告追加起诉,而此等追加起诉要于审判期日以言词为之。这就更加重了检察官在法庭陈述起诉要旨的必要性。法庭辩论是指在法庭调查结束以后,由审判长主持,检察官与被告、辩护人就案件的细节,犯罪是否成立及罪责大小进行辩论。

　　检察官出庭的另外一个职责是审查判决书。根据控审分离的制度设计,检察官对审判机关所做审判书内容,依法予以审查,决定是否上诉。就检察官在诉讼案件当中所处的地位,即在案件当中是应该处于诉讼两造的位置,抑或法律监督的位置,时人提出:原审法院就检察官起诉书状所引法条处被告以低度之刑,原检察官能否再不服上诉请为无罪判决。南京国民政府时期有两种观点:刑诉法第三七五条规定当事人不服上诉,本无制限,原判即就所引法条处刑,原检察官自无不得上诉。另外一种说法为,检察官亦当事人之一,自应受起诉书状之拘束,原审法院既就其所引法条处刑,原检察官即不得出尔反尔,再行上诉,请求宣告无罪。面对诉讼当中检察官所处的尴尬境地,最高法院这样解释,在不同的诉讼阶段,检察官担任的角色是不一样的。在审判阶段,所充当的为代表国家利益、发起诉讼的原告;在判决以后,如果作为原告对判决不服,可以提起上诉。作为诉讼两造之一的检察官同样可以这样做。如果检察官基于被告的利益是否也可以进行上告呢?答案是肯定的。检察官对于被告受科刑之判决,依 1928 年刑诉法第 358 条第二项的规定,检察官可以维护司法公正而履行法律监督职能的角色,为被告利益而提起上诉。① 法院在何时举行庭审,需要告知检察官,相应检察处亦须予

---

① 《司法院训令(院字第四〇三号)(二十年一月十七日)　令署江苏高等法院院长林彪》,《司法公报》1931 年第 107 号,1931 年 1 月 31 日,第 63—64 页。

以回执。

2. 上诉

根据清末《各级审判厅试办章程》的规定，上诉分为控诉、上告和抗告。"凡不服第一审之判决于第二审判厅上诉者曰控诉。""凡不服第二审之判决于终审审判厅上诉者曰上告。""凡不服审判厅之决定或命令，依法律于该管上级审判厅上诉者曰抗告。"①不服的内容既包括判决，亦包括决定或命令。控诉和上告是针对判决而提出，抗告乃是就决定或命令而做出。此种叫法虽在民国时期延续，但在刑诉法律的编排上及在正规法律文本上发生变化。从1922年及以后的刑诉法律，上诉是指当事人对于下级法院的判决不服，请求上级法院变更判决的方法。就审判层级来说，分为第二审上诉和第三审上诉。此后，南京国民政府1928年的《刑事诉讼法》和1935年的《刑事诉讼法》没有改变。检察官作为提起上诉的适格主体，当然可以作为原告对下级法院的判决不服提出上诉，亦可以作为被告或为被告人的利益上诉，还可以就自诉案件的判决独立上诉。上诉的期限为十日，自送达判决书后起算，但对判决谕知后送达前的上诉同样有效力。提起上诉应以书状叙述不服理由向原审法院递交，但未叙述理由的，其上诉亦同样有效力，此为1928年刑诉法的规定。该条在实际运行中，似有未妥，1935年刑诉法修改为，第三审上诉必须在上诉书状中叙述上诉理由，其未叙述理由的当以驳回之。②

（1）第二审上诉

对第一审判决有不服的，可以在上诉期限内上诉于管辖第二审的法院，谓之第二审上诉。除非原审法院认为上诉违背法律上程式或其上诉权已经丧失

---

① 《法部奏各级审判厅试办章程》，《北洋法政学报》第50—51期合刊，光绪三十三年十二月，第15页。

② 《刑事诉讼法》（1935年7月1日）第374条：上诉书状应叙述上诉之理由，其未叙述者，应于提起上诉后十日内补提理由书于原审法院；第376条：原审法院认为上诉违背法律上之程式或上诉权已经丧失或系对于不得向第三审法院上诉之判决而上诉者，应以裁定驳回之。其不依第三百七十四条之规定补提上诉理由书者亦同。蔡鸿源主编：《民国法规集成》第65册，黄山书社1999年版，第295页。

的,应以裁定驳回之外,原审法院应将该案卷宗及证据物件经由该法院检察官、第二审法院检察官送交第二审法院。此种规定在实践中有些啰唆,1935年刑事诉讼法将卷宗移交的中间程序全部省去,规定原审法院应速将该案卷宗及证物送交第二审法院。

由检察官所为的第二审上诉,就检察官的身份来说,通常可以分为两类:县级或地方法院检察官对同级法院判决不服,予以上诉;高等法院检察官对县级法院判决不服进行上诉。就检察官上诉不服的内容来说,既可对第一审判决的事实认定不服上诉,也可以对第一审法院判决适用法律不当上诉,还可以对一审诉讼程序不当提起上诉。从上诉案件的发现途径来说,可以是基于检察官的审查而提出,亦可以通过审查告诉人的申诉,认为申诉有理由而提起上诉,检察官所为上诉可以为被告利益上诉,亦可为被告不利而上诉。

在第一审判决结束以后,一审检察官可以先向本级法院声明提起上诉,然后再补交上诉理由书。如下面刘景桂杀人一案北平地方法院检察官所为上诉声明书及上诉理由书。上诉声明书如下:

刘景桂杀人一案上诉书

被告人　逯明

被告人因妨害风化一案,经本院刑庭于本年四月二十七日判决,同月三十日送达,本检察官对于该判决关于刘景桂杀人部分曾经声明上诉在案,兹对于逯明妨害风化部分不服提起上诉,除上诉理由书随后补具外,兹特依限声明。此致

本院

北平地方法院检察官余鉴澄

二十四年五月八日

刘景桂杀人一案上诉书

被告人　刘景桂

被告人因妨害风化一案,经本院刑庭于本年四月二十七日判决,同月三十日送达,本检察官对于该判决关于刘景桂科刑部分不服,认为应行提

起上诉,除上诉理由书随后补具外,兹特依限声明。此致

本院

北平地方法院检察官余鉴澄

二十四年五月六日①

上诉理由书如下:

刘景桂杀人及逯明妨害风化一案上诉理由书

被告人　刘景桂、逯明

被告人等因杀人及妨害风化一案,经本院刑庭于民国二十四年四月二十七日判决,同月三十日送达。本检察官对于该判不服,于五月六日及八日先后声明上诉,兹将原判主文及上诉理由列下:

(一)原判主文

刘景桂预谋杀人处有期徒刑十二年(中略),逯明无罪

(二)上诉理由

本案被告人刘景桂因滕爽与逯明订口头婚约为彼所不知,滕爽与逯明结婚,又在其订婚以后,滕爽于结婚后出洋百元促成。

逯明与其解除婚约,遂起杀滕之意,乃于本年三月十六日上午十时,暗带手枪化名李振华,称系滕爽学生李秀英之姑母,拜访滕爽。滕爽不知其伪,即在宿舍接见,刘景桂遂施放手枪,连发七弹,将滕爽当场击毙。携枪出校,寻警自首,行至丰盛胡同四号地方被志成中学校役谭文、王何氏等追回报警送案等情,为原判事实所认定,查核尚无错误,惟引用刑法第二百八十四条第一项第一款第七十七条之规定,减等科刑,虽不得指为违法,然仅处以有期徒刑十二年未免太轻。被告人逯明于与刘景桂解除婚约后,尚复情书往来,多至数十件,结果刘景桂听从其奸淫,亦为原判事实所认定,乃复以刘景桂于二十三年三月四日及三月九日二次先后函逯明,为非受骗误信。查核刘景桂二次原函并无约会之意,而逯明于同年三月十五日复函,始嘱其来会,自是以后,刘景桂遂听从其奸淫,足见该逯明阳

①《刘景桂杀人案》,北京市档案馆藏,J065-004-00200,第44—47页。

170

与刘景桂解除婚约，暗中仍表示与未解除时相同，尚谓刘景桂之听从其奸淫，非受骗误信所致，其谁肯信。该逯明之所为，实犯刑法第二百四十四条第一项之罪。司法院二十四年院字第一一九五号解释该条，夫妻关系指已结婚之夫妻关系而言云云。查呈请解释之广东高等法院原代电列有二说，甲说谓法文上之夫妻关系指已结婚之夫妻而言（下略）乙说谓夫妻关系应从广义解释（下略）就此二点，表面视之，仿佛上开解释采用甲说也者。细绎则不然，盖于甲说，已结婚之夫妻之下添以关系二字，与甲说不同，所谓已结婚之夫妻者，即男女二人经过结婚后之身份是也而已。结婚之夫妻关系者，就本条之界限而言，则为男女二人经过结婚后之性交自由是也。又该条所谓误认有者，盖指本无而误认为有者而言，非真有也。不然，则该条及司法院解释之关系二字成为赘文矣。如谓仅指冒充本夫而言，则该条何不简直用冒充本夫，使妇人听从其奸淫等字样。现行刑法独称妇者有一，该法第二百五十六条所称未满十六岁之女子是也。兼称妇女有九……详考上开各条之义，凡称妇者，指曾经结婚之女子而言，称女或妇女者，皆包括无夫之女子在内。刑法第二百四十四条称妇女，不称有夫之妇，或妇人，乃谓该条仅指冒充本夫者而言，是无异指鹿为马也。现在青年男女婚约订后，不乏同居者，而狡猾男子遂以诈术与女子订婚与之同居，肆行奸淫，奸后即弃。女子因而堕落，甚至自杀，杀人者比比皆是，该条应时势而产生，为现行刑法之特点，原判误解法条，并误会司法院之解释，宣告逯明无罪，未便从同。

据上论结原审对于刘景桂杀人及逯明妨害风化各节所成为判决尚难认为适当，依刑事诉讼法第三百七十五条之规定，具上诉理由书，请求第二审法院撤销原判，更为适当之判决。

北平地方法院检察官余鉴澄
中华民国二十四年五月十六日①

上开上诉理由书中所提到的司法院解释，实际成为该案件当中逯明能否

---

①　《刘景桂杀人案》，北京市档案馆藏，J065-004-00200，第51—56页。

被判罪的根据。广东高等法院曾经呈请解释妨害风化罪中成立的要件,即误信有夫妻关系应如何理解。其呈文中有两说,甲说为,法文上的夫妻关系指已结婚之夫妻而言,即以诈术使妇女误认自己为已结婚之妇而听从奸淫,乙说为夫妻关系应从广义解释,例如某甲以诈术与某乙伪订婚约或许以结婚使某乙误信已有夫妻关系而听从奸淫亦应成立本罪。司法院给出解释为刑法第二百四十四条之夫妻关系,指已结婚之夫妻关系。① 从文字表述上可以看出,司法院采取的为甲说。本案件当中,检察官依据自己理解的司法院解释,认为司法院解释采用的是乙说,并以此为上诉的理由,认为原法院误解法条,将被告人宣告无罪是错误的,请求二审法院撤销原判。检察官对北平地方法院判决提出异议,提起上诉体现出了对公权力的监督。同时,北平地方法院检察官从维护社会公益和道德的立场出发,结合社会现实,希望给予社会上像刘景桂一样遭遇的女子同情,谴责和打击像逯明一样狡猾男子的行为,体现出铁肩担正义的责任感。

检察官提出上诉后,并不是所有的案件都会被审判机关认为有理由,有时也会被驳回。审判机关如果认定原判事实清楚,参用法条虽有漏引但不足以影响原判,检察官的上诉请求就会被予以驳回。② 但如果原判决漏引法条,适用法律条文错误足以影响案件判决结果的,上级法院则会将原判决予以撤销,重新判决。③ 本来检察机关对同级或下级审判机关进行监督,其所向上级审判机关呈诉不服,能否胜诉要待上级法院的裁判才会有结论。但无论胜诉与否,都要以法律为旨归。检察官的上诉是在运用自己的专业知识及其所秉持的维护法律,捍卫司法公正的精神,对案件进行梳理,将符合法律要求的案件予以上诉,在这个过程中,首先对不符合法律规定的上诉案件进行筛选,对提高司法效率作出贡献。

---

① 《司法院快邮代电(院字第一一九五号)(二十四年一月十二日)》,《司法公报》1935 年第 17 号,1935 年 1 月 24 日,第 24 页。

② 《朱丙振帮助掳人勒赎上诉案》,《河南司法公报季刊》1933 年第 1、2、3 月,第 111—112 页。

③ 《钱生太窃盗上诉案》,《河南司法公报季刊》1933 年第 1、2、3 月,第 115—117 页。

爬梳 1930—1936 年度检察官二审上诉案件,可以制作出表 4-1:

表 4-1　1930—1936 年度检察官二审上诉案件表

年度	第二审案件 新收件数	检察官上诉 案件件数	检察官上诉占第二审 新收件数之比重(%)
1930	15745	2619	16.63%
1931	18539	3257	17.57%
1932	23855	4639	19.45%
1933	29980	6279	20.94%
1934	37691	7864	20.86%
1935	43914	8023	18.27%
1936	45210	7102	15.71%

资料来源:1930 年度数字来自《原审判法院别第二审案件新收件数及上诉人之区别表》,《民国十九年度司法统计》(中册),田奇、汤红霞选编:《民国时期司法统计资料汇编》第 12 册,国家图书馆出版社 2013 年版,第 651 页;1931 年度数字来自《民国二十年度司法统计》,《民国时期司法统计资料汇编》第 14 册,第 423 页;1932 年度数字来自《民国二十年度司法统计》,《民国时期司法统计资料汇编》第 15 册,第 457 页;1933、1934 年度数字来自《刑事第二审案件(5)》,《民国二十三年度司法统计》(上册),《民国时期司法统计资料汇编》第 16 册,第 490 页;1935、1936 年度数字来自《民国二十五年度司法统计》(下册),《民国时期司法统计资料汇编》第 19 册,第 37 页。

从表 4-1 统计数字可以看出,检察官上诉案件数量在二审的上诉案件中所占比例不能算小,特别是 1933、1934 年度更是占到了五分之一强,其发挥审判监督的职能可见一斑。

(2)第三审上诉

不服高等法院所为第二审或第一审判决的,应向最高法院提出上诉;最高法院审判不服高等法院第一审判决的上诉同样适用于第三审程序。同第二审上诉不同的是,第一,微罪不得上诉于第三审法院。1935 年刑事诉讼法将其概括为,刑法第 61 条所列各罪的案件经过第二审判决,不得上诉于第三审法院。第二、第三审为法律审和文本审,即不通过言辞(除认为有必要),不审查案件事实,上诉于第三审法院的案件,必须以判决违背法令为理由进行上诉,否则不能上诉。违背法令包含多种情况,诸如法院组织不合法;依法律或裁判应回避的推事参与了审判;非依法律规定而禁止审判公开;法院所认管辖有不当;法院受理诉讼或不受理诉讼不当,没有特殊规定,被告未在审判期日到庭而径行审判;

依法应使用辩护人的案件或已经指定辩护人的案件,辩护人未经到庭辩护而径行审判;除有特殊规定,未经检察官或自诉人到庭陈述而为审判;依刑事诉讼法应停止或更新审判而未经停止或更新;除依刑事诉讼法特别规定外,已受请求的事项未予判决或未受请求的事项予判决;未经参与审理的推事参与判决;判决不载理由或所载理由矛盾等情况。另外,1935 年刑诉法增加"未给被告以最后陈述的机会"的条文。具备以上违背法令的理由可准予以上诉。但须注意,即便诉讼程序违背法令,但显然于判决无影响的,不得为上诉的理由。除此之外,如原审判决后,刑罚有废止变更或免除的,可以作为上诉的理由提起上诉。①

原审法院接受上诉的书状或理由书后应在三天之内将缮本送达他造当事人。如果检察官为他造当事人的,应在七日内向原审法院就上诉理由提出答辩书。如原审法院认为上诉违背法律上的程式或其上诉权已经丧失,应以裁定驳回。除此以外,原审法院应以该案卷宗及证据物件经由该法院的检察官,送交第三审法院的检察官,第三审法院的检察官应在七日内填具意见书,将该案卷宗及证据物件一并送交第三审法院。为便利起见,1935 年刑事诉讼法改定为,第三审法院检察官对于原审法院检察官提出的上诉书或答辩书外,如没有其他意见,则毋庸添具意见书。无检察官为当事人的上诉案件,原审法院应将卷宗及证物径送交第三审法院。如被告人文立清对案件判决不服,上诉于高等法院,检察处做出答辩书,认为被告人随从强盗,在外把风,已经构成共犯,原判认定事实准确,构成掳人勒赎等罪名是为恰当,建议审判机关驳回原告请求。② 为高院做出判决提供依据。

在刘景桂杀人案中,二审之后,河北高院一分院检察处就上诉人刘景桂所为上诉理由书出具答辩书:

　　　　河北高等法院第一分院检察处……刘景桂杀人上诉一案　前准

　　　片送被告人刘景桂上诉理由书缮本前来。据主任检察官于法定期限

　　内出具答辩书,相应送请,查照办理。　此致

---

① 《中华民国刑事诉讼法》(1935 年 7 月 1 日),蔡鸿源主编:《民国法规集成》第 65 册,黄山书社 1999 年版,第 295 页。

② 《安徽高等法院检察处处分书》,《安徽高等法院公报》1929 年第 1 期,1929 年 12 月,第 77—79 页。

本分院刑庭

二十四年十月十九日

答辩书

上诉人　刘景桂

上诉人用枪击滕爽身死,业已供认不讳,并有搜获之枪弹为证,犯罪确凿毫无疑义。兹上诉人以当初系出自首,原审未与减轻为上诉之理由,查该上诉人虽称犯罪后原拟赴公安局自首,但尚未向警察表示自首之意思以前,即被志成中学校役谭文等追回,当然不能以自首论。原审处断并无不合,应请将上诉驳回。

北平河北高等法院第一分院检察官王□□

二十四年十月十九日①

该案件当中,北平河北高等法院第一分院检察官针对上诉人所为系投案自首的上诉理由,直接以既成事实,及已有法院的判决为根据,认为上诉人投案自首不能成立,请求法院驳回被告上诉。

根据刑诉法的规定,第二审法院检察官就被告上诉理由书出具答辩书以后,第二审法院将上诉理由书、答辩书经由第二审法院检察官转交第三审法院检察官,由第三审检察官出具意见书:

意见书一:最高法院检察署检察官意见书

被告　刘景桂

被告因杀人一案于中华民国二十四年九月五日经河北高一分院为第二审判决,该被告于同年九月三十日收受送达,当于法定期间内提起上诉,本检察官对于本案意见陈述如下:

本案被告人与逯明曾经订过婚约,后以逯明卒与滕爽结婚而将其婚约解除,极为愤恨,遂潜购手枪一支,托词拜访,径至志成中学滕爽住室将其枪杀,所有事前如何起意及临时如何实施均已历历自认,且于行凶后即由该校校役谭文、王何氏当场追获,其非自首亦属显然,原审以第一审量

---

① 《刘景桂杀人案》,北京市档案馆藏,J065-004-00201,第25—26页。

刑颇有失当,撤销,依法改判,尚无不合,上诉意旨,仍以案系自首未得减刑以为理由,委无足采,应请核判。　此致

最高法院

最高法院检察署检察官钱纪龙

二十五年三月九日①

意见书二:被告　程钱氏、程先有、程玉荣

被告民国二十一年三字第二三号诈财一案,于民国二十二年一月五日经怀宁地方法院判决于二十二年一月十二日送达判决后,由被告等于法定期间内提起上诉。本检察官对于本案意见如下:

按刑事诉讼法第三百八十七条载,初级法院管辖案件其最重本刑为一年以下有期徒刑拘役或专科罚金之罪者,经第二审判决后,不得上诉于管辖第三审之法院。又三百八十九条载上诉于第三审法院非以判决违背法令为理由者,不得为之。法条规定至为明显。本案上诉人程钱氏等于程氏重修宗谱之时,以郑牙父子非朝泗已出,乃假异姓乱宗大题,令其出洋八十元方允上谱。经陈凤鸣出面调停,以其名义出具凭条两纸,以三十元交程钱氏收执五十元交程氏宗祠收存。事后,复以凭条不甚可靠,令朝泗出具田契八斗五升作为抵押,言明何时交钱何时交契,由程朝奎代为书写,程国安等作中画押,程朝泗遂以上诉人等诈财等情诉,经怀宁地方法院刑事初级庭认上诉人等确有诈财行为各判处罚金六十元。上诉人等不服,上诉后经二审将其上诉驳回,乃复哓哓来院,上诉既非判决违背法令,又系专科罚金,按诸上开法条,显有未合。上诉人等之上诉,毫无理由,应请贵庭依法予以驳回,特具意见如上。　此致

本院刑庭

检察官翁成球

中华民国二十二年二月二十二日②

---

① 《刘景桂杀人案》,北京市档案馆藏,J065-004-00201,第47—49页。

② 《安徽高等法院检察处处分书》,《安徽高等法院司法公报》第5卷第1、2期合刊,1933年6月,专件,第58页。

以上两份分别是检察官在第二审结束后,就被告人上诉理由书出具给原审法院的意见书,意见书一在指出被告上诉意旨难认为有理由以后,又指出原审在运用法条方面显属违法。比较河北高院一分院检察处就上诉人刘景桂所为上诉理由书出具答辩书,可以看出,最高法院检察署检察官采纳了二审检察官的意见。意见书二则从两方面就被告上诉理由进行驳斥,为原审法院就被告上诉理由做出裁断提供参考。根据刑诉法规定,原审法院认为上诉违背法律上之程式或其上诉权已经丧失者,应以裁定驳回。而意见书二中,检察官认为就该被告人上诉理由违背法律程式,请求本院刑事庭将原判决撤销,按律改判。

整理 1930—1934 年度刑事第三审案件新收及检察官上诉案件,可以得出表 4-2。

表 4-2 1930—1934 年度刑事第三审案件新收及检察官上诉案件表①

年度	第三审案件 新收件数	检察官上诉 案件件数	检察官上诉占第三审 新收件数之比重(%)
1930	810	54	6.67
1931	972	63	6.48
1932	1089	123	11.20
1933	1487	189	12.71
1934	2417	326	13.49

资料来源:1930 年度数字来自《原审判法院别第三审案件新收件数及已结未结表》,《民国十九年度司法统计》(下册),田奇、汤红霞选编:《民国时期司法统计资料汇编》第 13 册,国家图书馆出版社 2013 年版,第 119 页;1931 年度数字来自《原审判法院别第三审案件新收件数及上诉人之区别表》,《民国二十一年度司法统计》(上册),《民国时期司法统计资料汇编》第 15 册,第 529 页;1932、1933、1934 年度数字来自《刑事第三审案件(5)》,《民国二十三年度司法统计》(上册),《民国时期司法统计资料汇编》第 16 册,第 530 页。

从表 4-2 可以看出,检察官上诉案件较少。究其原因,或许民国司法统计的说明能够给我们一些答案。被告人之所以上诉是由于"被告人有以败诉

---

① 由于 1935 年《法院组织法》施行,此后第三审案件归最高法院受理,司法统计表格有所变化,不具有可比性,故 1935、1936 年度未列入。

之不利,为希图翻异,或延宕执行而提起者,故其为数较多",检察官提起上诉较少是由于"因检察官系代表国家行使职权,非原审判确有不合,决不率尔上诉"①,其说法是有一定道理的。

检察官在上诉中的表现,无论是二审上诉抑或是三审上诉,检察官或出具答辩书,或撰写上诉理由书,或书写意见书,无不是依据法律规定执行职权。检察官以法的守护者的角色对审判机关的进行监督,以法律为旨归,或为被告人利益,或为受害人利益,其间虽有为提高司法效率简化了某些环节,但最终为维护法律的权威而尽力。同时,司法统计以坚强有力的数据表明检察官的行为并非只是花架子,检察制度的存在也并非只是摆设。

3. 声请再审

声请再审是指可声请再审权利人在科刑判决确定后,认为判决事实不当,向管辖法院提起重新审判的诉讼方法。其所针对的判决既可以是一审确定判决,亦可为第二审或第三审判决。其目的在于要求原审法院对案件重新审理依法判决。其声请原因大致可以分为两类:第一,为受刑人利益起见提起再审;第二,为受刑人或被告不利益起见提起再审。第一种情形主要包括:一、为判决基础的证据已经确定判决证明其为伪造或变造;二、为判决基础的证言、鉴定或通译已经确定判决证明其为虚伪;三、为判决基础的通常法院或特别法院的裁判已经确定裁判变更;四、因发现确实证据足认受刑人应受无罪免诉或轻于原审所认罪名的判决;五、受刑人已经确定判决证明其系被诬告;六、参与原审判决或前审判决的推事,参与侦查或起诉的检察官因该案件而犯职务上之罪,其科刑判决已经确定的。其中一、二、六款亦是为受刑人或被告不利益起诉的法律规定的情形。另外,受无罪或轻于相当之刑的判决而于法院或法院外自白其犯罪事实;受免诉或不受理的判决而于法院或法院外自述其并无免诉或不受理的原因,也是科刑无罪免诉或不受理的判决确定后为受刑人或

---

① 《刑事第二审案件(4)》,《民国二十五年度司法统计》(下册),田奇、汤红霞选编:《民国时期司法统计资料汇编》第19册,国家图书馆出版社2013年版,第35页。

被告不利益起见提起再审的情形。① 无论是第一种抑或是第二种情形提出再审，检察官都是声请再审的适格主体。如下面两案例：

案例一：拟对于受刑人王见忠无期徒刑判决提起利益再审理由书

呈为呈请提起再审事。查刑事诉讼法第四百四十一条第四款，因发现确实证据，足认受刑人应受无罪免诉，或轻于原审所认罪名之判决者，定为得提起再审条件之一。兹盗匪王见忠，系受复审判决无期徒刑，业已收监执行。今因他案盗匪孙长贵，在上诉审受十二年有期徒刑确定判决。查该孙常贵与王见忠系同属于一杆首之下，犯行相等，且王见忠之入杆，既因误入匪地，遇旧相邀。其弃杆，又系自动回家，在旅店被获，更兼精神欠缺，知识不全，有误杆匪为军队情形，较之孙常贵因贫经人介绍入杆，并在官军围击之际，持枪溃逃，致被拿获者，显有轻重之分。以孙常贵十二年徒刑之确定判决为证据，足认为王见忠实有应受轻于原审无期徒刑之理由。为此理合检同卷宗，及原判决缮本，呈送钧席鉴核，转送再审，另为较轻之判决，以资救济，实为公便。谨呈

山东高等法院首席检察官

某某法院检察官署名盖章

民国　　年　　月　　日②

案例二：拟对于上诉审某人杀人劫财一案减处刑判决确定提起不利益再审理由书

呈为呈请提起再审事。查刑事诉讼法第四百四十二条第二款规定，受无罪或轻于相当之刑之判决，而于法院或法院外，自白其犯罪事实者，得提再审。兹因某人杀人劫财一案，上诉审为徒刑〇年之判决确定。该犯对于杀人劫财，虽在各审庭百方狡避，得免极刑。现据查该犯在本县监狱羁押时，曾与其连铺犯人某某，自白杀人劫财属实，并云所劫之财，埋于

---

① 《中华民国刑事诉讼法》(1928 年 9 月 1 日)，蔡鸿源主编：《民国法规集成》第 65 册，黄山书社 1999 年版，第 322—323 页。

② 黄敦汉编：《各级法院司法行政事务类编》，商务印书馆 1934 年版，第 253—254 页。

某地内失谜。经其父假装拾柴，看地主犁地，亦未犁出等语。似此穷凶极恶仅处〇年徒刑，实不足以蔽其辜。为此谨具理由，连同原审判决缮本及卷宗，呈送

钧席鉴核，提起再审，从重处判，而免枉纵，实为公便。再此项自白事实系在上诉审进行间发觉，并未经第一审审判程序，是否尚应经第一审之处，合并声请

示遵。谨呈

山东高等法院首席检察官

某某法院检察官署名盖章

民国　　年　　月　　日①

案例一，同案主犯只被判处有期徒刑十二年，根据案件事实及法律规定，从犯理应受轻于主犯之惩处。检察官提起再审，请求原审法院作出轻于原判的判决，实为被告利益提出再审。案例二，被告百般抵赖，免于极刑，但在他处的自白暴露了其更多的犯罪事实。检察官依据法律规定，请求原审法院作出重于原判的处刑，以免枉纵。检察官在再审中的职权行使，或为受刑人利益，或为受刑人不利，起到了维护司法公平公正的作用。特别是为受刑人利益而提出声请再审，实为司法文明发展的表现。受刑人本为国家打击人员，社会唾弃的对象，在个人权利不受重视的中国传统社会中，不会有国家机关或人员为此类人员去声请权力，保护他们的法益。但检察制度引进以后，检察官可以为这类人员的权力声请保护，成为社会进步的表现。

需要强调的是，因被告不利益再审的提起，必限于管辖法院的检察官或自诉人。② 如果提起再审之人非自诉人，其提出再审会被驳回。该规定再次强调了检察官公诉人的地位和权力。如下面一例：

最高法院刑事裁定 二十一年一月十九日刑事抗字第三号

抗告人　范荣珮　男　年六十二岁　南康县人　住潭口　业农

---

① 黄敦汉编：《各级法院司法行政事务类编》，商务印书馆 1934 年版，第 254—255 页。

② 郭卫、周定枚编：《最高法院刑事判例汇刊》（第 7 期），上海法学书局 1934 年版，第 3—4 页。

范荣盛　男　年三十五岁余　同上

抗告人等因诉廖景纯等毁损提起再审案件,不服江西高等法院民国二十年九月十五日驳回抗告之裁定,再行抗告,本院裁定如下:

主文

原裁定撤销应由江西高等法院更为裁定

理由

查为被告不利益起见有提起再审之权者,除管辖法院之检察官外,以自诉人为限。若案件最初并非依自诉程序办理者,则以通常告诉人之地位即无提起再审之权,此观于刑事诉讼法第四百四十七条之规定自可了然。本件抗告人等因诉廖景纯等毁损墙瓦,经判决被告无罪确定后,具状提起再审。是解决关键首当查明抗告人等是否具有自诉人之资格,然后提起再审程序是否合法始可断定。乃原法院并未注意此点,遽就实体上审查,以无再审理由为词,驳回抗告,殊难认为正当。兹因原法院并未将本案命一审卷宗(即南康县法院卷宗)送交本院,往返调取徒增时日,故为进行便利起见,应将原裁定撤销,第其更为调查裁定。

据上论结应依刑事诉讼法第四百二十四条裁定如主文。①

依据 1928 年刑诉法第 447 条的规定为受刑人或被告不利益起见提起的再审,须由再审管辖法院的检察官或自诉人提起。该案件中,原审诉讼程序并非按照自诉程序进行,因此,该抗告人是否为自诉人就成为能否提起再审的关键。原审法院需首先对抗告人身份认定,最高法院方能确认能否再审。在没有确定抗告人是否为自诉人之前,只能对抗告人主张予以驳回。而作为国家利益的代表,检察官不受该规定的限制。

通过以上分析我们可以看到,声请再审是已判决的案件在原有判决条件发生改变,让判定案件重新走向诉讼程序的方式之一,无论对受刑人或自诉人或检察官都是重新追回司法公正的一次机会。依据法令所规定的两种情况声

---

① 《最高法院刑事裁定(二十一年一月十九日)(抗字第三号)》,《法令周刊》1932 年第 102 期,1932 年 6 月 15 日,判例,第 10—11 页。

请再审,检察官都是适格主体,因此检察官在该程序当中的作用不可小觑,同时,这种法律地位的赋予是基于检察官特殊地位而定的。

4. 非常上诉

非常上诉是指判决确定后,发现其审判违法,最高法院检察署检察长有义务请求最高法院撤销该判决或该诉讼程序的特别上诉方式。需要指出的是,发现确定判决违背法令的主体,并非检察长独享,司法行政部在审查案件之时,如发现具备提起非常上诉条件的案件,亦会命令检察署检察长提起非常上诉。为进一步发挥检察机关对审判的监督职能,将不公正判决压至最小,检察官如发现有以上情形亦应具意见书将该案卷宗及证物送交最高法院检察长声请提起非常上诉。但只有检察长有非常上诉权。

在各地高等法院首席检察官转报无期徒刑卷判表,请求司法行政部鉴核时,司法行政部发现有律条适用失当时,有权要求最高法院检察署对案件予以依法办理。如在河北高等法院首席检察官转报杨领群意图便利犯他罪而杀人处无期徒刑的卷判表中,司法行政部发现"该被告之杀张牛小虽系意图便利与张牛小之妻张王氏奸宿,但依近例因图续奸而杀本夫并不能构成刑法第二百八十五条第一项第一款之犯罪如其加害情形,确非出于预谋自应按普通杀人令负罪责,方为合法,原审竟引上开法条项款论断,殊有未合"①。要求最高法院检察署查明事实,依法办理。

在检察官发现确定判决案件违法法令,也会向最高法院检察署呈请提起非常上诉,如赵广兴杀人逼奸及赵董氏同谋杀人案中,司法行政部要求河北省高等法院首席检察官对案件就某些疑点进行复查,后在该高院首席检察官给司法行政部的呈文中提到,接到部令后,该高院首检即转饬原承办宋检察官遵照切实办理。去后,该承办检察官陈称,"奉查本案暨部令意旨,即经提该犯赵广兴等逐一鞫讯……本案原审对于犯人等行为罪证均未认定及误引法条,其确定判决,显系违法,应依刑诉法第四三四条规定,请求提起非常上诉,以资

---

① 《司法行政部训令(训字第三四零六号) 令最高法院检察署检察长郑烈》,《司法公报》1935 年第 51 号,1935 年 7 月 13 日,第 17 页。

救济。"河北高院首检复核无异,即呈请最高法院检察署提起非常上诉。①

无论是司法行政部指令,抑或是检察官发现,只要是检察署经核查发现确定判决有违反法令后,检察长就会向最高法院提出非常上诉理由书。如下面一例:

非常上诉理由书

被告　刘孝曾

被告因杀人一案于中华民国二十二年九月二十八日经河南高等法院提审判决。本检察长认为违法。惟案已确定,应行提起非常上诉。所有原判主文及提起理由分别于下:

(一)主文

刘孝曾共同预谋杀人处无期徒刑,无期褫夺公权。

(二)理由

查县知事兼理诉讼之刑事案件,经上级检察官发现其不当者,不问是否因送覆判而发现均得提起上诉,早经本院解字第九十一号解释有案(参阅本年一月十二日院字第一千零十四号解释)。本件被告刘孝曾因犯杀人罪经河南沈丘县政府判决后,依例呈送河南高等法院覆判,当由该法院检察官认为原判事实尚有未明,依法提起上诉。按之上开解释,本非无据。因之河南高等法院于民国二十年十月二十七日所为之第二审判决亦不得谓为不合。乃第三审法院竟以原审不依覆判程序办理为违法,将原判决撤销,此种见解是否绝对错误,固不无研究余地。然既有解字第九十一号之解释在前,凡属违反其意旨之判决,均难谓为适法。合依刑事诉讼法第四百三十三条、第四百三十五条提起非常上诉,应请将原第三审判决关于刘孝曾部分及原提审判决均予撤销更为第三审之判决。　此致

最高法院

最高法院检察署检察长郑烈

中华民国二十三年二月十九日②

---

① 《赵广兴杀人逼奸及赵董氏同谋杀人案》,《司法行政公报》1932年第2号,1932年2月15日,第75页。

② 《非常上诉理由书》,《司法行政公报》1934年第59号,1934年6月15日,第117—118页。

由于法律是社会状态的反映,社会状态复杂多变,法律条文贵在简洁,所以法律在适用之时,不免发生疑义;同时,法律的制定有先有后,目的各有不同,不可避免存在分歧,因此,法律解释自有其存在的必要。就法律解释的效力来说,等同于法律。上开案例中,司法院解释在前,最高法院判决时并未依据司法院解释,因此,最高法院检察署检察长认为最高法院违背法令,提出非常上诉。检察署检察长的行为实际上是对已生效的判决予以监督,是对审判机关行使公权力的监督。查找 1930—1936 年度司法统计检察长非常上诉的案件数量及另行判决案件,可以绘制出表4-3:

表4-3 1930—1936年度非常上诉与另行判决对比表

年度	非常上诉案件终结件数	另行判决	另行判决占非常上诉案件之比重(%)
1930	174	93	53.49
1931	205	140	68.29
1932	319	314	98.43
1933	302	296	98.01
1934	122	111	90.98
1935	193	182	94.30
1936	371	359	96.77

资料来源:1930年度数字来自《非常上诉案件受理件数及已结未结表》,《民国十九年度司法统计》(下册),田奇、汤红霞选编:《民国时期司法统计资料汇编》第13册,国家图书馆出版社2013年版,第230页;1931、1932年度数字来自《民国二十一年度司法统计》(上册),《民国时期司法统计资料汇编》第15册,第575页;1933年度数字来自《刑事非常上诉案件》,《民国二十三年度司法统计》(上册),《民国时期司法统计资料汇编》第16册,第556页;1934、1935、1936年度度数字来自《民国二十五年度司法统计》(下册),《民国时期司法统计资料汇编》第19册,第62页。

从表4-3可以看出,在已结的非常上诉案件中,另行判决的比重占一半以上,自1932年度至1936年度,该比重更是占90%以上。由此可见,最高法院检察署用其实际行动维护了司法公正。

(四)担当自诉和协助自诉

早在晚清的《各级审判厅试办章程》中就规定,因被害人告诉、他人告发,或司法警察移送或自行发觉的刑事案件要由检察官提起公诉,除非一些必要亲告的事件诸如妨害安全信用名誉及秘密罪、奸非罪检察官可以不提起诉讼,由受害人提出自诉①,以上的规定使得受害人自诉的范围非常有限。至 1922 年《刑事诉讼条例》,自诉被称为私诉开始在《刑事诉讼条例》中出现。该法仍以国家诉讼主义为主,只是以告诉乃论之罪为限,采私人诉追主义为例外。该法规定,私诉人于辩论终结前死亡,在一个月内被害人或其直系亲属配偶或同财共居之亲属得承受其诉讼。在前项情形无承受诉讼之人时,应通知检察官担任。② 这是检察官担任自诉的最早规定。

1928 年,南京国民政府颁布《刑事诉讼法》,将仅限于告诉乃论之罪的自诉范围扩展至初级法院管辖之直接侵害个人法益之罪。除规定检察享有同刑事诉讼条例相同的担当自诉的权力外,还增加了检察官对自诉的管理。自诉经撤回后,除告诉乃论之罪外,法院应在咨询该管检察官意见后判决;其咨询时应将该案卷宗及证据物件一并送交检察官。在接到上述案件后,该检察官应在三日内分别做出下面的处分:第一,认为应许撤回的,应附具意见书送交法院;第二,认为有侦查的必要,要开始侦查;第三,认为有起诉的必要,要应予起诉。③ 如此规定可以减少自诉案件中当由检察官提起公诉的案件的发生,从而尽可能地打击危害公共利益的犯罪行为,以便更好地维护公共法益。

就自诉与检察制度关系问题,《法院组织法立法原则之修正案》中指出,检察官对刑事自诉案件,应当予以协助。这主要是基于关于实体法及程序法,一般人难以尽知,运用得当的考虑,允许检察官协助自诉,乃是补足人民所短,发挥检察官所长。至于自诉人于诉讼已开始进行后,容许撤回,听之任之,则会滋生更多流弊;如不允许,则又于理不顺,所以除告诉乃论之罪之外,检察官

---

① 《法部奏各级审判厅试办章程》,《北洋法政学报》第 50—51 期合刊,1907 年 12 月,第 11、5 页。

② 《刑事诉讼条例》(续),《政府公报》1921 年第 2078 号,1921 年 12 月 7 日,第 9 页。

③ 《刑事诉讼法》(1928 年 9 月 1 日)第 349、350 条,蔡鸿源主编:《民国法规集成》第 65 册,黄山书社 1999 年版,第 319 页。

认为应该予以起诉的,即应当担当其诉讼,毋庸另行起诉,以免自诉人有所操纵。此乃于扩张自诉范围之中,仍藉检察制度以为补偏救弊之用。①

1932 年公布、1935 年施行的《法院组织法》将"协助自诉、担当自诉"规定为检察机关的一项职权。"此法依照中央政治会议所定原则,改为凡犯罪之被害人,有行为能力者,均得提起自诉,以扩张自诉之范围。"②并由此影响1935 年《刑事诉讼法》对自诉的规定,该法拓展了检察官担当自诉的范围,如当自诉人经合法传唤无正当理由不到庭,或到庭不为陈述,或未受许可而退庭,或自诉人于辩论终结前死亡,或丧失行为能力,以上情形法院认为有必要时,得通知检察官担当诉讼。③ 之所以有这样的立法设计,其主要理由与上文《法院组织法立法原则之修正案》中所提到的基本一致。④

至于协助自诉,与检察官担当自诉不同,自诉人仍然需要出庭,进行诉讼人所应进行的活动,检察官只需在事实与法律上陈述意见,以利判决。1935年《刑事诉讼法》增加了检察官对自诉案件的参与度,明确了协助自诉的方法,如该法规定法院应将自诉案件的审判期日通知检察官,检察官对自诉案件得于审判期日出庭陈述意见。⑤ 当时的立法说明指出,检察制度既然要加以改善,并扩张自诉之范围,凡因犯罪而被害之个人,以许自诉为原则,"则除关于诉讼程序之改善办法,应俟修改《刑事诉讼法》时再行讨论外,应将检察官官员之职权略予变通。即虽自诉案件,亦使其协助办理,此因人民自诉之范围,在今日虽有不得不扩张之势,而关于实体法及程序法,亦难期尽人皆知循

---

① 《法院组织法立法原则之修正案》,《中华法学杂志》1930 年第 1 卷第 1 号,第 117—118 页(该期无出版日期)。

② 谢振民编著,张知本校订:《中华民国立法史》(下册),中国政法大学出版社 2000 年版,第 1027 页。

③ 《刑事诉讼法》(1935 年 7 月 1 日),蔡鸿源主编:《民国法规集成》第 65 册,黄山书社 1999 年版,第 294 页。

④ 谢振民编著,张知本校订:《中华民国立法史》(下册),中国政法大学出版社 2000 年版,第 1044 页。

⑤ 《刑事诉讼法》(1935 年 7 月 1 日),蔡鸿源主编:《民国法规集成》第 65 册,黄山书社 1999 年版,第 294 页。

行悉当。故使检察官员为之协助,既足补人民之所短,亦足尽检察官员之所长。"①

尽管立法上考虑周全,但在实践中却非如愿。"扩张自诉虽似为检方减少案件,然寻常人多属不明法律上手续,若检察官不为诉追而劝令告诉人之自诉,则有资产者或能延请正当律师为之办理,其无资产者力不能延请律师必转而请教土棍讼师,其流弊将致增加……尝闻某推事云,经检察官起诉之案易办,自诉案件难办。"②同时,由于推检沟通不畅,造成"同一案件一部分自诉,一部分告诉,而法院推检,因职权不相统属……于是各自受理,各自为政"③。为此,司法行政部训令,自诉案件"仍由法院直接受理,但每此遇有新案,均应将案由随时录送检察官查照"④。扩张自诉本是减少检方案件,防止检方滥权,但由于检察官长期独占公诉给人们造成诉追找检察官的惯性行为方式,使得原本美好的愿望实践起来事与愿违。同时由于检审间各自为政,扩张自诉没有让检察官提高工作效率,反倒增加了推事的工作量。这实际暴露出制度的制定与施行之间的张力,而张力来源于变动不居的社会生活。

由于扩张自诉成为改善检察制度的方略之一,所以担当自诉、协助自诉成为司法行政部推行的工作之一。1935 年 11 月 16 日,司法行政部发布的《高等以下各级法院推检结案计数标准》中检察官部分将自诉案件出庭陈述意见者二件作一件,作为对检察官考绩的内容。⑤

担当自诉和协助自诉法律条文的修改是在扩大自诉的基础上做出的对中国传统和现实的一种妥协,这是由于中国传统诉讼的发动通常是由受害人或

---

① 谢振民编著,张知本校订:《中华民国立法史》(下册),中国政法大学出版社 2000 年版,第 1044 页。

② 北京市地方志编纂委员会:《北京志·政法卷·检察志》,北京出版社 2007 年版,第 336 页。

③ 北京市地方志编纂委员会:《北京志·政法卷·检察志》,北京出版社 2007 年版,第 336 页。

④ 北京市地方志编纂委员会:《北京志·政法卷·检察志》,北京出版社 2007 年版,第 336 页。

⑤ 《高等以下各级法院推检结案计数标准》,《司法公报》1935 年第 79 号,1935 年 11 月 30 日,第 8 页。

受害人家属来承担的,检察制度的引进无异于挑战这一传统,同时,检察官垄断公诉权亦是社会上废检论调的主要观点。因此,扩大自诉可以说是中国的社会风俗使然。但作为公共利益的维护者、法的守护者、国家代理人,检察官对于某些涉及公共利益内容的自诉不能听之任之,否则将对社会利益造成不利影响,检察官的介入还可以免除自诉遭受操纵的危险。这是将国外先进制度在中国土地上扎根的必然历程,更是与中国国情相结合的一种尝试和探索。

(五)监督判决执行

无论是清末《法院编制法》,抑或是南京国民政府时期《法院组织法》都将"监督判断之执行"作为检察官的重要职权之一。此外,《大理院审判编制法》第十二条规定:检察官监视判决的正当施行。《大清监狱律草案》第一五七条规定:应执行死刑者,若发现有精神病或怀胎者,必须向检察官申报,暂行停止执行,申报暂行停止执行必须由检察官签署。[①] 1927 年 12 月南京国民政府颁布的各级法院检察官办事权限暂行条例除有监督判决执行的规定外,还对该内容作了更详细的规定,即首席检察官对监所执行人犯及由检察官羁押之被告人等事宜有指挥监督权。检察官履行监督执行职权包含有两部分内容:一、对监所执行人犯及由检察官羁押被告人的监督;二、对刑罚的执行监督。

1. 监督在押人犯

(1)监督在押人犯的法规规定

通常来说,在押人犯拘禁于监所中,检察官对在押人犯的监督是通过对监所的监督实现的。早在清末司法改革中,有关法律就规定了检察官对监所的监督。《大清监狱律草案》规定,法部至少每二年应派官吏巡查监狱一次;推事检察官得以巡视监狱。此间的监狱应该包括以后的看守所。因为《大清监

---

① 《大清监狱律草案》(宣统三年五月)第 157 条,中华人民共和国司法部编:《中国监狱史料汇编》(上册),群众出版社 1988 年版,第 223 页。

狱律草案》第一条明确规定,监狱分为三种:一种是徒刑监,拘禁判处徒刑的罪犯;一种是拘役场,拘禁被判处拘役的罪犯;一种是留置所,主要是拘禁未被判决的刑事被告人,同时还拘禁被宣告判处死刑的罪犯。[1] 有学者认为检察官对拘留所、留置所的巡视,实际上属于对看守所的监督。[2]

　　根据 1928 年 10 月司法部颁布并实施的《监狱规则》,监狱属司法部管辖。监狱分为徒刑监和拘役监。司法部每二年一次派员视察监狱;检察官得巡视监狱。在监者不服监狱之处分时,可以在事故发生后十日内向包括检察官在内的视察员申诉,也可向有关监督官署申诉。但在申诉未经判定时,监狱给予的处分继续有效。如果对视察员或监督官署之判定表示不服,可允许在监者再上诉于司法部,而司法部的判定具有最终效力。[3]

　　1930 年 5 月颁布的《修正看守所暂行规则》规定,高等以下法院为羁押刑事被告人设立看守所。另外,被判定死刑的罪犯以及被处徒刑或拘役的,以监狱法令暂时拘禁的,可以羁押在看守所。看守所由高等法院院长监督。看守所中刑事被告人所受待遇须与平民相同。一旦待遇不公,刑事被告人在出庭时,可以向推事或检察官陈诉,或在视察时向视察员陈诉。推事、检察官、视察员接到前项陈诉后,应立即分别报告或知照法院院长。为更好地掌握看守所被告人的情况,监所长官除每月将被告人羁押日数造表报告给法院或检察官外,还应每周将上周羁押人数分别报告通知各法院或检察官。对于羁押的被告人同外界的通信,必须经过法院或检察官的检阅认可后,才得接收或发出。被告人对于法院或检察官的呈文申请,看守所要迅速代为转达。针对被告人会见外界人员,如果法院或检察官指名不许接见,看守所应拒绝被告人或会见人的会见请求。对于被告人死亡,监所长官应该根据医士医治簿详叙死亡原因,呈报法院或检察官,由检察官检验,一面填具死亡证书呈由监督官署转报

---

　　① 《大清监狱律草案》(宣统三年五月),中华人民共和国司法部编:《中国监狱史料汇编》(上册),群众出版社 1988 年版,第 208 页。

　　② 张永恩主编:《监所检察教程》,中国检察出版社 1991 年版,第 29 页。

　　③ 《监狱规则》,蔡鸿源主编:《民国法规集成》第 66 册,黄山书社 1999 年版,第 76 页。

司法行政部。① 1935年8月,司法行政部颁发的《办理刑事诉讼案件应行注意事项》中规定,检察官对于监狱及看守所务必勤加视察。

需要指出的是,由于检察官具有侦查及监督执行的权力,所以不但对于犯罪嫌疑人有通缉的权力,对于监狱中已决犯人同样具有通缉的权力。如河南高等法院检察处训令各法院检察处及县政府,要求他们对涉县呈报该县被匪纵逃监所人犯,包含已决人犯和未决人犯,协助捉拿。② 在办理通缉事务时,兼理检察事务的县长需要通报给该管高等法院检察处,并造具年貌清册,呈请通缉。高院检察处指令所属各法院检察处、县政府勒限严缉,并合行检发清册,令仰该处、府即便遵照,饬属一体协缉,务获究报。

(2)对假释、保释及保外服役的监督

第一,对假释的监督。在押人犯,如果表现良好,可以通过假释或保释的形式离开监狱。假释是指在押人犯在监狱中经过一定时间的改造,确有悔改表现,不致再有危害社会,在附加一定条件之后将其提起释放的刑罚执行制度。假释或保释的监督是由检察官执行。

由于实践中假释、保释既有院长呈报,亦有检察官呈报。为将事权划一,1929年,司法行政部发布《假释、保释应划归检察处办理之训令》:"为训令事。查最高法院检察官办事权限暂行条例第二条内开,检察官之职权并监察判决之执行第七条第二项内开,首席检察官对于监所执行人犯事宜有指挥监督权。各省高等法院检察官办事权限暂行条例第二条内开,检察官之职权并监察判决之执行等语。今因各监狱假释保释案件有由法院院长呈报者,亦有由首席检察官呈报者,办法不一。依据上开条例规定所有假释保释事项应属于执行范围划归检察处办理,以专责成而免分歧。仰即遵照,转饬所属一体遵照。此令。"③此后,假释、保释单独由检察官予以呈报。

---

① 《修正看守所暂行规则》(1930年5月3日公布),《司法公报》1930年第71号,1930年5月17日,第6—13页。

② 《河南高等法院检察处训令(监字第二九八二号)(二十三年三月二十二日)》,《河南司法公报季刊》1934年1、2、3月,第47—51页。

③ 《国内法界、法制消息:假释保释应划归检察处办理之训令》,《法律评论》1929年第6卷第14期,1929年1月13日,第9页。

在各省高等法院首席检察官呈请司法行政部核准假释人员时,司法行政部会以指令的形式令各该省高等法院首席检察官。如下面两例:

司法行政部指令(指字第一四六一零号)

令署浙江高等法院首席检察官郑畋呈请假释第三监狱监犯王云庆等五名附送文件祈鉴核示遵由

呈悉。监犯王云庆、李连子、金阿毛、吴金甫、陆金山等五名,准予假释。仰即转饬遵照假释管束规则妥慎办理,并将假释出狱日期具报备查。附件存。此令。二十三年十月三十一日。①

司法行政部指令(指字第一四六五三号)

令安徽高等法院首席检察官王树荣呈送第二监狱监犯裴士尧等四名身份簿等件请予假释由

呈及附件均悉。监犯裴士尧、柯正青、项老五、谢五妹等四名应准假释。仰饬遵照假释管束规则妥慎办理具报。附件存。此令。二十三年十一月一日。②

监狱交付假释证书时,应将假释之事由通知假释者居住地的地方法院检察处、原判决的地方法院检察处。假释者移居时,被委托监督者需要将移居事由连同假释者的关系类书送由委托的监狱,通知假释者居住地的地方法院检察处、原判决地方法院检察处以及新居住地该管之地方法院检察处及公安局。假释者如果到国外旅行,被委托监督者必须将假释者旅行事由及旅行日数切实调查,附具意见送由委托的监狱,呈经高等法院检察处转报司法行政部查核。检察处及监督者认为假释者失去假释条件而应该重新入监关押时,须具意见送由交付假释证书之监狱呈经高等法院检察处转报司法行政部核办。如下面一例:

司法行政部指令(指字第二○三四九号),二十一年十一月十七日

令山东高等法院首席检察官 呈一件

① 《司法行政部指令(指字第一四六一零号) 令署浙江高等法院首席检察官郑畋》,《司法公报》1934 年第 2 号,1934 年 11 月 10 日,第 8 页。
② 《司法行政部指令(指字第一四六五三号) 令安徽高等法院首席检察官王树荣》,《司法公报》1934 年第 2 号,1934 年 11 月 10 日,第 11 页。

呈为第一监狱监犯赵先即(即赵善智)在假释期内复犯强盗罪检送案卷及意见书假释证书祈鉴核示遵由

呈悉。查赵先即(即赵善智)于假释期内更犯强盗罪受徒刑之执行,依照刑法第九十四条规定,应即撤销其假释。兹将原卷及前送身分簿一并发还,仰即遵照假释管束规则第十五条规定办理具报。假释证书及意见书存。此令。计发还原件七宗、身份簿一本。①

司法行政部撤销假释处分时,须令知假释者所在地或居住地的该管法院检察处或交付假释证书的监狱执行,并收回假释证书。执行的检察处或监狱应分别通知假释者居住地的地方法院检察处、原判决的地方法院检察处及假释者居住地的公安局。撤销假释者如果逃避执行时,检察处应依刑事诉讼法第四百八十八条的规定径发捕票。如果监狱收到被委托监督者报告假释者死亡时,要通知假释者居住地的地方法院检察处、原判决的地方法院检察处,并将节略呈报于高等法院检察处转呈司法行政部。②

但在复核假释呈请中,并不是所有的呈请都会得到司法行政部的应准,某些呈请不符文件规定条件而遭到驳回。同时,高院首席检察官也会因为没有认真地复核假释呈请,而受到司法行政部的斥责。

司法行政部指令(指字第一〇一〇七号)

令署福建高等法院首席检察官张清泽

呈为浦城县请假释监犯杨朝安一名附送身份簿等件请察核办理由

呈暨附件均悉。本部详加查核诸多不合,分别指示如下:

一 依假释管束规则第一条规定委任监督之权应属于监狱,兹查被委任人表内,一则曰被委任人距离委任人住所二十余里,再则曰,被委任人为委任人旁系尊亲属云云,是以假释者为委任人。该管狱员不明监狱权责已属不合,且监督者与假释者居住地距离二十余里之远,于监督权之行使亦多不便。

---

① 《司法行政部指令(指字第二〇三四九号)》(二十一年十一月十七日) 令山东高等法院首席检察官》,《司法行政公报》1932 年第 21 号,1932 年 11 月 30 日,第 76 页。
② 《假释管束规则》,《司法公报》1929 年第 18 号,1929 年 5 月 11 日,第 1—3 页。

二 依旧监狱呈请假释办法第四款规定,须由假释者居住地之自治团体出具保结。兹查保结系余兴泰所具,究竟余兴泰住何地方,有何职业均未详细注明,殊难考核。

三 身份簿内之主管人系指主管身份簿之人员而言,而备考栏内所填该犯出狱后住所并未设立若何团体,故表内主管人下并未登记等语,殊属误解。

四 身历表第十九项承受人之姓名职业年龄并居住地均漏未填载。

五 行状录按照用例,每六个月须查填一次,该管狱员在职六载,仅临时填送一纸,亦属不合。

据上各节未便准予假释,原件发还,仰即转饬遵照。再查监犯假释关系綦重,该首席检察官遇有呈请案件务须详加审核,毋得率转切切。此令。十九年八月二十三日。

计发还原簿表等八件。①

以上情形使司法行政部觉得有必要对首席检察官率予转呈监犯假释案件,作出严格要求。1930 年 10 月 30 日,司法行政部特地发布训令,要求首席检察官就呈请假释案件中对人犯的行状是否善良,悔悔有无实据,以及书表簿录是否为临时所补造等都应详加审核,不得率予转呈,以防冒滥。②

第二,对保释的监督。保释是指在被捕人员提供担保或接受特定条件的情况下将其释放的制度。民国时期,限于有湮灭证据或希图逃走的考虑,未决人犯被羁押于看守所。看守所本为人犯暂时羁留之所,但由于司法落后,效率低下,案子积压严重,看守所遂人满为患。据北京政府时任司法总长梁启超所查地方检察厅呈报看守所统计月表,"收容人数强半逾额,少者数百,多者近千,地方湫隘疾疫于以勃兴。秽恶郁蒸,死亡不时见告。是使被告人所受之痛苦较之已决之囚尤为酷烈。"③于是,"通令京外高等以下各该审检厅审检所及

---

① 《司法行政部指令(指字第一〇一〇七号) 令署福建高等法院首席检察官张清泽》,《司法公报》1930 年第 87 号,1930 年 9 月 6 日,第 16 页。

② 《监犯假释案件须详加审核毋得率予转呈以防冒滥令》,殷梦霞、邓咏秋选编:《民国司法史料汇编》第 35 册,国家图书馆出版社 2011 年版,第 482 页。

③ 《司法部训令(第五百二十号) 令京外高等以下各该审检厅审检所及行使司法之县知事》(1913 年 11 月 25 日),《政府公报》1913 年第 567 号,1913 年 12 月 1 日,第 13 页。

行使司法权之县知事,凡被告人在侦查讯问之始,判决宣告以前,除的确认为有灭证及逃走之虞者,不得已量予收所外,其余情节果系轻微,身份或非浮浪者,悉当厉行保释责付。"①这当是所见民国时期最早的保释通令。从以上可以看出保释除出于人道主义的考虑之外,最主要的原因是为了疏通看守所。此项作用在以后的历史时段中得到了尽可能的发挥。

1920年,北京政府将保释规范化,并将保释的范围由看守所扩展到了监狱。该年12月7日北京政府以教令的形式公布《监犯保释暂行条例》,将新旧监狱人犯超过预算额定人数或监房不敷收容作为该条例发挥作用的前提条件,同时规定实施保释的监犯标准,对检察官在其间的作用亦作明确的规定。该条例规定,对可以保释的人犯,各县监狱应由该管狱员开具犯人的相关信息呈报县知事,呈由该管高等检察厅复核无异后转呈司法部核准施行。对新监狱则由典狱长径呈高等检察厅核呈司法部核办,并函知地方检察厅。当保释者保释期间终了,其间脱逃、期内死亡时,该管检察厅也应将其事由呈报司法部。②

各该检察长、厅长、处长复核保释人犯报告书的样式如下:

复核保释人犯报告书③

为复核报告事,兹据 监狱典狱长(县知事) 陈报保释监犯等因到厅。依监犯保释暂行条例审查事实尚属相符,理合呈报钧部鉴核施行。

东省特别区域监所监督

新疆司法筹备处长

各区审判处长

各省高等检察长

---

① 《司法部训令(第五百二十号) 令京外高等以下各该审检厅审检所及行使司法之县知事》(1913年11月25日),《政府公报》1913年第567号,1913年12月1日,第13页。

② 《监犯保释暂行条例》(1920年12月7日),《司法公报》1920年第129期,1920年12月31日,第32—35页。

③ 《拟具复核保释人犯报告书表式令(九年十二月二十日训令各厅处第九三九号)》,《司法公报》1921年第130期,1921年1月15日,第44—45页。

犯人姓名		年　岁　省　　　县人 住　　　　　地方			
原有职业					
案由					
罪名					
刑期	判决	某年月日判决处　等有期徒刑若干年月日	执行	某年月日收入　监狱执行	
	经过	从某年月日起至某年月日止共经过若干年月日	残余	除执行外尚残余若干　年　月	
执行中之行状					
监督者之略历					
备考					
中华民国　　年　月　日					

此后,该条例及附属法令在南京国民政府时期继续适用。1929 年 9 月,署江苏高等法院首席检察官王思默呈送保释报告书,司法行政部就报告书下达指令:"呈书均悉。查核该监犯姚湘云、李邦贵二名与保释暂行条例尚无不合,应准保释。仰即分别饬遵。惟查保释监犯其执行经过刑期遇有刑法第六十四条情形者应以所余之刑期计算,前经本部指令饬遵在案。兹查呈送复核保释人犯报告书内刑期经过一项仍将羁押折抵日数计算在内,且除去羁押折抵日数,其经过刑期不足二分之一者甚多。该首席检察官竟准予保释出监,殊多未合。兹姑准备案。嗣后,务须严加注意。"①这说明在监犯保释的核准问题上,高院首席检察官具有定夺的权力,而司法行政部只不过予以备案,同时对呈请加以指正。1930 年 1 月,司法行政部更加明确该条例在南京国民政府治下适用,东省特别区域高等法院首席检察官祝谏呈请鉴于监狱拥挤不堪,事实上不能不予疏通的情形

---

① 《司法行政部指令(指字第八一七〇号)　令署江苏高等法院首席检察官王思默》,《司法公报》1929 年第 39 号,1929 年 10 月 5 日,第 15—16 页。

下,北京政府的《监犯保释暂行条例》及其附属法令能否适用。司法行政部指令做出明确答复,仍准适用,惟计算执行期间应依刑法第九十三条第二项办理。[1]

　　由于监犯的保释是由检察官来施行监督,所以检察官需对法律的条文透彻理解,如对条文有疑义,要呈请司法行政部予以解释。河北高等法院首席检察官王泳呈司法行政部就监犯保释暂行条例第三条规定发生疑义请求解释,司法行政部回复,所称之监犯不得保释。[2] 江苏高等法院第三分院首席检察官赵士北曾电司法行政部,询问监犯保释暂行条例第七条规定,呈转程序前司法部变通办理训令是否继续有效。司法行政部回电,"该项部令现仍继续有效。司法行政部。"[3]1934年2月,江苏高等法院首席检察官胡诒毂代电请示人犯减处徒刑二年执行过半者,应否仍受监犯保释条例第二条下段之拘束,司法行政部回电,"查减处徒刑二年执行过半之监犯,须合于监犯保释暂行条例第二条所列各条件时,始得保释。"[4]1934年6月江西高等法院首席检察官林炳勋呈请解释监犯保释暂行条例适用疑义,司法行政部回复,"呈悉。查此项犯罪准诸监犯保释暂行条例第三条第九款之规定,不得保释。"[5]

　　需要指出的是,在国民党的某些特殊法令当中,亦有保释的内容。如1928年10月南京国民政府公布的《共产党人自首法》[6]中规定,自首共产党人执行刑期已逾二分之一行状善良悛悔有据者应准保释;前项保释共产党人在未执行之刑期内无再犯情事者,其未执行之刑期以已执行论。保释应由妥实保人三人以上合具保释证书呈经第一审法院核准。该项法令规定与监犯保

---

①《司法行政部指令(指字第一一一一号)　令东省特别区域高等法院首席检察官》(1930年1月27日),《司法公报》1930年第57号,1930年2月8日,第10—11页。

②《司法行政部部令(指字第一一六〇三号)　令署河北高等法院首席检察官王泳》,《司法公报》1931年第133号,1931年8月1日,第11页。

③《司法行政部快邮代电(电字第一四四号)(二十一年五月十七日)》,《司法行政公报》1932年第9号,1932年5月31日,第85页。

④《司法行政部快邮代电(电字第七零号)(二十三年二月十七日)》,《司法行政公报》1934年第52号,1934年2月28日,第95页。

⑤《司法行政部指令(指字第九二零七号)(二十三年六月三十日)》,《司法行政公报》1934年第61号,1934年7月15日,第60页。

⑥《共产党人自首法》(1928年10月20日),《国民政府公报》1928年第2号,1928年10月27日,第1—2页。

释暂行条例明显存在冲突。因据暂行条例规定,监犯核准权应在高院首席检察官手中,同时核准以后应将报告书呈请司法行政部备案。但在自首法中,核准权却在第一审法院。此种明显的不同揭示了法外有法的现实。1930 年,崇明县县长梁自厚将有自首情节的青年施文浚和沈亦豪核准保释,呈报江苏省政府。江苏省政府训令民政厅以该县长擅准保释"殊属违法,应予严惩!"予以回答,并指出,"查共党自首法第六条载:前条保释应由妥实保人三人以上,合具保释证书呈经第一审法院核准。第七条载:自首应向法院或其他官署为之,该条现奉国府修正为自首应经所在地高级党部允许后,向法院或其他官署为之。查共党案件,第一审为高等法院,该县长既无省释之权,复未经县党部之允许,遽准保释,殊属违法!"①《监犯保释暂行条例》规定无论新旧监狱,监犯保释呈请之权应首在监狱长,通过转请或直接呈请高等法院首席检察官复核后方得实施。此案件中,县长准予二人保释,却未呈请高院首检复核,是行政权侵蚀司法权的表现。同时,省政府而非司法行政部的批示,"复未经县党部之允许"及修正共产党人自首法第七条条文的规定,又成为国民党党权插手司法事务的证据。但省政府的"兹据前情,除指令仍将共党施文浚等连同保释证书,解送高等法院办理外,合行令仰该厅依法严予惩戒!"②又说明,在其党权侵入司法领域后,仍力图将保释纳入正常的司法程序中,表现出了对司法规定的尊重。③ 这种状况反映了南京国民政府司法的矛盾性。

---

① 《令厅严惩崇明县长擅准保释共党》,《江苏省政府公报》1930 年第 457 期,1930 年 6 月 6 日,第 7 页。

② 《令厅严惩崇明县长擅准保释共党》,《江苏省政府公报》1930 年第 457 期,1930 年 6 月 6 日,第 7 页。

③ 备注:河北高等法院检察处训令第五九二号,曾令各高等分院地方法院首席检察官、分庭检察官、县长及大沽县佐转最高法院检察官,训令开,案奉国民政府司法部第八九四号训令内开为训令事,案奉国民政府十月二十日第二号令开,为饬事,查共产党人自首法,现经制定公布,亟应通饬施行,除分令外,合行抄发原条文,令仰知照,并转饬所属一体知照。此令。计抄发共产党人自首法一件等因,奉此,合行抄录原件令仰该首席检察官知照,并转饬所属一体知照。此令。计抄发共产党人自首法一件等因,奉此合行抄录原件,令仰知照,并转令所属一体知照。此令,附抄发共产党人自首法一件等因,奉此合亟抄录原件,令仰一体知照。此令。附抄发共产党人自首法一件 中华民国十七年十二月二十八日。《河北省政府公报》1929 年第 159 号,1929 年 1 月 6 日,第 5—6 页。

　　第三,对保外服役的监督。检察官除对假释、保释予以监督外,对保外服役亦有监督职权。保外服役是指对有一定住所且刑期不长并有一定悛悔表现者,有一定组织予以保请,在监外实施的一种刑罚。1932年3月南京国民政府司法行政部鉴于短期刑人犯多为轻微之罪,未必有隔离社会在监矫正之必要,如在所处刑期中已知悛悔,自宜另筹适当处理方法的考虑,更加之监狱人满为患,势有缓解监狱压力的必要,于是经行政院核准,颁发了《监犯保外服役暂行办法》。根据该办法的规定,新旧监狱人犯具备下面各款情形并由人民团体保请者,可以保外服役:一年以下有期徒刑,执行刑期在一月以上而已知悛悔者;并无刑法第六十五条累犯情形者;有一定住所者。该法规定,在人民团体保外服役人犯在新监须由典狱长提出,地方法院首席检察官审核呈报该管高等法院首席检察官核准,并呈报司法行政部备案。① 4月4日,司法行政部依据《监犯保外服役暂行办法》第七条规定,指定从1932年4月1日到9月30日,在江苏、浙江、江西、甘肃四省首先实行监犯保外服役暂行办法。② 7月,该办法又扩展到山西,实行时间为1932年7月到12月。③

　　1936年12月15日,鉴于监狱较以前更为拥挤,工场不敷应用,人犯强半无工可作,在一定限制之下,准其保外服役成为必要。司法行政部颁行《修正监犯保外服役暂行办法》,将以前办法,酌加修正,减轻了限制条件。该办法不再要求人民团体保请,将前项条件,由一年放宽为受三年以下有期徒刑执行已逾三月而具备下面条件可以保外服役:一、在执行中遵守纪律者;二、保外后确有可服之役者;三、有一定住所者;四、有亲属或其他适当之人作保者。该办法就检察官对保外服役的监督方面有所变更,增加了检察官对旧监保外服役的监督。新监狱的保外服役,由监狱长提出监狱官会议,旧监狱的由管狱员提出监所协进委员会审查后,需要呈报该管高等法院首席检察官核准,然后转报

① 《监犯保外服役暂行办法》(1932年3月21日),《司法行政公报》1932年第5号,1932年3月31日,第9—10页。
② 《司法行政部令(法字第七号)(二十一年四月四日公布)》,《司法行政公报》1932年第6号,1932年4月15日,第10页。
③ 《国民政府训令(第一二五号)(二十一年六月二十日) 令直辖各机关》,《司法行政公报》1932年第12号,1932年7月15日,第39—40页。

司法行政部备案。如果遇到保外服役人保外期间终了、保外期间脱逃、保外期内死亡、撤销保外服役时，该管法院首席检察官要将事由呈报司法行政部。[①]下面是司法行政部核准备案保外服役的一个案例：

司法行政部指令（指字第一三六五一号）[②]

令江苏高等法院院长朱树声 署江苏高等法院首席检察官孙鸿霖

二十六年五月廿二日第九六一号呈请假释丹阳县监犯黄松生一名并送监犯朱慎金等四名保外服役报告书等件祈鉴核由

呈悉。监犯黄松生一名，查核相符，准予假释。仰饬遵照刑法第九十三条第二项，第九十四条，及刑诉法第四百八十五条，妥慎办理具报。其余朱慎金等四名，既经保外服役，并准备案。再此项保外服役与假释案件，应分别呈报，并饬承办人员嗣后注意。件存。此令。二十六年五月三十一日。

由于南京国民政府时期监狱拥挤的状况一直没有缓解，该法令施行期限一再延展，并扩展至军事人犯。直至1948年12月，司法行政部训令各地院长首检，将修正监犯保外服役办法施行期间再延展至1949年6月底，重申嗣后办理保外服役案件，经该管高等法院首席检察官核准后，应由各该监所通知原指挥执行检察官。如有撤销保外服役情事时，亦同。[③]

（3）对监所监督的方式——视察

第一，视察监狱的相关规定。为加强对监所人员的监督，早在1913年，北京政府就在《监狱规则》中规定，检察官可以视察监狱。[④] 1928年，南京国民政府颁布的《监狱规则》进一步明确检察官有权巡视监狱。1929年，司法行政

---

① 《修正监犯保外服役暂行办法》（1936年12月19日），《司法公报》1937年第159号，1937年1月3日，第18—20页。

② 《司法行政部指令（指字第一三六五一号）　令江苏高等法院院长朱树声、署江苏高等法院首席检察官孙鸿霖》，《司法公报》1937年第191号，1937年6月12日，第19页。

③ 《修正监犯保外服役办法施行期间再延展至三十八年六月底止》（1948年10月25日），《法令周刊》1948年第11卷第45期，第9页。

④ 《监狱规则》（1913年12月1日）第6条规定，司法部每二年一次派员视察监狱；第7条规定，视察员得以检察官充之。《司法公报》第2年第4号，1914年1月15日，第1页。

部训令各省高等法院首席检察官,明令为整饬监所起见,从 1930 年起,凡属法院监所由检察处派检察官,各县监所由县政府派视察员每两月前往监所详细视察,所有视察情形须按照司法行政部制定的视察监所报告单记载明白,每两月终报由该管长官转呈司法行政部考核。为规范检察官对监所的视察,1932年 5 月 10 日,司法行政部公布《视察各省区司法规程》,对视察监所的频次、内容作出严格规定,要求各省区首席检察官视察监所每年至少两次,视察时应将监所的行政状况、监所职员吏警配置及处理事务状况、监所人犯收容及待遇状况、其他与监所行政有关事项等考核其经过、成绩,作成报告书,报告给司法行政部部长;或经司法行政部部长特别指定或命令执行事项,其有关人员的进退并得随时报告司法行政部部长;监所组织及其他行政如有应行变更或兴革者,检察官也应就其视察所得,向司法行政部长建议;如果有特殊事件发生在定期视察外,各省区首席检察官受司法行政部长指派委托,可以对事件进行视察调查,并将经过情形作报告书,呈递于司法行政部部长。[①] 5 月 19 日公布《视察监狱规则》规定,在视察监狱时,检察官应该严格检查房屋构造的状况、教诲教育实施状况、监犯健康及关于卫生的实施状况、作业进行状况、经费收支状况、监狱全部事务设施状况等,并将视察情形据实记录,根据记录作成报告书。如果有改良意见,须将意见书另具附呈察核。如果可以立时办理者,得先办理,并在报告书内声明。[②]

　　在中央颁布视察监所法令之后,某些地方为更好贯彻该法令,还会特地采取一些措施加以保障。如浙江省高等法院检察处除巡视及随时派员视察外,还列举监所中应加注意事项数十端,令饬各院首席检察官各兼理司法县长随时注意有无所举各端情弊,以便切实改革;另一方面又将其中最应注意的十项内容,制成搪瓷小牌发悬各监所中,便于办理监所人员及在监人犯通晓遵守。同时,为防止各院县视察监所每两个月一次所呈报告成为具文,检察处还会随

---

① 《视察各省区司法规程》,河南省劳改局编:《民国监狱资料选》(下),河南省文化厅出版处批准印刷文号[87]176 号,1987 年版,第 360 页。
② 《视察监狱规则》(1932 年 5 月 19 日),蔡鸿源主编:《民国法规集成》第 66 册,黄山书社1999 年版,第 107 页。

时派员就原院县报告抽择复查,以便观察视察人员勤怠与否。①

腐败总是与权力共生,由于视察员可以向上级反映监所中出现的问题,对某些监所长官的仕途造成影响,因此,常有某些视察员利用职务之便向监所长官需索或向监所安插人员,以谋求个人利益的情形。为此,司法行政部于1932年发布训令要求视察监所人员不得向监所荐人,视察员应轮流选派。②1934年,为减少某些检察官视察监所态度傲慢,指手画脚情况的再次发生,司法行政部在训令中指出:"视察监所之用意原在考察监所奉行各种法令是否认真,并是否适当。乃近有少数检察官不明斯旨,于视察时对于监所职员之言语态度时有任性使气情事,殊于监所威信有碍。迭据各该监所长官陈述苦衷到部。合行令仰该首席检察官转饬各检察官于视察时,应切实注意,不得再有上述情事为要。"③以上司法行政部颁行的政令,正是针对检察官作为视察员监督监所实践中出现的问题的反映。

另外,某些地方还因视察监所专设视察员,致使弊窦丛生。1933年12月底,司法行政部针对以上情况,下达指令,指出"本部长此次视察司法时,闻各省院派视察员辄有借故需索情事。殊属违反视察本旨。现在视察各省区司法规程业已公布施行。其第二条规定,各该院长首席检察官对于所属法院及监所既应自行视察。即遇有交查案件或其他应行调查事项,亦可分别情形遴派现任推事、检察官或书记官前往办理。似此前项视察或调查员已无专设之必要。合亟令饬各该院如有此类人员之设置,应即一律裁撤,以节虚糜而杜流弊。"④

第二,视察的实践及作用。依据视察监狱的相关规定,检察官须每两个月

---

① 《浙江省检察部分概况报告》,司法院秘书处编印:《各省司法概况报告汇编》,1935年11月,第19—20页。

② 《视察监所人员不得向监所荐人又视察员应轮流选派由》,河南省劳改局编:《民国监狱资料选》(下),河南省文化厅出版处批准印刷文号〔87〕176号,1987年版,第319页。

③ 《检察官视察监所之言语态度应注意由》,河南省劳改局编:《民国监狱资料选》(下),河南省文化厅出版处批准印刷文号〔87〕176号,1987年版,第319页。

④ 《令各省高院如有调查司法委员视察员及调查员等设置应一律裁撤以节虚糜而杜流弊由》,《司法行政公报》1934年第49号,1934年1月15日,第42—43页。

向司法行政部呈送报告单。如下面一例：

视察察哈尔万全地方法院省守所报告单

谨将二十年十一、十二两月份视察情形开单呈请鉴核

察哈尔万全地方法院检察处检察官冯毓梅

计开

(一)人犯数目

甲定额 每月一百六十名 两月计三百二十名

乙实数 十一月一百四十三名 十二月一百五十四名

(二)建筑

甲、人犯房间是否敷用 敷用

乙、屋宇有无损坏 无

(三)卫生

甲、衣被 尚清洁欠整齐

乙、饮食 每日饮用开水两次 每日两餐小米饭 莜面小米面均足用

丙、卧处 尚清洁整齐

丁、医药 病犯随时诊治

戊、沐浴 每两周沐浴一次

己、运动 每日行之

庚、厕所或便桶 尚清洁

辛、污洁 尚清洁

壬、病犯数名 十一月五名 十二月四名

癸、两月内死亡人犯数目 十一月死一名 十二月无

(四)作业

甲、基金

乙、人数

丙、种类

丁、收入 无

戊、成品有无积滞

己、赏与金

（五）教诲

（六）教育　　两项每周一、三、五、日分班行之，礼拜日集合行之

（七）人犯请求事项及处置方法　　无特种请求事项，关于人犯请求案件进行时，随时处理

（八）有无应改良之处及其意见

附指令

司法行政部指令（指字第一三〇七号）（二十一年一月二十九日）

令暂代察哈尔高等法院首席检察官王德溥

呈一件为送二十年十一、十二月份视察万全地方看守所报告单祈鉴核由

呈单均悉，应准备案。单存。此令。①

在视察监所的过程中，负责任的检察官会将所查获的问题一一列举上报，其所提建议某些地方得到改进，对监狱的改进起到一定作用。

就监狱内部设施来说，1930 年 2 月至 4 月，北平地检处检察官视察看守所之后，根据司法行政部制定的制式报告单将两次视察结果都填写其上。在应改良之处及其意见中检察官提道："女所宜设置病室及浴室。查病室之设置意在隔离而杜传染，并便为适宜之待遇，且女所中羁押之妊妇，其分娩之前后应以准病者论，尤宜移入病室，再查所则规定，妇女入所其入浴检查应由女所丁监视，是女犯之入浴匪为平时卫生上所必要，且为入所检查时之最当方法，现在女所内并未设置病室及浴室，似非所宜。"②1934 年 2 月，检察官在视察看守所报告中的沐浴条件就有所变化，"男女两所各设有一处，分班提人沐浴，每班提十五人，第一班完毕，换水后，再提第二班，每人沐浴次数四季不同，

---

①　《视察察哈尔万全地方法院看守所报告单》，《司法行政公报》1932 年第 2 号，1932 年 2 月 15 日，第 76 页。

②　北京市地方志编纂委员会：《北京志·政法卷·检察志》，北京出版社 2007 年版，第 364 页。

春秋冬三季,每十日一次,夏季则每七日一次或二次。"①1930年,署江苏高等法院第二分院首席检察官王振南呈送本年四五月检察官视察江苏第二监狱分监及看守所报告单,提到监舍多漏,宜速修理,缺病室及疗养室,宜速增设,并询问应否仍须派检察官视察看守所。司法行政部指令,应会同该分院院长计划进行,以资改良。再此项报告单系由部令明定与修正看守所暂行规则第三条所规定并行不悖,嗣后仍须遵照部令,派检察官到看守所视察。②

就监狱的安保措施来讲,1931年2月,检察官视察北平地方法院看守所后,提出看守所除东边围墙连接旧司法部不需修缮外,北、南、西三面围墙都偏低,应当加高。当年4月,省高检处训令,对于检察官视察所提出的问题要设法解决。5月,北平地检处即呈报省高检处,围墙如果全部拆除重新建筑,需要经费太多,考虑在原有围墙上加高三尺,所需要经费也不算少,须等经费拨下来才可动工。③ 1930年湖南高等法院首检曹瀛呈送黔阳县1月至4月视察监狱报告单,提出屋宇损坏女监倾圮堪虞,应筹款重新建筑,以期稳固。司法行政部即指令,转饬该县政府先将房屋修理。一面设法筹款建筑新监,以资改良。④ 同年,曹瀛呈送湘阴县本年4月份视察监狱报告单,该报告单提出该监房窗户太小,光线不足。铺床亦不敷分配,应按名添置。署后围墙缝裂倾坏,亟待修葺,以防不虞。司法行政部指令,转饬县政府采择施行呈复。余准备案。⑤

在南京政府十年时期,监狱往往人满为患,这其间固然有监狱狭小,滥行羁押等问题,但监狱里面一些军事囚犯的寄押亦是一个重要原因。在视察监

---

① 北京市地方志编纂委员会:《北京志·政法卷·检察志》,北京出版社2007年版,第364页。

② 《司法行政部指令(指字第八五六九号) 令署江苏高等法院第二分院首席检察官王振南》,《司法公报》1930年第81号,1930年7月26日,第32—33页。

③ 北京市地方志编纂委员会:《北京志·政法卷·检察志》,北京出版社2007年版,第364页。

④ 《司法行政部指令(指字第九〇一八号) 令署湖南高等法院首席检察官曹瀛》,《司法公报》1930年第82号,1930年8月2日,第27—28页。

⑤ 《司法行政部指令(指字第九〇一九号) 令署湖南高等法院首席检察官曹瀛》,《司法公报》1930年第82号,1930年8月2日,第28页。

狱时,有检察官将此问题提出,请求司法行政部协调相关部门解决。1930年司法行政部就此向军政部协调解决此事。"据署江苏高等法院首席检察官王思默汇报视察江苏新旧各监所情形,内称第二监狱容额八百名,现收人犯至一千五百余人之多。其中四百数十名则为寄押之军事犯,所有一人独居室、三人杂居室、七人杂居室,均拥挤不堪,原有两工场亦改为大杂居室,各收容至一百数十名之多。不但无床可睡,而亦无地可容。察核现象在在堪虞。请予设法救济等情前来。查苏州第二陆军监狱成立已久,现在夏令将届,人犯拥挤,于卫生上实大有妨碍,应请贵部令饬该监狱迅将江苏第二监狱寄禁之军事人犯四百余名提归该监狱执行,俾资疏通而维狱政。相应咨请查照见复,以便转饬办理。此咨军政部。"①

实际上,由于监所并未受到检察官的独立监督,所以在改进狱务方面,检察官亦很无奈。江苏高等法院首席检察官胡诒榖在报告江苏省检察部分概况时指出,"各监所现归院方监督而指挥执行之责则检察官负之。往往各监因人犯拥挤,对于送监执行人犯,拒绝不收,商诸院方已无办法,即将苏垣而论,新监及分监并监犯临时收容所共计三处。现在收容人犯达二千数百人之多,其他各新监亦皆有人满之患。本处新定办法,自首席以次各检察官每周轮往各监狱视察以资改进。上述三项为检察部分最近实在情形。兹值全国司法会议之期,用特报告大会敬祈公鉴。"②检察官虽对监狱具有视察的责任和义务,但监狱各方面的管理及改进需要其他相关部门的努力,因此通过检察官视察监狱来改造监犯条件的作用是有限的。

检察官监督判决的执行是通过监督刑罚的执行,监督假释、保释及保外服役情况及对监所的视察等方式实现的。由于资料有限,对检察官监督假释、保释及保外服役情形尚难做出判断,但就现有资料来看,尽管检察官按照相关法律条文规定视察监所,但检察官对监所的监督要取得好的效果,促进监所改进

---

① 《司法行政部咨(咨字第六六号)(十九年五月九日)》,《司法公报》1930年72号,1930年5月24日,第35页。

② 《江苏省检察部分概况报告》,司法院秘书处编印:《各省司法概况报告汇编》,1935年11月,第3页。

及监犯待遇的提高,尚须各方共同努力。

2. 监督刑罚的执行

执行发生法律效力的判决是维护国家司法权的具体体现。南京国民政府时期,判决的刑罚执行通常是由检察官来完成的。1928 年的《中华民国刑事诉讼法》规定,"执行裁判由谕知该裁判之法院之检察官指挥之,但其性质应由法院或审判长指挥者不在此限。因上诉抗告之裁判或因撤回上诉抗告而应执行下级法院之裁判者,由上级法院之检察官指挥之。前二项情形其卷宗在下级法院者,由该法院之检察官指挥执行。"①检察官在指挥执行裁判时,应以一定的文书作为凭据,"应以书状为之,并附裁判书或笔录之缮本或节本。"②对于二种以上主刑的执行,除罚金外,一般来讲应按照先重后轻的原则执行,但有必要情况时,检察官有权不按此原则,执行他刑。③ 对公诉案件检察官指挥执行刑罚,对自诉案件的判决执行也"应由谕知裁判法院之检察官指挥之,与公诉案件并无区别"④。1932 年 6 月,南京国民政府公布《大赦条例》,其第五条规定:"已判决确定之应赦免人犯,由高等法院首席检察官核准开释。"⑤1935 年南京国民政府通过的《中华民国刑事诉讼法》中有关检察官指挥执行刑罚的规定与 1928 年的刑诉法规定大致相同。⑥

刑分为主刑及从刑。主刑又分为死刑、无期徒刑、有期徒刑、拘役和罚金。死刑是剥夺人的生命权,生命属于人们只有一次,因此对死刑的执行必须要慎之又慎。在"谕知死刑判决确定后,检察官应速将该案卷宗送交司法部","死

---

① 《中华民国刑事诉讼法》(1928 年 9 月 1 日)第 477 条,蔡鸿源主编:《民国法规集成》第 65 册,黄山书社 1999 年版,第 324 页。

② 《中华民国刑事诉讼法》(1928 年 9 月 1 日)第 478 条,蔡鸿源主编:《民国法规集成》第 65 册,黄山书社 1999 年版,第 324 页。

③ 《中华民国刑事诉讼法》(1928 年 9 月 1 日)第 479 条,蔡鸿源主编:《民国法规集成》第 65 册,黄山书社 1999 年版,第 324 页。

④ 吴经熊编:《中华民国六法理由判解汇编》,第六刑诉之部,会文堂新记书局 1948 年版,第 326 页。

⑤ 《大赦条例》(1932 年 6 月 25 日),《南京市政府公报》1932 年第 111 期,1932 年 7 月 15 日,第 75—76 页。

⑥ 详见《中华民国刑事诉讼法》(1935 年 7 月 1 日)第 461—463 条,蔡鸿源主编:《民国法规集成》第 65 册,黄山书社 1999 年版,第 299 页。

刑经司法部复准后应于文到三日内执行之"。① 即由司法部对案件作最后的复核,确定是否执行死刑,以免错杀人犯,造成不可挽回的错误。如下面一例:

谭麻子杀人强盗俱发案

请覆准呈　第一号

呈为判处死刑确定请予覆准执刑事。查刑事被告谭麻子(即子仪)为民国　年刑字第九九八号因杀人及强盗一案经四川高等检察厅覆判于民国十六年八月二十日判处死刑,确定应即执行,用特将该案卷宗连同原确定判决缮本呈请钧部核准施行。谨呈

国民政府司法部长王

中华民国十六年十月二十六日

四川高等检察厅检察长谢盛堂

计开

呈送判决正本一件,县卷贰宗,高审厅卷一宗

校对、监印潘植三②

死刑的执行场所为监狱。执行死刑时,应该由检察官莅临并命书记官在场,除经检察官或监狱长官的许可,其他人不得进入行刑场内。同时,执行死刑应由在场的书记官制作笔录,由检察官及监狱长签名。如果受死刑之人心神丧失或妇女怀胎则要停止执行,待其痊愈或生产后,再由司法行政最高官署下达命令,方可执行。

死刑执行的方式,在实践中执行绞刑时,可以"预买哥罗方药水一瓶,先将受刑人之口及鼻蒙以棉或纱,然后用药水滴十余次,使受刑人数一二三,至

---

① 《中华民国刑事诉讼法》(1928 年 9 月 1 日)第 480、481 条,蔡鸿源主编:《民国法规集成》第 65 册,黄山书社 1999 年版,第 324 页。后由于南京国民政府进行五院制改造,死刑的核准转归司法行政最高官署。1935 年的刑诉法第 464、465 条规定,"谕知死刑之判决确定后,检察官应速将该案卷宗送交司法行政最高官署","死刑经司法行政最高官署令准,于令到三日内执行之。"蔡鸿源主编:《民国法规集成》第 65 册,黄山书社 1999 年版,第 299 页。

② 《谭麻子杀人强盗俱发案请覆准呈(第一号)》,《司法公报》1928 年第 5 期,1928 年 2 月 15 日,第 68—69 页。

数不出声时,知觉已失,然后处绞"①。司法行政部还曾令各省高等法院首席检察官执行死刑时就可能的范围内先用麻醉方法,并就现今通用麻醉药品选择四种予以推荐。② 为规范死刑的执行,司法行政部在颁行的《办理刑事诉讼案件应行注意事项》曾这样规定:"谕知死刑之判决确定后,应速将全案卷宗送交司法行政部复核。俟得有司法行政部令准后,于监狱内依法处绞。执行时务使用麻醉药品,俾减少受刑人痛苦。"③这说明南京国民政府的法制已摆脱以威吓主义和报复主义为特征的封建法制,吸收了资本主义国家体现人道主义的法律原则,体现了司法文明的进步。

同执行死刑体现人道主义相一致,检察官在执行徒刑和拘役刑时,如发现被执行刑罚的罪犯有下列情形:一、心神丧失者;二、怀胎七月以上者;三、生产未满一月者;四、现罹疾病恐因执行而不能保其生命者,也应下达停止执行的命令。如果具有第一或第四种情形,检察官还应将受刑人送入医院或其他适当的处所。待罪犯痊愈或事故消灭后,检察官才指挥执行刑罚。④

对罚金、罚锾、没收、没入及追征的裁判,也应依检察官的命令执行,但罚金、罚锾在裁判宣示后,经受裁判人同意,检察官又不在场的,可由推事当庭指挥执行。这种裁判的执行准用民事裁判的规定。⑤ 不过"其程序虽可准用执行民事裁判之规定,但检察官对于民事执行处,只能嘱托为之,并无指挥命令之权"⑥。罚金、没收及追征可以就受刑人的遗产执行,没收的财物由检察官代表国家处分。没收物在执行后三个月内由权利人声请发还的除应破毁或废

---

① 陈道章:《县长兼理司法审判须知》,《法学季刊》第 2 卷第 1 期,1931 年 3 月,第 62 页。

② 《司法行政部训令(训字第三九四九号) 令各省高等法院首席检察官》,《司法公报》1935 年第 57 号,1935 年 8 月 12 日,第 18 页。

③ 《办理刑事诉讼案件应行注意事项》,《司法公报》1935 年第 62 号,1935 年 9 月 6 日,第 16 页。

④ 详见《中华民国刑事诉讼法》(1928 年 9 月 1 日)第 484—486 条;《中华民国刑事诉讼法》(1935 年 7 月 1 日),第 469、471、472 条,蔡鸿源主编:《民国法规集成》第 65 册,黄山书社1999 年版,第 324、300 页。

⑤ 《中华民国刑事诉讼法》(1935 年 7 月 1 日)第 474、475 条,蔡鸿源主编:《民国法规集成》第 65 册,黄山书社 1999 年版,第 300 页。

⑥ 《办理刑事诉讼案件应行注意事项》,《司法公报》1935 年第 62 号,1935 年 9 月 6 日,第16 页。

弃的之外,检察官应该发还权利人。对已经拍卖的,还应给予拍卖所得的价金。对伪造或变造的物品,检察官在发还时,应该将伪造变造的部分除去或者加以标记。扣押物品因受发还人所在不明或因为其他事故不能发还的,检察官应该予以公告。公告六个月内仍然无人声请发还,该扣押物品归属国库。对无价值的扣押物品,检察官可以命令废弃,不便保存的可以命令拍卖保管价金。①

对已被判处缓刑的罪犯,如果要撤销缓刑,需要由受刑人所在地或最后住所所在地的地方法院检察官向该法院裁定。裁判确定后,如果发觉应当变更刑罚,就应该由该案犯罪事实最后判决法院的检察官向该法院声请予以裁定。依照刑法的相关规定,对于受刑人,如果延长、免除其刑罚的执行,或付之保安处分,仍需由检察官声请法院裁定。对那些受拘役或罚金宣告,犯罪动机在公益或道义上显然可以得到宥恕的人犯,要易以训诫,该任务也需要由检察官执行。②

受执行刑罚的人犯,或其法定代理人,或配偶,如果认为检察官指挥刑罚执行不当,可以向谕知该裁判的法院声明异议,法院应就其疑义或异议的声明作出裁定。③

对于那些法院办理的反革命案件,虽因证据不足导致被告不被不起诉或被判决无罪或被依法免刑,但如果被告被认为是不良分子应该送反省院或感化院时,检察官可以径行处分(除有共产党自首法第八条规定情形外)。④

---

① 《中华民国刑事诉讼法》(1935 年 7 月 1 日)第 477—479 条,蔡鸿源主编:《民国法规集成》第 65 册,黄山书社 1999 年版,第 300 页。

② 《中华民国刑事诉讼法》(1935 年 7 月 1 日),蔡鸿源主编:《民国法规集成》第 65 册,黄山书社 1999 年版,第 300 页。

③ 《中华民国刑事诉讼法》(1935 年 7 月 1 日),蔡鸿源主编:《民国法规集成》第 65 册,黄山书社 1999 年版,第 300 页。

④ 《解释反革命案内之被告应送入反省院者除共产党人自首法第八条规定情形外应由检察官径行处分令》,殷梦霞、邓咏秋选编:《民国司法史料汇编》第 35 册,国家图书馆出版社 2011 年版,第 149 页。

二、特别程序及民事诉讼中的检察职权

如果说从正常法院建制及刑事诉讼中检察制度的设计可以看到我国近代检察制度西化的一面,那么地方司法制度及民事、特殊诉讼程序中检察制度的设计及实践则是外来检察制度中国化的一面。其中的反复和斗争,带有明显的时代烙印,对研究西洋司法制度的中国化具有特殊意义。其蕴含在制度设计中的别具匠心,反映了转型社会时期制度设计者的卓越智慧。由于南京国民政府时期非正常法院建制的地方依然大量存在,兼理司法制度及特殊诉讼程序中的检察职权依然故我。而与此形成对比的是检察职权从特殊的民事诉讼——人事诉讼中退缩。

(一)特别程序中的检察职权

1. 县长兼理检察职权

(1)兼理司法制度的历史渊源

中国是一个传统的农业国家,经济关系相对简单,作为皇权所能触及的县级政权的管理者知县,其职责是相当繁重的,身兼地方行政与司法判案的双重职责。如《明史》中有下面的记载:"知县掌一县之政……凡养老、祀神、贡士、读法、表善良、恤穷乏、稽保甲、严缉捕、听狱讼,皆躬亲。厥职而勤慎焉。"①《清史稿》中也有相似的记载:"知县掌一县治理,决讼、断辟、劝农、赈贫、讨猾、除奸、兴养、立教,凡贡士、读法、养老、祀神,靡所不综。"②这些有力地证明了中国古代行政与司法不分的事实。在当时情形下,诉讼的提起方式大致有四种:被害人或被害人家属控告施害人,或向官府告诉所发生的犯罪案件;一般人告诉;犯罪人自首;官员的告发。诉讼贯彻是不告不理的原则,没有专门

---

① 《明史》卷七十五志第五十一,《二十五史》第 10 册,上海古籍出版社、上海书店出版社1986 年版,第 203 页。

② 《清史稿》志九十一,职官三,《二十五史》第 11 册,上海古籍出版社、上海书店出版社1986 年版,第 444 页。

机构和人员为公共利益而进行诉讼。在案件审理的过程中,往往是审判官独揽侦查审判执行的全过程。审理过程缺乏有效的监督,其间所造成的冤假错案不计其数,渴望出现清官成为人们一直以来的心理诉求。

　　鉴于外国侵略者的压力及收回治外法权的强大动力,清政府谋求司法改革。力图将司法权与行政权分离。同时,引进大陆法系的检察制度,将诉讼的发动权从审判官手中剥夺,赋予检察官,使审判在检察官的监督下进行。林林总总,中国的司法面临着前所未有的改革,如何让西方司法制度在传统中国旧有的土壤中生根发芽成为时代的难题。的确在中国推翻旧有制度引进西方制度,中国由传统政治秩序向现代统治秩序转型的过程中,不得不面临尴尬境地:"一方面要避免立基于原有结构的政治权威在变革中过度流失,从而保证一定的社会秩序和政府动员能力;而在另一方面为了保证这种权威真正具有'现代化导向',就必须防止转型中的权威因其不具外部制约或社会失序而发生某种'回归'。"①中国司法制度改革中民国时期县长兼理司法就是这种体现,在边远地区更成为一种必然。其主要原因在于中国传统上就是一个司法行政权合二为一的国家。行政权的强大及人们习惯上要求,使得将司法权委身于行政权成为必然,成为变动时期维护社会稳定的权宜之计。同时,民初统治者对基层行政人员的信任亦成为县知事兼理司法的滥觞原因。袁世凯在第一次接见县知事时,对县知事寄予厚望,"民为邦本,本固邦宁。固本之责,惟在官吏。而官吏之责任最重者,尤莫如县知事。盖知事为亲民之官,于人民之安危利病,关系特切。值兹民生凋瘵之余,自宜共体时艰,力图上理。"②将司法权重新揽入行政权的怀抱乃当时社会环境使然。

　　民国建立,奉行三权分立,后孙中山又有五权学说,但司法独立则一直是民国政府当局所追求的目标。在确认兼理司法制度的同时,也在司法独立的道路中摸索着前行,步履维艰地行走。民国时期兼理司法制度实施贯穿民国数十年,在不同历史时期有不同表现形式,出现过审检所制度、县知事兼理司

---

① 邓正来:《国家与社会——中国市民社会研究》,四川人民出版社 1997 年版,第 158 页。
② 《大总统训第一次觐见县知事训辞》,《东方杂志》第 10 卷第 12 号,1914 年 6 月 1 日,第 32 页。

法制度、司法公署制度和县司法处制度四种形式。就前三种形式,江庸在《最近五十年之法制》中曾有这样的描述,"民国二年于未设普通法院之各县地方设审检所,三年废止。订《县知事兼理司法事务暂行条例》,以各县司法事务全委县知事处理;五年改设县司法公署,后未实行,现仍归县知事兼理。"①可见,前三种当中,县知事兼理司法制度,实行时间最长,推广最广。就第四种形式来说,是南京国民政府为推进司法独立,力图取代县长兼理司法而采取的措施。由于财政及人员关系,加之抗战影响,县司法处并没有在全国铺开,仍有大量未设普通法院的地方实行县长兼理司法制度。

(2)兼理司法制度中的检察角色

在南京政府时期,无论是在县政府兼理司法或县司法处制度中,检察职权一直由县长兼理,但检察职权在案件判决中少有表现。对简易程序,县长可以省略检察官声请程序,对适用于简易程序的案件径行处刑命令。不但如此,县长对于办理假释的司法程序,同样可以省略声请。1935 年滁县县长呈请,县政府检审未分,在办理假释时,是否可以省略声请程序,司法行政部指示,"查假释人犯付保护管束,县长兼理司法,既具特殊情形,该县长所请参照司法院院字第一二六三号解释,省略声请程序,径由县长办理之处,尚属可行,应予照准。"②在审判案件之时,县长同样是以审判官身份出现。请看下面一例:

例一:兼理司法东台县政府刑事判决③

判决

被告 景永长 男 年四十岁 住本县刘袁乡 业农

被告囚棉花掺水一案本府审理判决如下

主文

景永长意图不法利益,于棉花内掺水,处罚金六元,如服劳役,以一元

---

① 江庸:《五十年来中国之法制》,《最近之五十年》,申报馆 1923 年版,第 6 页。

② 《司法行政部指令(指字第二二四号) 令代理安徽高等法院院长陈福氏、安徽高等法院首席检察官王树荣》,《司法公报》1936 年第 90 号,1936 年 1 月 24 日,第 15—16 页。

③ 《兼理司法东台县政府刑事判决》,《棉业通讯》1937 年第 19 期,1937 年 1 月 31 日,第 12—13 页。

折算一日。

事实

景永长于本年十二月三日，在本县时堰汪少记花行门口贩卖掺水棉花八包，适被棉花取缔所驻溱潼查验员查获，请由本院公安第六分驻所巡官拘案，解送本府讯办。

理由

以上事实被告虽狡称是王汪氏、张长乐乘我带棉花来卖，并不是掺的水，是船漏浸水等语。然该被告所卖棉花八包，水分超过法定最高限度，当场被查验员查获，则其所称船漏浸水，显系空言饰辩，不足取信，核其所为，实犯修正取缔棉花掺水掺杂暂行条例第四条之罪，处以罚金六元，并依刑法第四十二条一、二两项处断，爰依刑事诉讼法第二百九十一条前段判决如主文。

中华民国二十五年十二月四日判决

兼理司法东台县政府刑事庭　县长钟竟成　承审员郑钦

本件证明与原本无误。

例二：枣阳县政府刑事判决①

被告　朱文臣　男　年四十岁　住琚家湾　开设豫康花行

李芳荣　男　住琚家湾　开设黄义兴花行

被告等因棉花掺水掺杂案件本府判决如下

主文

朱文臣、李芳荣收买含水分及杂质超过最高限度之棉花，各处罚金一百五十元，如无力缴纳，以二元折算一日，易服劳役。

事实

朱文臣开设豫康花行，李芳荣开设黄义兴花行，于在逃之正昌德盛玉花行同受集裕花商代理人侯九如之托，在琚家湾收买含有水分及杂质超过最高限度之棉花共四十一包，运至本县汽车站，经棉花掺水掺杂取缔所

---

① 《枣阳县政府刑事判决》，《棉业通讯》1936年第12期，1936年6月30日，第5—6页。

查获解送到府。

理由

查修正取缔棉花掺水掺杂暂行条例,第二条载,本国棉花在市场买卖以含水分百分之十二,含杂质百分之二,为最高限度,第五条载,纱厂花行或其他棉商,收买含有水分或杂质超过最高限度之棉花者,停止其使用或转卖,并得处一千元以下罚金等语,本件被告等开设豫康及黄义兴花行,与在逃之正昌德盛玉花行,受棉商集裕号代理人侯九如之托,各含有水杂之棉花十余包,运至本县汽车站,经取缔所派检查员宋蒲生,检验计棉花四〇七七五公担,内含水平均百分之十五点九九,含杂质平均百分之七点五九,均超过法定最高限度,填送查验单附卷,质之被告,豫康行东朱文臣及黄义兴行东李芳荣,均称买进之花,须零细收买原样成包,并未掺水掺杂,复无其他佐证足以证明,被告等有掺水掺杂行为,显见此项棉花,所含水分杂质,须出于原卖人之所为,该被告等只应负收买此项棉花之责任,依照上开法条,应各酌予处罚,以资惩戒,如罚金无力完纳,依刑法第十一条,第四十二条第二项,准以二元折算一日,易服劳役。

据上论结,依刑事诉讼第一条,第二百九十一条,前段判决如主文,不服本判决得于十日内,问本府提出上诉状,于湖北高等法院第二分院。

中华民国二十五年四月二十四日　枣阳县政府承审员张振寰　书记员张锐之

中华民国二十五年四月二十八日

相对于通常法院判决书,某位检察官莅庭执行职务,其名字会在判决中出现,体现出审检分立的现实,及检察官监督审判职能的发挥。而在此两份正式判决中,我们并没有看到此类文字,这固然是由于县长在兼理司法的同时,兼理审判与检察两种职权,但检察职权已经湮没于审判职权之中。现代司法制度所要求的审检分立,在中国的基层审判中较少有其痕迹。

即便在南京国民政府致力于将兼理司法县政府地区改设司法处,以取代兼理司法的县政府时,明确规定县司法处检察职权由县长兼理,但其判决书中仍难见兼理检察职权县长的大名。请看下面事例:

安徽省和县县司法处刑事判决

（二十五年度诉字第二〇〇号）

判决

被告 严加熙 男 年五十岁 和县人 种田

被告因棉花掺水案件，本处判决如下：

主文

严加熙意图谋不法利益，故意将棉花掺水，处八元罚金。

事实

严加熙于本年十二月二十三日将所收棉花二包，计重约六十公斤，运往乌江大瑞和花行出售，经中央棉花掺水掺杂取缔所乌江办事处查出，扦样烘拣结果，含水达百分之一五点二〇，已超过法定最高限度，即将被告函送本处依法审判。

理由

本件被告严加熙将所收棉花二包，计重六〇公斤，故意掺水，运往乌江大瑞和花行售卖，经中央棉花掺水掺杂取缔所乌江办事处查出，扦样烘拣结果，含水达百分之一五点二〇，已超过法定最高限度，其为意图谋不法利益，故意贩卖潮棉，委无疑义。

据上论结，应依刑事诉讼法第二百九十一条前段，取缔棉花掺水掺杂暂行条例第四条判决如主文。

中华民国二十五年十二月二十六日

审判官王钧宝 书记官阿开泽①

在《县司法处组织暂行条例》明确规定"县司法处检察职务由县长兼理之"②的条件下，审判书的文字表述中仍然缺乏县长兼理司法的文字显示，这不得不使人们对县长是否兼理检察职务表示怀疑。

———————

① 《安徽省和县县司法处刑事判决》，《棉业通讯》1937年第19期，1937年1月31日，第13页。

② 《县司法处组织暂行条例》，朱观编著：《县司法法令判解汇编》，正中书局1948年版，第43页。

迟至抗战时期,县长兼理检察的状况仍大量存在,但县长对该职权并不十分在意。1943 年 8 月 1 日,河南省政府派司长庆暂代博爱县县长,并电告河南省高等法院检察处。随后,河南省高等法院检察处向博爱县县长司长庆发布训令:

河南高等法院检察处训令稿(字第一三四〇号)

事由令该县县长对于所兼检察事务,务须切实认真办理,并将到县任事日期检同履历,呈报,以凭考核由

主任书记官九月十七日稿　书记官九月十六日稿

中华民国卅二年九月二十日书记官　封发(河南高等法院检察官印)

训令训字第　　号

令博爱县县长司长庆

查各县县长均兼检察职权,且为重要职务之一,前准河南省政府函送各该县长考绩表,已将各县长办理检察事务成绩列入考绩表内,自应受本处之指挥监督,认真办理,翅值此全面抗战时期,肃清反动,铲除贪污,以及检举一切犯罪,尤赖各该县长认真行使职权,乃本首席检察官亲到各处巡视,各县县长对于检察职权,切实明了,认真办理者,固属多数,其不甚明了职责所在,敷衍塞责者,亦有其人,亟应分别令饬,嗣后注意办理,勿再忽视。顷准河南省政府本年八月世一日鲁秘人字第 358 号代电开:派司长庆暂代博爱县县长等由,合亟令仰该县长对于所见检察事务,务须切实认真办理,并仰将到县任事日期,检同履历呈报,以凭考核,此令。①

此后,河南高等法院检察处又先后在 1943 年 12 月 24 日、1944 年 3 月 28 日两次向该县长发布训令,要求其将兼职任事日期及履历予以呈报。② 其中 3 月 28 日训令中指出:

案查该县长依法兼理检察职权,业经本处于卅二年九月二十日以训

---

① 《河南省政府代电(鲁秘人字第 358 号)(民国三十二年八月一日发)》,河南省档案馆藏民国司法档案,全宗号 M11,案卷号 1995,第 1 页。

② 《河南高等法院检察处训令稿(字第一七乙九号)》,《河南高等法院检察处训令稿(字第三一三号)》,河南省档案馆藏民国司法档案,全宗号 M11,案卷号 1995,第 2—7 页。

字第一三四〇号,训令该县长对于所兼检察事务,切实认真办理并饬将任事日期检同履历呈报备核。嗣固久未据报,复经本处于同年十二月廿四日以训字第一七一九号训令催报各在案。兹逾时六月竟仍未遵报前来,殊属非是,合再令催,仰该县长赶日将兼职任事日期及履历呈报,勿再玩延为要。切切此令。①

河南高等法院检察处三次向博爱县县长发布训令,言辞恳切,要求其将履职日期及履历表呈报。在长达六个月的时间里,博爱县长竟没有回复。就已有的档案来看,此后并没有发现博爱县县长呈报的文件。如此这般,兼理司法的博爱县县长如何能很好履行检察职权。尽管如此,县长的检察职权仍有可能成为影响案件走向的一个重要因素。如下面一例:

卢陈氏诬告抗告案二十二年一月五日刑事第二庭裁定(抗字第二号)

抗告人　卢陈氏　女　年五十岁　乐清县人　住余杭风车岭

被告人　张永春　男　年龄未详　余杭县人　住东贤村

……

抗告人因被告等诬告嫌疑案件不服浙江高等法院民国二十一年九月三十日驳回抗告之裁定再行抗告本院裁定如下:

主文

原裁定撤销

理由

查县长兼有检察与审判两种职权,其基于检察职权所为之不起诉处分如有不服在法律上别有救济之途要,不能对之抗告,本件抗告人向余杭县政府诉被告张永春等诬告嫌疑经县政府本其检察职权批示,不予诉追,依上说明抗告人自不得对之提起抗告。原法院率依抗告程序受理显有未合,应由本院为之纠正。

据上论结应依刑事诉讼法第四百二十四条裁定如主文。②

① 《河南高等法院检察处训令稿(字第三一三号)》,河南省档案馆藏民国司法档案,全宗号 M11,案卷号 1995,第6—7页。
② 《卢陈氏诬告抗告案》,《司法院公报》1933年第73号,1933年6月3日,第21—22页。

在该例当中,县长兼有检察职权成为高院驳斥抗告的原因。根据《修正县知事审理诉讼暂行章程》第四十二条的规定,法院编制法、民事诉讼条例、刑事诉讼条例及其他关于法院适用之法令规程之规定,除与该章程抵触者外,于县知事准用之。① 因此刑事诉讼法第二四八条第一项,告诉人接受不起诉处分书后,得于七日内以书状叙述不服之理由经原检察官声请再议,应适用于该案件。该案件当中,县长依据其检察职权作出不起诉处分。根据刑诉法的规定,声请人如果不满意该处分,应该在七日内以书状叙述不服理由向兼理检察职权的县长声请再议。而该声请人以抗告的形式表示不服,是为错误。在此例子中,县长兼理检察职权的权力,得以彰显。

此外,检察官具有通缉被告人的权力。由于县长兼理检察职权,所以对被告人的脱逃,同一般检察官负有一样的责任。如河南高等法院检察处于1934年6月25日曾训令各县政府,"案查前据涉县县长陈文粹呈报,'该县监所已未决人犯,于本年一月十九日下午,刘匪桂堂陷城,被匪完全纵逃。'业经令饬通缉在案。'兹据该县长陈文粹呈称:兹于六月十四日,将逃犯马吉泰一名缉获到案,送监继续执行'等情前来,除指令严缉未获各犯外,合行令仰该府即便遵照,将马吉泰一名停缉。"②

实际上,从1913年3月北京政府发布《各县帮审员办事暂行章程》③中要求各县在县公署内附设审检所开始,到1913年11月至1914年4月陆续裁撤④,"司法权在与行政权的第一次较量中归于失败。理想化的司法独立制度,在民国的社会政治环境中,残酷的现实已经磨去了该制度应有的绚丽的光彩,转而只能就靠于现实的土壤。"⑤司法权在行政权面前已经是一个矮子,而

① 《修正县知事审理诉讼暂行章程》(1923年3月29日),《司法公报》1923年第176期,1923年4月30日,第18页。

② 《河南高等法院检察处训令(监字第四一〇七号)》,《河南高等法院司法季刊》1934年7、8、9月,第88—89页。

③ 《各县帮审员办事暂行章程》,《政府公报》1913年第301号,1913年3月9日,第10—11页。

④ 《各省审检所情形一览表》,《司法公报》第一次临时增刊,1915年第34期,司法部三年份办事情形报告,第22—23页。

⑤ 韩秀桃:《司法独立与近代中国》,清华大学出版社2003年版,第240页。

相对于审判权较弱的检察权,在民国时期相对强大的行政权来说,其在实践中显现的与文本间的巨大差距就不难理解了。

由于司法独立为外国取消领事裁判权主要考量内容,民国学者对兼理司法制度有所担心,"假定外人杂居内地之速度,大于县知事兼理司法现象消灭之进程。在未普设第一审法院或司法处以前,若将涉外事件之管辖,斟酌情形,妥为划分,为民刑诉讼法中之一般管辖划一暂时例外,不以县行政单位为一司法单位,而以数行政单位为一涉外事件之管辖区域。此不仅可为撤销领事裁判权后之中国司法谋事功。即在顾虑建国事业之步骤,节约司法人材经费之观点,似亦大有考虑之余地。"[1]因此,民国政府一直努力推行司法独立。对于兼理司法县知事的活动,虽然我们将其某些行为定为行政、侦查抑或是追诉或审判行为,但在"具体的主观上,常不免司法原属行政,侦查亦即审判。易词言之:客观的观念的分析,非即主观的实践之程序。于是人权之蹂躏,权力之剥夺,不知不觉产生于诉讼主体唯一无二,诉讼手续界限不明之状态中"[2]。当然这种情况的存在,也在设计者的意料之中,覆判制度的存在,就是其说明。国家一方面采用兼理办法,同时创制覆判制度,便是担心县判的正确性和妥当性。民国学者认为:"舍困于人力财力外,别无解释。因之,兼理司法现象应随才财二者之增加而逐渐减少,无待多言。"[3]直至1939年,学者们对兼理司法的改进有强烈的愿望,"凡未设承审员者添设承审员;已设承审员者逐年改为司法处;司法处则逐年改为地方法院,或采用分院制度,一若烟禁之期限禁绝,俾使整个法治精神得以全面实现。"[4]而针对才财两事,亦有较大的期望:"顾司法改革之困难,其初在才财二难,至今似亦未变其性质。惟才财二者之困难为相对的,非绝对的。新法律教育之推行迄今三十年,'才财'当已不若民初之严重。至于财政,地方法院之设,负担虽较重大,设一承审员

①　蔡枢衡:《中国法理自觉的发展》,清华大学出版社2005年版,第179页。
②　蔡枢衡:《中国法理自觉的发展》,清华大学出版社2005年版,第151页。
③　蔡枢衡:《中国法理自觉的发展》,清华大学出版社2005年版,第151页。
④　蔡枢衡:《中国法理自觉的发展》,清华大学出版社2005年版,第151—152页。

或审判官,每月支出不过百元上下,合中央地方之力以赴,宜非绝不可能。"①推行司法独立面临问题如此困苦,司法权中检察职权的有效运用,则不免望洋兴叹。

2. 覆判程序:检察官附具意见并转送

(1)南京国民政府时期覆判制度中有关检察官的制度规定

覆判是晚清至民国时期救济非正式法院刑事案件判决不当而设立的一种制度。同传统覆判不同的是,覆判主体由以往的行政机关转为具有现代意义的高等审判厅。② 由高等审判厅对非基层正规法院判处的案件进行核查。南京国民政府时期,高等审判厅改为高等法院,高等检察厅裁撤,转设首席检察官,原覆判机关相应改为高等法院。之所以覆判制度被重新启用,主要在于迫于收回领事裁判权及中国传统审判弊端所造成的压力,晚清政府进行司法改革。就审判案件说,清王朝一改往常行政权兼管司法权的传统做法,将司法权与行政权分离,设立相对独立的审判机关。但该做法随着旧王朝的崩溃而未大规模地在全国展开。北京政府时期,由于财政困难加之司法人才缺乏,初级审判厅裁撤,传统司法审判形式又重新附着于基层行政机关——县知事,由县知事兼理司法。基于慎重民命的传统思考及维护司法公正的需要,覆判制度改造后被重新加以利用。

南京国民政府成立之初,由于各项事业尚在初创时期,1927 年 8 月,国民政府训令司法部,凡从前施行之各种实体法、诉讼法及其他一切法令,除与中国国民党党纲主义或国民政府法令抵触各条外,一律暂准援用。这就意味着北京政府使用的《覆判章程》在南京国民政府时期继续留用。1928 年南京国

---

① 蔡枢衡:《中国法理自觉的发展》,清华大学出版社 2005 年版,第 152 页。

② 江庸曾在《五十年来中国之法制》中将民国初期覆判与晚清覆判做一对比,他认为主要有三点不同:一、前清州县审拟案件,承用旧时解勘之制,由府而道,层层审转,然后奏交大理院覆判。此次定制,将解勘覆审之制,一律废除。案经各县判决后,即径送高等审判厅覆判。二、前清覆判案件限于例应专奏汇奏之死罪案件。此次定制,则凡判处死刑、无期徒刑或一二等有期徒刑者,均应照章覆判。三、前清各县审拟案件,用解勘覆审之制。如前所述,故无正式上诉机关,不问当事人有无不服,概由大理院覆判。此次定制,则覆判案件以未经上诉者为限。其已经上诉者,仍依通常程序办理。江庸:《五十年来中国之法制》,《最近之五十年》,申报馆 1923 年版,第 9 页。

民政府对《覆判章程》进行改定,颁布了《覆判暂行条例》。随着县司法处的设立,南京国民政府于 1935 年 6 月颁布《县司法处覆判暂行条例》,半年以后,由于大量兼理司法之县政府并未全部改为县司法处,因此,司法行政部呈请司法院"县司法处刑事案件覆判暂行条例,业奉公布施行,各省兼理司法之县政府正在分期改设县司法处,在未改设以前,关于覆判案件,仍系适用十七年九月十九日前司法部公布之覆判暂行条例。兹查该两条例内容规定,多属于第二审法院遵守事项,以同一法院办理同一之覆判案件而须适用两种条例,不免纷歧,且自新刑事诉讼法施行后,已无初级地方管辖之区分。本部前曾经通令所属,凡新刑法第六十一条所列各罪之案件,概不呈送覆判。是现在各兼理司法县政府呈送覆判之标准,已与县司法处相同,拟请命令兼理司法县政府,一律准用县司法处刑事案件覆判暂行条例,以昭划一。"[1]得到司法院的批准。司法行政部于 1936 年 12 月 21 日宣布《覆判暂行条例》于 1937 年 1 月 1 日废止。[2] 1937 年,抗日战争爆发以后,大片国土沦陷,覆判主体改由司法行政部指定的邻省高等法院或分院覆判。如果覆判案卷未能及时递送,要暂缓覆判。暂缓覆判的案件,如果原判系处有期徒刑羁押的被告,应在刑期届满后,撤销羁押,并将其释放。[3] 由于维系覆判制度的条件依然存在,所以该制度一直存在至国民政府政权在大陆的覆灭。

以上覆判制度的演变梳理,我们可以看出覆判制度从晚清开始一直持续到民国整个时期,制度规定紧从时代发展,从简单到日益完善;从操作者疑义丛生到操作流程日益规范,体现出法律制定者在现有条件下追求司法独立又不得不向现实妥协的无奈境遇。

(2)南京国民政府时期覆判程序中检察官的角色

根据覆判相关规定,兼理县司法事务县政府,县司法公署或由县长兼行检

---

① 《司法院训令(训字第九零二号) 令最高法院院长焦易堂》,《司法公报》1936 年第 157 号,1936 年 12 月 24 日,第 3 页。

② 《司法行政部令:覆判暂行条例着于民国二十六年一月一日废止》,《司法公报》1937 年第 159 号,1937 年 1 月 3 日,第 13 页。

③ 司法院参事处编:《新订国民政府司法例规》第二册,第六类"审判"、第五章"覆判",1940 年铅印本,第 633 页。

察职权的县法院,针对审判地方管辖的刑事案件,未经声明上诉或撤回上诉,或上诉不合法未经第二审实体审判的,都应该呈送高等法院或分院予以覆判。覆判判决结果为核准判决、更正判决和覆审判决。高等法院或分院对所呈送的覆判案件,如果法律事实相符或仅引律错误,或诉讼程序虽系违背法令,但显然对原判决没有影响的案件,其罪行并无出入者,可以为核准判决。对于引律错误,致罪有失入或仅从刑失出的案件;或引律无错误而量刑失当的案件,或如一案中有应核准与应更正部分互现时,高等法院覆判后,应为更正判决。但原处无期徒刑以下刑法而认为应该处死刑的,不在此限。[①] 1936 年县司法处覆判条例又将更正判决的情形做了修改,主刑的量刑失当,或从刑或保安处分失当,或缓刑不合法定条件的案件,如果主刑的量刑失当,高等法院认为应该加重到无期徒刑或死刑的,应该作出覆审的裁定。[②] 高等法院对呈送来的覆判案件,处分的形式除有核准、更正的判决外,还有覆审裁定。作出覆审裁定的案件主要是由于法律事实不清,引律错误且主刑失出。高等法院或分院根据覆判案件情形,适用三种办法作出覆审裁定:(一)发回覆审;(二)提审;(三)指定推事莅审。

根据《覆判暂行条例》,兼理司法县长要在限定的期限内将覆判案件相关材料呈送于高等法院或分院检察官,检察官需要就该案件处分情况向刑事庭出具意见书。见如下两例:

高等法院检察官对兼理司法县长呈送覆判应向本院刑事庭出具意见书

意见书一:江西高等法院检察官对于兼理司法奉新县县长呈送覆判张洪发共同放火一案意见书,本案张昌鼎与张洪发共同放火烧毁朱成庚草堆之所为,初判依刑律第一百八十八条及第二项处张昌鼎四等有期徒刑一年零二月,情罪尚无不合。惟从刑褫夺公权依同律第二百零二条第

---

① 《覆判暂行条例》,朱观编著:《县司法法令判解汇编》,正中书局 1948 年版,第 27—29 页。

② 《县司法处覆判暂行条例》第 5 条,朱观编著:《县司法法令判解汇编》,正中书局 1948 年版,第 38—39 页。

四十七条不得终身褫夺第四十六条之公权全部或一部,乃初判竟褫夺张昌鼎公权全部终身,未免失入。至张洪发在原审判决前人已死亡,依法应不起诉,初判主文张洪发已故勿论,亦属错误。现在刑法刑事诉讼法施行,旧刑律刑事诉讼法当然失效。张昌鼎应以刑法第二条、第一百八十九条、第二百一十条、第五十七条第四项处断。张洪发应依刑事诉讼法施行条例第一条　刑事诉讼法第二百四十三条第六项认为犯罪之起诉权消灭。合依覆判暂行条例第四条第二款请予更正判决。意见如上。

检察官刘与易

中华民国十七年十二月十五日①

意见书二:江西高等[法]院检察官对于兼理司法崇仁县县长呈送覆判陈来麟等杀人一案意见书,本案被告人陈来麟对于枪杀陈光耀及恐吓乐焕基、姚金生、刘朝阳、程加祥四人交付财物,业据供认不讳,自无疑义可言。至放火烧毁陈垅村房屋,据杨三元状称有与侄杨曰和毗连房屋五所,悉化灰烬之语,则所侵害法意并不止杨三元一人,且乐焕基之伤害既无伤单及调查供词,而私禁六人,究为谁何又未详细叙述事实,颇欠明了。况认被告为强盗杀人及不分别私禁是否为恐吓交付财物之手段,遽予并合论罪,引律亦嫌错误,合依覆判暂行条例第四条第一项第三款请为复审之裁定。罗宗发讯无共同杀人嫌疑,论知无罪,尚非不合,应请查照同条例第六条第一款,但书另将该部分为核准之判决。　此致

本院刑事庭

检察官彭庆禄

中华民国十八年二月十六日②

就意见书一而言,依据中华民国刑法第二条规定,犯罪时之法律与裁判时之法律遇有变更者,依裁判时之法律处断。但犯罪时法律之刑较轻者适用较

---

① 《江西高等法院检察官对于兼理司法奉新县县长呈送覆判张洪发共同放火一案意见书》,《江西高等法院公报》1929 年第 10 期,1929 年 4 月 30 日,第 117—118 页。

② 《江西高等【法】院检察官对于兼理司法崇仁县县长呈送覆判陈来麟等杀人一案意见书》,《江西高等法院公报》1929 年第 10 期,1929 年 4 月 30 日,第 118 页。

轻之刑。① 依据中华民国刑法施行条例,刑法施行前犯刑律或其他法令之罪而有刑法第二条之情形者,依下列规定定其重轻:一、最重主刑或其刑期金额不相等者,以最重主刑较轻或其刑期较短,金额较少者为轻。二、最重主刑或其刑期金额相等者,以最轻主刑较轻或其刑期较短,金额较少者为轻。② 较之刑律与刑法,刑律较轻,意见书依照刑律处断是合适的。据《覆判暂行条例》第四条第二款,从刑失出为更正判决,意见书所给亦是正确的。依据中华民国刑事诉讼法施行条例,刑事诉讼法施行前已经开始侦查或审判之案件,其以后之诉讼程序应依刑事诉讼法终结之。因现刑法刑事诉讼法已经施行,旧刑律刑事诉讼法自然失效,张洪发在原审判决前人已死亡,应依刑事诉讼法施行条例第一条刑事诉讼法第二百四十三条第六项认为犯罪之起诉权消灭。初判主文却写张洪发已故勿论,亦属错误。该意见书将原判当中错误之处予以指出,依照《覆判暂行条例》第四条第二款的规定,以引律错误为更正判决。检察官很好地依据法令依法给定意见书,体现了良好的职业素养。同时,亦说明兼理检察职权的县长职业技能较为欠缺。

就意见书二而言,兼理司法县长所呈案件案情不清,遽为判决谓为不当,依据《覆判暂行条例》第四条第三款发回覆审是合适的。

以上两例案件为未声明上诉,兼理司法之县政府将案卷及证据物移送高等法院检察官,检察官致本院刑事庭出具的意见书。如果案件上诉不合法未经第二审为实体上之审判,高等法院或分院检察官,应附具意见书径送覆判。如下面一例:

> 江西高等法院检察官对于周连琚等抢夺诬告上诉驳回一案送请覆判意见书
>
> 本案周海林抢夺部分原审引律虽无错误,但周海林情节稍重,不在悯恕之列,量刑未免过轻。至周连琚诬告部分,论罪科刑殊嫌失入。查周连

---

① 《中华民国刑法》(1928年9月1日),蔡鸿源主编:《民国法规集成》第65册,黄山书店1999年版,第259页。

② 《中华民国刑法施行条例》(1928年9月1日),蔡鸿源主编:《民国法规集成》第65册,黄山书店1999年版,第278页。

琚初次状称周海林纠集同党操械入山,将民耕牛大小五只一并牵夺而去,经民子向其乞饶反被凶械威吓。又称海林盗田夺牛不已,更纠集无赖多人预备尽割民田之禾,风声所播,举家惊骇等语。其向靖卫团以周海林身藏凶器伺杀预抢,报请拘获要非虚构事实,核与诬告要件不合,即不能成立诬告罪行,至为明显。且原判依刑法一百八十条减处罚金八十元,尤乏根据,应请依覆审暂行条例第四条第二款为更正之判决。　此致

刑事庭

检察官刘应镛

中华民国十九年二月四日①

从覆判制度的设立来看,主要目的是为救济非正式法院刑事案件判决不当,其中覆判形式中的更正判决,最能直接体现这个目的。此种形式和核准判决都是在案件事实清楚的前提下做出的,对事实不清的案件则要做出覆判裁定,这就意味着案件要重新审理。因此覆审裁定只是要案件重新审理,对于其审理结果仍然无法预见。如果此种情形大量出现,在当时司法资源紧张的情况下,无疑是一种浪费。但相对于高等法院来说,覆审裁定中的发回覆审又是处理案件最为经济的一种形式。在 1930—1939 年度相关覆判裁定案件统计表中,表明了这一倾向。请看表 4-4:

表 4-4　1930—1939 年度覆判裁定案件统计表

年度	覆判裁定			发回原审占覆审裁定的百分比(%)
	发回原审	提审	指定推事莅审	
1930	1551	35	1	97.73
1931	1968	52		97.43
1932	3369	110		96.84
1933	2758	144		95.04

① 《江西高等法院检察官对于周连琚等抢夺诬告上诉驳回一案送请覆判意见书》,《江西高等法院公报》1930 年第 25 期,1930 年 7 月 31 日,第 47 页。

续表

年度	覆判裁定			发回原审占覆审裁定的百分比(%)
	发回原审	提审	指定推事莅审	
1934	3088	315	2	90.69
1935	3653	249	20	93.14
1936	2329	264	8	89.54
1937	907	51	—	94.67
1938	451	19	—	95.96
1939	856	31	—	96.51

资料来源:1930年度数字来自《原审判法院别覆判案件受理件数及已结未结表》,《民国十九年度司法统计》(下册),田奇、汤红霞选编:《民国时期司法统计资料汇编》第13册,国家图书馆出版社2013年版,第349页;1931、1932年度数字来自《法院别覆判案件受理件数及已结未结表》,《民国二十一年度司法统计》(上册),《民国时期司法统计资料汇编》第15册,第589页;1933、1934年度数字来自《刑事覆判案件(1)》,《民国二十三年度司法统计》(上册),《民国时期司法统计资料汇编》第16册,第597页;1935、1936、1937年度数字来自《民国二十五年度司法统计》(下册),《民国时期司法统计资料汇编》第19册,第125页;1938、1939年度数字来自《民国二十六七八年度司法统计合刊》,《民国时期司法统计资料汇编》第19册,第509页。

表4-4统计表明,发回原审的案件占覆审裁定的90%以上(1936年除外),在统计的九年数据中,竟然有五年发回原审的比例占到覆审裁定的95%以上,甚至某些高达97%以上。覆审裁定有三种情形,发回原审所占比例赫然在90%以上,这种结果显然与制度设计存在严重疏离。对此情形司法行政部也有所察觉,它指出,"各高等法院及分院对于覆判案件,除因案内一部分之被告提起上诉,而他部分之被告,另依覆判程序裁定提审,合并审理者外,其径行裁定提审或莅审者,绝无仅有,几若覆判暂行条例,只有发回覆审之唯一方法,而检察官请求提审莅审或提起上诉者,亦属罕见"[1]。结合当时社会实际,分析以上情况发生的原因,一是案件数量较多,一是司法人员数量有限。以1936年度的江苏、浙江、河南和四川为例(如表4-5所示):

——————

[1] 《司法行政部训令(训字第六二七号) 令各省高等法院院长、首席检察官》,《司法公报》1935年第23号,1935年2月23日,第15页。

表 4-5　1936 年度苏浙川豫高等法院及分院处理刑事案件数量表

省别	第一审案件数量	第二审案件数量（自诉部分）	第二审案件数量（公诉部分）	第三审案件数量	抗告案件数量	非常上诉案件数量	再审案件数量	覆判案件数量	总数	覆判案件所占总案件数百分比
江苏	80	1275	8528	2751	420	33	113	2527	15727	16.07
浙江	63	242	5139	1698	109	40	109	866	8266	10.48
四川		499	3754	606	326	17	6	624	5832	10.70
河南	1	1352	4079	1225	106	20	38	1027	7848	13.09

资料来源:第一审案件数字来自《刑事第一审案件(1)》,《民国二十五年度司法统计》(下册),田奇、汤红霞选编:《民国时期司法统计资料汇编》第 18 册,国家图书馆出版社 2013 年版,第 562、564、565 页;第二审案件(自诉部分)数字来自《刑事第二审案件(4)》(自诉部分),《民国二十五年度司法统计》(下册),田奇、汤红霞选编:《民国时期司法统计资料汇编》第 19 册,国家图书馆出版社 2013 年版,第 9—10 页(以下因来自同一册书,故只标注页码);第二审案件数字(公诉部分)数字来自《刑事第二审案件(1)》(公诉部分),第 15—17 页;第三审案件数字来自《刑事第三审案件(1)》,第 38—39 页;抗告案件数字来自《刑事抗告案件(1)》(各省高等法院),第 46—49 页;非常上诉案件数字来自《刑事非常上诉案件》,第 58—60 页;再审案件数字来自《刑事再审案件(1)》,第 63—65、70—71 页;覆判案件数字来自《刑事覆判案件(1)》,第 95—96、105、109 页。

从表 4-5 中可以看出,人口最繁的江苏,高等法院及其分院所处理的刑事案件数量在 1.5 万件以上,处于中部的河南,高院及分院处理的案件数量也在 7000 件以上。覆判案件数量占总案件数量的 10% 以上,这说明覆判在司法人员的工作总量中并非无足轻重,他们仍要花较大精力处理覆判案件。

表 4-6　1936 年度苏浙川豫高等法院或分院司法人员人均处理案件表

省别	检察官人数	刑事案件数量	覆判案件数量	刑事案件总数/检察官	覆判案件数/检察官
江苏	17	15727	2527	925.12	148.65
浙江	17	8266	866	486.24	50.94
四川	19	5832	624	306.95	32.84
河南	11	7848	1027	713.45	93.36

资料来源:检察官人数来自《法院人员籍贯(1)》,《民国二十五年度司法统计》(上册),田奇、汤红霞选编:《民国时期司法统计资料汇编》第 18 册,国家图书馆出版社 2013 年版,第 453、456、482、488 页。刑事案件数字及覆判案件来自表 4-5。

从表4-6中可以窥探,江苏的检察官每天需要处理2—3起的案子。之所以如此紧张,与案件的审限规定有关。依据《刑事诉讼审限规则》刑事诉讼应在公判开始后25日内审理终结。覆判案件也是同样,对于因覆判而发还原审的覆审案件,必须在30日内审理终结。这种硬性规定,使得检察官必须应接不暇地应付各种案件,此种情形下,高等法院在覆审中未能亲自进行审判,展现积极的介入,或为结案率,或为赶快处理日前积压案件,而对应覆审裁定的案件采取发回覆审这一简单做法,打发了事。

数量有限的推事和检察官面临如此办案的压力,在有刑事诉讼审限、减少积案的要求下,如何尽快地处理手头案件成为推事和检察官们不得不考虑的因素。如果推事们将发回覆审作为覆判案件的主要方式,司法官不单单是没有尽到慎审听讼之责任,而且发回覆审仍有可能发生违法错误的结果。这样的处理方式不但费时费力,还会增加被告被拖累的痛苦。为此,司法行政部于1935年发布627号训令,要求各省高等法院或分院对覆判案件应该为覆审裁定的,一定要斟酌情形,励行提审或指派推事莅审;对各配置检察官则应该先行斟酌,请求提审莅审或提起上诉,以达到"言词审理而期明慎"的目的。①

覆判法院检察官对核准、更正判决,以及提审、莅审判决不服的,按照第三审上诉办理。下面案例是检察官在受到同级法院送来的判决正本时,发现案件判决有问题而为被告利益上诉于第三审法院所为上诉理由书。如下面一例:

上诉理由书

被告　姚老二

被告为帮助掳人勒赎一案,经本院刑庭覆判审于民国二十一年十二月一日判决,同月三十一日送达判决正本前来。本检察官认为原判关于姚老二部分应行提起上诉。兹特叙述上诉理由如下:

---

① 《司法行政部训令(训字第六二七号)　令各省高等法院院长、首席检察官》,《法令周报》1935年第8期,1935年2月20日,第3—4页。

　　本案原审认为原告姚老二构成帮助勒赎罪,系以宣城县保卫团队长在被告衣袋中搜出之匪票一纸为唯一之证据。惟据被告在原县述称,我家种了黄安福堂七八十亩田,种有九年。阴历十月十八我到姊家讨会钱回家,遇到一个姓崔的,问我们那里可失了案子,我说,失的案子很多,有何老贵家亲戚舒家绑了票。他托我带张字,放在何家门口,我不识字,就把他字带了,搁在袋里,不敢送去。我问他往何处,他叫我不要问,七里岗有个姓陈的,姓刘的,晓得他。以后人家看看说是票,这话被队部晓得了,所以将我抓来等语。与其在保卫团所供情形相同,是被告虽曾受匪之托,代送恐吓信,但被告受到此项恐吓信以后,仍系在衣袋内,并未着手送出,即被捕获,尚不能认为犯罪已经实行,自无帮助掳人勒赎行为之可言。乃原县竟将被告依照惩治盗匪暂行条例第一条第一款、第十条,刑法第九条、第四十四条第三项论罪,原审又率予更正,于法条殊有不合,特为依法提起上诉,应请撤销原判,更为适法之判决。此上最高法院

安徽高等法院检察官孙希衍
中华民国二十二年一月十日①

　　以上检察官以事实认定有误及法条运用错误,为被告人利益而提起上诉,为被告人合法利益的挽回发挥作用。由此可见,没有以上检察官的认真尽职,该被害人的利益将会受到损害。

　　对发回覆审所作出的判决,要按照第二审上诉办理。此后所进行的诉讼程序,则与通常的诉讼程序相同。如李刚、韩震江杀人案,河南省检察官因原审临汝县政府漏引法条,且主文与判决理由未合,提出上诉,获得河南省高等法院的支持,将原判决撤销。② 该案件当中的遗尸、预谋杀人等犯罪事实非常清楚,但原判决在理由中以预谋杀人呈现,而主文中以共同害人为判。根据刑法规定,预谋杀人和共同害人在刑法上的量刑是不一样的。出于预谋杀人者,要处以死刑。同谋杀人者,处三年以上十年以下有期徒刑。主文与判决不一

---

　　① 《安徽高等法院检察处处分书》,《安徽高等法院公报》第5卷1、2期合刊,1933年6月,专件,第54—55页。

　　② 《李刚韩震江杀人上诉案》,《河南司法公报季刊》1933年1、2、3月,第112—115页。

致当然要给人口实。检察官依此为理由提起上诉,是维护法律的严肃性,对维护社会公平、法律的执行起到作用。另外,在钟佳才强盗赌博案中,武进县政府谕知该案强盗部分无罪,认定钟佳才犯以赌博为常业一罪,依法科刑。惟江苏高等法院检察官认为以钟佳才既已告白以赌博为业,案情尚不甚重,原审遽处以刑法第二百七十九条最高度徒刑,殊未允协为理由,提出上诉,获得支持,将原判关于赌博部分撤销,重新判决。[①] 为被告人在法定限度内,争取到了利益。

对于覆判已经确定了的判决,最高法院检察署检察长认为有必要提起非常上诉,则会依照程序提起。如下面一例:

最高法院检察署非常上诉理由书

十九年五月三日

被告　马见堂

被告因盗匪一案于中华民国十八年十一月六日经甘肃高等法院第二分院覆判判决,本检察长认为违法,惟案已确定,应行提起非常上诉,所有原判主文及提起理由分列于下:

（一）原判主文

初判核准

（二）提起理由

查惩治盗匪暂行条例第一条第八款之罪,须其犯罪之主体本系私枭,始能成立,法文规定至为明显,本案被告马见堂系被匪首张云秀胁迫入伙,带往罗家山地方聚扎。及县长督率警团往剿,竟敢集众拒捕。致被擒获。为初判认定之事实,原判叙列事实略同,依此事实并不能证明其有私枭行为。初判不论以惩治盗匪暂行条例第一条第五款之罪,竟依同条第八款处断,自系引律错误。虽其罪行上尚无出入,依覆判暂行条例第四条第一项第一款之规定,固得为核准之判决。然原判未适用同条第二项于

---

① 谢森、陈士杰、殷吉墀编,卢静仪点校:《民刑事裁判大全》,北京大学出版社 2007 年版,第 330—331 页。

此理由内纠正其错误,究系违法,又凡法条之后,列举前文包括之意义而加以明显规定者,皆称为款,其与前文意义不相系属者,始称为项。二者固显有不同,初判于适用惩治盗匪暂行条例第二条减等时,将该条第三款误为第四项,原判复误为第三项,又未援引特别刑事法令刑等计算标准条例第三条及刑法第七十九条第二项均有未合,为此依据刑事诉讼法第四百三十三条第四百三十五条提起非常上诉应请依法纠正。此致

最高法院①

上述案件说明在省高院覆判时,结论未必完全正确无误,出现问题的概率是存在的。《惩治盗匪暂行条例》第二条为:有下列情形之一者减本刑一等或二等:犯前条第一款(注:第一条第一款为掳人勒赎者)之罪未得赃未加害而释放被掳人者;犯前条各款之罪因意外之障碍而未遂者;犯罪之情形确有可原者。由以上规定所知,该第二条有三款。因为凡法条之后,列举前文包括之意义而加以明显规定者,皆称为款,其与前文意义不相系属者,始称为项。所以,该第二条是有三款而非三项。该判决无论是初判抑或是原判,引用该法条时,皆将“款”误认为“项”,是为错误。高等法院及初判机关将最基本的法律术语皆弄错,是水平有限抑或是注意不够,皆有可能。而最高法院检察署将此作为提起非常上诉的理由,有其根据,但是否完全有必要是要商榷的。同时,在减刑时,亦要有依据,惩治盗匪暂行条例属于特别刑事法令,自然应当适用特别刑事法令刑等计算标准条例,不引用该条例,是为不合。

既然检察署提出非常上诉,最高法院自然要做出回应:

最高法院刑事判决

十九年六月十九日　非字第一五八号

上诉人　本院检察署检察长

被告　马见堂　男　年二十二岁　礼县人　住南乡　业农

上诉人因被告私枭聚众持械拒捕案不服甘肃高等法院第二分院民国

---

① 《最高法院检察署非常上诉理由书(十九年五月三日)》,《司法公报》1930 年第 72 号,1930 年 5 月 24 日,第 39—40 页。

十八年十一月六日覆判审确定判决提起非常上诉,本院判决如下:

主文

原判决撤销发交甘肃高等法院第二分院更为审判

理由

上诉意旨略谓,查惩治盗匪暂行条例第一条第八款之罪,须其犯罪之主体本系私枭,始能成立,法文规定至为明显,本案被告马见堂系被匪首张云秀胁迫入伙,带往罗家山地方聚扎。及县长督率警团往剿,竟敢集众拒捕。致被擒获。为初判认定之事实,原判叙列事实略同,依此事实并不能证明其有私枭行为。初判不论以惩治盗匪暂行条例第一条第五款之罪,竟依同条第八款处断,自系引律错误。虽其罪行上尚无出入,依覆判暂行条例第四条第一项第一款之规定,固得为核准之判决。然原判未适用同条第二项于其理由内纠正其错误,究系违法。又凡法条之后,列举前文包括之意义而加以明显规定者,皆称为款,其与前文意义不相系属或系引申其意义,始称为项,二者固显有不同。初判于适用惩治盗匪暂行条例第二条减等时,将该条第三款误为第四项,原判复误引为第三项,又未援引特别刑事法令刑等计算标准条例第三条及刑法第七十九条第二项,均有未合,应提起非常上诉,请依法纠正云云。

查阅卷宗,据被告马见堂述称"今年正月十五日土匪邵清连率领土匪多人将我裹去,就在沟里驻扎。县长带警来打土匪,在石峡关附近之土沟打仗,将张云秀打死,土匪乱跑,就将我捉住。那时我拿下一根杆子的"等语所述,如果非虚,是被告之犯罪嫌疑似与惩治盗匪暂行条例第一条第五款之情形相当。乃原判决竟引用该条例第一条第八款处断,显有误会。查该被告固未认曾为私枭,即察阅卷宗亦无被告为私枭之证明。则原判决论以私枭拒捕之罪,殊嫌无据。况据被告迭次述称"我系被匪掳去,并非有意为匪",虽系词出一面未可遽信,但此项陈述于被告犯罪能否成立至有关系。初判未予切求已属轻率,原审复未加以注意,仍为核准之判决,是本案事实尚未明了,本院即难据为法律上之判断,上诉意旨攻击原判决不当应认为有理由。

据上论结,应依刑事诉讼法第四百三十九条第一款,修正县知事审理诉讼暂行章程第三十六条第二项判决如主文。①

上述案件中最高法院依据检察署提供的上诉理由,认真核实案件事实、法律适用,不但对检察署提出的上诉理由予以认可,同时对案件中的犯罪事实,提出新的看法,最终案件被发回二审法院更为审判。可以说,没有最高法院检察署的非常上诉,就不会有案件的重新发回。

从以上覆判的相关论述可以看出,为了救济兼理司法所进行的诉讼出现的问题,北京政府设计了覆判制度。由于覆判制度存在的现实条件鲜有改变,所以南京国民政府沿用北京政府时期的覆判制度。虽作为特殊诉讼程序,但在案件卷宗进入高等法院时,南京国民政府就将其纳入正常的诉讼轨道中,将在县判时的审检合一又分为审检分立。高院检察官在接到覆判案件以后对案件出具意见书,等待高院的覆判。如果发现县判有问题,高院检察官就会向高院提出上诉。如无意见,检察官就会将意见书连同卷宗转送高院,等待覆判结果,进行复核。如果发现判决结果有出入,或法条运用有误,案件就会进入三审程序。对覆判之后确定的判决,司法行政部或最高法院检察署或检察官如果发现错误,认为必要重新审理案件,就会依据程序要求最高法院检察署提出非常上诉。以上流程,展示了覆判案件进入高院以后,高院检察官所行使的权力除同一审法院呈送二审上诉的案件所具有的权力一样之外,对于覆判的案件来说,高院检察官实际上还充当了一审检察官的角色,对案件判决结果进行审查。

覆判从晚清司法改革至南京国民政府覆灭,其设计经历了从简单权宜之计到逐渐做长远打算的过程。其日益常态化的存在体现出这一时期人们对各级审判厅、县法院建立的艰巨性和覆判较长时间的存在已经有了深刻认识和心理预期,以及对已经存在的传统的兼理司法制度的一种追认和默许,并希冀在司法实践中规范兼理司法制度,实现司法目的的良苦用心。对此,我们依然要客观地看待覆判制度。以 1936 年度司法统计为例,据《未设立地方法院之各县司法机关及人员》表中可知,编入表中的苏、浙、皖、赣、鄂、湘、川、豫、鲁、

---

① 《最高法院刑事判决(十九年六月十九日)(非字第一五八号)》,《司法公报》1930 年第98 号,1930 年 11 月 22 日,第 36—37 页。

晋、陕、甘、青、闽、桂、黔、察、绥、宁十九省,按照 1936 年 7 月内政部所编全国行政区域表,未设立地方法院之各县司法机关及人员共有 1367 县(内有设治局八处),未设立地方法院的县有 1151 个县,占总县数的 84.2%。[①] 根据《覆判暂行条例》《县司法处刑事案件覆判暂行条例》《兼理司法县政府准用县司法处刑事案件覆判暂行条例令》的规定,这些县审判地方管辖的刑事案件或除去刑法(1935 年 7 月 1 日实施之新刑法)第 61 条所列各罪的案件,如果未经上诉、撤回上诉或上诉不合法没有经过二审实体上审判的,都要呈送高等法院覆判。1930—1939 年度历年刑事覆判案件数字如表 4-7 所示:

表 4-7　1930—1939 年度历年刑事覆判案件统计表

年度	覆判受理案数	覆判终结案数	覆判核准案数	覆判裁定及更正案数	覆判终结案数占覆判受理案数百分比(%)	覆判核准案数占覆判终结案数百分比(%)	覆判裁定及更正案数占覆判终结案数百分比(%)
1930	3810	3617	1446	2063	94.93	37.95	54.15
1931	4789	4611	2006	2510	96.28	43.50	54.43
1932	8110	7661	2511	4790	94.46	32.78	62.52
1933	7893	7528	3481	3774	95.38	46.24	50.13
1934	10410	10062	5314	4389	96.66	52.81	43.62
1935	12550	12312	6069	5708	98.10	49.29	46.36
1936	10714	10527	6628	3445	98.25	62.96	32.73
1937	5074	4971	3354	1376	97.97	67.47	27.68
1938	2283	2208	1488	640	96.71	67.39	28.99
1939	4842	4762	3396	1224	98.35	71.31	25.70

资料来源:1930 年度数字来自《原审判法院别覆判案件受理件数及已结未结表》,《民国十九年度司法统计》(下册),田奇、汤红霞编:《民国时期司法统计资料汇编》第 13 册,国家图书馆出版社 2013 年版,第 348—349 页;1931、1932 年度数字来自《法院别覆判案件受理件数及已结未结表》,《民国二十一年度司法统计》(上册),《民国时期司法统计资料汇编》第 15 册,第 589 页;1933、1934 年度数字来自《刑事覆判案件(1)》,《民国二十三年度司法统计》(上册),《民国时期司法统计资料汇编》第 16 册,第 597 页;1935、1936 年度数字来自《民国二十五年度司法统计》(下册),《民国时期司法统计资料汇编》第 19 册,第 125 页;1937、1938、1939 年度数字来自《民国二十六七八年度司法统计合刊》,《民国时期司法统计资料汇编》第 19 册,第 509 页。

---

① 《未设立地方法院之各县司法机关及人员》,《民国二十五年度司法统计》(上册),田奇、汤红霞选编:《民国时期司法统计资料汇编》第 18 册,国家图书馆出版社 2013 年版,第 321 页。

1936 年度司法统计期限为 1936 年 7 月 1 日到 1937 年 6 月 30 日。这一期间《覆判暂行条例》在 1936 年 12 月 18 日由司法院令停止适用,《县司法处刑事案件覆判暂行条例》于同年 6 月 27 日国民政府公布同日施行。两个覆判条例就覆判案件的范围来说,1935 年 7 月 1 日开始实施的新刑法规定的第 61 条所列各罪的案件,不再呈请高等法院覆判,这在一定程度上减少了 1936 年高等法院覆判的案件数。加之抗战形势的影响,一些地方上的司法相关数据没有呈报上来。即便如此,在表 4-7 中,覆判裁定及更正案件数占覆判案件终结数的比例在抗战时期亦在 25% 以上,1930—1935 年则在 40% 以上,进一步显示了检察官参与的覆判制度慎行纠错的作用,在司法效能方面一定程度上践行了居正提出的稳妥与迅速两原则中的稳妥原则。① 覆判制度为树立司法权威、推行司法公正起到了作用。

虽然我们无法完全看到检察官在高院覆判中所出具的意见书对案件救济的影响,但根据以上覆判案件中的统计数字,亦可反观检察官在其中所具有的作用。如果我们放眼覆判案件在检察官及推事所参与的案件中比重,可以看到只占很小的比例。同时,由于缺乏相应的未设立地方法院之各县处理刑事案件的数量,覆判案件无法同其相比较,因此较难看出覆判案件占未设立地方法院处理刑事案件中的比重。另外,在历年司法统计的二审、三审案件新收件数及上诉人之区别表中,虽将检察官单独列出,但司法统计的各表中未能显示检察官上诉案件的判决结果,所以我们只能审慎地认为,检察对于大量存在的兼理司法的县判,其对审判的监督是不够的。就此来讲,检察制度对广大未设立地方法院地区,其作用发挥仍然是有限的。

---

① 1932—1934 年居正担任最高法院院长之际,曾不止一次地强调"稳妥"与"迅速"两原则。"此后仍望各推事加紧努力,格外从速、妥、慎办理";"古语云'欲速则不达',良有以也。惟按历代以来,称能吏者,处理一切事件,盖能以清、慎、勤三者并行。清则无私,勤则迅速,慎则稳妥。""兄弟屡次听到诸位的报告,对于兄弟所希望的'迅速''稳妥'两原则,诸位都很能够倾全力去实践。"详见范忠信等选编:《为什么要重建中国法系——居正法政文选》,中国政法大学出版社 2009 年版,第 232、237、239 页。

3. 简易程序:检察官声请以命令处刑

(1)简易程序的相关规定及检察官的实践

在众多的案件当中,无疑一审案件数量是最多的,种类亦是多样的。如何加快一审案件的审理,是处理案件积压,彰显体恤民艰,减轻讼累的重要问题。1913 年 12 月,京师地方审检两厅以地方庭案件种类繁多,案情轻重不同,如不分庭受理,则无以清诉狱而恤民艰为理由,呈请司法部在地方审检厅设立刑事简易庭专理刑事简易案件,并拟具暂行规则八条。司法部以为,事属刱始,同意试办,俟有成效,再行推广。京师地方审检厅在设立刑事简易庭后,三月效果显著。"计判决刑案每月多至百余起,其他重大案件亦因是而益促进行。"①于是,1914 年 4 月司法部下令通行各省一律试办,以清讼狱而纾民困。同时颁布《地方审判厅刑事简易庭暂行规则》和《审检厅处理简易案件暂行细则》。② 1920 年 10 月 28 日司法部同时公布《处刑命令暂行条例》和《刑事简易程序暂行条例》③,以上两个暂行条例的适用范围均为地方审判厅简易庭。《处刑命令暂行条例》规定,地方审判厅简易庭对于应处于五等有期徒刑、拘役或罚金的案件,得因检察官的声请,不经审判径以命令处刑。但如果简易庭推事认为案件具有管辖错误、应免诉或驳回公诉、犯罪不能证明、行为不为罪的情形之一的,可以驳回检察官的声请。检察官对于前项决定,可以声明抗告。但如果案件应处五等有期徒刑或因其他情形认处罚命令为不适当的,应依简易程序审判。《刑事简易程序暂行条例》规定,五等有期徒刑拘役或罚金的案件检察官应向简易庭起诉;最高刑为三等或四等有期徒刑的案件情节轻微且犯罪事实据明确,或被告人在侦查中自认有罪,或虽没有以上情形而被告人在起诉前请求依简易程序审判并经检察官同意的,检察官可以向简易庭起诉。1922 年,北京政府以教令二号重新公布《刑事简易程序暂行条例》,该暂行条例将该程序受

① 《司法部训令(第二百十五号) 令各省高等审判检察厅》,《政府公报》1914 年 4 月 9 日,第 690 号,第 17 页。

② 《司法部训令(第二百十五号) 令各省高等审判检察厅》,《政府公报》1914 年 4 月 9 日,第 690 号,第 16—19 页。

③ 《处刑命令暂行条例》《刑事简易程序暂行条例》,《司法公报》1920 年第 127 号,1920 年 11 月 30 日,第 23—26 页。

理案件的范围定为,初级管辖且案件情节轻微且犯罪事实据现存之证据明确,或被告人在侦查中自认有罪,或虽没有以上情形而被告人在起诉前请求依简易程序审判并经检察官同意的案件,检察官可以向简易庭起诉。此条例特别强调案件审理的效率:(1)检察官在配受案件之后,应迅速起诉,时间最多不得超过2日,或被告人自认犯罪或请求依简易程序办理的第二日;(2)简易庭在案件起诉后应立即开始公判,不得超过第二日;(3)专科罚金的案件,如被告人预行声明愿意交纳法定最高度的罚金额,可以不经过审判,直接执行。① 相对于1920年的刑事简易程序暂行条例,1922年的暂行条例以案件的法院管辖范围为划定标准,增加了检察官对简易程序案件起诉的自由裁量权。1922年北京政府公布《刑事诉讼条例》,该条例虽经公布并定期施行,但以上两个暂行条例仍继续有效。

南京国民政府成立后,吸收了处刑命令与刑事简易程序暂行条例的内容,将简易程序纳入1928年的《刑事诉讼法》。这样北京政府时期运行的特种法转身融入南京国民政府时期的通常法律之中,说明了该简易程序的运行具有有效性和合理性。南京国民政府法制局在该法草案中提到添加该简易程序的原因:"盖以一般刑事案件固应依通常诉讼程序进行,然遇特种案件,事实简明,无须经繁杂程序亦可办结者,自以依简易程序速结为宜,即在被告方面,亦有节省时日费用等种种之利益。尚检察官不为声请,或法院认为不应适用此项简易程序,或被告愿受正式审判时,仍各分别规定依照通常程序审理,俾免滋生流弊。"②该法在简易程序适用范围上体现出较以往更加慎重的特性。该法规定,最重本刑为六月以下有期徒刑拘役或专科罚金的案件如果犯罪事实明确,或被告在侦查中自白,法院可以依据检察官的声请,不经过通常审判程序,径以命令处刑。检察官声请以命令处刑的书状中,应当记载被告的姓名、性别、年龄、籍贯、职业、住址,犯罪的日时处所,犯罪的证据,犯罪的行为及应适用的法条。为慎重起见,被告自接收法院处刑命令之日起五日内向命令处

---

① 《刑事简易程序暂行条例》(1922年1月25日),《司法公报》1922年第159期,1922年2月,第31—32页。

② 谢振民编著,张知本校订:《中华民国立法史》(下册),中国政法大学出版社2000年版,第1017页。

刑的法院声请正式审判,而非上诉。此种做法为 1935 年的《刑事诉讼法》所继承,并依据《法院组织法》修改了检察官在简易程序中声请以命令处刑的案件范围。该法除规定最高刑期为六个月以下有期徒刑拘役或罚金的案件适用该程序之外,刑法第六十一条所列各罪的案件第一审法院依据被告在侦查中的自白或其他现存证据已足认定其犯罪的,同样在检察官声请以命令处刑的案件范围之内。该法作以上改变的原因,主要是由于《法院组织法》实施以后,审判由四级三审制改为三级三审制,原先归初级法院管辖的案件转归地方法院审理,一审案件相对增多,依据力求程序简便,结案迅速,减少讼累,防止流弊的司法原则,适用于简易程序的案件亦逐渐增多。检察官声请以命令起诉的案件增多,对案件声请的自由裁量权亦在增大。

时人评价该制度:"简易程序者,初级法院就具有特定情形之特种轻微案件因检察官之声请,不经通常审判程序,径以命令处刑之程序也。盖以案件既属轻微,证据又为确凿,为节省劳费计,首许检察官不依起诉程序而依声请以为追诉,次许法院不依通常审判程序,即不使经辩论以为判决,而仅依书面审理并以命令谕知科刑。此项命令称曰处刑命令,但被告受正式审判之权并不因之剥夺,故仍许被告对此命令得向原法院声请正式审判,此声请合法者,则应依通常程序审判,原命令与谕知判决后即失其效力。此声请不合法或不为声请者,则原命令即如一般判决发生确定力及执行力。"[1]此评价道出了简易程序的主要特点,即案情简单,证据确凿,程序简便,结案迅速。如下面一例经检察官声请,法院命令处刑的简易程序案件:

江苏上海地方法院刑事处刑命令

二十五年　处字第五三七号

被告　陈秉国　男　二十四岁　浦东人　商住董家渡利川弄同兴棉花行

被告因棉花掺水案经检察官声请以命令处刑,本院命令如下:

主文

陈秉国意图谋不法利益,故意棉花掺水处罚金十元,如经强制执行而

---

[1]　陈瑾昆:《刑事诉讼法通义》,《法学研究》1937 年版,第 427 页。

未完纳,以一元折算一日易服劳役。

犯罪事实及证据

被告在本市开设同兴棉花行,意图谋不法利益于棉花内掺水,经取缔所查获四担验明含水分百分之一四点一一,超过法定百分之十三之最高限度,有烘验报告单第十三号可证,自属实在。惟查超过者极微,情尚可原,应予从轻处断。

适用法条

据上论结应依刑事诉讼法第四百四十二条第一项,取缔棉花掺水掺杂暂行条例第二条第四条,刑法第十一条第四十二条第一项第二款命令如主文。

如不服本命令得于送达之日起五日内向本院声请正式审判。

中华民国二十五年五月四日　江苏上海地方法院刑事庭推事卢鸿泽

书记官　印

中华民国二十五年五月十九日①

该案件只是被告人在棉花中掺水,并且超过规定标准不多,案情简单明了,事实清楚,证据确凿。此种案件适用于简易程序,由检察官声请以命令处刑,结案迅速,省去诸多程序,节省司法成本。正是基于此效果,在1935年全国司法会议上,有人提出励行缓刑及命令处刑的提案,司法行政部训令全国各高院院长首席检察官,要求检察官要励行命令处刑。"按刑法第六十一条所列各罪之轻微案件,或则由于被告之自白,或则有其他现存证据,已足认定犯罪,无须审判,本易了结,若仍依通常审判之种种繁重程序,失时劳费,殊鲜实益。且当事人一再守候,审判结果仍不出命令处刑之范围。明系慎狱,实属拖累,殊违设制便利之法意。励行之法,应责令值日检察官,负责办理"②,并要求将命令处刑质与量的比例,按月造报,以为考核各员成绩之一。在司法当局的提倡及检察官员的努力之下,该程序在实际案件审结产生较好效果,达到了

---

① 《江苏上海地方法院刑事处刑命令》,《棉业通讯》1936年第12期,1936年6月30日,第4—5页。

② 《核示励行缓刑及命令处刑办法令》,《法令周刊》1936年第288期,1936年1月8日,第2—3页。

设置该诉讼程序的目的,此间检察官的作用自然不容小觑。下面的司法统计能较好地说明(如表4-8所示):

表4-8　1933—1936年度命令处刑案件与终结案件比较表

司法年度	终结案件数	命令处刑案件数	命令处刑案件数所占终结案件数百分比(%)
1933	95871	3789	3.95
1934	106726	4559	4.27
1935	117353	7294	6.22
1936	103794 *	5469	5.27

资料来源:1933、1934年度数字来自《刑事第一审案件(1)》,《民国二十三年度司法统计》(上册),田奇、汤红霞选编:《民国时期司法统计资料汇编》第16册,国家图书馆出版社2013年版,第432页;1935、1936年度数字来自《刑事第一审案件(1)》,《民国二十五年度司法统计》(下册),《民国时期司法统计资料汇编》第18册,第570页。＊数字小于1935年度与1934年度,主要是由于受到卢沟桥事变的影响,夹有部分法院尚未造报(说明:"命令处刑案件"在民国十九年度、二十年度和二十一年度刑事第一审案件的司法统计中没有该项统计,故未列入)。

　　排除战争影响,命令处刑案件之数逐年上升,对该年度终结案件数的贡献率亦在增加,检察官减少案件积压、减轻民众诉累作用的发挥日益显著。

　　(2)简易程序与兼理司法县政府的关系

　　从《处刑命令暂行条例》到《刑事简易程序暂行条例》再到《刑事诉讼法》,简易诉讼程序的发动者均为检察官。兼理司法之县政府中检察权的行使是由县长兼任,如此兼理司法之县政府是否可以使用简易程序呢?从二者的制度设计上来讲,都为减少中间程序,尽可能地以较少的劳费处理司法事务,具有一定的相似性。因此,简易程序适用于兼理司法之县政府具有一定的可行性。作为基层工作县长们则是要将该问题向司法行政部予以确认。为此,桐乡县县长世代请求司法院解释,"查刑事诉讼法第七编简易程序,对于兼理司法之县政府,是否适用。如可适用,则兼有检察审判两种职权之县长及承审员办理是项案件时对于同法第四百六十二条规定之检察官声请手续,可否省去,径行处刑命令,请释示。"①司法院经其统一解释法令会议议决,1935

---

　　① 《司法院快邮代电(院字第一二六三号)(二十四年四月二十四日)》,《司法公报》1935年第37号,1935年5月4日,第26页。

年 4 月 24 日发布院字第一二六三号解释："刑事诉讼法之简易程序,依修正县知事审理诉讼暂行章程第四十二条,兼理司法之县政府,自可准用。并得依同章程第十条之规定,省略检察官声请之程序。合电饬知。"①由此可见,兼理司法之县政府是可以在实践中运用简易程序的,同时兼代审判检察两个角色的县长,可以省去声请环节,对适用于简易程序的案件径行处刑命令。

作为简易程序的发动者,握有判断案件能否以命令处刑的大权,检察官对司法机关的结案率虽有所贡献,但这种做法无疑为检察官任意处置人犯提供了依据,一定程度上是对控审分离原则的破坏,反映了某些时候现实中司法运行制度与实践的疏离。

(二)民事诉讼中的检察职权

自从引入检察制度,检察官就被认为是国家利益的代表,民事诉讼是国家确定私权的审判程序,检察官本不该参与,但对特殊的民事诉讼,检察官亦有参与的责任,这种民事诉讼主要是指人事诉讼。人事诉讼又称身份关系诉讼,是指不以财产关系为诉讼标的,以人的身份关系为诉讼标的的案件。因此这类案件又称为人事诉讼,把该类案件适用的法律程序称为人事诉讼程序。鉴于人事诉讼的特殊性,不少国家和地区普遍设有人事诉讼,并将其作为民事诉讼程序的特别程序。清政府在引进外国法制时,亦引进了人事诉讼,也将它作为民事诉讼程序中的特别程序。由于人事诉讼是关于人的身份关系的诉讼,不同于私人间财产关系的纠纷,其判决结果往往会影响到公共利益,所以诸多国家乃采取干涉主义,不允许当事人自由处分。《大清民事诉讼律草案》第 91 条规定:审判衙门为民事诉讼当事人时,应由配置该审判衙门之检察厅检察官代理为原告或被告;检察厅为国家之代官,而审判衙门所有民事上之诉讼,无论为原告或被告时,故均以所配置于该审判衙门之检察厅检察官代理之。由于清朝迅速覆亡,该草案并没有颁行。至南京国民政府成立前,南北双方有两

①《司法院快邮代电(院字第一二六三号)(二十四年四月二十四日)》,《司法公报》1935年第 37 号,1935 年 5 月 4 日,第 25—26 页。

部民事诉讼法律，一部为《民事诉讼律》，另一部为《民事诉讼条例》。1921 年
3 月 2 日，广州军政府以《民事诉讼法》久未颁行，各级法院受理诉讼案件，深
感困难，将《民事诉讼律草案》所有抵触约法及现行法令的条文，分别删除修
正，明令公布，俾便施行；同年 4 月 13 日，又公布《民事诉讼律施行细则》7 条，
规定《民事诉讼律》于公布后两个月施行，这是我国正式民事诉讼法典的开
始，只是此项法律只施行于西南各省。① 另外一部《民事诉讼条例》则主要在
北京政府统治区域施行。1921 年 7 月，北京政府修订法律馆完成《民事诉讼
法草案》，司法部以民事诉讼程序关系綦重，时值东省法院收回之初，俄侨喁
望尤切，拟将该草案提前公布施行，呈经政府于 7 月 22 日颁发明令；同日北京
政府公布《民事诉讼法草案施行条例》8 条；11 月 14 日，又下令将《民事诉讼
法草案》改为《民事诉讼条例》，将所有草案中"本法"字样全部改为"本条
例"，施行条例中"本法"，全部改为"民事诉讼条例"；到 1922 年 1 月 7 日，北
京政府根据司法部的呈请，明令《民事诉讼条例》自 1922 年 7 月 1 日起全国一
律施行。② 以上两部法令当中都有关于人事诉讼的内容，大清法律所规定的
检察官参与人事诉讼的内容为该两部法律所继承。

南京国民政府统一全国后，适用《民事刑事诉讼律》的各省仍然适用该
律，北京政府统治下各省，仍适用《民刑事诉讼条例》。因此检察官依然可以
作为民事诉讼当事人或公益代表人参与民事诉讼。1927 年 12 月 13 日南京
国民政府公布《各省高等法院检察官办事权限暂行条例》和《地方法院检察官
办事权限暂行条例》，其第 2 条均规定检察官有权"依照民事诉讼法规及其他
法令所定为诉讼当事人或公益代表人实行特定事宜"③。

当时两种民事诉讼法规同时并行，非法治国家、统一国家所应有的现象。
司法部特呈请国民政府核示办法。国民政府回复司法部，民事刑事诉讼程序

---

① 谢振民编著，张知本校订：《中华民国立法史》（下册），中国政法大学出版社 2000 年版，
第 993 页。

② 谢振民编著，张知本校订：《中华民国立法史》（下册），中国政法大学出版社 2000 年版，
第 993—994 页。

③ 《各省高等法院检察官办事权限暂行条例》《地方法院检察官办事权限暂行条例》，《最
高法院公报》1928 年创刊号，1928 年 6 月 1 日，第 95、99 页。

适用何种法规,应该有权宜办法,在司法部提出适用法规以前,仍照从前。① 得到命令后的司法行政部迅速赶制《民事刑事诉讼法》。

1932 年 5 月 20 日《民事诉讼法》开始实施,该法全部删去了《民事诉讼条例》中关于检察官参与人事诉讼程序的规定,原来由检察官所行使的职权全部转由法官来执行。"现行民法既无宗祧继承及准禁治产之规定,自无嗣续事件及准禁治产事件之可言,至于其他事件,昔须检察官之参与其间者,今则概由法院依职权行之矣。"②至此,自清末以来检察官参与人事诉讼的历史宣告结束。

自南京国民政府成立以后,直至 1932 年 5 月 20 日开始实施《民事诉讼法》,在其治下存在两种民事诉讼法规,即《民事诉讼律》和《民事诉讼条例》。二者均规定检察官都在人事诉讼程序中充当国家公诉人的角色,代表国家或公共利益参与其中。

就检察官参与人事诉讼,民国时人金绶曾有这样的解释,他以为人事诉讼皆与公益相关,"婚姻之于诉讼法上维持与否实与公益有重大之关系,故国家于婚姻事件设特别程序以保护之","嗣续事件者,乃关于立嗣无效,销【取】销【消】立嗣与确认立嗣成立不成立及废继或归宗之诉讼程序也。本章所揭诉讼皆与公益有重大之关系,故国家于嗣续事件设特别程序以保护之","亲子关系事件即系【亲】子之否认认知及撤销认知或无效或亲权财产之丧失以及撤销失权等之诉讼事件也。此等事件关系于人之身份,其于公益上之关系,盖与婚姻事件无异。故应设特规定以保护之也","禁治产之宣告关系于人之能力范围,故禁治产事件与公益极有关系,此所以有特别程序之设也"③;而宣示亡故事件定入人事诉讼是由于其与以上各节程序"相近"。④ 因此检察官作为国家代

---

① 谢振民编著,张知本校订:《中华民国立法史》(下册),中国政法大学出版社 2000 年版,第 995—996 页。

② 李光夏:《法院组织法论》,大东书局 1946 年版,第 66 页。

③ 金绶:《民事诉讼条例详解》,北京中华印刷局 1923 年版,第六编特别诉讼程序·人事诉讼程序,第 28—29 页。

④ 金绶:《民事诉讼条例详解》,北京中华印刷局 1923 年版,第六编特别诉讼程序·人事诉讼程序,第 28—29 页。

理人,代表公益参与人事诉讼就成为理所应当的事情。

1. 检察官参与人事诉讼的方式

检察官参与人事诉讼案件包括婚姻事件、嗣续事件、亲子关系事件和禁治产事件,其参与的方式亦有多样。

（1）陈述意见

"婚姻事件虽非由检察官起诉者,配置于该法院之检察厅,检察官亦有参与审理、陈述意见之权,所以维护公益也。"①作为公益代表的检察官参与人事诉讼之中的婚姻诉讼,乃是应有之义。关于婚姻事件,言辞辩论时,检察官应莅场陈述意见,受命推事或受托推事行审理时,检察官也得莅场陈述意见。无论事实上或法律上的意见,检察官都得陈述。但这并非指法院在检察官未莅场所进行的审判是违背法令的。既然检察官有参与婚姻事件的权力,所以婚姻事件中受诉法院或受命推事、受托推事,应将该事件及关于该事件的日期:诸如辩论日期、讯问日期、调查证据日期及和解日期等,以合适的方法通知检察官。如果没有通知,检察官虽没有责问之权,但由于没有通知,致使裁判违背法令,如致使检察官所知之重要事实或证据方法为法院所不知,当事人可以以此作为上诉理由。检察官在相应日期莅场,法院书记官应将在笔录中记明姓名,以证明他是莅场执行职权之人。所有检察官的声明,如证据声明及应为如何裁判的意见,检察官应向法院提出,并应该记入笔录。

由于嗣续事件属于人事问题,并且与公益大有关系,所以除有特别规定外,与婚姻事件的诉讼程序大致相同。这两种程序多可适用共同的原则。

（2）取证

维持婚姻,在当时来讲乃维护公益,因此检察官有为维持当事人婚姻应取证的职权。但妨碍婚姻存续的事实及证据方法,即便是检察官认为该婚姻存续有害公益,也不得提出。亲子关系事件中,检察官的取证则不受在婚姻事件必因维持婚姻始得为之的限制。检察官可以根据诉讼的需要提出事实及证据

① 石志泉著,解锟、张平、朱怡点校:《民事诉讼条例释义》,中国方正出版社 2006 年版,第504 页。

方法。

（3）变更诉讼

就同一婚姻迭次提起诉讼，无疑将浪费有限的司法资源。因此所有婚姻无效、撤销婚姻，婚姻成立与否，及离婚并夫妻同居的诉讼，无论是否具备通常主观合并或客观合并的要件，都允许合并提起。不管该案件是否具备变更、追加或反诉条件，只要是在第一审或第二审言辞辩论终结前，都允许其变更。但这种诉讼只有检察官才有此权力。

（4）参与诉讼的其他方式

就婚姻事件来说，由他人提起的，检察官也可以在诉讼中居于当事人的地位，从事各种诉讼行为，如：承受中断的诉讼、声请撤销中止诉讼的裁决、续行休止的诉讼、提起上诉、抗告或再审诉讼，以及其他当事人所能进行的一切诉讼行为。检察官的诉讼行为，无论是基于维持婚姻或除去婚姻效力都是可以的。检察官参与诉讼时，可以按照他所自居的地位，要么共同原告，要么共同被告，在诉讼中，可以随时变换地位。所以，法院虽然由于检察官的声明而做出裁判，但检察官仍然可以对法院的裁判表示不服。同时检察官参与诉讼，并非以当事人的从参加人的身份参加，所以当两造当事人都已经舍弃上诉或抗告权时，检察官仍然可以上诉或抗告。但如果夫妻双方有一人亡故时，则有害公益的婚姻就已经不存在了，检察官自然就没有干涉的必要。

在亲子诉讼中，如果是母亲再婚后所生子女确定其父的诉讼，要有子女、母亲、母亲的现配偶人或前配偶人提起。由母亲现配偶人提起的案件，应该以母亲的前配偶人为被告；由母亲的前配偶人提起的，应该以母亲的现在配偶人为被告；子女或母亲提起的，则应该以母亲的现在配偶人及前配偶人为必要的共同被告，但其中如有一人亡故者，应以生存者为被告。如果没有充当被告的配偶人，就应该以检察官为被告而起诉。若为被告的配偶人在诉讼中亡故（现配偶人及前配偶人为共同被告时，须二人俱亡故），检察官将继其充当被告，继续诉讼，使有利害关系的原告，仍能达到诉讼的目的。

婚姻事件中检察官可以提起上诉，以原审中的各当事人为被告诉人，若当事人中的某位提起上诉，原审中为当事人的检察官将作为被上诉人参与诉讼。

检察官或为原告,或为共同诉讼人,或在上诉审为当事人者,如在诉讼程序中败诉,诉讼费用由国库负担。

2.检察官参与人事诉讼实践

(1)婚姻事件

婚姻事件所涉情况多为两种:一种为离婚案件,另一种为同居案件。此两种案件是女子维权、为改变现在生存状态而努力的写照。从起诉原因来看,多为不堪忍受家庭暴力、男子不务正业、生活无以为继、无法维持正常家庭生活而提出。

关于婚姻事件,检察官因维持婚姻起见,可以提出事实及证据方法,包括下列情况:法院驳斥婚姻无效、撤销婚姻,确认婚姻成立与否,或离婚诉讼,或使法院确认婚姻成立,或同居诉讼有理由。至于妨碍婚姻存续的事实及证据方法,检察官即便认为其婚姻存续有害公益时,也不得提出。显然,民国时期审判婚姻相关事件,检察官只有在维系婚姻或同居之诉有理由的前提下,始得提出裁判的资料。检察官的这种做法体现出南京国民政府前期人们思想虽受新文化运动的洗涤,传统宗法关系也已被社会所批判,大家庭分裂为小家庭,人们想要更多地追求自己幸福的社会大环境下,如果将此个人幸福作为处理案件的原则上升为国家层面,尚需时日。此时政府显然是从维护社会稳定出发,维护现有婚姻关系和婚姻制度。在传统社会向现代社会转变过程中,这种实际生活与制度之间的差距,说明制度建设具有一定的滞后性,国家在担当其阶级职能之外,亦在履行管理社会、维护社会相对稳定的社会职能。

(2)嗣续事件

嗣续事件是关于立嗣无效,取消立嗣与确认立嗣成立不成立及废继或归宗之诉讼,该诉讼与公益同样具有重大关系。在此类案件中,检察官同样要莅庭陈述意见。

民国时期,民间宗族势力依然较为强大,宗祧事件为家族的大事,事关民间社会稳定,是关乎社会公益的大事。法院依据民间民事习惯对该案件进行审判,是对民情的尊重,同时由检察官参与案件莅庭陈述亦是中国当时私法不太发达的表现,体现了中国由传统社会向现代社会转变的现实。

（3）亲子关系事件

对于亲子关系事件的相关性及其与公益的关系，民国时人认为："亲子关系事件即系【亲】子之否认认知及撤销认知或无效或亲权财产之丧失以及撤销失权等之诉讼事件也。此等事件关系于人之身份，其于公益上之关系，盖与婚姻事件无异。故应设特规定以保护之也。"①因此，为维护公益起见，检察官亦参与案件审理。

（4）禁治产事件

禁治产最早起源于古代罗马，它是对于无民事行为能力人和限制民事行为能力人或有某些恶习的人进行约束，禁止其管理财产的制度。凡是被宣告了禁治产的人，即丧失对自己财产的管理权限，需要由法院为他设定的监护人或辅助人来帮助他管理财产。晚清司法改革，受日本及欧洲国家的影响，将禁治产事件列为事关公益的事件。作为国家、社会公益的代表，检察官应参与其中。清末立法者认为，"禁治产事件关系公益，应由检察官为当事人或陈述意见人，而参与该事件，以保护受禁治产宣告者之利益，故本条明示检察官。于检察官以外之人声请禁治产时，亦得为诉讼进行之声请（如声请人撤回该声请时），并于日期莅场陈述意见（例如赞成或反对禁治产宣告时），并使检察官行职权时所必要之程序。"②北京政府继承了这一思想。"禁治产之宣告关系于人之能力范围，故禁治产事件与公益极有关系，此所以有特别程序之设也。"③南京国民政府继续沿用《民国诉讼条例》，检察官仍参与禁治产事件的诉讼。直至1932年《中华民国民事诉讼法》颁布，检察官才退出这一诉讼程序。禁治产及准禁治产事件程序是民法为保护精神发达不完全人员的利益而设定的。对于精神发达不完全者，其管理财产能力的禁止，需要由其监护人向法院提出声请；解除禁治产时，自然也要向法院提出声请。在此项声请裁判

①　金绶：《民事诉讼条例详解》，北京中华印刷局1923年版，第六编特别诉讼程序·人事诉讼程序，第28页。

②　陈刚主编：《中国民事诉讼法制百年进程（清末时期第二卷）》，中国法制出版社2004年版，第342页。

③　金绶：《民事诉讼条例详解》，北京中华印刷局1923年版，第六编特别诉讼程序·人事诉讼程序，第29页。

中,需要检察官莅庭陈述意见。

　　曾有苏州顾王氏因其丈夫顾福铸病后精神耗弱,每易被人愚弄,将家中田产贱价典卖殆尽。她认为此种情形,后患不堪设想,请求声请宣告禁治产。法庭之上,经过检察官陈述意见,认为其情节与民法第十四条第一项规定尚属相符,应予照准。地方法院法官予以采信,宣告本件声请为有理由。乃裁决顾福铸应准禁治产,声请程序费用由顾福铸负担。尽管顾氏精神耗弱,由于禁治产对于男子来说是一件丢面子的事情,因此在上述声请宣告照准之后,顾福铸就提起不服之诉,检察官莅庭陈述意见,认为原告之诉并无理由,应与驳斥。地方法院基于上述论结,认为本件原告的诉求没有理由,驳斥了原告的诉求,诉讼费用由原告负担。禁治产之人在禁治产之原因消灭后,也可以通过法律程序申请撤销禁治产。四个月不到,上述顾福铸以现在旧病痊愈精神恢复,以医院诊断书为证,声请撤销禁治产。法庭之上,检察官莅庭陈述意见,法院选任医师鉴定结果,认为声请人精神已恢复常人状态,鉴定人当庭所述亦复如是。且察核声请人举动、语言均无常人非异,依据民事诉讼条例第七百三十一条,声请人声请撤销禁治产自属正当。法院基于以上论结,认为该件申请有理由,依据民事诉讼条例第七百三十四条第一项,裁决原裁决撤销,声请程序费用由声请人负担。以上三个判例,检察官莅庭陈述意见之时,依据法律规定,首先判定声请是否合法;其次,声请原因是否属实,一是要通过选任医师的鉴定结果,二是要在庭上观察禁治产之人的行为。只有合法,原因属实,才能获得声请的照准。①

　　从检察官参与人事诉讼的程序及实践上看,检察官只是作为公益代表人参与案件,其参与案件的广度或深度远不及在刑事案件中的参与程度。基于社会发展需要检察官更多地参与刑事案件,而中国当时司法资源不足,同时,人事诉讼中的案件性质同中国传统社会密切相关,当中国传统社会逐渐走向现代社会,某些案件的社会公益影响大为减少,因此,1932 年的《民事诉讼法》中不再规定检察官参与人事诉讼。

---

　　① 谢森、陈士杰、殷吉墀编,卢静仪点校:《民刑事裁判大全》,北京大学出版社 2007 年版,第 244—246 页。

第五章　南京国民政府检察制度的司法关联

从法社会学的视角来看,法律机构总体上属于社会整合组织,各法律机构之间是相互制约、相互依存的关系,此属于法社会学的重要内容,具有较高的研究价值。要了解南京国民政府检察官的履职情况,须关注检察机关与审判机关的关系、检察机关与律师的关系和检察官与司法警察的关系等。

一、检察机关与审判机关的关系

分权制约是检审的基本关系,创设检察官的目的就在于通过司法分权模式,以法官和检察官彼此监督制约的方法,保障刑事司法权行使的客观性与正确性。我国检察制度作为外来产物,其架构来自西方,而西方国家审检分立的司法体制为两次司法革命的产物,一次是法院体系的独立推动司法权与行政权的分离,另一次是现代检察制度的形成造成审判权与检察权的分离。两次司法革命的背后动因都为分权与制衡的理念。由此决定了我国检审之间的最基本关系为分权制约。此种关系确立于清末,南京国民政府时期稍许改变。

(一)检审关系的确立

1906 年,清廷下令厘定官制,改刑部为法部,专任司法,改大理寺为大理院,专司审判。将中国的司法权从传统的行政与司法权合一的状态中分离出来。为进一步推动司法改革,清廷两次派员出国考察司法制度。就检察制度而言,法部报告认为,"检察之制,以国法所在必伸,代表之者,即为检察",其具有"发觉犯罪、实行公诉、执行判决"的职权,他国仿行法国实行检察制度"未始非求保裁判公平之意","我国采用检察制度,亟宜使司法者确知检察之为用,要亦今之急务也"①,检察官在行使职权时应直接指挥司法警察,因为他国"检察官遇有搜查证据、逮捕人犯等事,无不指挥司法警察"。② 为更好地让人们了解检察制度,清廷还专门延请外国学者来华讲学。通过实践考察与听取专家意见,最终决定引进大陆法系的检察制度。

通过 1906 年和 1907 年颁布的《大理院审判编制法》和《高等以下各级审判厅试办章程》,清政府在中央设立总检察厅,在地方设立初级检察厅、地方检察厅和高等检察厅。掌管审判的审判厅与检察厅相互独立行使职权,检察厅不得以任何形式干涉审判,其在刑事方面,独立行使提起公诉,收受诉状请求预审及公判,指挥司法警察官逮捕犯罪,调查事实收集证据;在民事方面,保护公益陈述意见,监督审判并纠正其违误,监视判决的执行,查核审判统计表。③ 在我国的司法体制中,首次实现检察与审判的分离。1910 年《法院编制法》的颁布,在国家基本法层面确立了检审分立的近代司法制度。从清末确立这种检审关系后,历经北京政府、南京国民政府,除机构设置方式及某些职权制衡发生变化外,较少有变动。

(二)检审机构的设置模式

检审关系除在国家制度方面规定了检审分立,各自独立行使职权外,其外在表现为机构的设置模式及职权方面的制衡等。清末至南京国民政府时期,检审机构设置模式为检审合署制和检察官配置制。

1. 清末及北京政府时期的检审合署制

合署制,即分属不同的两个机构在一个地点办公。检审合署就是将检察

---

① 《法部代奏会员考察各国司法制度报告书》,《国风报》第 2 年第 15 号,宣统三年六月初一日,第 72 页。

② 《法部代奏会员考察各国司法制度报告书》,《国风报》第 2 年第 15 号,宣统三年六月初一日,第 86 页。

③ 《高等以下各级审判厅试办章程》,载闵钐编:《中国检察史资料选编》,中国检察出版社2008 年版,第 10 页。

机关设置于审判机构中。此种设置方式,最早来自法国。此后,大陆法系国家皆采取此种方式,因中国检察制度采自大陆法系,因此,检审机构设置方式亦采用此种形式。根据《大理院审判编制法》规定,"凡大理院以下审判厅,均须设有检察官,其检察局附属该衙署之内。"①《法院编制法》规定,"地方及高等审判各分厅大理分院,分别设置地方及高等检察分厅、总检察分厅。"②由此可见,检察机关设置于相应的审判机关内部。北京政府基本沿用了清末的检审设置形式。

2. 南京国民政府时期的检察官配置制

同清末及北京政府时期的检审合署制不同,南京国民政府的检审机构设置发生了变化。1927 年 8 月,南京国民政府发布命令:"司法事务经纬万端,近值刷新时期,亟应实行改进,即如检察机关制度,体察现在国情,参酌各国法制实无专设机关之必要,应自本年十月一日起将各级检察厅一律裁撤,所有原日之检察官暂行配置于各该级法院之内暂时仍旧行使检察职权。其原设之检察长及监督检察官一并改为各该级法院之首席检察官。着司法部迅即遵照筹办。"③在原有的审判厅设置的检察厅的名字被抹去,检察厅不再以此名字作为独立的机关而存在。所幸,检察厅中检察官的职权依然存在,其所行使的职权"仍旧"。

此后根据该训令,国民政府于 1927 年 12 月公布《最高法院检察官办事权限暂行条例》《各省高等法院检察官办事权限暂行条例》和《地方法院检察官办事权限暂行条例》,在相对应的层级法院当中配置首席检察官一员,检察官若干员,检察官及办理检察事务之书记官等人员应于相应法院内另置办公室。

后由于在检方书记官任命问题上出现状况,王宠惠提议,将检察官及办理

---

① 《大理院审判编制法》,载闵钐编:《中国检察史资料选编》,中国检察出版社 2008 年版,第 10 页。

② 《法院编制法》,载闵钐编:《中国检察史资料选编》,中国检察出版社 2008 年版,第 15 页。

③ 《裁撤检察机关由》,《司法公报》1927 年创刊号,1927 年 12 月 15 日,补录,第 11—12 页。

检察事务之书记官等人员应于相应法院内另置办公室,改为办公处。从此,各级法院检方在行文时,以某某法院检察处发布。此外,出于提高最高检察机构地位的考虑,1928 年 11 月,在最高法院内恢复设置最高检察署。检察署置检察长一人,指挥监督并分配该管检察事务。此种检审机构设置持续于南京国民政府统治时期。

(三)检审制约关系

本着分权和制约的理念而设置的检察制度,引入中国后,清廷自然将其贯彻于检察机关职权设定之中,表现为检审双方各自独立行使职权,检察机关监督审判机关。

1. 检审双方各自独立

虽然检审双方合署办公,但双方自有系统,互不隶属,各自行使职权,其表现为审判机关独立行使审判权和检察机关独立行使检察权。首先,审判机关独立行使审判权。根据《大理院审判编制法》规定,"自大理院以下及本院直辖各审判厅局关于司法裁判全不受行政衙门干涉,以重国家司法独立大权,而保人民身体财产。"[1]这是审判独立原则在中国近代法律文本中确立的标志。1909 年奏准的《法院编制法》进一步明确:"检察官不问情形如何,不得干涉推事之审判或掌理审判事务。"[2]民国时期,司法独立原则在法律文本及司法中得以继续发展。《中华民国临时约法》规定,"法院依法律审判民事诉讼及刑事诉讼……法官独立审判不受上级官厅之干涉。"[3]审判机关不仅独立于行政机关,且不受检察机关的干涉。其次,检察官独立于审判机关行使职权。根据1907 年奏准修正,1915 年民国司法部呈准的《高等以下各级审判厅试办章

---

① 《大理院审判编制法》,《东方杂志》第 4 年第 3 期,光绪三十三年三月二十五日,第123 页。

② 《法院编制法》,载闵钐编:《中国检察史资料选编》,中国检察出版社 2008 年版,第16 页。

③ 《中华民国临时约法》,《临时公报》1912 年 3 月 15 日,第 149 页。

程》中规定:"检察官统属于法部大臣,受节制于其长官,对于审判厅独立行其职务。"①1932年公布的《法院组织法》中亦有"检察官对于法院独立行其职权"②的规定。检察机关相对于审判机关来说,虽属合署,但并未因此而使检察官的职权受到侵害。

在实际操作中,就某个案件来说,如果检察官兼任审判官,尽管其在该案件中运用检察职权,但从判决生效的角度来说,已经影响到了判决的合法性。这是由于从检察制度的设定来说是要对审判予以监督,检察官与审判官处于案件的对立面,两者在形式上是分立的。如果一人兼两职,则判决的公正性将会受到质疑。如下面判例:

最高分院检察署非常上诉理由书

十八年三月十六日

被告　谢户

被告因杀人一案于中华民国十七年六月一日经河南高等法院信阳分厅为第二审判决,本检察长认为庭员组织违法,惟案已确定,应行提起非常起诉,其理由如下:

查法院编制法第五十一条规定,法院推事及代理推事遇有事故得以直隶下级法院推事代理等语。而检察官不得掌理审判职务,又为同法第九十五条所明定,本件万身正系信阳地方法院首席检察官兼充河南高等法院信阳分庭检察官,其对于谢正刚上诉谢户杀人一案,虽未执行检察官职务,但该案于民国十七年五月三十一日公开审理时,竟以审判长推事名义出席审理并参与同年六月一日之判决,是其违法,自不待言。纵令该首席检察官曾经河南高等法院令准兼代推事。然核与上开代理规定不合,亦难认为有效。又查本案自民国十六年八月二日经上蔡县公署判决后,被告谢户并未具状上诉,虽据原告诉人谢正刚于法定上诉期间内呈诉不服,原审据以审判固属合法,然其判决不以检察官为上诉人而列被告谢户

---

① 《高等以下各级审判厅试办章程》,载闵钐编:《中国检察史资料选编》,中国检察出版社2008年版,第10页。

② 《法院组织法》,《国民政府公报》1932年洛字第46号,1932年10月29日,第4页。

为上诉人,究属错误,为此,依据刑事诉讼法第四百三十三条第四百三十五条提起非常上诉,应请依法纠正。 此致

　　最高法院①

南京国民政府成立以后,宣布凡从前施行之各种实体法、诉讼法及其他一切法令除与中国国民党党纲或主义或与国民政府法令抵触各条外,一律暂准援用。因此,北京政府时期的某些法律法规在南京国民政府时期仍然适用。上开案例,法院编制法明确规定,"检察官不得掌理审判职务",河南高等法院信阳分厅检察官万身正以审判长推事名义,审理并参与判决,该判决因庭员组织违法,判决书合法性受到质疑,最高法院检察署提起非常上诉,请求予以纠正是检审双方职权分立的具体表现。

2. 检察机关对审判机关的监督

检察制度出现之初,即为制衡审判权,对审判机关予以监督,以促成司法公正,建立司法公信,促进社会有序平稳发展,因此对审判机关的监督成为检审关系的核心。根据相关法律的规定,检察机关对于审判机关的监督主要表现为以下几个方面:

第一,庭审监督。庭审监督是检察机关对审判机关最直接的监督。无论公诉案件,抑或是自诉案件,检察官都要莅庭。如果审判机关不待检察人员莅庭而径为判决,则判决归于无效。1907 年奏准修正、1915 年民国司法部呈准的《高等以下各级审判厅试办章程》规定,"预审或公判时,均须检察官莅庭监督并纠正公判之违误","检察官对于民事诉讼之审判必须莅庭监督者,如婚姻事件、亲族事件、嗣续事件。以上事件,如审判官不待检察官莅庭而为判决者,其判决无效,但案经提起上诉者,上诉衙门得咨询同级检察官之意见仍予受理"。② 这些规定在南京国民政府时期稍有放松。下述案例即能说明这一点:

---

① 《最高分院检察署非常上诉理由书(十八年三月十六日)》,《司法公报》1929 年第 12 号,1929 年 3 月 30 日,第 20—21 页。

② 《高等以下各级审判厅试办章程》,载闵钐编:《中国检察史资料选编》,中国检察出版社 2008 年版,第 11 页。

上告人　柯毓琛　住浙江桐庐县中坊庄

从参加人柯蒋氏住址同上

被上告人柯毓璟住浙江长兴县泗安

两造因登谱涉讼一案上告人不服浙江高等法院于中华民国十六年六月十三日所为第二审之判决,提起上告,本院判决如下:

主文

上告驳回

上告审诉讼费用由上告人担负

理由

本件被上告人幼名戴国仁受已故戴聘珊夫妇之抚养,而由上告人故父柯良臣于聘珊夫妇故后领回同居,被上告人并曾以柯姓更名入学,在良臣家中娶妻生子,相处有年,是为本案显著之事实,兹就被上告人是否为良臣亲生之子,应否列入柯姓宗谱为两造之所讼争。查阅卷附上告人胞弟毓璇于民国五年致被上告人二信,一系自称胞兄,一载"大哥(指上告人)本无把握之人偏听妇言,容或有之,既属同胞尚宜忠告,不可口发怨言,贻人齿笑"等语。此项信件系良臣在日毓璇由天津邮寄上告人并无方法可以证明其非真,即足证被上告人为良臣所亲生,而上告人弟兄对之,以胞兄弟相待,实属为日已久。纵上告人之母蒋氏及毓璇出而否认,要必有苦衷,碍难据以认该信件为不实。况被上告人归宗,系由良臣托柯毓铮找回,令其复姓改名业由毓铮之弟毓琳到庭证实,其在良臣七十寿辰发出请帖,两造共同具名,且系出于上告人之亲笔亦经原审当庭核对,认无疑义,是原判决认被上告人为良臣亲生之子,准其入谱,洵其确实之根据。上告人就此攻击,殊属不合,此外,戴聘珊木主系被上告人归宗以前所立,当时尚为戴姓之人,木主内所载自不足为被上告人非良臣亲子之反证。被上告人曾因求登戴姓宗谱与戴柏松涉讼败诉,即当时状内纵有自称为聘珊生子之语,亦系希图胜诉。故为饰辩,碍难采用。良臣死后之木主讣闻不载被上告人亦难保非上告人乘其外出,故为漏列。凡此诸点原判决既一一予以说明,则上告人之就此攻击,亦非有理由。至称原审审理本案未经检察官莅庭判决,应为无效一节,按人事诉讼应由检察官莅庭陈述意见,盖言检察官有此职责,非谓检察官不莅庭,法院不得为该事件之审判。况本件被上告人起诉系在请求其兄准其入谱,与私生子请求认知者自不相同,上告此点亦属不合。

据上论结上告为无理由,应依修正民事诉讼律第五百八十条第一项、第一百二十四条第一项特为判决。①

按北京政府时期法律规定,关于人事诉讼案件,检察官必须莅庭。但此案中,最高法院明确指出,人事诉讼应由检察官莅庭陈述意见,盖言检察官有此职责,非谓检察官不莅庭,法院不得为该事件之审判。显然,检方对审方的监督较北京时期人事诉讼中检察机关对审判机关的监督有所松动。究其原因,主要是由于随着检察制度在中国的运行,其作为国家公诉人代表职权的发挥,并没有为大多数人士所认可,故而主张检察官应将更多的职责放到刑事案件当中。在民事诉讼法修改中,检察官退出了人事诉讼领域。此案例应是这种观念想法在现实中的表达。

第二,对判决合法与否的监督。对判决合法与否的监督,具体分为判决确定前和判决确定后的监督。判决确定前的监督,主要是指检察官对判决书下达后的上诉期限中,对该案件判决不服提起上诉。根据南京国民政府颁布的《中华民国刑事诉讼法》(1928 年 9 月)的规定:"当事人对于下级法院之判决有不服者,得上诉于上级法院。检察官及自诉人为被告利益起见亦得上诉。""检察官对于自诉案件之判决得独立上诉。"②如下列案例检察官不服判决上诉于上级法院:

王振江等窃盗上诉案(二十一年二月二十二日刑事第二庭判决,上字第二六七号)

上诉人 河北高等法院检察官

---

① 《柯毓琛与柯毓璟因登谱涉讼上告案(十七年二月廿四日)(民一庭判决上字第一五七号)》,《最高法院公报》1928 年第 2 期,1928 年 9 月 1 日,第 119—120 页。

② 《中华民国刑事诉讼法》(1928 年 9 月 1 日)第 358、361 条,蔡鸿源主编:《民国法规集成》第 65 册,黄山书社 1999 年版,第 319 页。

被告　王振江　男　年四十二岁　深泽县人　住小王庄　业商

　　王造喜　男　年三十九岁　深泽县人　住城内县署前　业农

　　翟同盛　男　年三十六岁　深泽县人　住南关　业农

上诉人因被告等窃盗案件不服河北高等法院民国二十年四月二十二日第二审判决提起上诉本院判决如下：

主文

原判决撤销

王振江部分发回河北高等法院更为审判

王造喜翟同盛之公诉不受理

（一）王振江部分　查证据之应否调查审判官虽有自由斟酌之权，惟当事人所声明之证据方法，果于判决基础有重要关系且非不能调查者，为发现真实计，自应尽其固有之职权，详予调查，庶足以成信谳而资折服。本案被告王振江被诉共同行窃，原审以第一审所据为认定事实之基础，端在共犯刘黑锤在公安局及深泽县政府所为不利己之陈述，刘黑锤于原审审理中既翻异原供，谓前此之诬扳王振江系迫于刑求，而被告王振江又提出反证谓大丰号被窃，系在民国十八年十二月二十六日夜间，十日伊因事前往七级村住，王长桂家于翌日始返，有七级村田小及及保卫团和小叫唤等为证等语，遂以被告犯罪不能证明。依刑事诉讼法第三百一十六条予以无罪之判决。虽不能谓为无见，唯刘黑锤所供刑迫诬扳究竟是否属实，原审既未切予研求而小叫唤等均非无从传案或不能调查者，乃亦不予票传，以资质证，是不独于刑事诉讼发现真实之旨有所未符，仰于审判上应尽调查之职权，亦有未尽。原审检察官本此意旨，攻击原判不当，不得谓无理由。

　　……①

该案件中检察官不服河北高院判决，乃基于审判机关对于被告判刑的基础

---

① 《王振江等窃盗上诉案（二十一年二月二十二日）（刑事第二庭判决上字第二六七号）》，《司法院公报》1932年第11号，1932年3月26日，第23—24页。

证据不足以成信谳而提出异议。最高法院对此表示支持。河北高院检察官通过对本级审判机关有关该案卷的审查、监督,发现疑点,请求上级机关予以纠正,有利于被告人法益的伸张,推动审判机关缜密审理案件,以维护司法公正。

判决确定后的审判监督,主要指判决生效后,如检察官发现判决有问题,为救济起见,对案件提起非常上诉和声请再审。根据1928年刑事诉讼法的规定,提起非常上诉的人员为最高法院首席检察官,该法第433条规定,判决决定后,发现其审判为违法者,最高法院首席检察官得向最高法院提起非常上诉。① 诸如下列案例:

最高法院检察署非常上诉理由书

十九年五月三日

被告 马见堂

被告因盗匪一案于中华民国十八年十一月六日经甘肃高等法院第二分院覆判判决,本检察长认为违法,惟案已确定,应行提起非常上诉,所有原判主文及提起理由分列于下:

……②

除检察长对案件具有监督的权力外,其以下各级检察官同样对已决案件具有监督的职权,只不过是各级"检察官于判决确定后,如发现其审判显系违法者,应具意见书将该案卷宗及证据物件送交最高法院首席检察官,声请非常上诉。"③由此可见,最高法院检察署对于全国各级法院的刑事判决具有审判监督权。

声请再审是指检察官可以以判决基础证据已经确定判决证明其为伪造或变造的;因发现确实证据足认受刑人应受无罪免诉或轻于原审所认罪名的判决;受刑人已经确定判决证明其系被诬告者;参与原审判决或前审判决之推

---

① 《中华民国刑事诉讼法》(1928年9月1日),蔡鸿源主编:《民国法规集成》第65册,黄山书社1999年版,第322页。

② 《最高法院检察署非常上诉理由书(十九年五月三日)》,《司法公报》1930年第72号,1930年5月24日,第39页。

③ 《中华民国刑事诉讼法》(1928年9月1日),蔡鸿源主编:《民国法规集成》第65册,黄山书社1999年版,第322页。

事,参与侦查或起诉的检察官因该案件而犯职务上之罪,其科刑之判决已经确定者为理由而为受刑人利益起见而再次提起。① 1936 年度司法统计显示,为受刑人利益而声请再审的案件中,检察官在 1935 年度提起的为 42 件,1936 年度提起的为 37 件;为受刑人不利益声请再审的案件中,检察官 1935 年度提起的为 25 件,1936 年度提起的为 11 件。② 尽管数量不多,但毕竟是检察机关监督审判机关行使审判权的表现。

第三,判决执行的监督。监督判决执行是大陆法系国家赋予检察机关的权力,目的在于促使判决的切实执行,维护法律的严肃性。继承清末、北京政府时期相关法律对检察机关监督判决执行的若干规定,南京国民政府的相关法律中亦有相似条文。1928 年和 1935 年刑事诉讼法都规定执行裁判由裁判法院的检察官指挥。检察官对判决的执行,分为:对死刑的监督。执行死刑时,检察官应莅视,并命书记官在场记录。没有检察官或监狱长官的许可,他人不得进入行刑场内;对徒刑或拘役的监督。如果该犯人受徒刑或拘役的谕知,但有心神丧失、怀胎七月以上或生产未满一月,或现有疾病,怕因疾病,而不能保全生命的情形出现,检察官可指挥在其痊愈或事故消失后执行刑罚;对罚金、罚锾、没收、没入及追征的裁判,没收物的处分,亦应由检察官执行。③

第四,对审判机关所做裁定予以抗告。抗告是指当事人对法院的裁定有不服的,可以直接抗告于上级法院。如原审法院认为抗告有理由的,应更正其裁定。原审法院认为全部或一部无理由的,应在接受抗告书状后三日内填具意见书,送交抗告法院。如陕西高等法院检察官因何判水窃盗案不服陕西高等法院 1932 年 8 月所为减刑的裁定,抗告于最高法院。④ 以同样

---

① 《中华民国刑事诉讼法》(1928 年 9 月 1 日)第 434 条,蔡鸿源主编:《民国法规集成》第 65 册,黄山书社 1999 年版,第 322 页。

② 《刑事再审案件(2)》,《民国二十五年度司法统计》,田奇、汤红霞选编:《民国时期司法统计资料汇编》第 19 册,国家图书馆出版社 2013 年版,第 94 页。

③ 《中华民国刑事诉讼法》(1928 年 9 月 1 日),《中华民国刑事诉讼法》(1935 年 7 月 1 日),蔡鸿源主编:《民国法规集成》第 65 册,黄山书社 1999 年版,第 324—325,300 页。

④ 《何判水窃盗抗告案(二十一年十一月二十四日)(刑事第一庭裁定抗字第三六一号)》,《司法院公报》1933 年第 59 号,1933 年 2 月 25 日,第 20—23 页。

的原因,陕西高等法院检察官因亓老四强盗案件不服陕西高等法院 1932 年 8 月所为依据大赦条例减刑时只减主刑而未减从刑的裁定表示不服,向最高法院提起抗告。①

3. 审判机关对检察机关的制约

从历史角度来说,诉讼的开始方式由最初的纠问式发展为弹劾式,弹劾式诉讼分为由私人弹劾和公共弹劾。检察官代表国家利益向审方提出诉讼是诉讼发展的较高阶段,此为诉讼发展的历史必然。在这一过程中,审判机关的权力受到一定的削弱,在检方对其监督的同时,亦在对检方发挥制约作用。

第一,主持庭审。在法庭之上的审判,审判官是当然的主角。虽然检察官必然莅庭,监督审判,但检察官亦是作为国家公诉人的代表,成为法庭两造中的一方,在法庭之上陈述意见,参与辩论,这一切都为审判官所主持。1928 年中华民国刑事诉讼法规定,审判开始后,由审判长讯问被告,检察官陈述案件要旨,审判长再讯问被告,随后对事实予以调查,证据的判断由法官自由进行,证据调查以后,审判长应依检察官、被告、辩护人的顺序就事实及法律进行辩论。对当事人的发言辩论,审判官处于中立位置,检察官的发言受审判官的限制。

第二,检察官作为案件两造之一,所陈述内容只是案件的一面之词,最终科刑与否是由审判官做出判断。无论案件起诉、上诉、非常上诉或抗告,案件发生以后,检察官介入侦查,认为应予起诉的得以起诉。法院认为被告的犯罪已经证明者,应谕知科刑判决,支持检察官诉讼;反之,法院认为被告的犯罪嫌疑不能证明或其行为构不成犯罪者,应谕知无罪判决。如果案件的起诉程序违背规定,或予以撤回,或被告已经死亡的,法院要做出不受理的判决。即上述两种情况,审判官对检察官的起诉主张都会不予支持。就上诉来说,如果检察官对下级法院判决不服,或为被告利益起见亦得上诉于上级法院。对于检察官的主张,二审法院同样要进行调查,认为上诉违背法律上程式或无理由

---

① 《亓老四强盗抗告案(二十一年十月十三日)(刑事第二庭裁定)(抗字第二九九号)》,《司法行政公报》1933 年第 33 号,1933 年 5 月 15 日,第 71—72 页。

的,应以判决驳回。另外检察官还可以将案件上诉最高法院,但需具备以下条件之一:其一,对于高院一审判决不服;其二,非以案件判决违背法令为理由不可;其三,判决确定后,有法律规定情形,非有最高法院检察署检察长启动非常上诉。对于以上三种情形,根据法律规定,最高法院认为上诉违背法律上的程式或认为上诉无理由的,应该予以驳回。最高法院作为全国最高审判机关,其判决为终审判决,即便作为最高法院检察署的检察长也毋庸置喙。

第三,对检察官提出的抗告,审判机关依据案情作出判断。如上述何判水案,检察官认为该案中被告主刑在法定本刑加减之后,关于褫夺公权部分,亦应随之转移。在被告主刑减三分之一的同时,褫夺公权亦应减三分之一。对此最高法院有不同的理解:宣告主刑有加减时,褫夺公权有时亦受其影响不能不随之转移,但也只是随之转移,不是必须要随着主刑的加减而加减,这种随之转移是同加减本刑有别的,因此不能说是与刑法第89条的规定相违背,并以此为理由,认为原审判决褫夺公权年限与减刑之后的主刑判决没有不相适应,对检察官的抗告声请,予以驳回。① 根据刑事诉讼法的规定,对于第三审法院的裁定,不得抗告。就此,何判水案尘埃落定。

以分权和制衡原则为理念的检审关系的架构,无论在其机构设置,抑或是职权的安排方面,在现代司法制度引入中国以后皆遵循此准则。南京国民政府时期亦是如此。检审合署办公,检审双方在某些方面制约皆是继承清末及北洋司法改革的成果。但由于审判机构主宰诉讼惯性强大,加之检察制度在中国运行得不尽如人意,自北京政府时期,废检运动甚嚣尘上,到南京国民政府时期,该运动已经在国家层面获得支持。检审关系方面发生些许变化,检察机关由清末及北京政府时期独立设厅,与审判机关相分立,缩减为有其实而无其名,造成百姓以为检察机关附属于审判机关的状况。所幸,检察机关职能仍然保留。为进一步发挥检察官的检举职能,囿于现实经费及司法人员人数的限制,南京国民政府将检察官从人事诉讼中撤回,并扩展自诉范围,加强了检

---

① 《何判水窃盗抗告案(二十一年十一月二十四日)(刑事第一庭裁定抗字第三六一号)》,《司法院公报》1933年第59号,1933年2月25日,第20—23页。

察官作为国家公诉人代表职能的发挥。

从晚清至北京政府时期,再到南京国民政府时期,检审关系没有太大变化。但废检之声鹊起,确与审检机关的设置有关。最高法院检察署检察长郑烈在总理纪念周对该问题进行了检讨:"检察与审判,其职权在法理上本应绝对独立,不能以其内部组织规模不及审判部分之广大,便夺其对立之资格。""若各省必靳此配置机关,令一省之检察首长,事事须仰职权对立之人之鼻息。名义上虽为对立,但如此办理,事实上对立之精神已失。且本院推检及各省高等院长尽为简任,而各省检察首长必由简任降为荐任,既为一般所轻视,而欲责其运转自如,指挥若定,其可得耶? ……我中国乃不假以充分之权与对等之位,则检察之为世诟病,其责岂独在于检察官之本身耶?"①检察机关在晚清及北京政府时期以独立名称存在,使人们对检察机关的独立有一个客观性的认识,而南京国民政府以"体察现在国情,参酌各国法制实无专设机关之必要"②为理由,将原有检察机关名称取消,配置于各级法院当中,官署以某某法院检察处行文,机关名称隐于各级法院之中,给社会造成检察机关附属于法院的印象,有损于检察机关和检察人员的威严和社会地位。

纵观这一时期的审检关系,可以看出审检职权的分配仍然秉承着分权原则,审检双方职权的行使相互制约。就检察机关对审判机关的监督来说,包括审判过程、判决结果、刑罚过程等,监督范围较为全面,是检察机关职能发挥的关键。但这种发挥尚受审判机关的制约,特别是对判决结果的监督,在检察官与上级审判机关意见相左时,仍然以上级审判机关的判断为准。无论如何,这种相互制约审检关系的存在对现代司法来讲都是一个进步,对维护司法公正起到推动作用。但也不容否认,在当时的情形之下,中国尚有一千多个县没有设立地方法院,基层社会的司法权与行政权合二为一,虽然有关法条明确县长兼理检察,但司法权尚不独立,何来检察权对审判权的监督? 因此,检察监督

---

① 《最高法院纪念周郑检察长报告》,《法治周报》1933 年第 1 卷第 40 期,1933 年 10 月 1日,第 34—35 页。

② 《呈国民政府裁撤检察机关及改定法院名称请鉴核示遵由》,《司法公报》1927 年创刊号,1927 年 12 月 15 日,第 34 页。

职权的真正发挥,除将两者放在对等的地位之外,尚有较长的司法独立的漫漫长路要走。

二、检察机关与律师公会及律师的关系

近代律师制度,作为一项重要的民主法律制度,已经成为现代国家法律制度的重要组成部分。由于我国长期处于农业社会,政治上集权专制,不存在产生职业律师的各种条件。鸦片战争以后,外国侵略势力的侵入,在租界的法庭开始有律师执行职务,此种法律现象开始在中国大地上出现。此后,律师在中国法院担任辩护人或代理人。但律师制度在中国扎根并推行却是一个过程,检律关系亦在其中得以规定和建立。

(一)检律关系的确立

律师最早在中国的租界中出现,但该制度进入中国官方层面,却是在强烈的内外压力之下清王朝开始进行变法修律之后。1910 年,沈家本在其奏陈《大清刑事诉讼律草案》中指出,在诉讼当中,为使原被告双方受到同等待遇,允许被告用辩护人:"原被待遇同等,同等云者非地位相同,指诉讼中关于攻击防御俾以同等便利而言。盖原告之起诉既为谙习法律之检察官,若被告系无学识经验之人,何能与之对待,故特许被告人用辩护人及辅佐人并为搜集有利证据,与以最终辩论之权,庶两造势力,不至有所盈朒。"①这是允许律师作为辩护人或辅佐人意思的表现,并在定位上直接将其与检察官相分立。民国以后,共和政府对律师制度大加关注,并将其付诸实践。1912 年 3 月孙中山关于律师法草案的命令中提出:"律师制度与司法独立相辅为用,夙为文明各国所通行。"②主张尽快审议《律师法》,以确立律师制度。1912 年 5 月 13 日,

---

① 《修订法律大臣沈家本等奏进呈大清刑事诉讼律草案折》,《吉林司法官报》1911 年第 9 期,宣统辛亥年八月,第 2 页。
② 《大总统令法制局审核呈复律师法草案文》,《临时政府公报》1912 年第 45 号,1912 年 3 月 22 日,第 4 页。

王宠惠在参议院第五次会议上就司法要解决的五个问题提到律师辩护制度时,他提出:"近今学说以辩护士为司法上三职之一,既可以牵制法官,不至意为出入,且可代人民诉讼,剖别是非,其用意深且远也。且以中国现状而论,国体既变为共和,从事法律之人当日益众,若尽使之为法官,势必有所不能,故亟宜励行此制,庶人民权力有所保障而法政人才有所展布,此关于辩护制度所亟宜仿设者也。"①为律师制度在中国的建立起到了推动作用。

袁世凯当政后,制定一系列法律。1912 年 9 月 19 日,正式公布实施《律师暂行章程》,从此创立了民国时期的律师制度。此后,该章程几经修改,律师制度日益完善。该章程具有以下几个特点:其一,明确规定律师为自由职业者;其二,对律师任职资格方面严格限制;其三,对律师行业实施双重监管体制;其四,仿效西方大陆法系律师制度的基本模式。② 以上特点在南京国民政府时期依然存在。检律关系亦在就此定下基调。

(二)检察机关对律师公会的监督

根据 1927 年 7 月公布的《律师章程》,南京国民政府开始对律师实行特殊的以登录与惩戒为中心的司法机关和行业团体两机构的双重管理、监督机制。行业团体是指由律师自行组成、自行管理的律师公会。检察官对律师公会的管理表现为律师公会受所在地地方法院首席检察官、高等分院首席检察官的监督。其监督内容为,在律师公会将会长、副会长、常任评议员选举情形,总会常任评议员开会的日期处所及提议决议的事项报告给所在地地方法院长后,地方法院首席检察官受前项的报告,立即经由该管高等法院首席检察官转请高等法院院长报告给司法部长。

为加强对律师公会的监督,地方法院首席检察官可以随时出席律师公会总会及常任评议员会,并可以命令其报告会议详情。当律师公会违反了法令或者律师公会章程,高等法院首席检察官有权对其分别施以下列处分:宣布其

---

① 《参议院第五次会议速记录》,《政府公报》1912 年第 16 号,1912 年 5 月 16 日,附录,第 19 页。
② 徐家力:《论民国初期律师制度的建立及特点》,《中外法学》1997 年第 2 期。

决议无效或停止其会议。① 在对律师公会监督时,地方法院首席检察官与高等法院首席检察官被赋予不同权力。地方法院首席检察官只是被赋予对当地律师公会监督的权力,但却无权处置。高等法院检察官则对管辖范围内的律师公会皆有处分的权力。这种监督模式同法院对律师公会的监督方式亦有不同。律师公会议定会则要由地方法院院长经高等法院院长呈请司法部长核准。公会应将会长、副会长、常任评议员选举情形及总会常任评议员开会的时间、处所及提议决议的事项报告给所在地地方法院院长。对于以上律师公会的活动,高等法院院长只是具有知情权,没有处分权。同检察官对律师公会的监督相比较,很显然,检察官司法监督的特点得以更多地彰显。

(三)检察机关对律师的监管

就律师职业来说,最重要的监管莫过于惩戒。只有在律师违反律师章程及律师公会会则的情况下,才会受到惩戒。律师的惩戒必须由司法机关按照法定程序确定,其惩戒诉讼的决定权由司法机关行使。依据《律师章程》规定,需有律师公会会长依常任评议员会或总会议的决议,声请所在地地方法院首席检察官将该律师交付惩戒。地方法院首席检察官受前项声请后,要呈请高等法院首席检察官提起惩戒之诉。高等法院接到该诉求后,将惩戒之诉提交律师惩戒委员会。地方法院首席检察官亦可以凭借职权呈请对律师进行惩戒。被惩戒人或高等法院首席检察官对惩戒裁判不服时,可以向司法部长提出复审查的请求。司法部长接受后要提交复审查律师惩戒委员会对审查请求进行研究,做出判断。惩戒处分包含三种:训诫、停职一月以上二年以下和除名。受除名处分的律师,四年之内不能再当律师。② 如下面案例:

> 据河北律师惩戒委员会准河北高院首检函以律师徐宗民违背律师章程,经决议该律师予以除名处分等情令仰转饬照章执行由

---

① 《律师章程》(1927 年 7 月 23 日)第 33、34 条,蔡鸿源主编:《民国法规集成》第 66 册,黄山书社 1999 年版,第 204 页。
② 《律师章程》(1927 年 7 月 23 日)第 35—37 条,蔡鸿源主编:《民国法规集成》第 66 册,黄山书社 1999 年版,第 204 页。

司法行政部训令(训字第三八八零号)　二十二年十二月十一日

令署河北高等法院首席检察官王泳

案据河北律师惩戒委员会呈准河北高等法院首席检察官函以律师徐宗民违背律师章程,请付惩戒到会,经本会依法决议该律师予以除名处分,理合检同决议书呈请鉴核等情前来。本部查核无异,该律师徐宗民应照原决议予以除名处分,除指令外,合行令仰该首席检察官转饬天津地方法院首席检察官照章执行,并追缴律师证书送部注销。此令。

河北律师惩戒委员会决议书　二十二年律字第二号

被付惩戒人徐宗民　山东莱阳县人　年四十一岁　住天津日租借松岛街　律师

被付惩戒人因恐吓取财未遂,案经本院检察处移付惩戒本会议决如下:

主文

徐宗民除名

事实

缘本案被付惩戒人徐宗民系在天津充当律师,朱淑媛因其夫杜凤举重婚及遗弃等情曾延被付惩戒人撰状向天津地方法院检察处诉请侦查,嗣因杜凤举逃匿无踪,乃于民国二十一年六月二十九日夜间带同女仆赴日租界至善里四号杜凤举寓所间杜凤举之子杜广廉要求接济,彼此正在争执,被付惩戒人闻讯踵至,当以磋商和解条件为词,将杜广廉唤至日租界松岛街被付惩戒人事务所商同朱淑媛勒令杜广廉写立五万元借据,觅取殷实铺保,并吓称如不允许,即送法院究办,杜广廉以其勒索之款为数过巨,坚不允许,遂被私禁事务所内。次日杜广廉之家人探知前情报警,将杜广廉由该事务所找出带至警署释放杜广廉,即以被付惩戒人及朱淑媛等私擅拘禁并恐吓取财等情诉由天津地方法院检察处侦查起诉。经该院审结认定被付惩戒人共同妨害自由及恐吓取财未遂属实,依刑法第四十二条第三百一十六条第一项第三百七十条第一项第三项第七十四条判处有期徒刑六月缓刑三年,被付惩戒人对于所判罪行并未上诉,旋由天津地方法院首席检察官于本案判决确定后以被付惩戒人系违反律师章程第四条第一款规定附具意见书连同恐吓取财未遂一案卷宗呈由本院检察处提起惩戒之诉到会。

理由

查曾处拘役或法定五等有期徒刑以上之刑者,不得充当律师,此为律师章程第四条第一款所明定。本案被付惩戒人徐宗民因身充律师,曾为朱淑媛撰状以其夫杜凤举重婚遗弃等情向天津地方法院检察处诉请究办,以及朱淑媛于上年六月二十九日夜间找至杜凤举家要求接济互相争执事,为被付惩戒人闻悉前往调解各节,其行为固属正常,不得谓为非是。惟查被付惩戒人乘双方争执之际利用律师身份参与其事,佯以磋商和解条件为词,与朱淑媛串通一气,竟将杜广廉诳至事务所,令其写立五万元字据,觅取殷实铺保,始允释放,否则即送法院究办。业由杜广廉诉经天津地方法院判处被付惩戒人徒刑缓刑三年判决确定在案。按照上开条款自应予以除名处分。

据上论结被付惩戒人徐宗民有律师章程第四条第一款情事合依同章程第三十七条第三款议决如主文。

中华民国二十二年八月三日

河北律师惩戒委员会

委员长胡祥麟　印

委员王绍毅　印

委员张燿　印

委员汪志超　印

委员陈沂　印

正本证明与原本无异

事务员曹亮甫　章①

---

① 《司法行政部训令(训字第三八八零号)(二十二年十二月十一日)　令署河北高等法院首席检察官王泳》,《司法行政公报》1933年第48号,1933年12月31日,第24—26页。

该案例中,天津地方法院管辖范围内松岛街律师徐宗民因恐吓取财,被民人起诉经天津地方法院判处徒刑缓刑三年。根据《律师章程》规定,律师有下列情形的不得充律师:"(一)曾处拘役或法定五等有期徒刑以上之刑者,但国事犯已复权者不在此限。(二)受破产之宣告确定后,尚未复权者。"①徐宗民的行为符合第一款规定,天津地方法院首席检察官以此为理由呈送河北高等法院检察处,由高院首席检察官提起惩戒诉讼到河北律师惩戒委员会。在律师惩戒委员会作出将徐宗民除名决议后,呈送司法行政部。司法行政部复核无异,令发河北高等法院首席检察官,要求转饬天津地方法院首席检察官按照处分执行。从上面的流程可以看出,惩戒的过程与制度规定基本一致。

因律师职司辩护,与法官交往过从易贻人口实,因此应格外注意严予拒绝。检察官对律师违反律师章程及律师公会会则拥有提起诉讼予以惩戒的权力外,各省高院首检对律师的回避同样具有监督的权力。如1932年2月9日,司法行政部训令各省高院首席检察官,对律师与法官有以下三点关系的要进行监督:第一,律师在登录指定执行职务之区域内,如与地方法院院长、首席检察官或县法院院长有四亲等内之血亲或三亲等内姻亲,应立即声请回避,不得在该区域内执行职务。第二,律师与其因承办案件与庭长或推事有上开所列亲等关系的,亦应实行回避。第三,应一律禁止律师与法官同居以及平时的往来应酬。除要将以上三点转饬所属律师之外,首席检察官也应负起监督之责,认真稽查,按照司法行政部要求去做。②

由于律师是受当事人委托或法院命令在通常法院执行法定职务并得依特别规定在特别审判机关行其职务的自由职业者,是基于对当事人合法权益的保护,依据法律规定,为当事人提供法律服务,所以其设立之初,即作为与职业法律人士检察官分立的被告辩护人或辅佐人的身份出现。"法官与律师虽同有保障人权之责任而论其所司职务,实处于对立地位,平日彼此倘过于接近,遇案

---

① 《律师章程》(1927年7月23日)第4条,蔡鸿源主编:《民国法规集成》第66册,黄山书社1999年版,第203页。

② 《训令各省法院首检转饬所属律师应照指示三点恪遵由》,《司法行政公报》1932年第3号,1932年2月29日,第39—40页。

即不徇情偏倚。然瓜田李下,实惹嫌疑物议。"①因此,要维护法律公正,被辩护人的利益,须与检察官保持一定的距离。同样的道理,检察官为维护国家公诉人的身份,维护公共利益亦须与律师保持一定的距离。1932 年,司法行政部训令各省高院院长、首检在职法官"毋得与律师密迩往还,致损威重而贻口实"②。

1932 年司法行政部为防微杜渐起见,限制法官兼任教员。采取的方法有二:(一)事务繁重而待遇优厚的地方,如上海,法官一律不得兼任任何学校教员。(二)其他各级法院法官,即便兼任教员,每星期授课时间不能超过四个小时。③ 其主要原因在于许多学校的法律学院或大学法律系的人员,多数为律师。这些学校延聘法官为教授,该聘任学校律师不免与延聘法官相亲近,"学校既以教科为酬应法官之用,则法官自不免对兼主校务之律师所承办之案件,有徇情之处。"从而影响案件的公正判决。而对兼主校务的律师来讲,可以借与法官接近之故,"更可炫扬于当事者之前,而坚其信任,委办案件之心。"④为律师在承揽业务方面施加无形的影响,而法官则成为其承揽业务无形的砝码,这种做法无疑有损于法官的威严。另外,司法行政部对授课时间的限制,则是由于法官事务繁忙,授课时间长,会占用法官更多的精力,影响法官的正常工作。

为保证律师及检察官办案时的公正性,减少由于二者身份相互转化而对案件施加的影响,1929 年 2 月 28 日,司法行政部训令各高院院长、首检,各法院退职人员在退职一年以后不得在原任法院管辖区域⑤内执行职务。1932 年2 月,又一次训令各高院院长、首检,重申以上规定,并进一步强调:"查各处律

---

① 《训令各省高院院长首检在职法官毋得与律师密迩往还由》,《司法行政公报》1932 年第2 号,1932 年 2 月 15 日,第 31 页。

② 《训令各省高院院长首检在职法官毋得与律师密迩往还由》,《司法行政公报》1932 年第2 号,1932 年 2 月 15 日,第 31 页。

③ 《限制各级法官兼任教员》,《法令周刊》1934 年第 221 期,1934 年 9 月 26 日,命令公牍,第 3 页。

④ 涛:《法官兼任教员之限制》,《政治评论》1934 年第 119 号,1934 年 9 月 13 日,第529 页。

⑤ 此法院管辖区域是就诉讼管辖而言,而非行政管辖。详见《河北高等法院训令(第一八三九号)(令各级法院及分庭)》,《河北省政府公报》1929 年第 296 号,1929 年 5 月 23 日,第 7 页。

师亦有改任法官者,核与法官改充律师之应受限制,事关相同,兹为防微杜渐起见,亦应酌予限制。"①该训令发布以后,在实际运行中,湖北高等法院院长发现有些问题,于1933年上书呈司法行政部称,"查各法院退职人员按照部令一年内不得在原任法院区域执行律师职务,但原任法院法官在此一年内不致多数迁调,该退职人员与旧日同寅交谊未必遽能摒绝,拟将上限期限展为五年以防流弊"②,但司法行政部认为一年时间固嫌短促,但五年时间未免过长,拟以折中,以三年为限。

此外,作为国家利益的维护者,对检举人所检举事件,检察官要予以侦查、核实,即便律师也不例外。曾有民人徐实告发律师刘翼芳等吸食鸦片,呈诉到司法行政部。当即令饬江苏高等法院首席检察官据实查办具报情况,该首席检察官陈备三就民人徐实所说情形对刘翼芳等人有无烟瘾予以查验上报。根据查验结果江苏江宁地方法院对刘翼芳等人做出不起诉的处分,对丁永年等人予以起诉处分。详见下例:

江苏江宁地方法院检察官起诉书

（二十年诉字第三零七九号）

被告　丁永年　男性　业律师　所在不明

被告民国十九年度检字第三〇三四号吸食鸦片一案,业经本检察官侦查完毕,认为应行提起公诉,兹将犯罪事实起诉理由及所犯法条开列于下:

缘丁永年素有鸦片烟瘾,十九年九月四日奉江苏高等法院检察官训令侦查,迭经通知并传拘该丁永年来院调验,迄今违抗不到。本年一月六日呈奉指令准用司法行政部训令第二一八一号公务员调验办法,凡被调验人于接到通知后,三日内未遵办者,概以有瘾论。该丁永年已逾四月未

---

① 《司法行政部训令（训字第二三四号）（二十一年二月五日）　令江苏高等法院第二、三分院,各省高等法院院长、首席检察官》,《司法行政公报》1932年第2号,1932年2月15日,第39页。

② 《河南高等法院、高等法院检察处训令（文字第六八六号）（廿二年九月一日）》,《河南司法公报季刊》1933年7、8、9月,第64页。

到,显有禁烟法第十一条犯罪嫌疑,爰依刑事诉讼法第二百五十三条第二项起诉,相应送请公判。　此致

本院刑事简易庭

检察官欧阳澍　印

中华民国二十年一月十七日

本件证明与原本无异

书记官赵宝庆　印①

江苏江宁地方法院检察官不起诉处分书

（二十年不字第六五一号）

被告　刘翼芳　姚培元　李宗谦　孔繁藻　刘哲

被告民国十九年度检字第三零三四号吸食鸦片嫌疑一案,业经本检察官侦查完毕,本处认为应行不起诉。兹特叙述事实及理由于下:

缘被告刘翼芳、姚培元、李宗谦、孔繁藻、刘哲均在本院管辖区域内执行律师职务,有徐实者以刘翼芳等吸食鸦片等情,呈由禁烟委员会咨司法行政部令发侦查到处,奉经饬令法警长周宇文协同各该管警察局所长警等前往该律师等住宅搜索烟具无着。旋经函请南京市政府卫生局派员来院,先后将彼等幽禁,依法调验,均无立除鸦片烟瘾状态,其小便亦无吗啡阳性反应,是彼等吸食鸦片嫌疑不足已极显然。爰依刑事诉讼法法第二百四十四条第二款予以不起诉处分。

检察官欧阳澍　印

中华民国二十年一月十七日

本件证明与原本无异

书记官赵宝庆　印②

---

① 《附江宁地院检察官起诉书》,《司法公报》1931 年第 110 号,1931 年 2 月 21 日,第 46 页。

② 《附江宁地院检察官不起诉书》,《司法公报》1931 年第 110 号,1931 年 2 月 21 日,第 46—47 页。

南京国民政府检律关系表现为检察官对律师行业组织和律师的管理和监督。这种监督更多是检察官作为法律守护者,维护司法公正的角度进行的。南京国民政府在继承晚清和北京政府管理律师制度的基础上,不仅要求检察官对律师是否遵守律师章程进行监督,对律师的回避情况进行监督;同时,亦要求身体力行,尽可能地减少与律师在生活中的接触,以便更好地履行监督职能,维护司法公正。

三、检察官与司法警察的关系

基于控审分离理论建立的检察制度,如要在追诉阶段打击犯罪,侦查是必不可少的环节,基于"社会之事变万状,必以检察官一一躬亲势所不能,故检察官之职务,在搜集犯罪之证据,而为公诉之提起实行,而司法警察亦从检察官之指挥监督,以代行其职务,故凡检察官有应行调查之事件,随时得命司法警察使运其灵敏活动之手腕,迅速侦查而使罪证无淹没逃亡之地,且使犯法者,有所畏惮,得以逐渐减少"[1]。司法警察成为检察官搜集犯罪证据时的得力助手和左膀右臂,是检察官行使追诉权力到位与否的重要影响因素。因此良好的检警关系,将有助于检察机关行使职权。

(一)近代中国检警侦查体制的确立

晚清司法改革,在司法体制内部实行检审分离。审判厅掌理审判,检察厅掌理发现犯罪,实行公诉,执行判决等职权。为更好地协助司法官发挥职能,司法警察制度亦被引入国内。1906 年《大理院审判编制法》规定"大理院及直辖各审判厅局关于证据事件须调查者,可随时径由本院会商民政部所辖巡警厅,使巡警单独或协同本院以下直接检察官调查一切案件,平时亦可由本院会同该厅委派警察官为司法警察官以备侦探之用"[2]。以文本的形式确定警察

---

① 王世义编:《司法警察》(江苏省警官学校讲义),1937 年版,第 6 页。
② 《大理院审判编制法》,载闵钐编:《中国检察史资料选编》,中国检察出版社 2008 年版,第 3 页。

协助检察官调查一切案件的检警关系,但亦说明检察官平时所用司法警察乃是受大理院会同巡警厅委派,而非由检察官单独管理自由指挥。如果检察官指挥司法警察还需要通过巡警厅或大理院,需要履行一定的程序,如此这般,司法警察非真正如同检察官的手臂一样,自由灵活地受检察官指挥。这样在检察制度引入中国、确定检警关系时,检察官如何自由指挥司法警察就成了政府在改进司法时必然要讨论的一个问题。

1907 年,《高等以下各级审判厅试办章程》把司法警察纳入司法体系,负有执行刑事厅票及协助侦查的义务。1910 年清廷颁布《检察厅调度司法警察章程》,法部在会奏详订《检察厅调度司法警察章程》的奏折中明确指出,"司法警察为辅助司法之机关,无论何等官厅,但执行此项事务时,即得称为司法警察,而指挥调度之责,则在检察厅。"在文本上确定检察官指挥调度司法警察之权;继而指出,检察官拥有此等权力是由于"检察官厅者,代表国家,保护公益,事务至为繁赜,职任至为重要。"强调了检察官指挥司法警察权的正当性;制定该章程目的在于"脉络贯通,化除畛域,于司法得呼应灵便之机关,于行政收相助为理之效力"①。《检察厅调度司法警察章程》规定如下事项:

第一,司法警察在执行检察事务时,受检察官调度。该章程第三条规定,"凡司法警察人员当执行检察事务时,对于检察厅长官应受其调度,与对于巡警长官同。"②这说明司法警察具有同检察官一样执行检察事务的权力,同时强调,也只有在执行该检察事务时,检察官才具有同巡警长官相同的调度职权。如果司法警察与检察官在执行同一检察事务职权时,要听任检察官办理,这就规定了检察官权力行使的优先权。

第二,检察官主导侦查时,可用三种方式调度司法警察。一、先行文知照该管巡警官,转饬遵照;二、在道路执行职务仓促调度时,可以使用法部执照指示办理,但仍需事后由检察厅行文知照存案;三、临时调度不及行文时,可以用电话或专函代替。

---

① 《法部会奏详订检察厅调度司法警察章程折》,《国风报》第 1 年第 16 号,宣统二年六月十一日,第 71—72 页。

② 《检察厅调度司法警察章程》,《国风报》第 1 年第 16 号,宣统二年六月十一日,第 73 页。

第三,检察官可申请调派常驻司法警察。该章程第十三条规定:"检察厅因调度之便,得移请该管巡警官于司法警察人员内派拨若干名常川驻厅,以供差遣,其名额由检察厅临时酌定。"①就该部分司法警察的管理,其薪饷及执行职务时所需要的费用,由检察厅支给。其功过赏罚,由检察厅核定汇送该管巡警官照警章执行办理。

第四,司法警察执行检察事务时,需听从或报告检察厅。如在逮捕人犯时,除非现行犯,需要以检察厅的印票为凭证,逮捕现行犯除有特殊情况外,要由警署备文录供移交检察厅。在搜索证据时,检察厅应知照该管警署,转饬司法警察人员会同前往。司法警察搜查证据应听从检察官的调度,并在搜查后,将犯罪的缘由、性质、方法、情状、时日、地方及被害者的形状,被告的姓名、年龄、职业、机关住址及证人暨其他一切可成为证据凭证的事物详细报告检察厅。再有如遇命盗重案时,除逮捕外,司法警察对一切可成为证据的物件应设法保存,以免于湮没或移动位置,等待检察官的到来,以便勘验。如必须移动时,必须拍照并绘具图说,等待检察官到来勘验时报告。就护送人犯来说,司法警察有护送检察厅违令逮捕的人犯、查获送案的人犯、取保听传的人犯、由检察厅发送监狱候决的人犯、由检察厅发交习艺所工作的人犯以及处决的人犯等的职务。在取保传人方面,凡刑事轻微案件的被告应行候讯的,由司法警察带令取具铺户章印保结,如无保可取的,司法警察要将实情报明检察厅,商由审判官酌令呈缴相当保证金在外候讯。检验尸伤方面,凡检验尸伤,司法警察应等待检察官到场会同办理,如在道路上发现毙命者,应由发现的巡警保守一切证据,报告该管长官并电告检察厅从速派员检验。

该规定对司法警察的来源与职权,以及检察官与司法警察之间的联系等方面做出的细致规定,为检警关系的确立奠定了基础。此后,北京政府及南京国民政府的检警方面的规定,就是以此为蓝本做出改变的。

民国建立以后,由于各项法律的制定非短时间所能完成,所以除某些与帝

---

① 《检察厅调度司法警察章程》,《国风报》第1年第16号,宣统二年六月十一日,第74页。

制相关法律废止外,清代法律一律遵行。① 由清末所确立的检警之间的地位关系,表现为司法警察官地位的提高。在清末新政中崭露头角,以建立良好警政而为人称道的袁世凯登上总统宝座后,进一步将办理警政的经验推广全国。为加强对社会的控制,增强维护社会治安警察的权力,民国政府于1914年颁布了《增订检察厅调度司法警察章程》②,它扩充了拥有实施侦查犯罪之权的司法警察人员的范围,并对警区司法警察和法院司法警察作了区分。它将司法警察分为三类:第一类,警区司法警察官拥有与检察官同等的侦查犯罪权。如京外宪兵队长官、警察厅总监或厅长、顺天府尹观察使、县知事等。第二类,为检察官辅助的司法警察,具有侦查犯罪的权力。诸如警察官长,宪兵官长军士。第三类,受检察官及司法警察官指挥的司法警察,实施侦查犯罪。如警察、宪兵。该章程还规定了只要有"检察厅指挥司法警察证",司法警察官就可以在其认为有必要时,知会警察署或军营使用警察宪兵或其他兵队,如果事情紧急也可以不待知会而径自使用。该章程大大加强了司法检察官的权力,相比之下,检察官所能调度的司法警察范围有限。无疑,这种规定,对高扬检察官的权力显然是不利的,同时,该章程对检警之间联系方法仍然缺乏细致、具体的规定,检警协同侦查存在中间地带。该情况一直持续到1945年,为进一步加强检察官与司法警察官的联系,减少检警之间联系的藩篱,行政院依据《调度司法警察条例》制定并颁发了《检察官与司法警察机关执行职务联系办法》③,规定诸如各级法院检察官与司法警察机关相互指定联络人员,切实联系,相互列席纪念周或业务检讨会议,就特定事件随时邀请适当人员举行会议,举办各种训练班时,应相互邀请适当人员参与其中,或出席演讲或担任讲授有关课程等。

――――――――――

　　① 《大总统据司法总长伍廷芳呈请适用民刑法律草案及民刑诉讼法兹参议院议决文》,《临时政府公报》1912年3月24日出版,第47期,第1页。该呈请适用于民国的前清法律《法院编制法》第105条规定,检察厅权限及办事方法,办法所未定者,应按照诉讼律及其他法令所定办理(《国风报》第1卷第6号,第86页)。因此,前清颁布的《检察厅调度司法警察章程》在民国时仍然适用。
　　② 《增订检察厅调度司法警察章程》,《政府公报》1914年第686号,1914年4月5日,第1—2页。
　　③ 《检察官与司法警察机关执行职务联系办法》(1945年11月9日公布),《四川省政府公报》1945年12月16日至20日出版,五日刊,第358期,第3页。

1948 年,又进行修订,进一步细化,如双方可以随时交换意见,召开联席会议或举行司法会报,交换工作人员衔名册①等等,进一步加强检警间的相互联系。

1936 年南京国民政府公布《调度司法警察章程》,扩大了协助或受检察官指挥调度司法警察人员的范围。该章程将司法警察分为三类:其一,为协助检察官关于犯罪的侦查及裁判的司法警察官。人员包括县长、市长设治局长、警察厅长、警务处长、公安局长、保安司令、警备司令,宪兵队中级以上长官。其二,为听从检察官指挥的司法警察官。将该类人员扩展到警察官警长、保安队警备队官长、宪兵官长军士,如铁路、森林、渔业等一些特种行业的警察官警长关于特定事项听从检察官的指挥。其三,为受检察官命令执行司法警察的人员。除警士、宪兵以外,还有保安队兵警备队兵,以及一些特殊行业的警士或报差等关于特定事项执行司法警察职务时也受检察官的命令。该司法警察范围的扩大,一方面是社会发展促使警察的种类在增加,客观上扩展了司法警察的种类,反映了 1935 年司法会议以后,南京国民政府为提高检察机关的检举能力而采取的措施;另一方面是由于该法乃基于法院组织法而制定,必须同刑事诉讼法中关于司法警察的规定人员范围相一致。该法同时规定检察官指挥司法警察具有优先权,"受检察官之指挥命令之事件,如同时受其他机关之指挥命令,以检察官之指挥命令为准。"②

南京国民政府时期的检警关系呈现出不同以往的态势,即随着警察种类的增多,司法警察人员来源的扩大,多个领域的警察参与到检察事务当中;规定检察官指挥司法警察的优先权,又进一步确定了检察官主导的检警联合的侦查体制,向近代大陆法系所要求的检警一体化要求又前进了一步。

(二)南京国民政府时期检警关系考察

根据 1927 年 8 月 11 日南京国民政府令:"凡从前施行的各种实体法、诉

---

① 《检察官与司法警察机关执行职务联系办法》(1948 年 1 月 21 日公布),《法令周刊》1948 年第 11 卷第 30 期,1948 年 2 月 11 日,第 2 页。

② 《调度司法警察章程》(1936 年 8 月 5 日公布),《司法公报》1936 年第 131 号,1936 年 8 月 16 日,第 3 页。

讼法及其他一切法令除与中国国民党党纲或主义或与国民政府法令抵触各条外，一律暂准援用。"①北京政府时期建立检警关系所依赖的各项法律法规在民国时依然有效。从清末时期奠立的检警关系来看，检警关系主体上可以分为两类，即检察官与法院外司法警察的关系和检察官与法院内司法警察的关系。在南京国民政府时期，这两种关系仍然存在。法院外警察通常是按照调度司法警察的规定予以办理。下面一例也许会给我们较为直观的认识。1935年北平发生刘景桂枪杀滕爽一案。经案发地志成中学校役报警后，警察赶到将情况报告并呈送询问笔录给该区域检察官：

北平市政府公安局四区署公函

径启者：本月二十六日上午十一时余，据本地巡官吕国宾报告，管界丰盛胡同五号志成中学校内体育女教员滕爽被东四十一条美术学校女生刘景桂用手枪击毙等情，除凶犯刘景桂在此看押外，相应函请贵处派员检验为荷。　此致
北平地方法院检察处

中华民国二十四年三月十六日

临验笔录

二十四年三月十六日记于内四区丰盛胡同志成中学属□

问：姓名年籍址业。

答：我是滕树本，廿二岁，湖南省宝庆县人，宗帽四条八号读书，北大清□学院。

问：这已死滕爽是你何人？

答：是我姊□□在志成中学当教员。

……

问：姓名年籍址业。

答：我是刘景桂，□□宣化县人，住东四十一条北华美术专科学校读书。

---

① 《令司法部为暂定适用法律范围暨筹设最高法院筹办编订法典各办法由》，《司法公报》1927年创刊号，1927年12月15日，补录，第11页。

问:你在志成中学有职业么?

答:在此学校无职业。

问:你家有何亲属,均住何处?

答:有父母姊弟等均住宣化县城内住家。

问:你出嫁没有?

答:我没出嫁。

问:这已死滕爽你可认识么?

答:我不认识他。

……

问:你共打他几枪呢?

答:打他七枪。

讯毕勘验。①

该警署将基本情况先行询问,呈送笔录,为检察官进一步推进案情提供基础。尽管检警之间按照调度司法警察章程执行,但检警沟通仍然不够畅通,而与此形成鲜明对比的是检察官较好地指挥法院内司法警察。下面试分别说明:

1. 法院外检警沟通不畅

南京国民政府时期曾有一个笑话,有一个辽宁检察官在火车上发现一个罪犯,恰在此时,检察官发现有几个警察,便当场让警察将犯罪之人抓住。在火车到达目的地时,警察便要检察官一同到警察厅听候发落,并说,"你是原告,不同去,我不能销差,是不行的。"于是检察官出示指挥证,并详细说明了自己的立场。尽管如此,并解释许久,警察终究不懂,结果检察官还是陪着警察到警察厅去。② 如此警察对检察官的认知,非常普遍,最高法院检察署检察长郑烈认为:"中国各省类此者不知凡几。"③这种情况下,检察官要侦查案件

---

① 《刘景桂杀人案》,北京档案馆藏,档案号:J065-004-00197,第15—19页。

② 《最高法院纪念周郑检察长报告》,《法治周报》1933年第1卷第40期,1933年10月1日,第34页。

③ 《最高法院纪念周郑检察长报告》,《法治周报》1933年第1卷第40期,1933年10月1日,第34页。

如何能调动警察？分析以上情况我们可以得出检警双方联系通道不畅。

早在晚清人们对司法警察参与侦查犯罪的作用，就有明确认识："司法警察以发觉犯罪为司法上辅助机关，因职权上关系，直接受检察官指挥，以达有罪必发之目的。各国皆于普通警察中特殊司法警察以执行司法上之事务。""各国司法警察之制，固甚完备，而司法警察署更与裁判所接近，呼应灵通，毫无间隔。检察官遇有搜查证据逮捕人犯等事，无不指挥司法警察。近今世界科学日益发达，犯罪之术，亦愈出愈奇。苟非研练有素，不特无以收指臂之效，且无以保社会之公安。"①但检警人员在侦查案件中如何联系，从晚清至南京国民政府时期相关规定则不甚清晰。

近代中国，检察官对司法警察（法院外司法警察）的指挥和调度是通过官方文书和指挥证来实现的。清末《检察厅调度司法警察章程》规定，检察官在调动司法警察之前，应先行文知照该管巡警官，转饬遵照。该行文即官方行文，是由检察厅发给司法警察所在官厅的公函。但若来不及行文，可以使用电话或专函代替，仓促调度可以使用法部执照，但事后须检察厅执照存案。该章程对检察厅调度司法警察的手续规定可谓详细，但条文的执行结果，往往不是一方所能左右的。查看整个章程，缺失检察厅调度对象司法警察回应的规定，因此行文对司法警察指挥的效果只能凭借司法警察的自觉。另一检察官对司法警察的调度是通过指挥证来实现的。指挥证最早为清末的"法部执照"，1912年12月底，北京政府颁布《检察厅指挥司法警察证暂行细则》②，规定指挥证只在"检察官于发见现行犯或其他急速处分时"使用，其功效为"得就近指挥所在司法警察吏执行职务"，但对于"吏"为何人，并没有明确指出。因此，指挥证能否在实际工作中发挥效力，让人怀疑。同时，该证持有人为司法警察所认知，亦仅为"京师各级检察厅之检察官领有指挥证者，应由司法部将职名及证纸号数函知内务部及陆军部海军部暨步军统领衙门备案；各省各级

----

① 《法部代奏会员徐谦等考察各国司法制度报告书折》，《政治公报》1911年第1321号，宣统三年（1911年）六月初十出版，第18—19页。

② 《检察厅指挥司法警察证暂行细则》，《政府公报》1913年第242期，1913年1月8日，第3页。

检察厅之检察官领有指挥证者,应由各该省法司或高等检察厅将职名及证纸号数通报都督及民政长备案"。所谓备案,不过是检察机关相关管理部门将持有指挥证检察官的名单给司法警察相关部门,至于该部门如何反应,并没有规定。从以上条文,我们看不到指挥证如何为司法警察所认知,所能明白的是指挥证为司法警察的认识过程中,中间还有诸多的部门,检察机关相关管理部门如何让持证的检察官与其指挥对象司法警察间产生联系,在条文中显然是看不到的。

1929 年,南京国民政府制定了《检察官指挥司法警察证暂行细则》,相比1912 年的细则,该细则明确了指挥证的作用对象,指出司法警察官为刑事诉讼法中所列的警察官长、宪兵官长军士,依法令规定关于税务铁路、邮务、电报、森林及其他特别事项有侦查犯罪权力的人员;司法警察为刑事诉讼法所列警察、宪兵。[1] 该细则明确了何种司法警察官受检察官指挥调度,避免了实际工作中的扯皮现象,提高了检察官指挥的有效性,对及时侦破案件,打击犯罪起到很好作用。但对司法警察官与检察官权限仍然不甚明确。虽然这方面官方已经意识到,"县长公安局长及宪兵队长官之为司法警察官者,在其管辖区域内,须付以与检察官同一之侦查犯罪职权,在实际上固为必要,但其侦查期间若无明文限制,其中流弊孔多,故本法于二百三十四条特设'于查获犯罪嫌疑人后,除有必要情形外,应于三日内移送该管检察官侦查'之规定,以示限制。"[2]但条文规定是一方面,实际运行中,相应执行人员能否认识到位是另外一回事。1933 年,南京宪兵司令部在其实务教材上,认为司法警察官在侦查时与检察官有相同权力,"自可签发拘票。"[3]而该刑事诉讼法第四十四条规定:"发拘票之权侦查中属于检察官,审判中属于审判长或受命推事"[4],司法

----

① 《检察官指挥司法警察证暂行细则》(1929 年 2 月 14 日公布),《司法公报》1929 年第 8 号,1929 年 3 月 2 日,第 1—2 页。

② 《编订中华民国刑事诉讼法理由书》,《最高法院公报》1928 年第 2 期,1928 年 9 月 1 日,第 300 页。

③ 宪兵司令部编:《宪兵司法警察实务》,宪兵司令部宪兵杂志社 1933 年版,第 58 页。

④ 《中华民国刑事诉讼法》(1928 年 9 月 1 日),蔡鸿源主编:《民国法规集成》第 65 册,黄山书社 1999 年版,第 306 页。

警察实际中的行动对检察官具有的权力,自是一种挑战。司法警察与检察官在侦查犯罪中权力的使用仍然较为模糊,这无疑会对刑侦工作造成影响。

尽管南京国民政府时期的指挥证在指挥司法警察的范围上有所拓展,但在实际使用中,效果却是有限的,司法警察常常不听检察官的指挥,致使案件窒碍难行。1934 年,宁夏高等法院首席检察官呈文司法行政部反映此种情况:"查检察官于侦查犯罪时,有指挥司法警察官暨司法警察之职权,刑事诉讼法第二百二十八九两条已有规定。无如各省司法警察官暨司法警察,具法律常识者,固不乏人,而不谙刑诉法者,亦居多数,往往于检察官侦查犯罪时,不听其指挥,检察官亦无法处置,于诉讼进行发生困难"①,建议司法行政部赋予检察官对司法警察官或司法警察执行职务有不尽力或不听指挥时,检察官有对其训饬或记过的权力。其有犯惩戒处分时,可以详查事实,报告该管长官,施行惩罚。司法行政部经研究后,提出两点意见:第一,由司法行政部根据刑事诉讼法司法警察关于侦查犯罪应听检查【察】官指挥各规定,转咨各关系部,通令所属遵照。第二,指挥证由司法行政部拟具样式,转咨各关系部,通令所属各该司法警察长官(铁道部由路警管理局)于司法机关函请会印时应予会印。从这两点来说,第一仅为口头表达,没有实际惩治措施;第二多加了一些相关关系部的会印,期许司法警察官或司法警察看到自己所属部印,能听从指挥,但由于该建议同样对司法警察不听从检察官指挥没有相应的奖惩,而让人疑为纸上谈兵,成为具文。

江苏江宁地方检察厅检察长徐世勋给司法部长王宠惠的呈文或许能给人们以更直观的认识:

> 呈为请示办法事。案准江宁县汤泉乡公安分局函送许绍芝等杀人一案,并人犯七名到庭,当经派员前往。验明许益委系生前因伤身死,填具检验书附卷。讯据死妻许王氏尸兄许笃、许瑛等均称许益在汤山陶庐充任经理多年,为人忠厚,并无嗜好。本月二日夜间不知被何人杀死等语。

---

① 《训令叁字第一○九一○号(二十三年十二月二十八日)　令各署司厅处会所》,《财政日刊》1935 年第 2046 号,1935 年 1 月 7 日,第 1 页。

讯据许绍芝等均称,本庐只有一个大门,是日大门自晚间关锁,至次早才开放,别人不得进来。惟许益系被何人所杀,实在不知道,我们与许益无仇,并不是我们杀死他的等语。查许益被杀之日,系在深夜。该庐仅此一门,且其门是晚曾经关锁,至次早始开,即被告等亦均称别人不得进来,则该被告等虽坚不承认有杀死许益之事实,而于本案实有重大嫌疑。业经声请预审在案。查许益尸棺虽由尸亲许笃等当场结领殓理。嗣因久未抬埋,复饬警长前往以陶庐系往来旅客沐浴场所且时值秋阳甚烈,臭气熏蒸尸骨,既有腐化之虞,卫生尤多妨害之处等情,劝令该家属从速抬埋。去后,据该警长报称,尸亲许瑛声称其弟系遭残杀,并非瘟疫病故,毫无气味,实无妨害卫生之可言。况尸棺系停在旁边小屋内,与该庐营业亦无妨碍,不允抬埋等情。据此职厅实无法令其掩埋,究竟应如何办理之处,理合具文呈请钧部核示祗遵。谨呈

　　司法部长王

江苏江宁地方检察厅检察长徐世勋

中华民国十六年九月十六日①

以上案件中,因许益死亡,久未抬埋,检察官根据检察厅调度司法警察章程饬警长前往将尸体抬埋,但由于许益家属未允,警长将此事又上报检察官。可笑的是,检察官竟将此事上报司法部长。

司法部长王宠惠回复:

　　呈悉。许益尸身既经该厅派员验明委系生前因伤身死,填书附卷,仅可发给抬埋票,由司法警察饬人抬埋。如该尸属有强行阻止情事,应即通知该管警署妥为处理,以重卫生。检察厅调度司法警察章程第六十八条已有明文规定,仰即查照办理。此令。

司法部长王宠惠

中华民国十六年九月十七日②

　　①　《附原呈》,《司法公报》1927年创刊号,1927年12月15日,补录,第130—131页。
　　②　《江苏江宁地方检察厅呈报汤泉乡陶庐经理许益被人杀害已经派员验明尸属延不抬埋请示办法由》,《司法公报》1927年创刊号,1927年12月15日,补录,第130页。

仅仅一个抬埋尸身的事件,检察官面对警长的推脱,将事情上报司法部,请求司法部长赐予解决办法,检察官指挥调度司法警察的权力可见一斑。

2. 法院内检察官加强对司法警察的管理

根据清末颁布《检察厅调度司法警察章程》的规定,检察厅因调度之便,得移请该管巡警官于司法警察人员内派拨若干名常用驻厅,以供奉遣,其名额由检察厅临时酌定。这就是法院内驻厅司法警察的文本依据。在检察官与法院外司法警察沟通不畅、无法有效管理的情况下,为更好地发挥检察职权,加强对法院内司法警察的管理成为必然选择。南京国民政府各级法院纷纷通过制定章程、重视司法警察的训练以加强对法院内司法警察的管理。

(1)制定司法警察服务章程

规章制度对于一个机关部门来讲,可以使工作人员各司其职,各项工作有条不紊地开展,减少工作失误,大幅提高工作效率和工作质量,尤其对事关人们切身利益的检察机关更是如此。司法警察是检察官的左膀右臂,检察官职权行使的效果如何,很大程度上取决于司法警察。各级法院纷纷出台章程对司法警察相关行为予以规定。各高等法院检察处制定司法警察服务规则和奖惩规则①,其主要内容涉及以下几个方面:

第一,司法警察的职责。首先,司法警察驻院目的就是便利检察官的指挥调度,因此在各高等法院司法警察服务规则中,均强调司法警察的指挥调度权属于检察官。"司法警察应遵从各级长官之命令及指挥执行职务"②,"司法警察对于各级长官之命令及指挥应绝对服从","司法警察非因公不得自由除

---

① 《江苏上海第二特区地方法院司法警察服务及惩奖规则》(1932 年 9 月 7 日核准),《司法行政公报》1932 年第 16 号,1932 年 9 月 15 日,第 31—36 页;《河南高等法院检察处司法警察服务规则》(1933 年 10 月 18 日司法行政部核准),《河南高等法院检察处司法警察奖惩规则》(1933 年 10 月 18 日司法行政部核准),《司法行政公报》1933 年第 44 号,1933 年 10 月 31 日,第 19—24 页;《安徽合肥地方法院检察处司法警察服务暂行规则》(1934 年 1 月 9 日核准),《司法行政公报》1934 年第 50 号,1934 年 1 月 31 日,第 5—6 页;《河北高等法院检察处司法警察服务规则》(1934 年 3 月 5 日核准),《司法行政公报》1934 年第 53 号,1934 年 3 月 15 日,第 32—34 页;《四川高等法院检察处司法警察任用服务及惩奖暂行规则》(1933 年 12 月 27 日),《司法行政公报》1934 年第 49 号,1934 年 1 月 15 日,第 9—14 页。

② 《江苏上海第二特区地方法院司法警察服务及惩奖规则》(1932 年 9 月 7 日核准),《司法行政公报》1932 年第 16 号,1932 年 9 月 15 日,第 31 页。

外,遇有疾病或其他特别事故,警丁、警目须向警长请假,警长须向首席检察官请假,经核准后始能离院。""司法警察无论在院内院外遇有其他官署或团体与个人请求协助为一种行为时,非向本处长官请示,经许可后,不得自由行动。"①司法警察不仅执行职务时受检察官的指挥调度,即便是离院外出,无论因公因私都需请示批准,以应对突发情况的发生,这样的规定更强调了检察官的指挥权。其次,规定司法警察应办业务规范流程及操作内容。司法警察在检察处执行职务,包括发送传票、拘票、搜索票及押票、提票、释票,应该如何做,不应该做什么,均有详细规定,如司法警察送达刑事传票传唤被告或证人时,不准需索或受其供给,不得超过发票官所限时日,被传人到案后要立即报告发票官,遇有被传人住址不明或其住所在票面所填以外的情况,应随时调查清楚送达,并在传票回证上详细注明;如传票仅写明住址须问某某的,应询明后直接送达,不得记其转送,其注明由某某指传者,由应指传人协同前往送达。规则规定详细而精确到位,为司法警察具体操作提供了依据。

第二,司法警察的惩戒。制定规范,还需有具体奖惩,方能将规范落到实处。检察官具有对司法警察奖惩的权力方能真正使司法警察听其调度指挥,各法院检察处制定规则皆注意此项。河南高等法院检察处司法警察的奖励有四种:记功、记大功、提升和特奖。惩罚分为记过、记大过、降等及斥革,内容涉及操法、姿势、履职、勤惰,等等。如操法娴熟姿势整齐者,半年以上无过失者,继续三个月以上未请假者给予记功;拘获疑难人犯者,调查事件报告翔实者,值岗值庭能防止重大危险者,记功三次者可以给予记大功;服务日久著有劳绩者,记大功一次者准按等提升,对记大功三次者要准超等提升;对著有特别劳绩者可以由警长呈明首席检察官特予奖励名为特奖。② 四川高等法院检察处司法警察的奖励分为三种:记大功、记功和嘉奖。惩处分为斥革、记大过和记过,内容涉及服装整齐与否、履职情况和能否执行长官命令及服从长官指挥

---

① 《四川高等法院检察处司法警察任用服务及惩奖暂行规则》(1933 年 12 月 27 日核准),《司法行政公报》1934 年第 49 号,1934 年 1 月 15 日,第 10 页。

② 《河南高等法院检察处司法警察奖惩规则》(1933 年 10 月 18 日司法行政部核准),《司法行政公报》1933 年第 44 号,1933 年 10 月 31 日,第 23 页。

等。这些奖惩方面的规定,为司法警察指明了努力的方向,同时亦为检察官调度指挥司法警察提供了有力的保障。

(2)重视对法警的训练

由于法警充当送达传票、拘票,与民众利益相关,各法院对此有深刻的认识:"法院承发吏法警系公务人员之一部分,其职位虽微,而时与人民接近,故吏警之贤否,直接则关系于人民之利害,间接则关系于法院之名誉。未用之先,固须加以慎选,既用之后尤应励以勤劳"①,因此各法院采取措施,对其进行训练。譬如宜昌地方法院对法警极为重视,"既注重其品行,复考察其勤惰。从前每日集合吏警轮流训练。其训练方法,首则授以党义,详加讲解,以灌输其常识,以明了其责任,使其于党治下之司法机关咸能努力于应尽之职务。举凡非法需索及倚势罔民等弊端,无不谆谆告诫。次则授以法律之概要,与应办之事务,例如拘传取保,执行调查各项手续,及法律上规定,何者应为,何者不应为,均详加指示,俾知遵循,一面拟定承发吏法警奖惩规则,严定赏罚,借以勖其公忠,励其廉洁,办事务期敏捷,持公必令谨严。近更附设民众补习学校,先就该吏警等授以各项补习课程,熏陶既久,知识渐增。所有从前吏胥之恶习暨种种敲诈之弊窦似皆知。所警惕不敢尝试。以故年来,除少数不肖分子已予撤惩外,其余类能奉公守法,此训练吏警之大概情形也。"②

此外,由于司法警察素质普遍偏低,成为各个高地法院检察官发挥职能的瓶颈,因此,各个高地法院从自身做起,开堂设班对司法警察进行训练。1932年甘肃高地两院检察处举办司法警察训练班,给所属司法警察灌输法律常识,增强其服务能力。训练以三个月为限,每天上午上班期间训练两个小时。训练的科目有刑法暨刑事特别法摘要、刑事诉讼法摘要、公文程式摘要、服务常识。训练班设正副主任各一人,由高地两院首席检察官担任,其教职员由正副主任在高地两院检察官、书记官中聘任,学员除执行职务或因疾病及不得已事

---

① 宜昌地方法院编:《湖北宜昌地方法院四年来工作摘要报告书》,1931 年 12 月,上海图书馆藏,第 8 页。

② 宜昌地方法院编:《湖北宜昌地方法院四年来工作摘要报告书》,1931 年 12 月,上海图书馆藏,第 8 页。

故请假外,不得旷课。学员在毕业时要举行毕业实验,及格者领有及格证书,可以继续留作法警,不及格者要从法警队伍中清除出去。需要指出的是,开班所需经费由高地两院检察处办公杂费内撙节开支。①

为了更好地培养司法警察,提高司法警察素质,对各省司法警察训练班统一要求,制定统一标准成为必然。1937 年,司法行政部下令让各省高等法院分别设置执达员及司法警察训练班。受训司法警察可来自各法院现任司法警察,亦可由各地院根据需要招考具有高小毕业或具有同等学力的人员,对其加以训练。司法警察训练班修习科目有党义概要、刑法大意、刑事诉讼法关于送达及执行各规定、关于协助民事执行的法律概念、指纹学常识、检验常识、公文程式大要及其他应有科目。其教授人员为高等法院长官指定本院及当地地方法院推事检察官或书记官兼任。但如党义、指纹学常识、检验学常识需要延请相应专门人员担任。对执达员及司法警察进行专科课程的训练之外,还注重对其精神的灌输及军事训练。举行精神训练在于使其明礼仪、知廉耻、负责任、守纪律,以便彻底矫正过去积习。实行军事训练在于使其养成军事化的纪律生活,对于司法警察尤其需要。为保证训练班的正常开班,训练人员安心训练,训练班所需经费需得到有效保障,其所需费用由高等法院编具概算呈请司法行政部核准。训练学员为现任职员的仍支原薪,经考试及格入班受训的人员由高等法院供给膳宿。训练班训练期限为三个月,期满举行毕业实验,不及格的即予开除,及格者给予毕业证书,仍回原法院服务或分发各法院任用,成绩特别优秀的以主任执达员及司法警长试用。高等法院分院或地方法院也可以呈准高等法院自行开班训练,原有各省高等法院呈准关于执达员及司法警察训练各项章程规则办法宣布作废。②

从法警执行任务的有效性来看,法警不仅只听从检察官的调度指挥,还需要在工作中有一些相应的法学知识。以上所述各高等法院检察处对法警的训

---

① 《甘肃高地两院检察处司法警察训练班章程》(1932 年 4 月 20 日),《司法行政公报》1932 年第 7 号,1932 年 4 月 30 日,第 20—22 页。

② 《执达员及司法警察训练班章程》(1937 年 8 月 24 日),《司法公报》1937 年第 215 号,1937 年 10 月 10 日,第 1—3 页。

练内容,皆对法警产生不同影响:如党义的灌输利于司法警察思想认识的提高;相关法学知识的传授,利于司法警察业务能力的提高;而道德情操的要求,利于司法警察以往陋习的摒弃。总之,训练法警整体上有力地提高了法警的知识水平与素质,使司法警察对听从检察官调度有更多的认同,便利检察官的调度和职权的行使。同时,还起到筛选司法警察的作用,吸收并留住素质较高的人员在法警队伍当中,剔除其中素质水平较低的人员,使司法警察队伍呈现流动的状态,促使司法队伍保持较好的水平。

以上论述可知,检警关系包括检察官同法院外司法警察的关系和法院内司法警察的关系。与法院外司法警察关系处理的好坏与否,直接关系着检察官侦办案件结果,继而影响案件的后续发展。与法院内司法警察的关系处理,则影响案件诉讼能否正常进行及司法信誉在公众中的建立。在通常与法院外司法警察联系不畅的情况下,南京国民政府各级法院加强了对法院内司法警察的管理,通过制定规章制度,框定司法警察的行为,加强多方训练,提过司法检察的基本素养,为诉讼的正常进行及在民间树立司法信心做出努力。

第六章 南京国民政府检察制度的历史评析

一、南京国民政府检察制度的历史特征

自晚清司法改革引入检察制度后,中国的检察制度历经晚清的初创、北京政府的初步发展至南京国民政府的继续发展和完善,检察制度结合中国国情,逐步形成了自己的特点。其一,一改晚清以来的司法官不党的原则,具有司法党化的特征。南京国民政府建立后,实行党国体制,推行以党治国,在国家的各个层面推行党义。司法方面,即表现为司法党化。这在检察制度上亦有呈现。其二,不再单纯地模仿、继承外国和晚清及北京政府的检察制度,注重结合当时的社会现实,改善检察制度,诸如废除预审、不再参与人事诉讼等,使这一时期检察制度的呈现司法本土化的特点。

(一)司法党化及其影响

依据最初对司法独立的理解,司法官被认为不能参加任何政党、社团,唯如此才能免于他势力的干涉,保持人格独立,维护司法公平和正义。晚清及北京政府时期,该规定被认为是理所当然的事情,但到了南京国民政府时期,随着国家体制的转变,司法官不党为司法党化所替代,成为这一时期检察制度的特点之一。

1. 晚清、北京政府时期的司法官不党

立法、行政和司法互相制约、互不统属、相互独立的三权分立是西方民主政治和宪政的一个基本标志。在中国决意立宪实行宪政改革之时,就意味着要按照三权分立的原则将立法权和司法权从行政权中分离出来,创建一套新

的体制,促使中国由传统专制政体向近代民主政体转变,其中司法独立就是建构该体制中重要的一环。从知识分子对三权分立思想的宣传到官员们对司法独立的初步认识和规划,再到当政者实施官制改革将司法独立付诸实践,司法独立一步步从理论界倡言与追求的理念走向政治实践的舞台。筹建大理院、建设京师各级审判厅就是实现司法独立的主要内容,而司法官不党是从司法执行人员上保障司法独立的重要措施。清末《法院编制法》第十二章推事及检察官的任用,在禁止推事及检察官在职中不得为的行为中,除要求推检在职务外不得干预政事、不得为报馆主笔及律师、不得兼任非《法院编制法》所允许公职、不得经营商业及官吏不应为的业务外,不得为政党员政社员及中央议会或地方议会之议员也是其重要内容。① 目的就是使推检在执行职务时,不为党籍身份、政党党义、党派利益所束缚,从而以公正的态度对待每一案件的审理,确保司法公正,建立和维护司法的公信力。

民国建立以后,由于各项法律的制定非短时间所能完成,除某些与帝制相关法律废止外,前清法律一律遵行。② 关于推检的禁止性规定在民国北京政府时期当然一直适用。民国初年,鉴于党派林立,为维护司法独立,防止入党后的司法官,奔走于党事,微论纷心旁骛,司法部乃进一步强调司法官不党的原则。1912 年 12 月,司法部训令京外司法官,"法官入政党,先进各国大都引为深戒。诚以职在亭平,独立行其职务,深维当官而行之义,重以执法不扰之权,若复号称为党人,奔走于党事,微论纷心旁骛,无益于政治。抑恐遇事瞻顾,有损于公平,党见横亘,百弊丛之,非所以重司法也。"③该法令从独立行使职权出发,以维护社会公平为旨归,强调司法官不党的重要性,并将司法官加入政党组织,视为违法。该训令要求"所有京外现充法官各员,除关于研究法律讲习法学等会不予限制外,其余无论何项政党政社,凡未入党者,不得挂名

① 《法院编制法》,载闵钐编:《中国检察史资料选编》,中国检察出版社 2008 年版,第15 页。

② 《大总统据司法总长伍廷芳呈请适用民刑法律草案及民刑诉讼法兹参议院议决文》,《临时政府公报》1912 年第 47 期,第 1 页。

③ 《司法部训令(第十六号)　令京外司法官》,《政府公报》1912 年第 229 号,1912 年 12月 16 日,第 9—10 页。

党籍,已入党者,即须宣告脱党。倘以党籍关系,不愿脱离尽可据实呈明将现充法官职务即行辞职"①。语言恳切,言辞坚决,维护司法官不党的坚定立场,跃然纸上。最后该法令强调"法官一职绝对处于独立地位,司法之不能干涉他项政治,犹之行政机关之不能干涉司法。"②司法独立映衬在法官身上,就是法官不受他因素的干涉,亦不干涉他政治。

1914 年袁世凯再次发布严禁法官加入政党令。他认为那些挟持党见,广树党援,互相勾结,连为一气的现任法官,不仅不可能持平执法,还会阻碍司法前途。该法令强调司法机关是为保障人民权力而设。凡属法官应破除偏私,处于不党地位,以保持独立的精神;并再次强调法官不得加入政党,对于名列党籍的,应一并退党。如有阳奉阴违的,随时予以惩戒。③ 广州、武汉政府时期曾力主司法党化的徐谦曾给予评价,旧时司法观念,认为天经地义者,曰司法独立,曰司法官不党。④ 此当为北京政府时期司法观念之真实写照。国民革命时,为适应革命的需要,司法官不党让位于司法党化,开始了以党化为主旨的司法变革,改变了清末以来中国司法的走向,成为中国近代司法史的转捩时期。⑤

2. 南京国民政府时期司法党化的确立及含义

南京国民政府的司法党化与孙中山以党治国的思想紧密相连。多年的革命经验,使孙中山意识到,要改造国家,非有一个坚强的力量,强大的具有正确政治思想的政党不行:"我从前见得中国太纷乱,民智太幼稚,国民没有正确的政治思想,所以便主张'以党治国'。"⑥孙中山所主张的以党治国,"并不是要党员都做官,然后中国才可以治;是要本党的主义实行,全国人都遵守本党

① 《司法部训令(第十六号) 令京外司法官》,《政府公报》1912 年第 229 号,1912 年 12 月 16 日,第 9—10 页。
② 《司法部训令(第十六号) 令京外司法官》,《政府公报》1912 年第 229 号,1912 年 12 月 16 日,第 9—10 页。
③ 《大总统令》,《政府公报》1914 年第 637 号,1914 年 2 月 15 日,第 1 页。
④ 李在全:《徐谦与国民革命中的司法党化》,《历史研究》2011 年第 6 期。
⑤ 李在全:《徐谦与国民革命中的司法党化》,《历史研究》2011 年第 6 期。
⑥ 广东省社会科学院历史研究所、中国社会科学院近代史研究所中华民国史研究室、中山大学历史系孙中山研究室合编:《孙中山全集》第 9 卷,中华书局 1986 年版,第 96 页。

的主义,中国然后才可以治;简而言之,以党治国并不是用本党的党员治国,是用本党的主义治国。"①国民党政权的建立,为该思想指导司法党化提供了前提条件。1925 年 6 月,广州国民政府建立,加之当时革命形势及苏联的影响,1926 年 9 月,徐谦发表"改革司法制度说明书",他指出:"旧时司法观念,认为天经地义者,曰司法独立,曰司法不党,此皆今日认为违反党义及革命精神之大端也。如司法独立,则司法可与政治方针相背而驰。甚至政治提倡革命,而司法反对革命,势必互相抵触,故司法非受政治统一不可,观苏联之政治组织,立法行政,固属合一,即司法机关,亦非独立,此即打破司法独立之心志也。顾现行司法制度,非根本改造不可……欲求实行,兹事体大,且恐涉及个人恩怨……最好组织以司法制度改造委员会……庶几近于党化精神,亦无轻率更张独任偏见之患。"②广州国民政府移师武汉以后,施行新的司法制度,该制度再次强调,废止司法官不党的法禁,非有社会名誉的党员,并兼有三年以上法律经验的人员,不得为司法官。③ 1928 年以后,国民党政权统一全国,1931 年制定的《中华民国训政时期约法》规定,训政时期的中央统治权由中国国民党全国代表大会代表国民大会行使,中国国民党全国代表大会闭会时,由中国国民党中央执行委员会行使其职权。同年 12 月《国民党中央执行委员会议决中央政制改革案》颁行,该方案明确规定,在宪法未颁布之前,行政、立法、司法、考试、监察五院,各自对中央执行委员会负其责任。这样,孙中山提出以党治国,至国民政府建立后在司法领域逐步实现,司法党化最终成为一党化的司法党化。

1929 年,王宠惠在《今后司法改良之方针(一)》一文中提及司法党化问题,他提出:

> 本国民政府组织法所规定之职权,择其最重要而切实可行者,略分先

---

① 广东省社会科学院历史研究所、中国社会科学院近代史研究所中华民国史研究室、中山大学历史系孙中山研究室合编:《孙中山全集》第 8 卷,中华书局 1986 年版,第 282 页。
② 张国福:《中华民国法制简史》,北京大学出版社 1986 年版,第 221 页。
③ 《崭然一新之革命化的司法制度》,载闵钐编:《中国检察史资料选编》,中国检察出版社 2008 年版,第 167 页。

后缓急列举如下：1.宜进司法官以党化也。以党治国无所不赅，法官职司审判尤有密切之关系，何况中央及地方特种刑事法庭均已裁撤，所有反革命及土豪劣绅案件，悉归普通法院受理，为法官者，对于党义苟无明澈之体验，坚固之信仰，恐不能得适当之裁判，是以法官党化，是为目前首应注意之点。① ……

王宠惠所认为的司法党化，首先是司法官的党化，即司法官须对党义有明澈体验、坚固信仰。为达到司法官党化的目的，他主张应采取以下三项措施：

（一）网罗党员中之法政毕业人员，使之注意于司法行政与审判实务，以备任为法院重要职务，俾得领导僚属，推行党治。（二）训练法政毕业人员，特别注意于党义，务期娴熟，以备任用。（三）全国法院一律尊重中央通令，实行研究党义，使现任法官悉受党义陶镕，以收党化之速效。②

推行司法党化，王宠惠偏重于从司法官入手，注意司法官本人在实践中推行党化。对司法的党义化，王宠惠则较少谈到。将司法党化作为全面阐述的是居正。1935年居正以《司法党化问题》为题，表达了他对司法党化的理解，他认为：

在"以党治国"一个大原则统治着的国家，"司法党化"应该视作"家庭便饭"。在那里，一切政治制度都应该党化，特别是在训政时期，新社会思想尚待扶植，而旧思想却反动堪虞。如果不把一切政治制度都党化了，便无异自己解除武装，任敌人袭击。何况司法是国家生存之保障，社会秩序之前卫。如果不把他党化了，换言之，如果尚容许旧社会意识偷藏潜伏于自己司法系统当中，那就无异容许敌方遣派的奸细参加入自己卫队的营幕里，这是何等一个自杀政策！③

在居正看来，不是司法该不该党化，而是如何党化的问题，他所说的司法

---

① 王宠惠：《今后司法改良之方针（一）》，《法律评论》第6卷第21号，1929年3月3日，第38—39页。

② 王宠惠：《今后司法改良之方针（一）》，《法律评论》第6卷第21号，1929年3月3日，第39页。

③ 居正：《司法党化问题》，《东方杂志》1935年第32卷第10号，1935年5月16日，第6页。

党化同孙中山所主张的以党治国有异曲同工之妙,即不是要求人员的全部党化,而是要求党义的贯彻。他不认同党人做了几个司法系统的高级长官,或把一切司法官限制都取消,凡党员都可以做司法官,或任由是党员的司法官将自己的意思武断一切的简单做法看成是司法党化。他所主张的司法党化包括主观方面,即司法干部人员一律党化;客观方面,即运用法律之际必须注意于党义之运用。他所说的司法干部人员是指各级法院的推检,司法党化首要注重司法官党化,司法行政人员及司法系统机关长官的党化,还是次要问题。他的司法党化除要求司法干部人员一律党化外,最重要的含义是司法党义化,也是他所说的司法党化的客观方面。

所谓司法干部人员一律党化,并不是说一切司法官非党人做不可;反之,把所有司法官位置全分配了给持有党证之人,如果他们对于党义——特别是拿党义应用到法律适用方面去——没有充分的了解时,也不能算是司法党化。司法党化应该是把一切司法官都从那明了而且笃行党义的人民中选任出来,不一定要他们都有国民党的党证,却要他们都有三民主义的社会意识。质言之,司法党化并不是司法"党人化",乃是司法"党义化"。①

司法党义化要求司法官在审判案件时,要以司法党化作为论证的基础,以司法党化的世界观来做思维方法与论证的动向。具体来说,需要注意以下几点:

(一)法律所未规定之处,应当运用党义来补充他;(二)法律规定太抽象空洞而不能解决实际的具体问题时,应当拿党义去充实他们的内容,在党义所明定的界限上,装置法律之具体形态;(三)法律已经僵化之处,应该拿党义把他活用起来;(四)法律与社会实际生活明显地表现矛盾而又没有别的法律可据用时,可以依据一定之党义宣布该法律无效。②

---

① 居正:《司法党化问题》,《东方杂志》1935 年第 32 卷第 10 号,1935 年 5 月 16 日,第7页。

② 居正:《司法党化问题》,《东方杂志》1935 年第 32 卷第 10 号,1935 年 5 月 16 日,第16页。

就如何实现司法党化,居正建议需要采取下面的措施:

（a）令法官注意研究党义,适用党义；（b）以运用党义判案作为审查成绩之第一标准；（c）司法官考试,关于党义科目,应以运用党义判案为试题,不用呆板的抽象的党义问答；（d）法官训练所应极力扩充范围,务使下级法官一律有入所训练之机会,同时该所课程应增加"法律哲学"及"党义判例"、"党义拟判实习"等科目；（e）设立法曹会,并饬其注重研究党义之运用；（f）编纂"判解党义汇览",摘录党义及基本法理,与判例解释例类比,分别附于法律条文之后,而辨别其旨趣之符契或乖离；（g）从速施行陪审制度。①

居正同王宠惠的司法党化措施的不同之处在于他更强调党义与司法实践的结合,注意党义在司法实践中的作用,其措施更具有实践性和可操作性。1936 年,民国著名法学家张知本在《中华民国法学会之使命》一文中表达了与居正相似的思想认识,他认为,中国是党治国家,宪法草案规定中华民国为三民主义共和国,即便在训政结束以后,三民主义思想仍是一般政治法律文化的最高准绳,因此"吾人不能不随时努力使党义镕合于现行法典之中,而于适用法律之际更须注意党义之运用"②。

3.司法党化对检察制度的影响

王宠惠、居正等重要人士对司法党化的思想表达被融入南京国民政府司法实践当中,作为司法制度之一的检察制度不能不受其影响。司法党化对检察制度的影响表现为司法人员的遴选及检察人员职权的行使。

司法人员遴选过程中,最初的甄录试考试所涉及的六种科目中,党义是其重要的一种,它包括建国方略、建国大纲、三民主义及中国国民党第一次全国代表大会宣言。其中,建国大纲是孙中山针对国家建设所提出的规划方案,规定国民政府施政的指导思想,建设的目标、方式,建设的程序及每一程序所要

---

① 居正:《司法党化问题》,《东方杂志》1935 年第 32 卷第 10 号,1935 年 5 月 16 日,第18 页。

② 张知本:《中华民国法学会之使命》,《中华法学杂志》1936 年新编第 1 号,1936 年 9 月 1日,第 6 页。

达到的效果及应采取的措施,国民政府的建制及运行规则。可以说,这是孙中山建国思想的体现,是国民党党义的体现。甄录试考试中加入党义内容,非常明显就是要在考试的第一道门槛,将那些对党义不知所云的人拒之门外,而将那些对党义有所了解的人士吸纳到司法队伍当中,以便在司法实践中贯彻党义。

在普通高等司法官考试以外,南京国民政府还颁布中央及各省市党部工作人员从事司法工作考试办法大纲及施行细则,举行党部工作人员从事司法工作考试。其应考人士,除具备高等考试司法官考试第二条规定的资格可以参加外,对那些修习法政学科有毕业证书、经中央及各省市党部工作人员甄别审查合格、以荐任官登记有证书者的中央及各省市党部工作人员也是可以参加的。其在考试的试题难度、知识要求以及理论素养上均较司法官考试要求标准降低,为党务人员进入司法领域开辟了合法道路,以此保证司法官队伍中有更多持有党证的人员参与其间,实现司法党化首先司法官党化的目标。

但这种司法人员的党化和居正、王宠惠所建议的司法党化之间明显存在着差距。在司法党化口号提出之后,某些原本没有法官资格的人,因为是国民党党员,有国民党要人的援引,而成为高等法院院长。如吴贞缵只在湖南做过承审员,一跃成为河南高等法院院长;曾友豪未曾在法界任职,却直升为安徽高等法院院长。党化之前很少加入国民党的法官、书记官,因为个别法院院长的关系而集体入党。① 居正反对片面追求的党人化在司法实践中抢先实现,其走向极端便是依党派、政见为旨归,任人唯亲,将大量没有专业背景和正规文凭的所谓效忠党国的人员拉入司法机关,最终导致司法队伍专业化和职业化的倒退。

除此以外,司法党化还会对检察人员心理产生影响。由于司法党化是在北京政府以后提出的,对那些习惯了司法官不党的人员来说是不习惯的。司法独立是18世纪以来西方国家所奉行的准则,晚清引入检察制度时,作为司

---

① 胡绩:《旧司法制度的一些回忆》,中国人民政治协商会议河南省委员会文史资料研究委员会编:《河南文史资料》(第4辑),河南人民出版社1980年版,第152页。

法独立的重要条件中的司法官不党亦被引入进来。《法制编制法》中规定，推事及检察官在职中不得为政党党员或政社社员。至国民革命军北伐成功，徐谦提出废除司法官不党，《法院编制法》在中国已经有十六七年的历史，司法官不得参加政党的思想已经深入人心。因此，在司法界服务多年的人员和社会上关心司法的人士多不认同司法党化。那些在司法界任职多年，没有发展机会，对那些由于司法党化，持有党证却加官晋级的人员，不免满腹牢骚。因此，他们愤恨之余，将矛头指向司法党化。① 此种心理的变化，不免会迁怒于工作，对检察制度的实践产生影响。

司法党化在司法人员的培训中亦有所反映。在南京国民政府法官培训机构法官训练所的招生广告中明确要求，参加应试人员必须是曾在国内外专门以上学校修习法政学科三年以上毕业，有毕业证书的中国国民党党员。后虽有所改变，但参加应试人员仍要志愿入党，并出具国民党党员介绍的志愿书。在训练所的招生考试科目中，甄录试笔试的内容之一就是国民党党义党纲。在该所招生司法官进行在职培训时，提出了培训的目的之一在于增进受训人员对国民党主义、政纲以及政策、国民政府立法精神及部院施政方针的认识，借以树立党化司法的基础。这种司法党化在司法官培训中的贯彻，首先在于实现司法官的人员党化。

司法党化在检察官遴选及培训中产生作用，对检察官行使职权亦有影响，即在具体办案中，将党义直接运用于司法实践。曾有一个服务司法界多年的司法官，谈到自己是如何做司法官时，提出经验十则，其中一则为"党化"。他指出：

> 吾国系党治国家，既属党治国家，当以党义为国家指导最高原则；况总理全部遗教，博大精深，实为治国之宝典，更应适用之于司法方面，俾收党化司法之效。现行法律，虽属党义立法，然条文区区数字，含义广泛，其适用方面，尤靠司法官以党义为依归。余办理案件，常以总理所著建国方

---

① 杨兆龙：《党化司法之意义与价值》，《经世》1937年第1卷第5期，1937年3月15日，第7—8页。

略、建国大纲三民主义等遗教精义,使之表现于各种民刑案件上,务使法律党义化,党义法律化,充分实现党化司法之精神。①

由此可见,司法党化的推行使某些司法官在具体案件处理过程中以党义为指导原则。这在政治案件中表现明显。如 1933 年的陈独秀、彭述之案件,江苏高等法院检察官朱儁,针对陈、彭等的上诉出具的答辩书指出,三民主义是中华民国的建设基础,国民党、国民政府又均是从事中华民国建设的领导机关,被告等所组织的中央反对派既以打倒三民主义,颠覆国民党、国民政府为目的,即为危害中华民国事理非常明显,其叛国宣传尤其明显,希望审判方维持原判,驳回上诉。② 1937 年,七君子事件发生,沈钧儒、王造时、李公朴、沙千里、章乃器、邹韬奋、史良及罗青等人员被捕,江苏高等法院检察官翁赞年以上述人员共同危害民国为目的而组织团体,并宣传与三民主义不相容之主义为理由,认定以上人员共犯危害民国紧急治罪法第六条之罪,向江苏高等法院刑事庭提起公诉。③

实际上,由于国民党奉行以党治国原则,在制定某些法律时,在文本上直接明确标明违背党义即为犯罪。如 1931 年 1 月 31 日,国民政府公布《危害民国紧急治罪法》,规定对以危害民国为目的的种种犯罪行为进行打击,对相关人员予以处刑。如第六条规定,以危害民国为目的而组织团体或宣传与三民主义不相容之主义者,处五年以上十五年以下有期徒刑。④ 作为国家公务员、司法工作者的检察官有义务依法起诉办案,而不论该法律是普通法抑或是特种法,或该法律是否贯彻党义。上述两起案件,检察官依据《危害民国紧急治罪法》进行答辩或上诉,是在执行职权,但不排除检察官本身对司法党化的认同。该法贯彻了国民党司法党化的意旨,而使检察官在执行职务时具有了以司法党义化为旨归的特点。

---

① 彭吉翔:《余如何做司法官》,《服务》第 2 卷第 2 期,1939 年 10 月 1 日,第 29 页。
② 《江苏高等法院检察官对于陈独秀等上诉答辩书》,《法律评论》1933 年第 10 卷第 45 期,1933 年 8 月 13 日,第 27 页。
③ 《沈钧儒等案起诉书与辩诉状》,《月报》第 1 卷第 6 期,1937 年 6 月 16 日,1190 页。
④ 《危害民国紧急治罪法》,《司法公报》1931 年第 109 号,1931 年 2 月 14 日,第 2 页。

根据政党理论,一旦某一政党成为国家执政党,它就要通过一定程序使本党的政治纲领上升为国家意志,以其党员出任国家政府官员,直接行使国家行政权力,集中执行本党的政策纲领。同时通过法定程序将本党党员输送到各级政府机关中,担任政府职务,贯彻本党的政策主张。① 南京国民政府的司法党化是中国走向政党国家之后,特别是国民党一党专政以后,国民党急于在社会各个层面贯彻自己的思想及实现自己的治国意图的表现,是政党政治的必然结果。但它不可避免产生另外一种效果,正如某些学者所研究的那样:司法党化的推行在一定程度上降低了司法应有的功能和价值,同时也消解了司法机关的"隔离"作用,导致人民群众对审判的不满都直接转化和积累为对执政党的不满,把专业技术性的问题,变为普遍性的政治问题。它破坏了国家权力的合理架构,使国民党失去了一种制度性的纠错机制,不利于社会法治精神的确立。②

(二)司法本土化及其表现

本土化通俗来说就是一个事物为适应新环境所作的改变。检察制度进入中国后,为适应中国新的社会环境,必然要入乡随俗,发生本土化的转变,这既是社会对制度的要求,亦是制度随势而变的回应。

1. 本土化的思想表达

当时有识之士关于制度本土化问题的认识,主要是从立法原则以及中国经济发展现状两个方面来表达的。其一,从立法原则上说,胡汉民在讲到要以三民主义为立法原则时指出,"法律是有三面的,第一,它必须是为一定的时代而立的,时代需要某种法律,它便能成立;时代不需要它了它便要改变,或者要废弃。第二,它必须是为一定的领土范围而设的,在某个领土内,它是生效力的,出了这领土的范围,它就失了效能了。第三,它必须是为一定的事实而

---

① 孙关宏、胡雨春、任军锋主编:《政治学概论》,复旦大学出版社 2003 年版,第 270—271 页。

② 侯欣一:《党治下的司法——南京国民政府训政时期执政党与国家司法关系之构建》,《华东政法大学学报》2009 年第 3 期。

设的,世间没有支配一切事实的法,也没有只可适应于一个普遍法律的事实。所以只有某种同类的事实才生出某种的法律。"①胡汉民强调法律具有变动性,它是随着时间、空间和事实而不断发生变化的。法学家杨幼炯针对中国的立法现状提出,立法虽可以参考外国立法的经验,采集其法律,以补自国法律的不足,或创设所未有之法律,但是决不能全采外国法律。而应该以本国固有的人情、风俗、地势、气候、习惯为根据。外国法律无论多完备,终究不适合本国的国情。中国今日立法事业重在创造,而非一味模仿。② 立法原则决定着立法的方向,对于将文本作为制度运行指南来说的检察制度,立法原则自然对其所依据的文本制定产生影响。

其二,从中国当时本身经济发展来看,近代中国被迫打开门户之后,沿海、沿江地区受外国经济的影响较大,商业较内地发展迅速。作为国外商业发达之后的法律表达——中国移植的现行法,亦较多地适用于中国的通都大邑。中国内地经济发展较为缓慢,显然与通都大邑相适应的现行法,并不适应于中国的广大内地地区。现行法如果要为中国大众所接受,同中国广大地区的经济发展相适应,必须对现行法进行改造。③ 作为从外国输入的检察制度,进入中国以后,在众多有识之士的推动下,寻求与中国实际相结合的检察制度的构建。

2. 检察制度本土化的表现

从中国的传统和实际出发,南京国民政府对检察制度不断地进行改造,使其具有中国的特点。其一,废除预审。预审是"为提起公诉并实行公诉起见,以搜取其必要之材料为宗旨之准备的调查也"④。在法国,检察官除对现行犯

---

① 胡汉民:《三民主义的立法精义与立法方针》,《建国》1929 年第 35 期,1929 年 1 月 19 日,第 14 页。

② 杨幼炯:《今后中国法学之新动向》,《广西司法半月刊》1936 年第 68 期,1936 年 10 月 31 日,第 10 页。

③ 陆季蕃:《法律之中国本土化》,《今日评论》1939 年第 2 卷第 25 期,1939 年 12 月 10 日,第 390 页。

④ [日]冈田朝太郎、松冈义正、小河滋次郎、志田钾太郎口授,郑言笔述,蒋士宜编纂,陈颐点校:《检察制度》,中国政法大学出版社 2003 年版,第 53 页。

的犯罪行为进行侦查外,因告发或其他原因知悉管辖区域内已发生犯罪时,要请求预审审判员进行调查。其在行使司法警察职务时,受高等法院检察长的监督。预审审判员在将卷宗送交检察官审阅后,开始预审。预审要确定案件犯罪是否成立,如预审裁定宣告免诉,检察官有权对此声明不服,实际上整个案件体现了检察机关对侦查阶段的监督。由于德国的检察制度借鉴于法国,所以其预审模式基本相同。日本的检察制度,先以法国,后以德国为模式。中国在引进检察制度时,对预审制度进行了改造,预审前的侦查权全部属于检察官。只是在检察官全部侦查结束之后,移送管辖法院,声请预审。后在南京国民政府时期,预审程序被视为侦查程序的延长。凡在预审中可以实施之处分,侦查中皆得为之。① 遂在 1928 年的《刑事诉讼法》将预审取消,合并至侦查阶段中,侦查权全部付诸检察官。

其二,退出人事诉讼程序。由于同德国、日本在国体上具有相似性,中国在引入检察制度的时候,就将德、日两国的检察制度作为首选对象。就民事权力本质来说,属于私权,一般情况下,与国家利益没有关系。因此权利人可以自由地处分自己的权利,既可以让与,亦可以抛弃。当权利受到伤害时,权利人要不要受公权的保护,以权利人的意志为转移。诉讼程序、诉讼请求、诉讼变更、诉讼终结都要由权利人决定。但是,司法资源为公共资源,如果诉讼的启动、终结完全由当事人决定,反复就同一事项进行诉讼,这对于相对贫乏的公共司法资源无疑是一种浪费,并有损于国家权威。因此,对某些特殊类型的诉讼,如人事诉讼,其判决结果事关当事人双方,并涉及第三方利益,依法对当事人的诉讼进行干预,也是必要的。民初学者曾经评述:"当事人进行诉讼主义,有时与民事诉讼目的极为适当。唯关于诉讼之进行,概任当事人自由意思行之,则诉讼之存在消灭,一以当事人之意思为准,法院自不得反于当事人之意思而进行诉讼。倘当事人怠于进行诉讼,则其诉讼亦将永久不能完结,不免使当事人玩弄国权。就公益上言,此制显有弊害。故职权进行诉讼主义,有时

---

① 谢振民编著,张知本校订:《中华民国立法史》(下册),中国政法大学出版社 1999 年版,第 1021 页。

亦颇优于当事人进行诉讼主义。"①这就使中国检察官参与人事诉讼有了法理依据,人们从内心中认同检察官参与民事诉讼。

就德、日来讲,德国的检察机关对民事诉讼很少参与,只在涉及公益的民事诉讼中有权主动参加。在德国的《民事诉讼法》里,就婚姻、亲子关系、禁治产和宣告失踪的案件,检察官有行使职权的权力。日本的检察机关作为公益的代表,在法律规定的范围内,亦可以参加民事诉讼活动。诸如代表法院,担任人事诉讼的当事人,在利害关系人不请求禁治产宣告,检察官作为公益的代表担任原告,可以提出请求等。② 对于婚姻事件、养子缘组事件、亲子关系事件、禁治产事件、准禁治产事件及失踪事件具有意见陈述和充当事人的权力。③ 由于德日两国检察官对人事诉讼均有参与,同时就中国实际来说检察官亦有参与人事诉讼的必要。因此《民事诉讼条例》采取处分原则和职权原则并重的模式,作为公权代表的检察官,依法参与人事诉讼,莅庭陈述以表达对公权的维护。随着社会的发展,国家社会管理职能的增强,"私法自治"意识的增强,检察官作为国家公益的代表,也已越来越多地退出私法领域,1932年南京国民政府颁布《民事诉讼法》,检察官退出人事诉讼。

1932 年后检察机关不再参与民事诉讼,同这一时期的法学思想有关系。20 世纪二三十年代,由于国民政府注重法制建设,向西方学习,注重政治学、法律学和社会学的研究,为西方法社会学在中国的流传奠定了坚实的基础,并为这一时期涌现出的大量的法律学者提供了时代条件。这些知名法学家和司法者或翻译、或阐发、或将西方的法学原理与中国本土文化结合,促使法社会学在中国的流行。19 世纪以前的法学思潮主要建筑在"个人主义"原则上,20世纪以后,则建立在"社会利益"学说上。法社会学给中国法学思想带来的变化是促使中国法学从倡导个人绝对权力向保护社会利益的方向发展。中国

---

① 邵勋、邵锋著,高珣等勘校:《中国民事诉讼法论》,中国方正出版社 2004 年版,第 53 页。
② 曾宪义主编:《检察制度史略》,中国检察出版社 2008 年版,第 251、259 页。
③ [日]冈田朝太郎、松冈义正、小河滋次郎、志田钾太郎口授,郑言笔述,蒋士宜编纂,陈颐点校:《检察制度》,中国政法大学出版社 2003 年版,第 107—119 页。

"国家社会本位"原则的确立,正是这种转变的结果。① 将社会利益放在第一位成为这一时期立法的方向。鉴于检察人员人数有限,为了更好地服务社会,检察官从人事诉讼当中退出成为历史必然。

检察官参与人事诉讼是中国在引进检察制度时,结合中国重视家庭的实情而一并实施的。在晚清及民国初期,中国传统社会虽在崩裂之中,但传统势力依旧强大,婚姻事件、嗣续事件、亲子关系、禁治产事件对传统的中国来说,确实是事关公益之事。让国家代理人检察官参与诉讼当中,显著地表明了国家对该诉讼事件的干涉。随着社会的发展,中国传统社会结构发生改变,传统的几世同居的大家庭逐渐为个体小家庭替代;同时,中国人沐浴欧风美雨,特别是经过新文化运动的洗礼,思想观念发生巨大变化,包办婚姻逐渐为自由恋爱代替,在现代元素逐渐增加的社会发展中,事关公益事件逐渐增多的情况下,国家需要干预更多的社会公益事件。相对于日益增多的刑事案件,事关婚姻、嗣续、亲子、禁治产等事件在30年代已经显得不那么重要了。作为国家的代理人检察官应该以更多的力量投入到社会公益相关的刑事案件中。因此在检察官人数有限、司法经费拮据的条件下,检察官从人事诉讼当中退出更是当然,这是检察制度依据中国社会发展情况做出的适时变更。

其三,加强检察官对刑事案件起诉与否的裁量权。中国传统司法行政不分、控审不分、民刑不分,基层行政人员将案件的审理随同行政事务一起管理,这在传统社会尚能维持。进入近代社会之后,随着经济的发展,社会事务日渐繁复,人们纠纷日益增多,在经济发达地区更为显著,案件积压较为严重。此种情况在清末司法改革后,并没有太大的改变。由于司法行政分立,审判和检察机关分立,在法庭内部又有民庭和刑庭的设立,这在一定程度上加重了司法人员不足的矛盾,从而加重了案件积压的严重性。如自最高法院检察署成立以后,未结之案达到一千多起,随着在上海的江苏高等法院第二第三分院的成立,上诉案件逐渐增加。检察官人员由八人增至九人。但由于每月每人需配受五十余起案件,而实际情况是每人尽最大努力,也只能办理四十余起,所以

---

① 汤唯:《法社会学在中国——西方文化与本土资源》,科学出版社2007年版,第67页。

收结不能相抵,因此案件愈积愈多。新收案件有时高达六百数十起,造成案件严重积压。① 1935 年司法行政部部长王用宾在鲁、冀、察、绥、晋、陕、豫、皖八省之后,"感觉各地对于积案太多,影响人民甚巨,除视察所至,惇切训诫,努力办案外,亟当继续详密督促各地法院,免除此项积案情形,以期造福于人民。"②甚至检察官因"案无积压"而受到长官传令嘉奖。③ 为提高诉讼效率,南京国民政府成立后乃加强了检察官微罪不起诉的裁量权。检察官作为国家公诉人,对刑事案件具有法定提起公诉的权力。诸多案件中检察官的公诉行为维护国家权益,起到了张扬司法公正、司法权威的作用。但亦有不少案件,检察官"滥行起诉,徒增讼案,毫无实益,且使被告破廉耻,失生计,堕其在社会上之地位,势必甘居下流。揆之刑事政策,显不适宜。"④所以 1935 年《刑事诉讼法》"第二百三十二条特采便宜主义,明定'检察官于刑法第六十一条所列各罪之案件,参酌刑法第五十七条所列事项,认为以不起诉为适当者,得为不起诉之处分'"⑤。此为 1935 年刑诉法不同以往刑诉法律的地方之一,此法酌量参考刑法的规定内容,增加检察官微罪不起诉情形,即增加了检察官对微罪不起诉案件的自由裁量权。该法出台不久,即召开全国司法会议,会上又有附和该法条之提案,并得到司法行政部的肯定,通令各省高院首席检察官,务必照此情形办理。⑥ 在加强检察官微罪不起诉裁量权的同时,对于那些案情

① 《最高法院纪念周郑检察长报告》,《法治周报》第 1 卷第 40 期,1933 年 10 月 1 日,第 31 页。

② 《王用宾视察归来计划司法改进》,《行政效率》1935 年第 3 卷第 4 期,1935 年 10 月 15 日,第 430 页。

③ "长清分庭候补检察官董有成兼代检察官职务,指挥灵敏,案无积压。李启慧董有成均由该首席检察官传令嘉奖。"《司法公报》1935 年第 29 期,1935 年 3 月 25 日,第 19 页。

④ 《司法行政部训令(训字第六二二一号) 令各省高等法院院长、首席检察官,首都地方法院院长、首席检察官,江苏高等法院第二、三分院院长、首席检察官》,《司法公报》1935 年第 84 号,1935 年 12 月 25 日,第 13 页。

⑤ 《司法行政部训令(训字第六二二一号) 令各省高等法院院长、首席检察官,首都地方法院院长、首席检察官,江苏高等法院第二、三分院院长、首席检察官》,《司法公报》1935 年第 84 号,1935 年 12 月 25 日,第 13 页。

⑥ 《司法行政部训令(训字第六二二一号) 令各省高等法院院长、首席检察官,首都地方法院院长、首席检察官,江苏高等法院第二、三分院院长、首席检察官》,《司法公报》1935 年第 84 号,1935 年 12 月 25 日,第 13—14 页。

明了,检察官被赋予对案件是否声请适用简易程序的权力。适用简易程序审理的案件,需要由检察官提出声请,审判机关接受以后,不再进行事实调查,径行判决。

二、南京国民政府检察制度的进步意义

就世界各国进入近代化的道路来说,分为内源性和外源性两条道路。前者是靠自身社会发展创新并经历长时间社会变革走向近代化道路,后者是由于外部环境影响而引发社会内部思想和政治变革,推动经济社会变革的近代化道路。对于通过外源性道路走向近代化的国家来说,其现代生产力要素和文化要素需要从域外移植。以此为衡量标准,中国的近代化道路总体上是属于外源性的近代化道路。中国的法律近代化道路亦是通过该模式实现的。①晚清有识之士的不懈努力,促使中国建立了近代化的法律制度,启动了中国法制近代转型的征程。如果说,晚清建立的近代化法制制度,为中国此后的法制发展提供了导向的话,那么,此后中国政府法制改革的目标就是致力于将法制制度与中国现实的国情和民情相适应,促进中国法制不但在组织形式上,继而在实际内容上,无论是其效能的发挥,抑或是人民对法律的适用上,真正实现中国的近代法制转型。

检察制度作为法制制度的重要组成部分,同样经历着以上变化。南京国民政府继承晚清和北京政府司法改革的成果,继续留用检察制度,并结合本国国情和民情,对检察制度作了改造,使这一时期的检察制度促进了中国司法的发展。

(一)检察制度得到了进一步发展和完善

法律是社会状态的反映,唯社会是变动不居复杂而多变的;法律条文是简洁的,固定于文本之中,非时时改变的。因此,面对变化的社会,法律亦要有针

---

① 张晋藩:《中国法律的传统与近代转型》,法律出版社 2005 年版,第 426 页。

对性地修改。南京国民政府建立以后,致力于创建同时代相适应的法律制度。作为法律制度之一的检察制度,在这一时期,其相关的法规得到进一步发展和完善。

首先,就检察官的管理而言,关于考试及培训方面,相继出台《司法官任用考试条例》,对应试人员资格、考试次第、典试委员会、考试科目及再试做了规定;《考试法》对考试者的资格做了限制性规定;《典试委员会组织法》要求各地举行各类考试时,应该依据该法成立典试委员会组织,该委员会主要掌理拟题、阅卷、面试及成绩的审查。《法官初试暂行条例》,就初试考试人员资格、考试科目、典试委员会做了规定;《高等考试司法官考试条例》对参加司法官考试人员的限制性资格、甄录试、典试以及再试委员会的组成做了明确规定;《法官初试典试委员会典试规则》就典试委员会的人员组成,工作内容做出安排。就检察官的培训来说,除继承北京政府对司法人员进行职前培训之外,南京国民政府还开创性地对检察官进行在职培训,颁布《现任法官训练计划大纲》等部门规章。

为加强工作的量化管理,1929 年以后,南京国民政府颁布《考绩法》《公务员考绩条例》,规定对包含检察官在内的公务员考绩方式及考绩标准。1932年司法行政部颁布《司法官审查委员会规则》《审查法院及格及成绩办法》,规定甄别司法官提交考绩材料的方式及如何对考绩分别等级等。1933 年又公布《推检考绩表造报及保管规则》,规定不同级别法院推检考绩表的造报程序及表格填写内容和保管应注意事项等。1935 年,司法行政部发布《司法人员考绩程序表》,对考绩程序做了较为严格的规定。

关于检察官的奖惩方面,南京国民政府发布《法官惩戒暂行条例》《公务员惩戒法》,对检察官惩戒的种类、方式及程序,做出规定。为配合公务员考绩,国民政府公布《公务员奖惩规则》《公务员考绩奖惩条例》,将考绩与奖惩结合起来,考察公务员包括检察官的工作。此外,司法行政部还多次发布训令,对检察官的职业操守提出要求,将对检察官的管理纳入规范性管理。

其次,在检察机关的自身管理方面,南京国民政府多个地方法院检察处颁布处务规程,对检察处的工作纪律、案件分派、人员分配、内部机构设置、各科职能、工作内容及工作流程都做了较为详细的规定。这对于检察工作的顺利有效开展提供了制度保障。

再次,就检察机关的职权规范行使而言,在侦查权方面,南京国民政府除出台《检察官指挥司法警察证暂行细则》,增强检察官与法院外司法警察的联系之外,多个地方性法院还出台检察处司法警察服务暂行规则、奖励、惩处条例等,加强了检察官对法院内司法警察的管理。在声请处刑方面,南京国民政府将北京政府时期运行的特种法,融入一般法律文本之中,规范了法律管理,如吸收了处刑命令与刑事简易程序暂行条例的内容,将简易程序纳入 1928 年的《刑事诉讼法》中。

南京国民政府检察制度方方面面的规定较北京政府时期更为详尽,将检察官管理、检察机关自身的管理、检察职权的使用尽可能地纳入制度轨道,实现对人依法管理、对权依法使用,从而对检察权的使用、检察队伍的建设,起到促进作用,从而更有利于司法文明的发展。

(二)检察制度增强了社会法律维权观念

制定制度的目的在于规范社会、规范人们的言行。制度运行,发挥效能之时,又不断地将其所带有的理念传递于社会,逐渐根植于人们的思想观念里。就法律与社会关系,民国时期著名刑法学者蔡枢衡指出,立法的本质是记录现成的风俗习惯,也是创造新风俗习惯;法律的目的和作用是便利国民生活,也是扰乱国民生活,它是扰乱若干人的生活,也是便利若干人的生活。就法律条文来说,这个"面子"是时代的产物,"时代"就是这个"面子"的"里子"。晚清时期,西洋法律制度虽然以企图撤销领事裁判权的形式输入中国,但在当时,谁也不能预料有足削而履久不适的现象。三十年后的今日,尤其找不出"反刍"三十年前的忏悔之理由。① 这是因为输入的西洋法律制度已经成了中国的法律制度。中国现有法律的特色,诸如法律与道德的分离、司法和行政分立、法律和命令分立等等,"这些特点,虽不假思索也可断定大半都是民主政

---

① 蔡枢衡:《中国法理自觉的发展》,清华大学出版社 2005 年版,第 76 页。

治、法治思想、自由主义、个人主义的必然产物。""中国清末的社会不发展则已，发展则不能舍此唯一的路线——民主、法治、自由及个人主义，而别拓新径。这样说来，中国法律的发展，并且变成现在的姿态，也是必然的。"①

检察制度引进中国，作用于中国社会数十年，它所包含的蕴含于控审分离诉讼原则之中的保护人权的民主观念，已经内化到人们的日常行为及思维习惯之中。检察制度的创立就是要防止审判机关独揽控审权力，减少纠问式诉讼给被告人所带来的种种危害，以便保障人权，维护司法公正，这也正是检察制度被引入中国时为人们所称道的。在以后的日子里，检察制度虽饱受非议，尽管有种种不尽如人意的地方，但在司法实践中，检察制度让人们看到了司法公正的曙光，对人权保障及司法效率的实现起到重要作用，并成为主张保留该制度人士所坚持的最重要观点之一。检察机构从清末审判机构的辅助机构②到南京国民政府时期检察职权对于某些事件判决的近似决定性的影响，说明立法者对检察制度价值的认同。

在政府层面，国家亦无法漠视检察制度的存在。南京国民政府从 1927 年起主要针对共产党人和爱国民主人士所设置的特种刑事临时法庭中，就配置有检察官。1929 年 8 月 17 日颁布的《反革命案件陪审暂行办法》，要检察官介入国民党各级党部对法院判决共产党人认为不当的案件。1929 年 12 月 2 日南京国民政府颁行《反省院条例》，司法院 1930 年发布的第 224 号指令指出，反革命案犯送入反省院，"除共产党人自首法第八条③所定情形外，应由检察官径行处分。"④对反省院案犯的起诉，"仍应由检察官侦查、起诉、莅庭"。对经反省院反省教育的案犯评议，除由反省院院长、总务主任、管理主任、训育主任及国民党省党部代表人、高等法院推事 1 人等参加外，还需要检察官 1 人参加，组成评判委员会进行。再有《首都反省院组织条例》亦规定最高法院检

①　蔡枢衡：《中国法理自觉的发展》，清华大学出版社 2005 年版，第 78 页。
②　谢如程：《清末检察制度及其实践》，上海世纪出版集团 2008 年版，第 304—306 页。
③　《共产党人自首法》第八条规定，依本法免刑之共产党人得由法院依第六条之规定交保或移送反省院。《国民政府公报》1928 年第 2 号，1928 年 10 月 27 日，第 2 页。
④　《司法院指令（院字第二二四号）（十九年一月二十八日）　令司法行政部部长魏道明》，《司法公报》1930 年第 57 号，1930 年 2 月 8 日，第 20 页。

察署检察官 1 人,参与首都反省院评判委员会。① 在南京国民政府时期,在人们的心目中,在政府设计的某些制度中,检察官参与诉讼与否已经成为司法判决是否公正的重要标志。无论检察制度在运行中是否侵害被告人的利益,是否做到司法公正,检察制度至少在形式上,其存在所依据的原则已经为社会所接受。这对饱受非议,处于废置旋涡中的检察制度来说,不能不说是一个胜利,对曾经是外来的检察制度来说,不能不说是一个胜利。

检察制度对普通百姓的影响则是潜移默化的。到了 1935 年,刑诉法已扩大自诉范围,但人们已经习惯向检察官告诉。王用宾在《视察华北七省司法报告》中指出,"查现行刑事诉讼法,关于自诉范围,异常广泛,即犯罪之被害人具有行为能力者,均得提起自诉。但实际上被害人每多向该管检察处告诉,诚以向法院提起自诉,往往须经相当时期始能传讯被告(参照刑事诉讼法第三百二十条),而在检察部分,则传讯较觉迅速,被害人多认为于己有利,故不向法院自诉而仍向检察处告诉也。"②这说明,在检察制度引入中国以后的几十年,人们已经习惯检察制度提供给人们的实用、便捷,向检察处告诉已经默化在人们的头脑中,成为人们的日常行为方式。

王伯琦先生曾以"超前立法的出路"为题,说明制度与观念之间的关系。他指出,中国近数十年来的立法,确与社会脱了节,法律条文可以循着理想创造制定,而社会是有惰性的。他认为立法可以超前,但现实却并非跟得上理想。"即在成文法国家,新的法律原则虽可由立法者随时制定,但是否能发生确切的效力,那就要看在社会大众的意识上是否能普遍接受了。不过这并不是说立法工作必须跟随在社会大众意识的后面。历史法学派之所谓法律是长成的,无可创造,就其现阶段的现象而言,固属真理,但现阶段的所谓非长成的或创造的法律,假以时日,亦未始不能在社会大众的意识上生根,而长成、而开花结果。我们的行为规范,虽不是立法者可以制造的,但立法者制成的法律,

---

① 张培田、张华:《近现代中国审判检察制度的演变》,中国政法大学出版社 2004 年版,第274 页。

② 王用宾:《视察华北七省司法报告书》,《法律评论》1935 年第 12 卷第 48 期,1935 年 9 月29 日,第 26—27 页。

对于社会大众的意识,确有莫大的启示作用,从而足以加速促成其意识之成熟。""早熟的立法,在其一时的效力方面,或许要打些折扣,但在启迪人民意识方面,却有极大的作用。我们不妨称之为'法教'。尤其在一个社会需要有重大的变革之时,此种立法上的手段,更为重要。"①作者以无夫奸的问题作为例子说明,在清季被认为是蔑视礼教的严重问题,但民国成立后,废除《暂行章程》,就渐渐不是问题了。1935年刑法规定,有配偶而与人通奸者,处一年以下有期徒刑。该条法律虽然没有真正执行,但已经很少有人批评了,这就是男女平等原则在人们意识上逐渐扎下根的缘故。

随着现行法律的实行,虽然某些法条人们感觉生疏,但一般来说,至少不致引起反抗,这就说明现行法律上的大原则可以渐渐为社会大众接受,而成为我们真正法的规范。我国诸多法典虽然大半采自他国,但移植的法制,并非不能生根。从民众起初对现代司法制度"绅士殊感不便,怨怼甚深","检察官独操刑事权,尤为众怨之的"。② 至后来,因人们对检察制度的检举功能寄予厚望,而检察制度运行未能达到人们满意,遽遭人们废除之热议;从人们适应将除告诉乃论之罪案件外交于检察官起诉,到自诉范围扩大,诸多人士仍将自身伤害案件交于检察官起诉,以致同一案件一部分上诉一部分自诉,司法行政部训令各省高院要求推检双方理应随时沟通,待情弊发生,有所补救③,表明检察制度所蕴含的检审分立原则,检察权监督审判权,保证司法公正;检察官拥有侦查权检控犯罪、监督警察权,保证人权维护社会秩序,防止警察国的梦魇重现,已为人们所认可,人们到检察处告诉告发已经成为多数人共同的行为选择。至抗战结束,废止检察制度的观点和理论几乎销声匿迹,不能不说是这种检察文化为人们所接受的表现。

---

① 王伯琦:《近代法律思潮与中国固有文化》,清华大学出版社2005年版,第72—78页。
② 张一鹏:《中国司法制度改进之沿革》,《法学季刊》第1卷第1期,1922年4月,第24页。
③ 《司法行政部训令(训字第三三六零号) 令各省高等法院院长、首席检察官,首都地方法院院长、首席检察官,江苏高等法院第二三分院院长、首席检察官》,《司法公报》1936年第126号,1936年7月22日,第8页。

(三)检察制度维护了社会公益、提高了办案效率

检察制度的存在本是维护社会公益,检察官代表国家,对危害社会公益的案件提起诉讼,以期保护公共利益。随着社会的发展,政府所管的事情越来越多,从前认为只关个人或无关紧要之事,国家可能要有所干预。"社会上每有犯罪事件发生,而私人因怠惰怕事,或其他关系,不愿或不敢过问者,犯罪者往往逍遥法外,检察制度可以补救这种情形。"[1]"检察官不但为诉追那私人所不肯或不敢诉追的刑事案件的适当机关,并且对于行政诉讼案件和那些有关公益的或政府为当事人的民事案件也有相当的贡献。"[2]譬如鸦片、赌博、私盐、吗啡、赃物、公共危险及伪造货币等这些不大侵害特定人之私益的案件。如果没有检察机关等司法警察机关的移送,这些危害公共利益的案件的侦破率将大大降低。[3]

除此以外,鉴于控审分离原则,根据相关法律的规定,检察官对案件提起诉讼以前,需要对案件进行侦查,认为有必要起诉时才会提起诉讼。因此,在对案件的侦查过程中,就会过滤掉一些没有必要进入诉讼程序的案件。根据杨兆龙[4]的推算,全国检察官(连同首检在内)只是推事(连同院长庭长在内)的半数,但侦查终结案件的总数常常比各级法院审判终结案件的总数还要多。可见推事结一案,检察官可结二案。检察官结案如是之多,其固然由于环境压迫,办事草率,或程序简单,但分工得法确实是主要原因之一。[5]

---

① 杨兆龙:《由检察制度在各国之发展史论及我国检察制度之存废问题》,《法学杂志》1937 年第 9 卷第 5 期,1937 年 1 月,第 47 页。
② 杨兆龙:《由检察制度在各国之发展史论及我国检察制度之存废问题》,《法学杂志》1937 年第 9 卷第 5 期,1937 年 1 月,第 52—53 页。
③ 杨兆龙:《由检察制度在各国之发展史论及我国检察制度之存废问题》,《法学杂志》1937 年第 9 卷第 5 期,1937 年 1 月,第 61 页。
④ 杨兆龙(1904—1979),字一飞,毕业于燕京大学和东吴大学,获得哈佛大学法学博士学位;曾任推事、律师、宪法起草委员会和资源委员会专员、代理最高检察长等职;草拟《国家总动员法》《战争罪犯审判条例》等法律,是荷兰海牙国际法学院评选的世界范围内 50 位杰出法学家之一。
⑤ 杨兆龙:《由检察制度在各国之发展史论及我国检察制度之存废问题》,《法学杂志》1937 年第 9 卷第 5 期,1937 年 1 月,第 61 页。

同杨兆龙持有同样观点的还有耿文田,他认为,犯罪须由代表国家的检察官厉行诉追,这样,奸宄之徒才会有警惧之心,懔于法而不敢再犯。否则,如果诉追犯罪一任个人自由,不但对侵害公共利益的犯罪无人追诉,就是侵害个人的犯罪,也将无人过问。推事审理案件,在检察官参与的过程中,仍然会有一些错误发生,如果取消检察官,则推事武断草率,敷衍塞责,更难维护社会公平。在检察官侦查案件中,只有约十分之三、四的案件起诉,如果检察制度废除,则原有不起诉的案件将会转移至法院①,人员不敷分配,将会大大增加案件的处理时间,从而影响办案效率。

依据南京国民政府历年司法统计可以看出,检察官提起公诉的案件数量(如表6-1所示):

表 6-1　1930—1936 年度检察官提起公诉案件表

年度	检察官受理案件的总数	起诉案件数量	不起诉案件数	因犯罪嫌疑不足或行为不构成犯罪而不起诉的案件数	起诉案件占受理案件的比重(%)	因犯罪嫌疑不足或行为不构成犯罪而不起诉的案件占不起诉案件的比重(%)
1930	136119	52989	76146	47202	38.93	61.99
1931	138593	52709	79376	47228	38.03	59.50
1932	163023	65455	90934	54400	40.15	59.82
1933	202677	81749	111851	64854	40.33	57.98
1934	224878	86503	129781	75732	38.47	58.35
1935	240447	86903	145926	89299	36.14	61.19
1936	226698	76625	139659	82849	33.80	59.32

资料来源:1930 年度数字来自《罪名别侦查事件受理件数及已结未结表》,《民国十九年度司法统计》(中册),田奇、汤红霞选编:《民国时期司法统计资料汇编》第 12 册,国家图书馆出版社 2013 年版,第 171 页;1931、1932 年度数字来自《法院别侦查事件受理件数及已结未结表》,《民国二十一年度司法统计》(上册),《民国时期司法统计资料汇编》第 15 册,第 287 页;1932、1933、1934 年度数字来自《刑事侦查案件(1)》,《民国二十三年度司法统计》(上册),《民国时期司法统计资料汇编》第 16 册,第 404—405 页;1935、1936 年度数字来自《刑事侦查案件(1)》,《民国二十五年度司法统计》(下册),《民国时期司法统计资料汇编》第 18 册,第 530—531 页。

①　耿文田:《中国之司法》,民智书局 1933 年版,第 190 页。

从表6-1中可以看出,除1936年因战事原因某些数据未曾上报,案件数量有所减少之外,起诉案件的数量占受理案件数量的四成左右,也就是说,近六成的案件免于进入诉讼程序,为更多的人解除了讼累。在司法人员、司法经费紧张的情况下,节省了大量的司法资源。同时这六成的案件乃因犯罪嫌疑不足或行为不构成犯罪而不起诉的案件,避免了多数被告人被人诬告的情形发生。在中国传统社会走向近代社会,社会结构日渐复杂,刑事案件日渐增多、积案仍多的大环境下,检察制度的存在提高了办案效率。

三、南京国民政府检察制度的历史局限性

南京国民政府时期废检呼声迭起,从侧面说明了检察制度在运行过程中存在着不尽如人意的地方,由于所处时代各种环境的影响,这一时期检察制度不可避免地具有历史局限性。

(一)检察制度历史局限性的表现

1.制度文本与实践之间存在反差

由于检察制度非中国本土司法制度,在引入中国之时,就与中国现实之间存在着反差。虽经晚清、北京政府时期的发展,这种差距依然存在,主要表现在:

其一,制度超前,与社会实际存在反差。

晚清至民国初年,总体来说,中国的司法制度大都照搬照抄国外法令,与中国国情脱节,造成诸多法令无法实行,成为具文。早在1915年12月,袁世凯就曾发布法令,要求法制局对民国以来的不符合中国国情的诸多法令予以修正。各部院各省区长官在法令执行中有窒碍难行的亦可上报。对各部院各省区自行规章,也要删繁就简,期望慎始图终,循名核实。

> 立宪国首重法治,所谓法治者,并非务为空文,涂饰耳目。一法既立,期在必行,苟其未行,不如无法。法之大要,一在因民之利,以适合国情,一在禁民为非以矫正国俗。善制法者,详究事势,执简驭繁。迨能用法而神明于法,反是则法令滋多,不求实践积玩既久,纲纪荡然,及其末流徒为

胥吏,舞文之具,以言法治,去之远矣。近年制定法令,颇有未见施行者,推原其故,由于立法之始或出诸理想而未尝调查,其实际或泥于画一而不知事变之无穷,以致可行之法,亦视为具文,寖失效力。古人有言奉法者强则国强,奉法者弱则国弱。可引以为戒。著政事堂饬法制局,将民国元年以来法令,分别存留废止,悉心修正呈请施行。各部院及各省区长官,遇法令中实有窒碍难行亦可叙明理由,咨明政事堂,发局汇核修改,其各部院各省区自行规章,亦须删繁就简,总期慎始图终,循名核实,行之以约,持之以恒,令全国人民受制于法律之下,以人从法,不以法从人,庶几政治更新同遵正规。予有厚望焉。①

以上政府之所以发布命令正是基于晚清至民国以来诸多法律同社会实际相去甚远,造成虽有众多法律,但为具文的现状发出的。此种情形直至 20 世纪 40 年代仍存在。1946 年庞德在其所写《法律教育第一次报告书》中指出,中国"现时法律上首要的工作,应当是放弃研求他国法律中理想的规定,不再就每一细小节目,力图模仿外国,求取最时髦的法律。"②表现出一个外国人对中国司法改革不顾及中国现实国情、照搬照抄外国法律现状的不满;并再一次暴露出中国司法制度与实践之间存在反差的实际情况。民国学者蔡枢衡更一针见血地指出,"现实的中国社会并不十分需要现代中国所有的各种法律。"③

之所以出现以上情形是由中国的社会经济现状决定的。从经济基础与上层建筑之间的关系来说,上层建筑应该是经济基础的反映。有什么样的经济基础就会有什么样的上层建筑。司法制度作为政治制度的重要组成部分,同样是当时社会经济的反映。当中国从国外引进资本主义的司法制度时,农业经济占有主导地位的中国就表现出同引进司法制度之间的不适应。农村与都市对法律的适应亦是不一样的。20 世纪 30 年代,曾有学者从社会经济的角

---

① 《修正民国元年以来法令令(1915 年 12 月 19 日)》,《司法公报》1916 年第 51 期,1916 年 1 月 15 日,第 75—76 页。

② 庞德:《法律教育第一次报告书》(1946 年 9 月),杨兆龙译,载《杨兆龙法学文集》,法律出版社 2005 年版,第 516 页。

③ 蔡枢衡:《中国法理自觉的发展》,清华大学出版社 2005 年版,第 90 页。

度分析个中原因,"在乡村里的民众既过着和都市不同方式的经济生活,那么,他们对新法制——现行法——的需要,自不若通都大邑里市民之迫切,这就是现行法能通用于都市,而扞格于乡村的一个主要原因,并不是老百姓不接受,是因经济生活方式不同,不容他们接受。[结]果就发生法律与社会分离的现象,真能受它保护的,不是多数民众,却是少数富豪大贾和欧化的知识分子。因而在司法方面、民众方面和研究者方面,都异口同声地说现行法有削足就履之弊。"①由此可见,建立此基础上的现行法律不适应中国情况,是由于中国本土经济发展的社会环境不同,人们的生活方式不同。40 年代,民国学者蔡枢衡亦有从中国经济发展的角度评论中国的法律现状,"中国的社会经济是国际帝国主义经济之一环节。帝国主义经济是高度发展的工商业的社会经济。数十年来的中国立法所采之法例,都是这种社会经济所产的立法。换句话说,数十年来中国的新法律,都是次殖民地性的中国社会经济之反映。可是中国法学人士接触每一新法之后,常常是骂的多而捧的少。捧的理由固然是由于新法适应世界最新思潮和最新法例;骂的原因却是因为不合农业的国情,陈义过高,以及法文之所规定不能求之于社会现象,等等。"②中国的法律同社会经济发展的国情并不一致,他继而指出,"二十世纪中国的环境虽然围绕着近代的现代的工商业社会,中国社会自身对内却还保有浓厚的农业社会色彩,用不着把个人作单位、把竞争作前提、把法治作理想的近代的、现代的法律。"③从以上论述可以看出,中国从国外引进的资本主义的司法制度,包括检察制度,不是中国社会经济发展的必然产物。虽然中国的通都大邑经济属于工商业社会经济,但由于中国广大地区处于农业经济时代,司法制度并非与中国广大社会实际相适应。因此,制度的超前性造成中国司法制度同中国社会现实之间存在着巨大反差。

要解决这一问题,须从两方面着手,一方面,进行大量社会调查,从中国现

---

①　陆季蕃:《法律之中国本位化》,《今日评论》1939 年第 2 卷第 25 期,1939 年 12 月 10 日,第 390 页。

②　蔡枢衡:《中国法理自觉的发展》,清华大学出版社 2005 年版,第 88—89 页。

③　蔡枢衡:《中国法理自觉的发展》,清华大学出版社 2005 年版,第 90 页。

实出发制定法律;另一方面须对某些超前的制度规定予以修改,使之尽可能地与中国社会经济相适应。即建立适合中国社会的法律制度,须同中国现有社会情况相联系,否则,法律与社会需要之间必然存在隔膜。"法律是社会共同生活的反映,离开了中国社会而谈中国的法律,或变法立法,那必然是没有民族内容的。中国社会,当然不是西洋资本主义的社会,而在这转形【型】期的阶段,竟无批判地接受西洋资本主义的立法政策和立法技术,自然这种法律是不适合中国社会需要的。"①在众多社会人士的努力之下,中国的司法制度包括检察制度在不断地向中国社会实际发展状况靠近。

其二,制度执行与制度文本存在反差。

因包含检察制度在内的司法制度在整体设计上同中国实际有所差距,加之,相关配套制度跟不上,因此在实际操作中不可避免地造成制度执行与文本之间存在反差。这种反差表现在以下几个方面:

第一,检察官指挥司法警察。民国学者刘世芳提出要使检察官积极地自动侦查犯罪,需要将警察机关与检察机关衔接,警察直接受检察官指挥,方能达到目的。1928年刑事诉讼法第228、229条规定,检察官于侦查犯罪时,有指挥司法警察官暨司法警察的职权。但在现实中,由于司法警察官、司法警察知识的欠缺,不谙刑事诉讼法的司法警察占多数,往往忽略国家定制,或不知辅佐检察官的职责,司法警察不听检察官指挥的大有人在。检察官也无法处置,因循敷衍不尽主管之职责,致使诉讼进行困难,不能很好地侦查犯罪。鉴于此,最高法院东北分院检察署制定《检察官与司法警察管理合作办法》呈准东北政务委[员]会施行。② 该办法开宗明义,并非创立新法,不过就检察官与司法警察官司法警察应遵守的现行法令其意义晦暗的,加以引申,使其明了;程式有缺略的,加以补充,使其完足。反复详加考订法理成例,以解决程序上的疑难,务期切于实用。《办法》就检察官与司法警察官、司法警察执行职务

① 刘仰之:《蔡枢衡著中国法律之批判》,《中华法学杂志》1944年第3卷第3期,第80页。
② 注:《法律评论》第8卷第32号,第37页所载为"最高法院东北分院检察署呈准东北政务委会施行";《法律评论》第8卷第33号,第39页,第8卷第34号,第27页所载为"最高法院东北分院检察署呈准东北政务委员会施行"。

应依据的法令;检察官指挥司法警察官、司法警察的范围;检察官与司法警察官、司法警察在平时应如何交流;案件发生以后,检察官、司法警察官及司法警察如何办理、交接;对司法警察官、司法警察辅佐检察官侦查如何考绩一并进行了规定,详尽明了。检察官侦查犯罪时,可以调动司法警察。如果连这个职权也不能很好地维护,必然影响对犯罪的惩处。宁夏高等法院首席检察官曾呈司法行政部,认为检察官于侦查犯罪时,指挥司法警察官或司法警察发生困难,要求规定惩罚办法。由此,司法行政部训令(训字一九二号)最高法院检察署检察长,各省高等法院首席检察官,江苏高等法院第二、三分院首席检察官,"司法警察为检察官之辅佐,必须彼此维系,呼应灵通,始能达有罪必罚之目的……司法警察官及司法警察,关于侦查犯罪,能受检察官指挥命令,勤慎从公者,固不乏人,其对于法定职责,未尽明了,遇事意存畛域,未尽侦查之能事者,亦事所恒有,该首席检察官所陈各节,系属实情"[1],于是函请内政、军政、财政、实业、交通、铁道各部派员会商,议决办法两点:一、由司法行政部根据刑事诉讼法司法警察关于侦查犯罪应受检察官指挥各规定,转咨各关系部,通令所属遵照。二、指挥证由司法行政部拟具式样,转咨各关系部,通令所属各该司法警察长官(铁道部由路警管理局)于司法机关函请会印时,应予会印。并经司法部制定指挥证式样,咨送关系各部查照,转令所属遵照各在案。令仰该首席检察官遵照办理。[2] 但由于司法警察的惩戒、奖惩均不为检察官所掌握,因此,检察官指挥司法警察办案仍存在问题。

第二,检察官的待遇。由于司法经费拮据,有些地方检察官的薪金标准比中央定得还要低。如甘肃地区,"高院院长每月八十元,推检七十元,书记官二三十元,录事十余元。地院院长兼推事一员每月六十元,首席检察官一员每月五十元,推事一员五十元,书记官长一员三十五元,书记官一员二十五元,候补推事一员三十元,候补检察官一员三十元,候补书记官一员二十元,学习书

---

① 《司法行政部训令训字(第一九二号)》,《司法公报》1935 年第 20 号,1935 年 2 月 8 日,第 10 页。

② 《司法行政部训令训字(第一九二号)》,《司法公报》1935 年第 20 号,1935 年 2 月 8 日,第 9—11 页。

记官一员十五元,录事十元,执达吏五元,法警五元,庭丁四元。"①这样的情形,使得检察官的生活非常艰苦,"南来推检,因为交通不便,旅费太费的缘故,大都不带家眷,寄居院内。每天的饭食,或包在小饭馆中,或包在院内,务以节俭为主。本地职员,带有眷属的,也过着最低限度的生活。在省垣,因为娱乐地方——京戏和影戏,价钱太贵,所以消遣场所,也难得去。在外县,因为根本没有消遣地,所以也谈不到娱乐。公余之暇,大都蛰居室内,在暗暗的烛光下,批阅案牍,看看书报而已。最可怜的是带有家室的职员们,大部以本省及邻省人为多,五口之家,月得二三十元,维持衣食,已经不易,乃时有欠薪之虞,最低限度的生活,也无法支持,饥寒之厄,时时袭击在后面,处于这种困苦颠连的境况下,他们怎能安心办事呢?"②最基本的生活待遇是任何一个人能够安心工作的基本条件。如果在生活尚无保障的情况下,要求司法人员敬业、爱岗,这可能就是一种苛求。

第三,检察官在职权执行过程中,亦会与文本出现反差。除自诉程序外,根据刑事诉讼法的规定,检察官需要在审判日期应行出庭陈述案件要旨,并为言辞辩论。但在执行过程中,某些法院却率行省略,将检察官职权任意放弃。如安徽芜湖地方法院在审理案件的过程中,有应请检察官莅庭的案件,却未经检察官莅庭径自宣告辩论终结。为此,司法行政部训令安徽高等法院首席检察官,要求该法院在审理案件时务必依照法定程序办理,不得任意省略,致干违法之咎。③

2. 监督职权的行使水平有待提高

检察机关对审判机关的监督,以再审和非常上诉为例。再审和非常上诉是对确定判决案件的救济方式,是制度设计对某一个案件予以救济的最终方式。再审的发动者,依据法律条文规定,检察官是其中之人员。诸多案件没有进入再审程序可能有诸多原因,或者本身案件的审判就没有问题,但就全国来

---

① 陈文藻:《最近甘肃的司法状况》,《法学杂志》1934 年第 7 卷第 4 期,1934 年 6 月,第 63 页。

② 陈文藻:《最近甘肃的司法状况》,《法学杂志》1934 年第 7 卷第 4 期,1934 年 6 月,第 63—64 页。

③ 《审判案件检察官应出庭陈述要旨令》,殷梦霞、邓咏秋:《民国司法史料汇编》第 40 册,国家图书馆出版社 2011 年版,第 392 页。

说,1930 年受理的再审案件仅为 180 起,即便将这全部的案件全部计算在检察官那里,数量亦不多。非常上诉是检察署检察长所独有的救济已确定判决案件的诉讼权。非常上诉的提出意味着该案件的确定判决受到质疑,并有可能将原有判决取消。非常上诉案件的多少虽受多方因素制约,但其案件的数量确实能反映出检察机关对审判机关,特别是最高检察机关对全国各级审判机关(除最高法院)的监督力度,表 6-2 显示非常上诉的数量在最高年度为363 件,以最高法院检察署检察官 9 人(含检察长)计算,该年度平均每人处置案件数量不足 41 件,数量并不多,而其他年度该数量还不及这些。检察机关对于审判机关的监督可见一斑。

表 6-2 1930—1934 年度再审及非常上诉受理案件统计表

年度	再审案件受理件数	非常上诉案件终结件数
1930	180	225
1931	199	221
1932	187	363
1933	264	328
1934	424	142

资料来源:1930 年度数字来自《法院别再审案件受理件数及已结未结表》《非常上诉案件受理件数及已结未结表》《民国十九年度司法统计》(下册),田奇、汤红霞选编:《民国时期司法统计资料汇编》第 13 册,国家图书馆出版社 2013 年版,第 233、230 页;1931 年度数字来自《民国二十年度司法统计》《民国时期司法统计资料汇编》第 14 册,第 522、520 页;1932 年度数字来自《民国二十一年度司法统计》(上册)《民国时期司法统计资料汇编》第 15 册,第 578、575页;1933、1934 年度数字来自《刑事再审案件(2)》《刑事非常上诉案件》《民国二十三年度司法统计》(上册)《民国时期司法统计资料汇编》第 16 册,第 569、556 页。

除了检察机关对审判机关的监督有限以外,检察机关内部监督同样存在问题。从现有资料所看到的检察官受到惩戒的原发起为三种情况,第一种为具状人提出,第二种为另外检察官队伍提出,第三种为视察员视察时提出。以1935 年 11 月至 1936 年 10 月所作出的惩戒议决书为例,受到惩戒的检察官 9人,只占被惩戒人 125 人次的 7.2%[1],检察官受到惩戒的人数是有限的,这固

---

① 依据 1937 年 1 月中央公务员惩戒委员会书记厅编印《中央公务员惩戒委员会惩戒议决书汇编》第二辑所载议决书统计而得。

然可以一定程度上说明检察人员素质高,但同时亦能证明此种监督手段存在问题,即监察院所编织的监督大网,网眼太大,能够被网到遭受惩戒的人士相对于全国的公务员来说,具有相当大的偶然性。虽然规定有检察官对于应行事务应该为首席检察官过目,但对检察官职权的监督,并没有制度安排,诸如对于应行起诉而没有起诉,如何进行惩戒,并没有制度安排。如梁瑞麟案,在对中央惩戒委员会答辩中,梁瑞麟辩称:"该案为前检察官邓益楠承办,而非瑞麟自行办理之件,虽有拖延亦应由邓益楠负责,于瑞麟何涉。对于该案原已督促多次,无奈邓检察官泄沓成性,故曾于该员填送现任公务员甄别审查表考语栏内加以疲玩字样或者以此开罪于该检察官,即挟此以为反攻之具,而谓瑞麟对于公务辄多放弃乎。"①当时梁瑞麟为湖南邵阳地方法院首席检察官,面对该处邓检察官的拖沓,只是督促,在甄别审查表考语中加以疲玩字样,并没有显示出有其他制度方面对该检察官的惩罚。同样作为该首席检察官,在该院邓检察官去职之后,仍不以其职权将邓检察官办理案件亲自处理或移转他检察官处理,一任延搁,如果不是该邓检察官上告于监察院,该梁瑞麟案也不会发生。从发现该案的缘由来看,极具偶然性。同时,在中央的惩戒书中,并没有对泄沓成性邓检察官的任何惩戒的只言片语。由此可见,检察官内部的监督是远远不够的。在废检言论中多次提到检察官检举不力,在此后的司法行政部采取的改进措施上,却鲜见有对检察官应行检举案件而不检举的惩罚举动,或制度出台。

从以上论述可以看出,检察机关无论对于审判机关的监督,抑或是对自身的监督,监督的力度不够,其在行使监督权中的制度建设亦有欠缺,从而成为检察机关为世人所诟病的原因。

(二)检察制度建设的制约因素

任何制度都存在于一定的历史时期和社会环境当中,不可能脱离该国家

---

① 《中央公务员惩戒委员会议决书(二十三年度监字第二零三号)》,《司法公报》1935 年第 19 号,1935 年 2 月 3 日,第 42—43 页。

地区或民族的历史特性,其中该国家民族的传统文化对制度建设产生深层次的影响。同时,经济的发展或其经费的充裕与否对制度的建设和发展起到作用。

1.传统诉讼文化的影响

拥有五千年文明史的中华民族,在创造灿烂辉煌的文化时,造就了独一无二的法律体系——中华法系。中华法系拥有自己鲜明的特点:"重教化、轻刑罚;重公权、轻私权;重人治、轻法治;重家族、轻个人;重伦理、轻是非;重和谐、轻论争。"①虽在中国由传统社会向现代社会转型的过程中,其与现代法制的标志性因素——宪政、共和、司法独立、人权等诸多制度背道而驰,但在这一过程中无时不在影响着中国社会的发展、制度的制定和人民的行为方式等。自然,检察制度作为外来制度,司法传统的影响更为明显。

(1)息讼与检察官不检举

中国人渴望的是国泰民安,人与人之间希望其乐融融,孔子"仁者爱人"的思想已经深入人们的日常行为中,故人们不希望发生纠纷。即便发生纠纷后,也要尽可能地息事宁人。刑期无刑是人们的美好理想,没有诉讼是每个基层官员所想达到社会治理效果的最高境界。因此无论在官,抑或是在民,潜意识当中将息诉作为处理事件的出发点。以司法行政部门为例,它担负着如何更快地化解矛盾,使社会秩序趋于稳定,让法律更好地成为社会治理工具的职能,而无论是审判官抑或是检察官则是使用该治理工具的最恰当的人员。南京国民政府司法行政部三令五申向各省高等法院检察官发布训令:

> 刑事诉讼法第二百三十二条规定"检察官于刑法第六十一条所列各罪之案件,参酌刑法第五十七条所列事项,认为以不起诉为适当者,得为不起诉之处分。"立法意旨,原以轻微犯行,非概有处刑之必要,特予犯人多开自新之路,并期减少无益之讼累,执行侦查权之检察官,自应体会力行,藉求贯彻刑事政策。民国二十四年十二月间奉司法院令交司法会议第一四二号励行不起诉决议案,曾经本部以第六二二一号训令通饬遵照

---

① 张晋藩:《中国法律的传统与近代转型》,法律出版社 2005 年版,第 426—427 页。

在案,其原议案所列办法:(一)审酌犯罪时及犯罪后之情况,并因犯罪所生之损害,使犯罪人赔偿被害人损失或谢罪道歉。(二)令犯人立一自新誓约书或更以该犯人交其亲戚故旧管束,以期不再犯。(三)侦查时当隔别讯问时,对于犯罪人须考察其犯罪之动机并其品性境遇,对于被害人当详讯其与犯罪人平日之关系,并是否有不希望处罚之意思,庶于赔偿损失易得谅解。此本为息事宁人处理事件之方法,运用之妙,存乎其人。近查各地方法院检察官对于前项法令,漫不注意,微特不能体会善用,且多滥行起诉,以致轻犯累行,监狱拥挤,揆之刑事政策,殊不适宜。用特重申前令,督促切实励行,各该地方法院检察官遇有轻微案件,务须负责审酌,应起诉者固不得滥予不起诉处分,其不起诉者亦应求处理适当,以昭折服,此后检察官之考绩,本部即视其不起诉与起诉案件百分比率,以课殿最而予奖惩,一面责成各高等法院及分院首席检察官,对于声请再议案件,分别计等,列表呈核,以防不负责任之检察官借词滥用。除计等表及办法,另令颁发遵办外,合令仰该首席检察官即饬所属恪遵办理。此令。二十六年六月十日①

以上训令的发布固然有案件积压严重,司法官人员较少,提高司法效率的原因,但中国传统的思想文化在其中的作用亦不可小觑。检察制度引入中国后,诉讼实现控审分离,掌握国家公诉权的是检察官,由此,司法管理人员认为刑事案件的高效处理在于检察官不滥行起诉,检察官职权的行使受中国传统文化的影响可谓明显。

(2)传统诉讼模式与扩大自诉

晚清引入检察制度以前,中国传统的诉讼模式是被害人及其亲属或他人告发或自行发觉者到衙门去告诉,启动诉讼程序。检察制度引入以后,此种情况发生变化。1907年奏准修正、1915年司法部呈准的《高等以下各级审判厅试办章程》规定:"凡刑事案件因被害者之告诉、他人之告发、司法警察官之移

---

① 《司法行政部训令(训字第三七七九号) 令各省高等法院首席检察官》,《司法公报》1937年第193期,1937年6月22日,第17页。

送或自行发觉者皆由检察官提起公诉,但必须亲告之事件(如妨害安全信用名誉及秘密罪、奸非罪等)不在此限。"①这说明,除了少部分的亲告事件可以自诉外,大部分的刑事案件需要检察官公诉,人民提起诉讼的权力基本被剥夺。对此,曾任北京政府江苏高等审判厅长、浙江高等审判厅长、京师高等审判厅长、京师高等检察长、司法部参事和《申报》主笔的杨荫杭认为,司法改革以来,最不惬人意者,莫如检察官垄断追诉权。此种制度是最不合中国的习惯和中国人的心理,之所以出现这种结果是由于中国的许多法政人才师从于日本,他们引入日本法,生硬移植,生吞活剥,不暇烹调。② 这种呼声反映在刑事诉讼法中表现为检察官的追诉权受到适当限制,自诉范围扩大了。如1928年刑诉法所规定的自诉范围,扩展到被害人对于初级法院管辖的直接侵害个人法益的案件,或告诉乃论的案件。同时自诉权还有条件地赋予被害人的法定代理人、保佐人或配偶;如果被害人死亡,其亲属在不与被害人明示的意思相反的情况下,可以自诉。③ 1935年的刑诉法,自诉的范围更进一步扩展为只要具备行为能力的犯罪被害人均可以自诉。④ 但为避免自诉某些弊端的产生,检察官允许担当自诉和协助自诉。由此可见,中国传统文化在一定程度上促进了检察制度在设计上的完善,尤其在公诉案件与自诉案件的划分上面,但同时又限制了检察官的职权。

(3)重视审判与轻视基层检察职权

中国传统是行政权与司法权的结合。由于缺乏资本主义工商业的充分发展,中国社会缺少产生资产阶级思想的现实土壤,缺乏资产阶级的分权思想。西方三权分立的观念是西方资产阶级在反抗封建势力的情况下产生的,它极力要求从保护人权的角度限制国家权力对个人权利的侵蚀。这种思想促使司

---

① 《高等以下各级审判厅试办章程》(1907年奏准修正,1915年司法部呈准),载闵钐主编:《中国检察史资料选编》,中国检察出版社2008年版,第9页。

② 杨绛整理:《杨荫杭集》(下),中华书局2014年版,第677页。

③ 《中华民国刑事诉讼法》(1928年9月1日)第337、338条,蔡鸿源主编:《民国法规集成》第65册,黄山书社1999年版,第318页。

④ 《中华民国刑事诉讼法》(1935年7月1日)第311条,蔡鸿源主编:《民国法规集成》第65册,黄山书社1999年版,第293页。

法权与行政权的分立,促使司法制度中控审诉讼制度的实行。在我国从国外引进基于权力分立为基础建立的司法制度后,传统的司法权与行政权在形式上实现了分离。但基于根深蒂固的思想认识,即司法权就是审判权,司法就是判案,人们在现实中表现追求司法独立的时候,首先想到的是审判权的独立,将审判权从行政权中独立出来,并通过建立审判机关来表现审判权的独立。从审判权中分离出控诉权,将控诉权交于与中国历史毫不搭界的检察机关,这在人们头脑中是难以想象的,是在检察制度引进中国以后所出现的新现象。因此人们误认为检察机关是多余的。只要将扩大自诉权、追诉权赋予个人,没有必要将追诉权赋予检察官。正是由于历史上缺乏传承,所以才会出现检察机关的设立是耗费财力,应将节余出来的司法经费投入法院的建设当中的想法。这种传统思想表现在历届政府推行司法独立的过程中,往往将建立更多的法院作为其重要的内容加以实施。此种做法固然没有错,毕竟审检是相辅相成的,没有审判机关的推广,就不会有检察制度很好的拓展,但要紧的是,在建立法院、推行审判制度的同时,如果将同审判制度一道推进司法独立、司法公正的检察制度从现代司法制度中剔除出去,司法如何得以促进?

南京国民政府在推进新式法院建立的同时,亦着手对未设立法院的各县进行改造。即在未设法院的各县县政府设立县司法处。1935 年 4 月,《县司法处组织暂行条例》公布,该条例要求,除法律另有规定之外,民刑第一审诉讼案件由县司法处处理。此种组织形式的主要特点在于司法处内设置审判官,独立行使审判职务,并对审判官的资格作出要求。相对于县长兼理司法来说,有所进步。但这只是对审判事务的改进,而检察事务的改进却踏步不前,检察职权仍由县长兼理。如此一先一后的安排显示出政府对审判的重视和对检察的轻视,彰显了司法传统对于司法改革的影响。

2. 司法经费的制约

(1)南京国民政府时期的司法经费状况

任何制度的运行,无不以经济为基础,司法制度也不例外。近代以来,中国积贫积弱,每一届政府皆面临着财政困难的巨大压力,致使诸多事情在行进当中未能如愿,画虎不成反类犬的事情时常发生。司法独立引入中国,与行政权分立,成为人们的共识,在中国普设法院更是该原则实现的重要步骤。但基于经费及其他问题,袁世凯当政时期,废除了大多的地方审判厅及检察厅,裁撤了初级审判厅和检察厅,将司法权委诸县知事。司法权与行政权重新走在一起。作为司法制度重要组成部分的检察制度,当然逃脱不了经济的制约。根据《各省高等法院检察官办事权限暂行条例》规定,办理检察事务的经常性费用及临时性费用等项,由高等法院院长依首席检察官的意见编入高等法院经费预算内按时支领。前项事件不能解决时,应呈部核办。俸薪的给领除依法令规定外,法院各职员与检察官及其所属职员同时给领。法院雇员庭丁与服务检察的雇员及司法警察公丁等同时给领。临时费应视事务的缓急而提前给领。① 据《地方法院检察官办事权限暂行条例》相关法律规定,办理检察事务的经常费及临时费在地方法院预算内按期支领。而俸薪的给领方式与《各省高等法院检察官办事权限暂行条例》规定相同。② 至于地方法院办理检察事务的经常性费用及临时性费用的预算,是否应该依据首席检察官的意见予以编入,并没有明文规定。为此,湖北省夏口地方法院首席检察官刘泽民呈请解释。南京国民政府司法部于 1928 年 8 月 22 日指令湖北高等法院,对该问题予以解答:"地方法院关于办理检察事务之经常临时各费须依首席检察官之意见编入预算乃系当然解释。"③从以上两个条例可以看出,其一,各级检察机关的司法经费同各级法院在一起,并没有独立,同时受各级法院的制约;其二,检察机关各职员俸薪同法院各职员同时给领,不享受特殊待遇。其三,各级法院的经费预算首席检察官具有意见权。因此,单就经费来说,检察机关面临着同审判机关同样的问题,检察机关处境甚至更糟。

司法经费的支领通常有两种情况,一种为首都法院的经费,是由司法部直接发给,另一种为各省法院的经费,由省政府财政厅筹拨。第一种情况,司法

---

① 《各省高等法院检察官办事权限暂行条例》,载闵钐编:《中国检察史资料选编》,中国检察出版社 2008 年版,第 94 页。

② 《地方法院检察官办事权限暂行条例》,载闵钐编:《中国检察史资料选编》,中国检察出版社 2008 年版,第 95—96 页。

③ 《核示地方法院检察官办事权限暂行条例各种疑点令》,殷梦霞、邓咏秋选编:《民国司法史料汇编》第 33 册,国家图书馆出版社 2011 年版,第 105 页。

部司法经费均向财政部索领,而财政部往往以国库如洗打发了之;第二种情况,由于各省财政不一,富庶之省,拖欠几月,或减成发给;贫瘠之省,则以低落纸币,略为拨付少许,或指拨各县应解省款额,由法院自行催提以为搪塞。结果等于不拨。① 以上两种情况,无论哪种,都存在拖欠情形。通过下面的材料或许更能看到真实的情景。

安徽财政厅公函

第三四七号

径启者接准

大函以合肥县法院经费合肥县政府无款应付,该院经费已令发至上年十二月止,以后应如何拨发嘱即见复并准贵院派员面称桐、合、阜、寿四县法院需用甚急,请将各该县本年一月份经费迅行拨付各等因。兹将合肥县法院本年一月份经费玖佰零壹元改令巢县政府照发,其桐、阜、寿三县法院一月份经费各玖佰零壹元仍分令桐、阜、寿三县拨付,所有拨款令文随函附送,即请查收,转交各该院备具四联总收据,派员前往取款可也。

此致

安徽高等法院

计送令文四件

厅长袁励宸

中华民国十九年三月七日②

从以上材料可以看出,各县法院的经费需要高等法院院长到省财政厅请求拨付,而非由财政厅到时拨付;四县法院的财政支出仰仗各自县政府提供;四县法院的经费拨款存在拖欠情况;其中一县的法院经费竟然需要他县来拨付。由此可见,各县法院的经费困难至极。与法院享有同一拨款的检察机关,其处境亦可想而知。此种情况的存在对检察制度的运行造成了严重后果。

---

① 李浩儒:《司法制度之过去及将来》,《平等》1931 年第 1 卷创刊号,1931 年 3 月 20 日,第7—8 页。

② 《安徽财政厅公函(第三四七号)》,《安徽高等法院公报》1930 年第 4 期,1930 年 3 月,第 55 页。

（2）司法经费对检察制度的影响

司法经费对检察制度的影响主要表现在检察制度在适用地域上的推行、检察机关职权的行使以及检察官的待遇等。

第一，影响检察制度的推行。从南京国民政府检察机关的设置可以看出，检察制度是随着法院的设置而推行的。尽管在相关的一些法律中规定，检察职权在未设立法院的县由县长兼理，但由于县长为行政长官，事务繁杂，对检察事务亦多敷衍，因此，检察制度的积极作用在设有检察机关的检察官那里才能得到较好的发挥。南京国民政府曾有以六年为期，斟酌缓急，在全国各省市县次第筹设新式法院的计划。但该计划由于"各省经费，均感困难"[①]，而不能落实。下面是 1926—1936 年度兼理司法与新式法院、过渡法院的统计表（如表 6-3 所示）：

表 6-3　1926—1936 年度兼理司法与新式法院、过渡法院统计表[②]

法院种类＼数量＼年度	十五年(1926 年)		二十二年(1933 年)		二十五年(1936 年)*	
	数目	百分比(%)	数目	百分比(%)	数目	百分比(%)
县长兼理司法	1800	92	1438	80	1054	59
县司法公署	46	2	38	2		
县法院			35	2		
县司法处					384	22
新式第一审法院	89	5	250	14	301	17
未详		1		2		2
全国县市总数	1950	100	1789	100	1790	100

* 东四省未计。

从表 6-3 中可以看出，新式法院在全国第一审司法机关中的比率、过渡法院的比率都有所上升。南京国民政府虽努力建设新式法院，但至 1936 年，

---

① 《设置新式法院计划》，《中华法学杂志》1931 年第 2 卷第 8 号，1931 年 8 月，第 101 页。
② 居正：《二十五年来司法之回顾与展望》，范忠信等选编：《为什么要重建中国法系——居正法政文选》，中国政法大学出版社 2009 年版，第 334 页。

仍然有一千多个县,约占全国总县数的 59%,处于县长兼理司法状态,法律条文所规定的配置于法院的检察官更是无处寻。显然,检察制度的扩展亦就此止步。现实与理想之间仍存在着差距。民国时人提出,如要改良司法,"非扩充司法经费不为功,否则,徒倡改良之高调,而妄冀改良之效果。"①

第二,影响检察机关职权的行使。司法经费制约着各级法院及检察机关职权的行使。各法院的办公费用,诸如查传人证、调查证据、检验尸体、化验有毒物质,皆需要费用。以检查为例,检查分为死体检查和生体检查。各法院限于经费,仍然用旧的检验人才,以 1929 年司法行政部公布的《筹设各级法院基地经费及职员编制标准一览表》为例,仅地方法院有法医编制一名,而作为当时编制中最基层的县法院,仅配有检验吏。对于民刑事案件来说,法医学是专门的解决疑难问题的科学,检察官仅以法律知识及个人经验,不能辨别事实真相。死体检查中的旧有检验,只能检查外部伤痕,知道受伤的状态情形,而对于致人死亡的原因,诸如他杀、自杀、过失杀人的区别,毒物的性质,被害的部位,都有必要做内部解剖、显微镜检查及化学分析,方能得到事实真相。生体检查中年龄的鉴定、疾病及精神状态的鉴定、生殖机能的鉴定等也得借助于法医学的专家精密检查方能为之。以上法医的增设,需要经费的支持。而法医的有无直接影响检察官办案的准确性,对检察官起诉权的行使、公诉职能的履行作用巨大。

在追查犯罪嫌疑人当中,受经费不足的制约,在检察官办理应办的事务时,势必采取撙节主义,如派警察查缉逃犯,限于经费,只能少派法警名额,或者减少拘提的次数以节省旅费,结果,未能缉获的概率增大。如此,案件必受牵连,甚至毫无结果,使受害人遗憾终身,加害人逍遥法外。

地方各级法院经费仰仗于地方行政机关,因此法院长官势必周旋联络行政人员,以免为难。如此,法院长官交际频繁,荒时废事,同时给辗转诉讼者以请托的机会,小则影响案件的办理,对检察官职权的行使造成影响;大则对司法前途造成不利后果。时人评价,"司法官为最易受贿之官,若不厚其俸给,

① 耿文田:《中国之司法》,民智书局 1933 年版,第 180 页。

饱其生活,则贿赂之进容易接受,司法黑幕,更加沉重矣。既堕司法官之威信,复失司法权之尊严,人民与国家所蒙之损害,不堪问矣。"[1]

第三,影响检察官的待遇。司法经费的多少,直接影响着检察官的薪金待遇。由于中国司法官的待遇低,以及某些司法官员不安其位与中国所采用的司法制度乃是仿照大陆法系而设立的具有一定关系。根据孙晓楼[2]的研究,大陆法系国家和英美法系国家有着明显的不同,即大陆法系国家司法官的待遇远不如英美法系国家来的丰厚,即便是最高级法院司法官的俸给,也远不及英美派法院最低级司法官的俸给。英美法系国家司法官的待遇比大陆法系国家的待遇高得多,并且大陆法系国家的下级法院推事比普通行政官吏的待遇固不见得低,比普通执行律师的收入却少得多。因此,大陆法系的下级法院的司法官,大都是一般年轻资浅的司法官,有经验学识的律师往往视法官为畏途,即便是这般年轻资浅的司法官,又因为待遇菲薄,常常抱着活动晋级的野心,不能安于其位做事,于是这样便不免使下级司法官的队伍薄弱,更失去了司法官有保障的本意。与大陆法系不同,在英美法系国家,即便是低级的司法官,其待遇比一般行政官吏的待遇高,比一般普通律师的收入也要丰厚,所以司法人才集中于司法官,下级法院的司法官和上级法院的司法官,有着同样坚强的队伍。[3] 由于中国采用的是大陆法系的司法制度,所以在大陆法系国家产生的问题,在中国的司法官队伍中同样存在。

如果待遇低只是相对于英美法系司法官待遇而言,其在国内待遇相较于其他职业仍是较高的,相信司法官不会因待遇低而影响其工作。关键是在国内,普通行政官员的待遇高,超出了人们的心理预期。孙晓楼认为,提高司法官待遇固然是吸收司法人才的必要方法,改良司法的必要条件,但所谓公务员待遇的厚薄,应当拿客观社会的生活状况来做标准,中国现在最低级荐任法官

---

① 耿文田:《中国之司法》,民智书局 1933 年版,第 180 页。

② 孙晓楼(1902—1958),江苏无锡人,著名法律教育家,毕业于东吴大学法学院,1929 年获美国西北大学法学院博士学位。先后任东吴大学教授、上海地方法院推事、国民政府行政院参事、朝阳学院院长等职。所著《法律教育》在中国近代法学史上处于开创性地位。

③ 孙晓楼:《两大法系法院组织之比较》,《法学杂志》1935 年第 8 卷第 6 期,1935 年 12 月,第 138 页。

的年俸(1820元,荐任十三级)比日本最低级荐任法官的年俸(1130元)还要高,与中国一般社会生活状况相比较,待遇不为过低,但要同普通行政人员的待遇(行政官荐任最低级的年俸〈2400元,荐任五级〉)来比较,则相形见绌。因此,在中国社会经济的现状中,并不是司法官俸给的过低,而是行政官俸给的过高。[①]

经济是一直困扰中国发展的因素。司法人员安于工作的保障,首要是制度中规定的薪金待遇要有保证。南京国民政府建立之后,中国近代以来的财政拮据并未得到彻底改观,部分制度规定,并没得到有效执行。1934年4月16日,河南高院、高院检察处向各法院及各监所转发司法行政部训令,由于各省司法经费困难,同时收入只有此数,如果根据官俸暂行条例第四条规定,司法官、法院书记官暨监所职员,经部派署以后,职务满二年,除有各该条但书情形[②]外,其官俸应该进一级办理的话,势必造成事实困难。加之,此项人员员数在不断增加,晋级开支逐年增加,而国家收入及司法经费并不随着时间推移而相应增加,进叙加级将成为纸上画饼。为落实条例,同时兼顾人员晋级需要,司法行政部要求各级法院应当审酌各该法院经济状况就在职人员中择优进叙。[③] 国家制度规定与制度执行并不一致,其结果不免影响司法人员的工作积极性。

根据《划分国家付出地方支出标准》规定,中央支出的司法费,包含凡由司法行政部为审核汇编预算主管机关的司法行政部、最高法院、行政法院、法官惩戒委员会等,以及其他关于中央司法各机关司法设施的各项经费。[④] 地方支出的司法费,包含凡各省高等法院、地方法院、特别法院、地方监狱、各县

---

① 孙晓楼:《两大法系法院组织之比较》,《法学杂志》1935年第8卷第6期,1935年12月,第139页。

② 这里所说"有各该条但书情形"是指"二年内曾受惩戒处分或因事请假逾二月,因病请假逾六月者",详见《司法官官俸暂行条例》第四条规定,《司法公报》1928年第10期,1928年5月1日,第79页。

③ 《河南高等法院、高等法院检察处训令(文字第三二八三号)(二十三年四月十六日)》,《河南高等法院司法季刊》1934年4、5、6月,第55—56页。

④ 《划分中央付出地方支出标准》,《财政公报》1930年第32期,1930年4月1日,第16页。

承审员以及其他关于省市地方司法机关设施的各项经费。① 所以中央司法官的薪俸由中央财政负责,地方司法官的薪俸由各省政府财政负担。但"各省政府多未照发普通省份只拿到八成(福建省就是如此),有的省份只发到五六成"②。有些司法官,为了此薪水,虽年至耄耋,犹孜孜伏案,工作不停,非待生命结束不肯罢休。如山东临沂高院分院的一位老推事,70多岁,月俸200余元,半夜拟判时,竟倒在了案卷堆积如山的案头,未及延医诊治即溘然长逝。③

即便如此,某些省份高院在发薪俸时,比例不一,无章可循。如司法行政部在察哈尔高院呈送更正二十三年度动支留院法收各表,附具概算书的批示中指出,"惟在预算定额范围以内,该院长等自应酌量情形,妥为支配。兹核所送地方经常岁出概算书,对于俸薪支配,诸多失当。例如地院院长最低级俸为二百六十元,概算列二百四十元,合百分之九十二而强。首席检察官最低级俸为二百四十元,概算列一百九十二元,合百分之八十。庭长最低级俸为二百元,概算列一百四十四元,合百分之七十二。以次递减,推事合百分之六十,候补推检合百分之五十六及六十四,书记官长合百分之六十四,主任书记官合百分之六十二而强,书记官约合百分之五十七至六十七,候补书记官合百分之六十二至七十一,学习书记官合百分之六十八。俸津多者,所得俸津成数亦因之加多,殊非事理之平。高等法院情形相同。应即就数另行支配,以昭公允。"④"万全地院附属表所列现支俸津数与部叙俸津比较,院长蒋铁珍俸给部叙三百四十元,现支二百四十元,合百分之七十而强。首席检察官茹乃杰俸给部叙二百六十元,现支二百一十元,合百分之八十而强。庭长许维本俸给部叙二百四十元,现支一百四十四元,合百分之六十。以次递降,推事合百分之六十,候

---

① 《划分中央付出地方支出标准》,《财政公报》1930年第32期,1930年4月1日,第18页。

② 林厚祺:《国民党统治时期的司法概述》,中国人民政治协商会议福建省委员会文史资料研究会编:《福建文史资料》第21辑,1989年版,第61页。

③ 林厚祺:《国民党统治时期的司法概述》,中国人民政治协商会议福建省委员会文史资料研究会编:《福建文史资料》第21辑,1989年版,第61页。

④ 《司法行政部指令(指字第四零四六号) 令代理察哈尔高等法院院长张吉埔、首席检察官王璈》,《司法公报》1935年第29号,1935年3月25日,第22页。

报推检合百分之五十三,书记官及候补书记官学习书记官合百分之六十七十不等,已失平允,乃推事冯毓梅、王兴春二员,部叙一百六十元,现支九十六元,检察官杨居勳部叙一百六十元,现支一百元。又如候补推事秦宝镕部叙一百二十元,方员叙一百一十元,孙庆荣叙一百元,而现支数均为六十四元,候补书记官王振、王绍基部叙四十五元,而现支数,一为三十二元,一为二十四元。如此漫无标准,而监督长官不可任意出入,流弊滋多。高院情形,当复相同,应即拟定支给俸津成数,概照部叙俸津数目,按成发给。其未叙俸者暂照最低级俸津按成计算,不得厚彼薄此,丰己啬人,以期允洽。"[1]司法经费不足,薪水发放时任意克扣,没有规制,对检察官的履职产生影响。

　　工资具有刚性,一般来说,什么样的职等拥有什么样的薪水,职员会有一个心理预期,一旦低于该心理预期,对工作会产生不良影响。如果其工资本来较高,后期工资待遇降低,更会使这种情绪积压带到工作当中。如果法院系统中在执行薪俸发放标准时,又任意出入,俸津成数不一,诸多失当,更易造成法院职员中不满情绪的出现。在中下层司法人员无力改变现状的时候,自己离职,寻找适合自己的位置恐怕是最好的选择。从该角度来说,人员从司法官队伍当中流失,就不足为怪了。

---

[1]　《司法行政部指令(指字第四零四六号)　令代理察哈尔高等法院院长张吉墉、首席检察官王璈》,《司法公报》1935 年第 29 号,1935 年 3 月 25 日,第 22—23 页。

结　　论

清末时期,国势阽危,人心浮动,内忧外患,岌岌堪虞。为挽救统治危机,收回领事裁判权,清廷决议仿效他国变法图强,引入他国包括检察制度在内的法律制度成为晚清司法改革的重要内容。在派员对世界强国考察后,清廷最终决定采用日本检察制度,至此检察制度进入中国。检察制度的引入,一改以往控审不分的传统诉讼模式。检察官对公权力予以监督,旨在贯彻分权原则,维护司法公正。它在经历了晚清时期的初创、北京政府时期的初步发展,到南京国民政府时期的改造和逐步完善后,终成为我国重要的司法制度之一,对司法文明的发展起到重要作用。本书通过对南京国民政府时期检察制度的机构设置、检察官管理、检察机关职权、检察制度运行中的司法关联诸方面的分析,获得了以下认识:

第一,南京国民政府的检察制度在检察处务、司法警察管理、司法官培训、任用标准等相关法规规定上得到进一步完善。制度建设能从法律上有效地保障该制度的正常高效运转。南京国民政府在继承晚清和北京政府的相关检察制度的基础上,又发展了检察制度。从处务规程的制定上来说,更多的地方法院、高等法院检察处制定规范性文件,将日常检察事务纳入规范性轨道。为完善对法院内司法警察的管理,更好地执行职权,诸多地方检察处制定司法警察管理条例。就检察官的管理来说,考试方面的规章制度向着更加人性化和规范化方向发展;检察官的培训,由职前培训发展到职前、在职培训并重,出台职前培训、在职培训相关的规章制度。为加强边远地区司法的发展,一些地方因地制宜地出台地方性法规,诸如降低任用条件等。尽管这一时期检察方面相关制度有所发展,但必须指出,制度建设是一个随着现实不断发展的过程,检察方面地方性法规的建设仍局限于某些地方,距离全国范围内检察制度的完善尚有较大距离。

第二,检察制度在这一时期逐渐融入中国社会。近代以来,中国始终面临着严重的民族危机,为摆脱危机,强大国家,自晚清开始,我国从国外引进了诸多制度,检察制度就是其中之一。由于非中国固有,这些制度进入中国后,诸多方面面临着如何融入中国社会的问题,在中国缺乏历史土壤的检察制度面临着同样的难题。自北京政府到南京国民政府,废检之声不绝于耳,但毕竟检察制度符合现代社会的发展方向,南京国民政府在对传统有所妥协的情况下,对检察制度进行改造,主要表现在:其一,在扩大自诉的前提下,要求检察官担当自诉和协助自诉。中国传统的诉讼方式主要为民不告,官不究,检察制度的引入,较大程度地剥夺了人们的自诉权,较难为社会接受。扩大自诉范围就是在考虑中国传统因素的情况下,同时兼顾发挥检察官的优势而采取的积极措施。这样就减少了检察制度植根于中国社会的阻力,从而更好地将检察制度的长处发挥出来。其二,在大力推广新式法院的基础上,拓展检察制度适用的地域范围,让人们感受到新式司法制度带来的利好。以分权和控审分离原则建立起来的检察制度,为司法公正添设制度保障,符合现代社会和司法制度发展的方向。根据检察官配置于各级法院的规定,南京国民政府致力于新式法院的建立就意味着为检察制度在地域适用范围上的拓展,从而使更多的百姓沐浴在现代法治的阳光下。南京国民政府作出的以上努力加速了检察制度融入中国社会的步伐,并为外来制度的在地化做出了示范。

第三,司法党化是该时期检察制度的时代特征。司法官不党是奉行司法独立国家的普遍做法,晚清和北京政府曾将该原则写进《法院编制法》,对司法官加以限制。国民党建立政权后,力图以党治国,将党义贯穿于社会生活的方方面面,司法党化因而被认为是以党治国方略的应有之义。于是,继承广州政府和武汉政府的司法政策,南京国民政府抛弃晚清和北京政府司法官不党原则,在司法领域推行党化。一方面要求司法官尽量党化,另一方面要求司法党义化,用党义指导司法实践。具体表现在:其一,检察官的高等考试司法官考试内容、法官的职前或在职培训的课目中包含有党义内容,特别是举行党部工作人员从事司法工作考试,为更多的党务人员进入检察队伍中提供方便;其二,检察官执行职务时,以法律为指归,但当执行法律与党义有冲突时,党义就成为审理案件的准则。检察制度在推动司法发展进程的同时,一定程度上成为国民党维护自身统治打击异己的工具。

第四,司法经费是影响检察制度运行的重要因素。近代以来,财政拮据一直是政府面临的棘手难题,诸多事情的办理由于经费困难而变形走样。存在于这个时代的检察制度面临着同样的问题。南京国民政府虽在新式法院的建设方面做出努力,奈何经费的限制,法院建设与计划之间存在反差。由此,检察制度的拓展亦受到巨大影响。检察制度因地方法院设置数量有限,不能在基层社会全面展开,从而制约了中国司法的发展。同时,由于经费的限制,检察官待遇大打折扣,影响检察人员的工作热情,从而影响具体案件检察职权的使用。

第五,中国传统司法制约着检察制度的发展方向。从国外引进的检察制度到中国以后,难免水土不服。从人民的司法习惯到中国传统的社会治理手段,无一不与检察制度所要求的社会实际存在差距。检察制度在中国社会扎根,必然要同中国社会相结合,方能有所发展。由于中国缺乏现代分权思想产生的历史环境,中国的司法权和行政权是统而不分,依据控审分离原则建立的检察制度更是在中国历史上难觅踪迹。民国初期,在大量裁撤初级审检厅和地方审检厅的情况下,为解决基层审判问题,中国传统的政治资源重新被加以利用,县长又重操司法权,司法权与行政权重新合二为一,而检察权被付诸县长。检察制度在基层社会的推行为中国传统社会治理方式所扭曲。同样,受传统的影响,检察职权在公诉范围内受到某些限制。

同以上特点相联系,由于南京国民政府检察制度所处的时代是中国由传统社会向近代社会转变的时代,中国近代社会所呈现出来的新旧杂糅的时代特点,同样在检察制度上有所折射。检察制度在正式法院中呈现出中国司法制度新的一面,而在未设立地方法院的地方则呈现出行政权侵蚀司法权中国司法制度旧的一面。

第六,南京国民政府检察制度是民国时期检察制度适用最好的时期。虽然无法获得整个民国时期的司法统计,但就所收集到的统计数字,可以明显地感受到:其一,从检察制度推行的广度来说,这一时期的检察制度是在国家政权相对统一、政府相对有时间和精力进行法制建设的环境下逐步推进的。因此检察制度所适用的地域范围较之北京政府时期和后来抗战及三年内战时期更为广阔。司法统计表明,1923年北京政府时期检察衙门别侦查事件受理件数及终结件数的统计数字来源为77个检察机关①,南京国民政府时期1939年度法院辖区及组织的统计数字的来源只有43个法院②,而1936年度法院人员教育程度统计数字来自359个法院。③ 由于南京国民政府规定,检察官配置于各级法院当中,从以上数字可以得出,至少在其同等数量的法院中配置有检察官。因此,对比所列数字可以得出,检察制度在南京国民政府时期(1927—1937)适用地域范围最广。其二,从检察官参与的案件数量来说,由于检察制度的地域推行较广,加之这一时期经济发展较为迅速,案件数量呈现出日益增加的趋势。司法统计表明,1923年北京政府时期,检察衙门受理的侦查案件为87852件④,南京国民政府时期1939年度的刑事侦查案件为82075件⑤,而1936年度的刑事侦查案件为226698件。⑥ 可见,检察官参与了更多案件的审理,从而使更多的诉讼主体享受到基于控审分离原则建立起来的检察制度所能带来的司法公平和公正。

---

① 由《第一表检察衙门别侦查事件受理件数及终结件数》统计而得,《中华民国十二年第十次刑事统计年报》,田奇、汤红霞选编:《民国时期司法统计资料汇编》第7册,国家图书馆出版社2013年版,第8—12页。

② 由《法院辖区及组织》统计而得,《民国二十六、二十七、二十八年度司法统计合刊》,田奇、汤红霞选编:《民国时期司法统计资料汇编》第19册,国家图书馆出版社2013年版,第310—314页。

③ 由《法院人员教育程度(2)》,《民国二十五年度司法统计》(上册),田奇、汤红霞选编:《民国时期司法统计资料汇编》第18册,国家图书馆出版社2013年版,第164页。

④ 《第一表检察衙门别侦查事件受理件数及终结件数》,《中华民国十二年第十次刑事统计年报》,田奇、汤红霞选编:《民国时期司法统计资料汇编》第7册,国家图书馆出版社2013年版,第12页。

⑤ 《刑事侦查案件》,《民国二十六、二十七、二十八年度司法统计合刊》,田奇、汤红霞选编:《民国时期司法统计资料汇编》第19册,国家图书馆出版社2013年版,第395页。

⑥ 《刑事侦查案件》,《民国二十五年度司法统计》(下册),田奇、汤红霞选编:《民国时期司法统计资料汇编》第18册,国家图书馆出版社2013年版,第514页。

随着抗战的爆发，中国进入新的历史时期。由于民族矛盾上升为主要矛盾，南京国民政府将抗击侵略作为国家建设的首要任务，司法建设速度放缓。此后三年内战时期，国家更是陷入非正常的发展阶段，这一时期检察制度更是少有建树。1949年南京国民政府垮台，自晚清时期引入中国的检察制度在大陆走向解体。鉴于革命根据地对南京国民政府检察制度某些形式的利用，新中国检察制度对革命根据地检察制度的继承和发展，南京国民政府检察制度的学理意义和运行机制对当时及以后中国检察制度建设仍有一定的影响和启示。

附录　南京国民政府时期(1927—1937)颁行的有关检察制度的主要法规、法令

颁布时间	法规名称	颁布机关	备　　注
1927 年 7 月 23 日	律师章程及律师登录章程	司法部	
1927 年 7 月 29 日	令司法部通饬所属机关各职员凡兼差不得兼薪由	国民政府	
1927 年 8 月 11 日	令司法部为暂定适用法律范围暨筹设最高法院筹办编订法典各办法由	国民政府	凡从前施行之各种实体法诉讼法及其他一切法令除与中国国民党党纲或主义或与国民政府法令抵触各条外,一律暂准援用
1927 年 8 月 16 日	裁撤检察机关由	国民政府	
1927 年 8 月 16 日	改定法院名称由	国民政府	
1927 年 9 月 9 日	官吏恤金条例	国民政府	
1927 年 9 月 17 日	尸属强行阻止抬埋应通知警署妥为处理令	司法部	
1927 年 10 月 14 日	令各省高等审判、检察厅裁撤检察机关及改定法院名称分令迅即遵办由	司法部	
1927 年 10 月 24 日	令各省高等检察厅裁撤检察机关及改定法院名称分令迅即遵办由	司法部	
1927 年 10 月 25 日	最高法院组织暂行条例	国民政府	
1927 年 10 月 28 日	修正文官俸给表	国民政府	
1927 年 12 月 13 日	最高法院检察官办事权限暂行条例	国民政府	

续表

颁布时间	法规名称	颁布机关	备　　注
1927 年 12 月 13 日	各省高等法院检察官办事权限暂行条例	国民政府	
1927 年 12 月 13 日	地方法院检察官办事权限暂行条例	国民政府	
1927 年	司法部刑事司致各省高等检察厅罪犯执行死刑前施用哥罗方药水函	国民政府司法部刑事司	
1928 年 4 月 14 日	司法官署公文书暂行程式条例	司法部	
1928 年 5 月 11 日	学习候补推事检察官津贴暂行规则	司法部	
1928 年 5 月 12 日	法官惩戒暂行条例	国民政府	
1928 年 6 月 11 日	核示高等分院长首检官办事权限办法令	司法部	
1928 年 7 月 14 日	看守所暂行规则	司法部	
1928 年 7 月 28 日	中华民国刑事诉讼法	国民政府	第 1—3 条(第 1 编总则第 1 章法例),第 6、13、15、17 条(第 2 章法院之管辖),第 24、26—28、32、34 条(第 3 章法院职员之回避),第 35、36、44、45、49—53、57 条(第 4 章被告之传唤及拘提),第 59、63、64 条(第 5 章被告之讯问),第 67、68、71、83—85 条(第 6 章被告之羁押),第 87、88、96、113、115 条(第 7 章证人),第 120、125 条(第 8 章鉴定人),第 138、142、145、152、154、155 条(第 9 章扣押及搜索),第 156、163 条(第 10 章勘验),第 201 条(第 14 章送达),第 217、223—225、227—235、237—246、248—250、253—255、257、258、260、265、278 条(第 2 编第一审第 1 章公诉),第 337、340、341、348—351 条(第 2 章自诉),第 361、369 条(第 3 编第 1 章通则),第 377、378 条(第 2 章第 2 审),第 397、398 条(第 3 章第 3 审),第 433、434 条(第 5 编非常上诉),第 441、446—448、第 457 条(第 6 编再审),第 461—463 条(第 7 编简易程序),第 477、480、482、483、485—489、492—500、503、505 条(第 8 编执行)

颁布时间	法规名称	颁布机关	备　注
1928 年 8 月 22 日	核示地方法院检察官办事权限暂行条例各种疑点令	司法部	
1928 年 8 月 29 日	湖南高等法院检察处暂行处务规则	司法部	
1928 年 9 月 10 日	判处死刑案件应由首检官报部覆准执行令	司法部	
1928 年 9 月 19 日	覆判暂行条例	司法部	第 1、2、4、7、10、11、13 条
1928 年 10 月 4 日	监狱规则	司法部	
1928 年 11 月 17 日	最高法院组织法	国民政府	最高法院配置检察署,检察署置检察长一人,指挥监督并分配该管检察事务,设检察官七人至九人,处理关于检察之一切事务
1928 年 12 月 31 日	各监狱假释保释案件划归检察处办理令	司法行政部	
1929 年 1 月 17 日	检察官实施侦查并无必须被告到案之规定,不得以被告未便拘提暂行中止侦查令	司法行政部	
1929 年 2 月 4 日	法官训练所章程	司法院	
1929 年 2 月 14 日	检察官指挥司法警察证暂行细则	司法行政部	
1929 年 2 月 28 日	推检各员退职一年内不得在原任法院管辖区域内执行律师职务令	司法行政部	
1929 年 4 月 29 日	假释管束规则	司法行政部	
1929 年 5 月 4 日	最高法院检察署处务规程	司法院	
1929 年 5 月 22 日	法院审决共党案件高级党部声明不服检察官应提起上诉令	司法院	
1929 年 7 月 3 日	励行自诉制度值日检察官应随时指示令	司法行政部	

续表

颁布时间	法规名称	颁布机关	备 注
1929 年 7 月 26 日	对于法院处理共产党案件,党部不满,补救办法两项:一、当地高级党部不服,检察官接到声明书,当然提起上诉。二、在反革命案件陪审条例实行以前,如党部对于共产嫌疑之判决有异议时,不得释放	国民政府	
1929 年 7 月 31 日	巡视监狱应归检察官办理由	司法行政部	
1929 年 8 月 1 日	浙江高等法院检察处暂行处务规程	司法行政部	
1929 年 8 月 1 日	浙江各地方法院检察处暂行处务规程	司法行政部	
1929 年 8 月 1 日	考试法		
1929 年 8 月 2 日	典试委员会组织法		
1929 年 8 月 7 日	最高法院东北分院不得受理非常上诉令	司法行政部	
1929 年 11 月 4 日	考绩法	国民政府	
1929 年 12 月 2 日	反省院条例	国民政府	
1929 年 12 月 21 日	制发视察监所报告单式仰分别派员详察填报令	司法行政部	
1930 年 1 月 14 日	各机关公务人员染有烟瘾者不准服务供职该管长官,如有徇隐情事一并惩处令	国民政府	
1930 年 1 月 28 日	解释反革命案内之被告应送入反省院者除共产党人自首法第八条规定情形外应由检察官径行处分令	司法院	
1930 年 2 月 25 日	各省前经设立之最高法院分院准缓裁撤所有各分院于上年奉令后受理判决案件一律追认令	国民政府	

续表

颁布时间	法规名称	颁布机关	备 注
1930 年 4 月 2 日	江苏江宁地方法院检察处处务规程	司法行政部	
1930 年 4 月 3 日	热河高等法院检察处处务规程	司法行政部	
1930 年 5 月 23 日	各级法院检察官于各项公文不得在衔名上冠以检察处名称令	司法行政部	
1930 年 6 月 4 日	普通罪犯应切实适用缓刑假释制度令	司法行政部	
1930 年 6 月 8 日	公务员惩戒法	国民政府	
1930 年 8 月 4 日	官吏恤金条例施行细则（备注：该条例曾于 1929 年 4 月 4 日由内政部公布。1930 年的该条例由铨叙部修正公布）	铨叙部	
1930 年 9 月 25 日	黑龙江各地方法院检察处暂行处务规程	司法行政部	
1930 年 9 月 29 日	黑龙江高等法院检察处暂行处务规则	司法行政部	
1930 年 10 月 7 日	法官初试暂行条例	国民政府	
1930 年 10 月 24 日	法官初试典试委员会典试规则	司法院	
1930 年 10 月 30 日	监犯假释案件须详加审核毋得率予转呈以防冒滥令	司法行政部	
1930 年 11 月 26 日	法官训练所章程	司法院	
1930 年 12 月 30 日	考试法施行细则	国民政府	
1930 年 12 月 30 日	典试规程	国民政府	
1931 年 1 月 24 日	刑诉法第二六一条之规定应切实遵行令	司法院	
1931 年 2 月 2 日	甘肃高等法院检察处暂行处务规则	司法行政部	
1931 年 2 月 19 日	湖北汉口地方法院检察处暂行处务规则	司法行政部	
1931 年 6 月 8 日	公务员惩戒法	国民政府	

续表

颁布时间	法规名称	颁布机关	备 注
1931 年 6 月 8 日	公务员惩戒委员会组织法	国民政府	
1931 年 8 月 21 日	公务员考绩条例	国民政府	
1931 年 9 月 25 日	公务员考绩条例实施细则	国民政府	
1931 年 10 月 13 日	公务员奖惩规则	国民政府	
1931 年 12 月 10 日	江苏上海第一特区地方法院司法警察服务及惩奖规则	司法行政部	
1932 年 1 月 30 日	训令江苏高院第二、三分院 各省高院院长首检严禁司法官吏与地方人士及军政要人滥行应酬及迎合干荣由	司法行政部	
1932 年 3 月 26 日	司法官任用暂行标准	司法行政部	
1932 年 5 月 19 日	视察监狱规则	司法行政部	
1932 年 6 月 1 日	中央公务员惩戒委员会办事规则	司法院	
1932 年 6 月 6 日	地方公务员惩戒委员会办事规则	司法院	
1932 年 10 月 28 日	法院组织法	国民政府	第 26—32 条(第 5 章检察署及检察官之配置),第 33—43 条(第 6 章推事检察官之任用及待遇),第 87—90 条(司法行政之监督)
1933 年 1 月 25 日	令知各省高院推检如有第三审管辖区域与第二审不同者,只需回避第二审管辖区域由	司法行政部	司法行政部训令(第二一三号)
1933 年 2 月 4 日	甘宁青新司法官任用暂行办法	司法行政部	
1933 年 2 月 11 日	山东各地方法院分庭处务规程	司法行政部	
1933 年 2 月 23 日	修正考试法	国民政府	
1933 年 3 月 11 日	公务员任用法	国民政府	

续表

颁布时间	法规名称	颁布机关	备　注
1933 年 3 月 22 日	安徽合肥地方法院检察处暂行处务规则	司法行政部	
1933 年 4 月 8 日	江苏武进县法院司法警察奖金办法	司法行政部	
1933 年 4 月 13 日	法院受理案件当事人提出之书状不得率行宣布令	司法行政部	
1933 年 4 月 13 日	检察官承办案件所作起诉或不起诉之文书不得任意披露令	司法行政部	
1933 年 5 月 13 日	江西高地法院检察处司法警察奖惩规则	司法行政部	
1933 年 5 月 13 日	江西高地法院检察处司法警察执行送达文书办法	司法行政部	
1933 年 5 月 15 日	令最高法院检察署饬将审核下级检察官办案成绩列表送核由	司法行政部	司法行政部训令(第一二八五号)
1933 年 5 月 17 日	安徽芜湖地方法院检察处文件保存期限规则	司法行政部	
1933 年 5 月 31 日	审判案件检察官应出庭陈述要旨令	司法行政部	
1933 年 7 月 6 日	山东济南地方法院检察处暂行处务规则	司法行政部	
1933 年 7 月 11 日	山东济南地方法院检察处处理证据物品暂行规则	司法行政部	
1933 年 8 月 18 日	河北高等法院检察处暂行处务规则	司法行政部	
1933 年 5 月 23 日	修正高等考试司法官考试条例	考试院	
1933 年 9 月 16 日	高等考试司法官考试初试及格人员学习规则	司法行政部	

颁布时间	法规名称	颁布机关	备　　注
1933 年 9 月 22 日	候补推检空缺时应先以考试分发暨曾任推检正缺改分候补各员补充令	司法行政部	
1933 年 10 月 18 日	河南高等法院检察处司法警察服务规则	司法行政部	
1933 年 12 月 27 日	四川高等法院检察处司法警察任用服务及惩奖暂行规则	司法行政部	
1934 年 1 月 9 日	安徽合肥地方法院检察处司法警察服务暂行规则	司法行政部	
1934 年 3 月 5 日	河北高等法院检察处司法警察服务规则	司法行政部	
1934 年 3 月 26 日	公务员恤金条例	国民政府	
1934 年 4 月 2 日	通令为法院法官等不准介绍看守仰即饬遵由	司法行政部	
1934 年 4 月 23 日	停止各省法院长官呈保法官令	司法行政部	
1934 年 6 月 7 日	公务员恤金条例施行细则	铨叙部	
1934 年 7 月 21 日	中央公务员惩戒委员会办事规则	司法院	

颁布时间	法规名称	颁布机关	备　　注
1934 年 7 月 21 日	地方公务员惩戒委员会办事规则	司法院	
1935 年 3 月 12 日	中央及各省市党部工作人员从事司法工作考试办法大纲	国民政府	
1935 年 4 月 1 日	中华民国刑事诉讼法	国民政府	第 1—3 条(第 1 编总则第 1 章法例),第 5—6、13—16 条(第 2 章法院之管辖),第 17—20、24、26 条(第 3 章法院职员之回避),第 36 条(辩护人、辅佐人及代理人),第 41、44、51、52 条(第 5 章文书),第 55、58、60 条(第 6 章送达),第 63、67—70 条(第 7 章期日及期间),第 71、82、85—87、92 条(第 8 章被告之传唤及拘提),第 94 条(第 9 章被告之讯问),第 101、102、105—110、115—121 条(第 10 章被告之羁押),第 128、129、136、142、152、153 条(第 11 章搜索及扣押),第 154、158—160 条(第 12 章勘验),第 162、165、168、170、182 条(第 13 章人证),第 185、188、190—193、195 条(第 14 章鉴定及通译),第 207—210、215、221—224、226—230、232—237、239—246、248—250、252、259、265、282、291、292、306 条(第 2 编第 1 章公诉),第 315、321—324、328 条(第 2 章自诉),第 336、339—342、346—352 条(第 3 编上诉第 1 章通则)第 353、356、357 条(第 2 章第二审),第 369、371、375—377、383、384 条(第 3 章第三审),第 395、408 条(第 4 编抗告),第 413、420、421、423、430 条(第 5 编再审),第 434、435 条(第 6 编非常上诉),第 442、444、445、459 条(第 7 编简易程序),第 461、463、464、467、468、471—474、476—486、488 条(第 8 编执行),第 501 条(附带民事诉讼)
1935 年 6 月 28 日	最高法院检察署处务规程	司法院	
1935 年 6 月 28 日	高等法院及分院处务规程	司法院	

续表

颁布时间	法规名称	颁布机关	备　注
1935 年 6 月 28 日	地方法院及分院处务规程	司法院	
1935 年 8 月 5 日	修正高等考试司法官考试条例	考试院	
1935 年 8 月 23 日	办理刑事诉讼案件应行注意部分	司法行政部	
1935 年 10 月 30 日	公务员考绩法施行细则	国民政府	
1935 年 11 月 16 日	高等以下各级法院推检结案计数标准	司法行政部	
1935 年 12 月 21 日	司法人员考绩程序表	司法行政部	
1936 年 8 月 5 日	调度司法警察章程	国民政府	
1936 年 8 月 24 日	现任法官训练计划大纲	司法院	

资料来源:本表依据《司法公报》《国民政府公报》《考试院公报》《最高法院公报》《司法行政公报》《司法院公报》等绘制而成。

参考文献

一、档案资料

北京市档案馆,J065-004-00190——J065-004-00225。

河南省档案馆,全宗号:M11,案卷号:1995。

二、资料汇编

蔡鸿源主编:《民国法规集成》,黄山书社 1999 年版。

范忠信、尤陈俊、龚先砦选编:《为什么要重建中国法系——居正法政文选》,中国政法大学出版社 2009 年版。

故宫博物院明清档案部编:《清末筹备立宪档案史料》,中华书局 1979 年版。

广东省社会科学院历史研究所、中国社会科学院近代史研究所中华民国史研究室、中山大学历史系孙中山研究室合编:《孙中山全集》,中华书局 1986 年版。

郭廷以:《中华民国史事日志》,"中央研究院"近代史研究所 1987 年版。

郭卫编:《国民政府司法院解释法律文件汇编》第九集,上海法学编译社 1931 年版。

郭卫编:《司法院解释例全文》,上海法学编译社 1946 年版。

韩信夫、姜克夫主编:《中华民国大事记》,中国文史出版社 1997 年版。

何勤华、李秀清主编:《民国法学论文精萃》第五卷,法律出版社 2005 年版。

河南省劳改局编:《民国监狱资料选》(上、下),1987 年版。

黄敦汉编:《各级司法行政事务类编》,商务印书馆 1934 年版。

李文海主编:《民国时期社会调查丛编(二编)》法政卷(上、下),福建教育出版社 2014 年版。

立法院编译处编:《中华民国法规汇编》,中华书局 1935 年版。

罗家伦主编:《革命文献》,台北正中书局 1958 年版。

闵钐编:《中国检察史资料选编》,中国检察出版社 2008 年版。

南京图书馆编:《国民政府司法公报》,南京大学出版社 2011 年版。

全国图书馆文献缩微复制中心:《民国法院文献史料汇编》,2010 年版。

荣孟源主编:《中国国民党历次大会及中央全会资料》,光明日报出版社 1985 年版。

上海商务印书馆编译所编纂:《大清新法令》(点校本),商务印书馆 2010 年版。

施沛生编:《书状判牍精华录》,广益书局 1925 年版。

司法院参事处编:《新订国民政府司法例规》,1940 年版。

司法院秘书处编印:《各省司法概况报告汇编》,1935 年 11 月。

田奇、汤红霞选编:《民国时期司法统计资料汇编》,国家图书馆出版社 2013 年版。

万仁元主编:《中华民国史史料长编》,南京大学出版社 1993 年版。

吴经熊编:《中华民国六法理由判解汇编》,第六刑诉之部,会文堂新记书局 1948 年版。

夏新华、胡旭晟等整理:《近代中国宪政历程:史料荟萃》,中国政法大学出版社 2004 年版。

谢森、陈士杰、殷吉墀编,卢静仪点校:《民刑事裁判大全》,北京大学出版社 2007 年版。

徐百齐编:《中华民国法规大全》,商务印书馆 1936 年版。

宜昌地方法院编:《湖北宜昌地方法院四年来工作摘要报告书》,1931 年 12 月,上海图书馆藏。

殷梦霞、邓咏秋选编:《民国司法史料汇编》,国家图书馆出版社 2011年版。

张宪文、方庆秋、黄美真主编:《中华民国史大辞典》,江苏古籍出版社2001年版。

张玉岭、马振犊主编、中国第二历史档案馆编:《中国国民党中央执行委员会常务委员会会议录》,广西师范大学出版社 2000 年版。

中国第二历史档案馆:《国民党政府政治制度档案史料选编》,安徽教育出版社 1994 年版。

中国第二历史档案馆:《中华民国史档案资料汇编》,江苏古籍出版社1991 年版。

中国人民政治协商会议福建省委员会文史资料研究会编:《福建文史资料》第 21 辑,1989 年版。

中国人民政治协商会议河南省委员会文史资料研究文员会编:《河南文史资料》(第 4 辑),河南人民出版社 1980 年版。

中国社会科学院近代史研究所民国史室编:《中华民国史资料丛稿·大事记》,中华书局 1981 年版。

中华民国史事纪要编辑委员会编:《中华民国史事纪要》(初稿)(1927 年至 1937 年部分),台北中华民国史料研究中心 1977 年版。

中华人民共和国司法部编:《中国监狱史料汇编》(上册),群众出版社1988 年版。

中央训练团:《中华民国法规辑要》,中央训练团 1941 年版。

朱观编著:《县司法法令判解汇编》,正中书局 1948 年版。

朱鸿达主编:《大理院判决例全集》,世界书局 1936 年版。

最高人民检察院研究室编:《检察制度参考资料》,1980 年版。

最高人民检察院研究室编:《中国检察制度史料汇编》,1987 年版。

三、报刊、杂志

《安徽高等法院公报》

《北洋法政学报》

《财政公报》

《财政日刊》

《大公报》

《东方杂志》

《法令周刊》

《法律评论》

《法律周刊》

《法学丛刊》

《法学季刊》

《法学杂志》

《法政周刊》

《法治周报》

《服务》

《广西司法半月刊》

《国风报》

《国民政府公报》

《行政效率》

《行政院公报》

《河南司法公报季刊》

《河南高等法院季刊》

《监察院公报》

《建国》

《江西高等法院公报》

《今日评论》

《经世》

《警高月刊》

《考试院公报》

《立法院公报》

《临时公报》

《临时政府公报》

《棉业通讯》

《内政公报》

《平等》

《铨政月刊》

《社会医学》

《申报》

《司法公报》

《司法行政公报》

《司法院公报》

《四川高等法院公报》

《四川政府公报》

《现代司法》

《新生活》

《医药评论》

《月报》

《政府公报》

《政治官报》

《政治评论》

《中华法学杂志》

《中央周刊》

《最高法院公报》

《最高法院刑事判例汇刊》

四、专题著作

［德］拉德布鲁赫:《法学导论》,商务印书馆 2013 年版。

[法]孟德斯鸠:《论法的精神》,张雁深译,商务印书馆1961年版。

[古希腊]亚里士多德:《亚里士多德的政治学》,淦克超译,水牛出版社1968年版。

[荷]冯客:《近代中国的犯罪、惩罚与监狱》,江苏人民出版社2008年版。

[美]黄宗智:《清代的法律、社会与文化:民法的表达与实践》,上海书店出版社2007年版。

[美]罗斯科·庞德:《法理学(第二卷)》,邓正来译,中国政法大学出版社2007年版。

[英]洛克:《政府论》,叶启芳、瞿菊农译,商务印书馆1996年版。

北京市地方志编纂委员会:《北京志·政法卷·检察志》,北京出版社2007年版。

毕连芳:《北京民国政府司法官制度研究》,中国社会科学出版社2009年版。

蔡枢衡:《中国法理自觉的发展》,清华大学出版社2005年版。

曹全来:《国际化与本土化——中国近代法律体系的形成》,北京大学出版社2005年版。

曾宪义主编:《检察制度史略》,中国检察出版社2008年版。

陈国庆:《检察制度原理》,法律出版社2009年版。

陈瑾昆:《刑事诉讼法通义》,法学研究1937年版。

陈则民编著:《废检察制度之运动》,国家图书馆藏本1922年版。

邓正来:《国家与社会——中国市民社会研究》,四川人民出版社1997年版。

付海晏:《中国近代法律社会史研究》,华中师范大学出版社2010年版。

耿文田编:《中国之司法》,民智书局1933年版。

公丕祥主编:《近代中国的司法发展》,法律出版社2014年版。

韩秀桃:《司法独立与近代中国》,清华大学出版社2003年版。

何勤华、李秀清:《外国法与中国法》,中国政法大学出版社2003年版。

何勤华主编:《法律移植与法的本土化》,法律出版社2001年版。

黄源盛:《中国法史导论》,广西师范大学出版社 2014 年版。

江照信:《中国法律"看不见中国"——居正司法时期(1932—1948)研究》,清华大学出版社 2010 年版。

金绶:《民事诉讼条例详解》,北京中华印刷局 1923 年版。

李光夏:《法院组织法论》,大东书局 1946 年版。

李贵连:《近代中国法制与法学》,北京大学出版社 2002 年版。

李瑜青等:《法律社会学经典论著评述》,上海大学出版社 2006 年版。

李在全:《法治与党治——国民党政权的司法党化(1923—1948)》,社会科学文献出版社 2012 年版。

林钰雄:《检察官论》,法律出版社 2008 年版。

刘清生:《中国近代检察权制度研究》,湘潭大学出版社 2010 年版。

瞿同祖:《中国法律与中国社会》,中华书局 2003 年版。

邵勋、邵锋:《中国民事诉讼法论》,高珣等勘校,中国方正出版社 2004 年版。

申报馆编:《最近之五十年》,申报馆 1923 年版。

石志泉著,解锟、张平、朱怡点校:《民事诉讼条例释义》,中国方正出版社 2006 年版。

苏力:《法治及其本土资源》,中国政府大学出版社 1996 年版。

孙关宏、胡雨春、任军锋主编:《政治学概论》,复旦大学出版社 2003 年版。

汤唯:《法社会学在中国——西方文化与本土资源》,科学出版社 2007 年版。

汪楫宝:《民国司法志》,商务印书馆 2013 年版。

王伯琦:《近代法律思潮与中国固有文化》,清华大学出版社 2005 年版。

王世义编:《司法警察》(江苏省警官学校讲义),1937 年版。

夏勤:《刑事诉讼法释疑》,北平朝阳学院、南京法律评论社 1947 年版。

宪兵司令部编:《宪兵司法警察实务》,宪兵司令部宪兵杂志社 1933 年版。

谢如程:《清末检察制度及其实践》,上海世纪出版集团 2008 年版。

谢振民编著,张知本校订:《中华民国立法史》,中国政法大学出版社 2000 年版。

杨鸿烈:《中国法律发达史》,中国政法大学出版社 2009 年版。

杨兆龙著,艾永明、陆锦璧编:《杨兆龙法学文集》,法律出版社 2005 年版。

张晋藩主编:《中国法制通史》,法律出版社 1999 年版。

张晋藩:《中国近代社会与法制文明》,中国政法大学出版社 2003 年版。

张培田、张华:《近现代中国审判检察制度的演变》,中国政法大学出版社 2004 年版。

张穹:《公诉问题研究》,中国人民公安大学出版社 2000 年版。

张仁善:《法律社会史的视野》,法律出版社 2007 年版。

张永恩主编:《监所检察教程》,中国检察出版社 1991 年版。

张中秋:《中西法律文化比较研究》,法律出版社 2009 年版。

赵金康:《南京国民政府司法制度的理论设计及运作》,人民出版社 2006 年版。

周东平、朱腾主编:《法律史译评》,北京大学出版社 2013 年版。

五、学术论文

毕连芳:《北洋政府对司法官考试的制度设计》,《史学月刊》2006 年第 10 期。

慈鸿飞:《二三十年代教师、公务员工资及生活状况考》,《近代史研究》1994 年第 3 期。

邓小南:《作为活的制度史》,《浙江学刊》2003 年第 3 期。

杜旅军:《司法党化下的检察权》,西南政法大学 2012 年博士学位论文。

杜旅军:《司法党化下的检察权》,《河北法学》2013 年第 1 期。

桂万先:《近代中国审检关系探析》,《学术研究》2007 年第 6 期。

韩秀桃:《民国时期兼理司法制度的内涵及其价值分析》,《安徽大学学报

（哲学社会科学版）》2003 年第 5 期。

何家伟：《南京国民政府公务员薪俸制度研究》，华中师范大学 2007 年博士学位论文。

贾丽娜：《南京国民政府初期的高等法院（1927—1930 年）》，华东政法大学 2009 年硕士学位论文。

金文彤：《中国检察官制度研究》，中国政法大学 2005 年博士学位论文。

李凤鸣：《南京国民政府时期法官惩戒程序研究》，《中南大学学报》2014 年第 2 期。

李在全：《徐谦与国民革命中的司法党化》，《历史研究》2011 年第 6 期。

刘清生：《中国近代检察权的检讨与启示》，《中国刑事法杂志》2009 年第 4 期。

刘清生：《论清末和民国时期检察机关的内部监督》，《求索》2009 年第 1 期。

刘岩：《浅析台湾地区的检察制度》，《中南论坛》2009 年第 3 期。

吕丁旺：《检察权论——以检察权的司法属性为中心》，中正大学法律学研究所 2011 年博士学位论文。

牛杰：《辛亥以来中国社会基本法律观的嬗变》，《兰州学刊》2011 年第 9 期。

汪鸿兴：《清末至民国检察制度探讨》，《内蒙古社会科学》2008 年第 2 期。

汪鸿兴：《检察制度起源再探》，《辽宁大学学报》2008 年第 3 期。

王奇生：《民国时期县长的群体构成与人事嬗递——以 1927 年至 1949 年长江流域省份为中心》，《历史研究》1999 年第 2 期。

翁有为、任润鑫：《改革开放以来的中国近代地方政治制度史研究》，《东岳论丛》2015 年第 1 期。

吴燕：《南京国民政府初期的基层司法实践问题——对四川南充地区诉讼案例的分析》，《近代史研究》2006 年第 3 期。

夏锦文：《社会变迁与中国司法变革：从传统走向现代》，《法学评论》2003

年第 1 期。

肖瑛：《从"国家到社会"到"制度与生活"：中国社会变迁研究的视角转化》，《中国社会科学》2014 年第 9 期。

谢冬慧：《南京国民政府时期刑事审判制度述论》，《刑事法评论》2010 年第 1 期。

谢冬慧：《民国时期人事诉讼程序考察》，《湖北社会科学》2009 年第 3 期。

邢巍巍：《南京国民政府时期县长职能研究（1928—1937）》，南开大学 2010 年博士学位论文。

徐爽、韩健：《中国检察制度历史变迁之回顾》，《法学杂志》2008 年第 3 期。

杨树林：《论国民党"司法党化"的异化——以南京国民政府反省院制度为例》，《西南大学学报》2013 年 9 月。

杨树林：《论近代中国检察制度的变迁——以司法党化为中心》，中南财经政法大学 2013 年博士学位论文。

尹伟琴：《南京国民政府前期基层司法官薪酬考》，《学术界》2010 年第 1 期。

于晓青：《法学"中国化"及其实现方式》，《山东社会科学》2006 年第 10 期。

张珉：《试论清末与民国时期的司法独立》，《安徽大学学报（哲学社会科学版）》2004 年第 3 期。

张培田：《检察制度本源刍探》，《中国刑事法杂志》2000 年第 5 期。

张淑娟：《档案与法律文本对比下的近代中国检警关系》，《山西档案》2014 年第 6 期。

后　记

　　此部法律史论著是在我博士论文《南京国民政府检察制度研究（1927—1937）》基础上稍做修改完成的。2013 年，承蒙马小泉教授不弃，将我收入门墙。在谈及论文选题时，我向老师汇报了以往我的学术经历，以及打算将检察制度做深入研究的想法。对此，马教授欣然同意，并从论文的立意及现实意义作了宏观的把握，使我对该题目有了更深的认识。

　　论文的选题与写作还要感谢我的副导师赵金康教授，是他将我引进法制史的领域。该论文选题直接来自跟随赵老师做项目的经历。2007 年，赵老师将我列为其国家社科基金项目"南京国民政府司法制度研究"的成员之一。我被分配做检察制度研究，从此与检察制度结缘。2010 年，我又申请了与此题目相关的河南省教育厅人文社科项目并获得批准，以上经历为我博士论文的写作打下了坚实的基础。

　　在论文写作过程中，大到章节的拟定，小到遣词造句，马教授都给予了细心的指导。文章几易其稿，老师不厌其烦地字斟句酌，花费了大量的心血，保障了论文的顺利完成。赵教授则从其既有的学识背景出发，对检察制度应包含的内容，章节的连接，法律术语的专业拟定给予了准确的指导，让我受益匪浅。常言道，师恩难忘。马教授宏大的历史视野、严谨的治学态度，赵教授无私帮助年轻人成长的精神、深厚的专业知识都让我难以望其项背，值得我一生去学习。

　　论文写作中，得到了郭常英教授、翁有为教授、张艳教授、宿志刚副教授、赵广军副教授、柳岳武副教授、霍晓玲副教授、胡优静博士、陈健博士、付燕鸿博士、尹涛博士等《史学月刊》和中国近现代史教研室老师们的指导，特别是赵广军副教授和柳岳武副教授从开题报告到论文的修改、写就,一路上无私给予的建设性意见,对我影响很大。对于以上老师们的辛勤付出一并表示感谢!感谢我的同学聊城大学的张淑娟博士、河南大学的马晓燕博士以及我的同事李恒副教授在收集资料过程中所给予的帮助!感谢论文答辩时中南财经政法大学陈景良教授、中国社会科学院近代史研究所左玉河研究员、河南大学张宝明教授给予的中肯的建议!这些意见在论文修改中得到吸收,但由于水平有限,与老师们的要求尚有差距。

三年求学不过是史学求真道路中的一段历程,论文写就与论著修改不过是学习过程中的阶段性结果。回望该论题,介于史学与法学之间;回头看自己,无论在知识、认识和视野上都存在差距。因此,唯有砥砺前行,"和自己过不去",方能有所收获。鉴于该论题难度较大,需要进一步收集资料,做深入研究,论著不当之处请学界师友批评指正。

黄俊华

2018 年 8 月于河大九号楼

责任编辑:郭　娜
封面设计:王欢欢
责任校对:张红霞

图书在版编目(CIP)数据

南京国民政府检察制度研究:1927—1937/黄俊华 著. —北京:人民出版社,
　2019.8
ISBN 978－7－01－020478－9

Ⅰ.①南…　Ⅱ.①黄…　Ⅲ.①检察机关-司法制度-研究-中国-1927—1937
　Ⅳ.①D929.6

中国版本图书馆 CIP 数据核字(2019)第 038596 号

南京国民政府检察制度研究(1927—1937)
NANJING GUOMIN ZHENGFU JIANCHA ZHIDU YANJIU(1927—1937)

黄俊华　著

人 民 出 版 社 出版发行
(100706　北京市东城区隆福寺街 99 号)

山东鸿君杰文化发展有限公司印刷　新华书店经销

2019 年 8 月第 1 版　2019 年 8 月北京第 1 次印刷
开本:710 毫米×1000 毫米 1/16　印张:23
字数:337 千字

ISBN 978－7－01－020478－9　定价:79.00 元

邮购地址 100706　北京市东城区隆福寺街 99 号
人民东方图书销售中心　电话 (010)65250042　65289539